中国资本市场
新 变 局

刘青松◎著

中国出版集团
中 译 出 版 社

图书在版编目（CIP）数据

中国资本市场新变局 / 刘青松著 . -- 北京：中译出版社，2021.7

ISBN 978-7-5001-6666-5

Ⅰ . ①中… Ⅱ . ①刘… Ⅲ . ①资本市场—研究—中国 Ⅳ . ① F832.5

中国版本图书馆 CIP 数据核字（2021）第 104565 号

出版发行：中译出版社
地　　址：北京市西城区车公庄大街甲 4 号物华大厦六层
电　　话：（010）68359827；68359303（发行部）；
　　　　　68005858；68002494（编辑部）
邮　　编：100044
电子邮箱：book @ ctph. com. cn
网　　址：http：//www. ctph. com. cn

策划编辑：于宇
责任编辑：于宇
封面设计：仙境
排　　版：聚贤阁

印　　刷：北京顶佳世纪印刷有限公司
经　　销：新华书店
规　　格：710mm × 1000mm　1/16
印　　张：28.75
字　　数：370 千字
版　　次：2021 年 7 月第 1 版
印　　次：2021 年 7 月第 1 次印刷

ISBN 978-7-5001-6666-5　　　　定价：78.00 元

目 录

第三章 · 上市公司质量篇

以透明度为核心全面提升上市公司质量

第四章 · 多层次资本市场篇

完善功能适度竞争错位发展

第五章 · 投资银行篇

着力建设高水平国际化投资银行体系

第六章 · 高水平开放篇

加快建设国际化资本市场的主场

第七章 · 河南辖区实践篇

监管理念和监管体系建设

代　序

新时代需要高质量资本市场体系[①]

一、中国现代化之路的历史回顾

习近平总书记指出，实现中华民族伟大复兴是近代以来中国人民最伟大的梦想，中国共产党成立百年来，团结带领中国人民所进行的一切奋斗，就是为了把我国建设成为现代化强国，实现中华民族伟大复兴。近代以来，在外国列强入侵和封建腐朽统治下，我国错失了工业革命的机遇，大幅落后于时代，中华民族也遭受了前所未有的苦难。1840年鸦片战争至今一百多年了，中国人民和无数仁人志士不屈不挠，苦苦寻求中国现代化之路。近百年前，孙中山提出的《建国大纲》被称为“中国近代谋求现代化的第一份蓝图”，但在半殖民地半封建社会的条件下，中国的现代化没有也不可能取得成功。1949年，中国的发电量只有43亿度，现在是7.5万亿度；钢产量只有15.8万吨，今年将突破10亿吨的钢产量，钢材还会更多；水泥产量66万吨，现在是23.5亿吨；炼油能力只有17万吨，现在炼油能力几亿吨，均是成千上万倍地增长。那时候一辆汽车、一架飞机都不能生产，现在大家都知道，中国是世界第一大汽车生产国。

新中国成立后，我们党孜孜以求，带领人民对中国现代化建设进行艰辛

① 2021年1月16日，国家发改委副主任兼国家统计局局长宁吉喆博士出席第二十五届（2021年度）“中国资本市场论坛”并做主旨发言，本次论坛的主题是“中国资本市场三十年”。本文是在此发言基础上整理而成。

探索。早在1954年，周恩来同志在第一届全国人民代表大会上所作的《政府工作报告》就明确指出，如果不建设起强大的现代化的农业、现代化的工业、现代化的交通运输业和现代化的国防，我们就不能摆脱落后和贫困，我们的革命就不能达到目的。1956年，毛泽东同志指出，我国人民应该有个远大的规划，要在几十年内努力改变我国在经济和科学文化上的落后状况，迅速达到世界上的先进水平。毛主席还警示，如果搞得不好，会被开除“球籍”。

1964年12月，周恩来同志在第三届全国人民代表大会上所作的《政府工作报告》中提出，从第三个五年计划起，我国的国民经济可以按两步来考虑：第一步，建立一个比较独立的、比较完整的工业体系和国民经济体系；第二步，全面实现农业、工业、国防和科技的现代化，使我国经济走在世界的前面。后来由于发生了“文化大革命”，当时提出的“四个现代化”建设没有完全展开。1974年，周恩来总理参加四届人大会议时再次提出，到20世纪末要实现四个现代化。1949—1978年，我们党领导人民在旧中国一穷二白的基础上，建立起了独立的完整的国民经济体系、工业体系和国防工业体系，拥有了“两弹一星”，有效维护了国家主权和安全，我国社会主义建设事业迈出坚实步伐。

改革开放以后，邓小平同志提出“三步走”战略，即：到20世纪80年代末解决人民的温饱问题，到20世纪末使人民生活达到小康水平，到21世纪中叶基本实现现代化，达到中等发达国家水平。进入21世纪，在人民生活总体上达到小康水平之后，我们党又提出，到建党100周年时，全面建成惠及十几亿人口的更高水平的小康社会，再奋斗三十年，到新中国成立100周年时，基本实现现代化，把我国建设成为社会主义现代化强国。

2012年党的十八大召开以来，中国特色社会主义进入新时代，中华民族迎来了从站起来、富起来到强起来的伟大飞跃。党的十九大站在新的更高的历史起点上，对实现第二个百年奋斗目标做出分两个阶段推进的战略安排，提出到2035年基本实现社会主义现代化，到21世纪中叶，把我国建设成为富强、民主、文明、和谐、美丽的社会主义现代化强国。新中国成立后，从第一个五年计划到第十四个五年规划，今年的全国人代会将审议“十四五”规划，一以贯之的主题，就是把我国建设成为社会主义现代化国家。改革开放前有五个五年计划，改革开放后有九个五年计划和规划。从计划到规划也反映了我们国家的经济体制从计划经济体制转为社会主义市场经济体制，从指令性的计划转变为指导性、预测性的规划。

我们走过弯路，也遭遇过意想不到的困难和挫折，但建设社会主义现代化国家的意志和决心始终没有动摇。在这个过程中，我们党对建设社会主义现代化国家，在认识上不断深化，在战略上不断成熟，在实践上不断丰富，加速了我国现代化发展进程，为在新的发展阶段全面建设社会主义现代化国家奠定了实践基础、理论基础、制度基础。

二、中国社会主义现代化的重要特征

在实践探索中我们认识到，世界上既不存在定于一尊的现代化模式，也不存在“放之四海而皆准”的现代化标准。邓小平同志说过，我们搞的现代化是中国式的现代化，我们建设的社会主义是具有中国特色的社会主义。我们所推进的现代化既有各国现代化的共同特征，更有基于国情的中国特色。人类关于现代化的理论和现代性的特征，经过长期的探索，代表人物从18世纪法国的卢梭到19世纪德国的韦伯，再到20世纪美国的英格尔斯，20世纪80年代英格尔斯来中国做过演讲。他提出人的现代化理论，包括现代化的指标体系，这些指标体系我们现在仍然在用，包括人均GDP、服务业产值的比重、农业产值的比重、非农劳动力比重、成人识字率、在校大学生比例、医疗服务人员比例、婴幼儿死亡率、人口增长率、平均期望寿命、城市人口比重等都作为衡量现代化的指标。这些指标试图反映不同国家现代化的特征，但中国的现代化是基于中国国情的现代化。

第一，中国的现代化是人口规模巨大的现代化。中国 14 亿人口，要整体迈入现代化社会，其人口规模超过现在所有发达国家的总和。大家知道，美国最新的人口统计是 3.3 亿人，他们也在搞人口普查，数据还没公布，其他发达国家加起来也不到 10 亿人，所有这些国家加起来都少于中国人口。所以，中国现代化将彻底改写现代化的世界版图，这在人类历史上是一件有深远影响的大事。

第二，中国的现代化是全体人民共同富裕的现代化。共同富裕是中国特色社会主义的本质要求，我国的现代化坚持以人民为中心的发展思想，自觉主动地解决地区差距、城乡差距、收入分配差距，促进社会的公平正义，逐步实现全体人民共同富裕，坚决防止两极分化。邓小平同志对社会主义的本质特征做出重要的概括，就是解放生产力，发展生产力，消除两极分化，实现共同富裕。

第三，中国的现代化是物质文明和精神文明相协调的现代化。我国的现代化坚持社会主义的核心价值观，加强理想信念教育，弘扬中华优秀传统文化，增强人民精神力量，促进物的全面丰富和人的全面发展，绝不能走物欲横流、精神滑坡、道德沦丧、文明病丛生的邪路和歪路。

第四，中国的现代化是人与自然和谐共生的现代化。我国的现代化注重同步推进物质文明和生态文明建设，走生产发展、生活富裕、生态良好的文明发展道路，否则资源环境的压力不可承受。我们也不走一些发达国家“先污染后治理”的老路，出现了污染就及时治理。最近五年来，华北地区雾霾的治理就是明显的成功例子，比欧洲国家历史上做得快，做得效果好。

第五，中国现代化是走和平发展道路的现代化。一些老牌资本主义国家走的是暴力掠夺殖民地的道路，是以其他国家落后为代价的现代化，早期的西班牙、葡萄牙、荷兰以及后来的英国，还有法国、德国，甚至美国，对一些殖民地半殖民地国家进行掠夺。我国的现代化强调同世界各国互利共赢，推动构建人类命运共同体，努力为人类和平发展做出贡献，中方提出的“一带一路”倡议受到广泛欢迎，就在最近几个月，又新增了两个国际组织和我国签署“一带一路”合作文件，包括国际海底管理局、非盟；又增加了三个国家与我国签署“一带一路”合作协议或规划，包括乌克兰、博茨瓦纳、刚果（金）。实践表明，中国式现代化既符合中国实际，体现了社会主义建设规律，又体现了人类社会发展的规律。我们要坚定不移推进中国式现代化，以中国式现代化推进中华民族伟大复兴，不断为人类做出新的更大的贡献。

三、2035 年基本实现社会主义现代化的远景目标

党的十九届五中全会通过的“十四五”规划建议中，对 2035 年远景目标做了描绘，表现在九个方面。

在综合方面，经过十五年的努力，我国经济实力、科技实力、综合国力将大幅跃升，经济总量和城乡居民人均收入将迈上新的大台阶，关键核心技术实现重大突破，进入创新国家的行列。

在结构方面，基本实现新型工业化、信息化、城镇化、农业现代化，建成现代化经济体系。

在政治方面，基本实现国家治理体系和治理能力现代化，人民平等参与，平等发展权利得到充分保障，基本建成法治国家、法治政府、法治社会。

在文化方面，建成文化强国、教育强国、人才强国、体育强国、健康强国，国民素质和社会文明程度达到新高度，国家文化软实力显著增强，这是大文化的概念。

在生态方面，广泛形成绿色生产生活方式，碳排放达峰后稳中有降，我们向国际社会承诺 2030 年碳排放达峰，之后稳中有降，生态环境根本好转，美丽中国建设目标基本实现。

在对外方面，形成对外开放新格局，参与国际经济合作和竞争新优势明显增强。

在社会方面，人均国内生产总值要达到中等发达国家水平。邓小平同

志提出21世纪中叶人均收入水平要达到中等发达国家水平，现在预计2035年就达到这个目标。中等收入群体显著扩大，基本公共服务实现均等化，城乡区域发展差距和居民生活水平差距显著缩小。

在安全方面，平安中国建设达到更高的水平，基本实现国防和军队现代化。

在民生方面，人民生活更加美好，人的全面发展，全体人民共同富裕取得更为明显的实质性进展。这比英格尔斯的现代化指标站得更高，提得更全，是中国的基本现代化。

四、建设现代化金融体系和发展高质量的资本市场体系

“十四五”时期是全面建设社会主义现代化的第一个五年，也是基本实现社会主义现代化的关键时期，我们要立足新发展阶段，贯彻新发展理念，构建新发展格局，推动高质量发展，建设现代化的经济体系。这就和我们建设现代化的金融体系结合了，现在资本市场发展到了什么程度，是大家讨论的问题。这就必须深化改革开放，加快完善社会主义市场经济体制。我们要发展生产力，还要继续推进改革，完善生产关系。包括要深化金融体制改革，增强金融服务实体经济的能力，我国工农业产品产量多数居世界第一，服务业也拥有世界最多的科技人员、教育人员、卫生人员，我们这么大的工农业产品产量，都需要金融的支持。要提高直接融资的比重，促进多层次资本市场健康发展，健全货币政策和宏观审慎政策的双支柱调控政策框架，深化利率和汇率市场化改革。同时健全金融监管体系，守住不发生系统性金融风险的底线。这就回到本次论坛的重要命题，要形成现代金融体系，包括发展高质量的资本市场体系。

宁吉喆

国家发改委副主任兼国家统计局局长

2021年4月12日

序　言

回归市场本源　完善基础制度

一、结缘中国资本市场

1992 年，我作为联交所的理事，在人民大会堂陪同联交所主席李业广先生去接受时任副总理朱镕基的会见。当时他刚从上海到中央工作，谈到让内地企业到香港上市，也就是今天所谓的 H 股，他和我们说，让内地企业到香港上市，想做成两件事。第一个是筹资，当时企业还比较缺钱，但筹资还是次要的，更重要的是让中国企业通过资本市场面向世界，在一个成熟市场里向大型企业学习公司治理。

我们针对这两个目标很快把 H 股的制度设计出来。1993 年 6 月，青岛啤酒在香港正式招股上市，成为内地首家在香港上市的国有企业，之后还有仪征化纤等大型企业公司。香港市场当时没有见过那么大的企业，我们为此做了很多创新，包括全球发行等。此后香港就不断变成我国连接世界的“桥头堡”。“四大行”“三桶油”、三家电信公司等先后在香港上市，而且发展得越来越好，逐步具备了国际化的理念。

1998 年底，我受朱镕基总理邀请，开始做中国证监会首席顾问，2004 年初卸任，其间对 A、B 股合并、开放式基金成立、合格境外机构投资者（QFII）引入、创业板设立等中国证券市场的多个里程碑事件都有推动和积极建言。在当时我的年薪已接近 100 万美元，所以他当时邀请我的时候说：“甚至 100 万美元都没问题。”我就跟他开玩笑说：“我跟你还个价。”他喜欢幽默，以为我也在开玩笑。我的还价是“1 元人民币”。为什么只拿 1 元人民币的象征性年薪？主要理由有两方面：第一，为国家做事，不应该收钱。我自己那几年养活自己是没问题的；第二，假如我接受了这份工资，就没有办法衡量我做的事情。所以这份工资根本是不能要的。

2018 年 11 月 12 日，国家主席习近平在会见香港澳门各界庆祝国家改革开放 40 周年访问团时讲话中表示，港澳同胞为内地市场经济发展做出了重要贡献，其中特别提到，“梁定邦先生、史美伦女士帮助创建证券市场有关监管制度，只拿‘一元人民币’的象征性年薪”。能够有机会为国家做一些有意义的事情，我倍感荣幸。

二、资本市场基本逻辑和原则

中国走有自己特色的社会主义道路，中国资本市场同样要以中国国情为基础学习借鉴国际先进经验和好的做法，有不少基本的逻辑和原则从知道到理解，再到做到并不容易，需要一个非常执着的逐渐渗透的过程，决非一朝一夕之功。

首先要选择好的企业到资本市场来发行股票并上市。什么是“好的企业”呢？由谁来选呢？我们以前采用的制度行政色彩比较浓厚，采用核准制后，市场化程度在提高，现在试点注册制，应当把发行上市企业的选择权全部交还给市场和投资者，由投资者选择什么样的企业是好企业，当然投资者是会将国家的产业政策纳入考量的。保证好公司进入市场只是一个开端，进入市场后，公司必须以所有者即股东的利益为中心，对市场负责任。因此，规范公司治理结构对资本市场的发展非常重要。规范的公司治理意味着公司所有者即股东可以随时动用有效的手段要求他们所拥有的公司提供合理的投资回报。这就要求管理层和董事会在制定任何经营决策时，都必须在平衡风险和回报的条件下从公司的最大利益出发。要求董事和管理人员必须将公司利益置于个人利益之上，而不能侵害公司或者中小股东的利益。为保证股东监测自己的投资，管理人员必须定期向其提供关于公司现状和未来的完整公正的信息，以及任何价格敏感性信息都要及时、准确、完整地披露给所有投资者。股东为了监督管理层也应该用知识武装自己，要为自己的投资负责。当然，大股东也不可以侵害公司利益，在大股东可以影响董事人选的公司里，大股东必须注意不要将他们的自身利益凌驾于公司利益之上，发生关联交易或者存在任何利益冲突时关联方需要回避。这些原则在《公司法》《证券法》条文中已有规定和体现。

三、中国资本市场制度建设的当务之急

最近一段时间以来，中国资本市场制度建设取得了突破性进展。设立科创板并试点注册制，近期注册制在创业板试行。证监会易会满主席表示，将在全市场推行注册制。这将是中国资本市场一场重大的革命。为了适应“独角兽”和一些拥有硬核科技的红筹企业回归，证监会发布了接受同股不同权、VIE 结构（境内主体为实现在境外上市而采取的一种方式）、红筹企业、发行（Chinese Depository Receipt，CDR）等新制度，针对“小额快速”融资设置了简易程序等一系列很有意义的改革措施。应当说，注册制试验是相当平稳成功的，长期来看很大程度上取决于相关法律制度的配套以及严刑峻法的保障，现在《证券法》已经修订，集团诉讼开始试点，《刑法》《诉讼法》等也已启动修订工作。如果说不足的话，就是投资人会很在意内地对定价的敏锐性好不好，监管机构虽说已经放开，但是基本上没有很大地放开。其他市场并不是这样，企业能发行多少就发行多少，定价多少纯粹是企业与市场的博弈。

党中央、国务院对资本市场非常重视，习近平总书记多次直接批示指示加强资本市场基础制度建设，刘鹤副总理也强调“建制度、不干预、零容忍”，

就是要求资本市场从计划经济思维和行政驱动体制下走出来，逐步回归市场本源，让市场机制在资本资源配置中起到决定作用。

第一，增强风险意识。中国的资本市场已经有了很多成熟市场的构架，包括注册制、公司治理、衍生工具、融资融券、集团诉讼，等等，现在唯一缺乏的是风险意识。投资者和上市公司本身在这方面的意识都较为薄弱。金融的本质就是管理风险，市场的功能就是给风险定价。可是为什么许多新股上市后股价走势像“抛物线”？为什么股市会有大的“异常波动”？为什么会有大量的股权质押？政府每次都救市，这存在很大的道德风险，是不可持续的。我们必须正视这个问题，我们应该救系统，不应救个人和个别企业。

第二，完善金融法律。我们现在还在沿用20世纪90年代的金融法律，这已经无法适应不断变化的新环境，包括应对区块链等金融科技，用原有的法律是远远不够的，下一步必须要重新理顺修订。《证券法》和《商业银行法》《保险法》一样，确立了类似美国《格拉斯·斯蒂格尔法》(Glass-Steagall)规定的商业银行、保险和证券业分业经营、分业管理模式。之所以这样规定，是考虑到中国金融业目前仍处于市场发展的初级阶段。随着金融专业技术的提高、金融业和金融市场更加规范，就像其他成熟市场经济国家一样，我们可以对这种隔离管理模式重新评价。集团诉讼，提高违法违规成本，提高处罚效率，增强法制威慑力，需要尽快落实落地。收购、兼并本身的法律问题以及互联网金融的问题，正是全世界证券市场前沿的问题。

第三，加大直接融资。证券市场现在越来越占据重要的地位，我们国家暂时还是依靠银行的融资，这几年尽管直接融资金额有所提高，但是占比并没有提升，有时甚至是下降的。我们知道，银行融资并不是最有效、性价比最高的一种融资方法，最有效的应该是到资本市场去融资。资本市场下一步的发展仍然任重而道远。

第四，大力发展专业投资基金。目前，我国中小投资者仍然占比90%

以上，完全支配着市场，而这些小投资者投资经验严重不足，对风险也不甚理解。市场建设初期，股票市场被视作“实验性”的时候，那些小投资者是完全能够满足要求的。现在要加大改革开放，吸引大型公司发行上市，要建设国际化的资本市场，中国的资本市场需要有更多大手笔的机构投资者进入。要加大 QFII 制度、沪深港通、沪伦通等改革，引进国际大型机构投资者进入 A 股市场，提高外资在 A 股市场持有比例；中国人口结构也面临老龄化问题，到 2045 年 50 岁以上的人口将会超过总人口的半数。面对养老金这样一个艰巨任务，中国已经开始进行养老基金的试验，主要是尝试建立一个全国范围的以未来退休者的供款（Contributions）为基础的机制，发展第三支柱。这种情况下，这些供款必然将逐年增长。养老基金和人寿保险公司得以增长的一种方法，就是在其投资组合中涉及股票投资。事实上，随着人寿保险和养老基金行业的发展成熟，不同类型的资产配置（Asset Allocation）设计将会符合供款者（Contributors）的风险／回报的目标。

第五，密切关注金融科技的发展和应用。大数据、云计算、区块链、人工智能等技术正在深刻改变未来金融生态，要趋利避害，促进金融科技健康发展。金融科技确实深刻地改变着金融业务、金融模式、金融结构以及金融生态。互联网金融、智能投顾等发展迅猛，估计不用二三十年，可能交易所都没有了，交易都在区块链系统中进行，交易所会变成另外一种营运模式。区块链的优点是非常难被黑客攻击，而且不能修改，这是很好的基础，要怎么把它构建起来，还需要研究。

第六，增强市场对国际资本吸引力。我强调的一个重点是，资本市场的资金是在全球游动的，不是某一个地方的金融生态，市场的竞争是全球化的。从企业角度来看，一个是实现持续增长，另一个是利用资本市场筹资,要看哪一个市场或是用多个市场能够达成目标。比如说汇丰银行在美国、英国、中国香港市场都已上市，接下来还准备在沪伦通发行 CDR，打造全球生态。全球化发展布局的阿里巴巴也已回到香港挂牌。IPO 挂牌对一家企业来说，监管成本如果不高，对企业本身资本运作更有利的话，为何不做？所以，全球性企业在多个市场挂牌将会越来越多。也就是说，交易所作为资本市场的营运者，要迎合顾客（挂牌企业）的要求，不断地做市场调查，如果迎合不了，就没生意做了。香港为什么要修改上市规则，主要就是按照原来的上市条件，已经迎合不了独角兽企业，这些企业大部分都有同股不同权的问题。改了之后，就吸引了一部分过来。头一家是小米，之后是美团、阿里巴巴、京东等。总之，虽然各地交易所有各地的客户群，各地有各地的特色，但资本是全球流通的，像汇丰等已领略到这一点，资本不再停留在某一个地方的市场，所以在不同地方挂牌。我认为，“推动中国资本市场从局部管道式开放向全面制度性开放转变”，这是十分正确的，会使中国资本市场国际化水平进入一个新的高度。要构建国际化资本市场的主场，就要加强市场基础制度、规范、理念的市场化、法治化、国际化改革，吸引国际交易，参与国际竞争，提升国际资本吸引力。逆全球化、单边主义只会是短暂的回潮，不会改变全球化的历史趋势。

我们讨论的这些问题在每一个发展市场里都会出现，与中国香港、伦敦、纽约以及欧洲市场的问题是一样的，这些都是非常值得探讨的问题。这也显示出我们的市场已经比较成熟、比较有影响力，并且已经走到了世界前列。

青松这本书汇集了他过去二十几年的思考，对于上面这些问题也都做了一些回应，并且有一些亲身实践和体会。

邀我作序，欣然应允。

梁定邦

香港证监会前主席

中国证监会原首席顾问

2020 年 12 月 28 日

自 序

中国资本市场三十而立

中国资本市场三十年是一部市场化改革史。国有企业从计划经济下的工厂通过股改发行股票并上市变成现代公司制企业；国有银行、保险公司等经过股改上市补充资本、优化机制蜕变成具有国际竞争力的现代化银行和金融机构；市场经济理念的传播，民营经济的成长，科技创新浪潮的兴起，居民获得财产性收益，向世界展示一个真实的中国，架起国际合作桥梁，等等。在这些过程中，资本市场功不可没。

一、中国资本市场三十年最大的贡献是什么

孔子曰：三十而立。通常是指，三十岁左右的年轻人应当有独立的价值观，独立的做事能力和有所成就。中国资本市场三十年来从无到有、从小到大，取得了举世瞩目的历史性的发展和成就，建立了一整套相对完善的证券法律制度、规则、规范，形成了相对成熟的以“三公”为核心的诚信、法治、规范、透明等市场价值观，上海和深圳两个证券交易所的总市值目前是仅次于美国，排名全球第二位，交易金额在全球主要交易所中位居前列，债券市场规模世界排名第三，还有机制灵活、产品丰富、国际化水平越来越高、交易量排名靠前的期货及衍生品市场等。中国资本市场经过三十年

的发展已经成为全球规模最大、最具市场辐射力、最有魅力的新兴市场。毫无疑问，中国资本市场在而立之年“立”起来了。

中国资本市场是改革开放的产物，最大贡献是推动了我国经济体制市场化改革的深化，塑造了市场经济主体，发展了市场经济法治、文化、制度和环境，对我国社会主义市场经济制度的建立和完善发挥了历史性的作用，做出了卓越的制度性贡献。可以概述为七条。

一是改造国有经济。计划经济下的国有工厂通过股改发行股票并上市，变成了现代公司制企业，建立了现代企业制度，改善了经营机制和治理结构，发展、丰富了公有制实现形式，成为市场经济充满活力的竞争主体，焕发出勃勃生机。

二是再造金融体系。“工、农、中、建”四大国有银行原本只扮演着国家“超级出纳”的角色，后经过股改上市补充资本、优化机制，蜕变成具有国际竞争力的现代化银行，世界排名前列，资本市场提供了强大的助力。大量商业银行、保险公司和证券公司纷纷发行上市，壮大了资本实力，提高了金融体系整体经营能力、竞争能力和抗风险能力。可以毫不夸张地说，没有资本市场，就没有今天的中国银行体系，也不会有今天的中国金融体系。

三是催生民营经济。三十年来，资本市场通过发行股票共筹资约 13 万亿元，注入了各行各业的企业，为中国经济发展提供了一个非常重要的动力。沪深两市民营控股上市公司约 2 400 家，占一半以上，民营经济从“资本主义尾巴”发展到整个国民经济的半边天，承担起“6、7、8、9”的重任，成为社会主义市场经济制度的生力军。

四是成就科技创新创业。国际经验表明，科技创新始于技术，成于资本。马克思已经证明了通过股份制集聚资本于科技创新的决定性意义。股市的诞生，尤其是创业板的推出和科创板的创立，修复了我国创业创新投融资体系的生态系统，资本市场为创业投资的定价、退出提供了畅通便利的渠道，整个中国大地上科技创新创业的浪潮蓬勃兴起。

五是孵化财富效应。资本市场改变了计划经济体制下净资产定价的理论和实践，引入市场定价机制，企业家精神、创业资本、创业利润等通过资本市场得以价值实现；改变了中国老百姓“一穷二白”“越穷越光荣”的历史和观念，为居民提供了一个创造财富、配置财富、获得财产性收益的重要渠道，实现了财富效应，为社会主义市场经济制度创造了巨大的财富准备。

六是唤醒诚信法治意识。中国资本市场脱胎于“一大二公”“一平二调”的行政性计划经济体制，存在深刻而广泛的文化、历史和利益冲突；居民投资理财的兴起，股市培养了 1.6 亿的股民，市场经济的一些基本概念和理念，如诚实守信、法治规范、风险自负，以及信息披露制度、市场化定价的理念等在整个社会得到了充分而广泛的传播。

七是架起了国际合作桥梁。资本市场，尤其是股市具有充分披露、规范透明的特点，搭建了向世界展示中国、让世界了解最真实中国的视窗，向世界展示了一个及时、客观、真实、深层次的中国，包括中国最具活力的企业，中国经济的结构和实力、潜力和后劲，中国政府监管与治理的理念、能力和水平，中国投资者的结构和特点；透过资本市场吸引了一大批忠实的合作伙伴，无论是早期的 B 股、红筹股，还是后来的 QFII、各种联通，特别是直接投身中国资本市场的各类合资、独资经营投资机构等，这些合作对中国的发展和未来投下了最真诚的信任票，是最货真价实的。

二、中国资本市场三十而立，“立”于什么

孔子曰：“吾十有五而志于学”，“三十而立”，“立于礼”。“不知礼，无以立”。“礼”在中国传统文化中是一个很重要的概念，有三层意思：政治上是治国典章制度，是谓“礼制”；社会上是行为规则规范，是谓“礼教”；人的成长上直达内心自觉，是谓“礼仪”。

中国资本市场三十而立，“立”于什么呢？也就是说，中国资本市场三十年探索和实践，哪些认识被实践证明是正确的，具有本质性、规律性，在今后的改革发展中应当坚守，一以贯之？简要地说，中国资本市场三十年做了“三件事”，实现了“一个转变”。三件事分别是：1990 年 12 月，沪深证券交易所敲响了第一记开市锣声，拉开了中国资本市场的大幕，宣告中国资本市场诞生。2005 年，股权分置改革正式启动，国有股、法人股、流通股利益分置、价格分置的问题不复存在，至 2007 年底，绝大部分上市公司完成股改，A 股进入“全流通时代”。2019 年 6 月 13 日，科创板正式开板，试行成熟市场通行的注册制，中国资本市场进入一个崭新的时代。实现了“一个转变”，即从行政主导的资本市场向市场机制决定资源配置的资本市场转变，资本市场回归市场属性。中国资本市场三十年的历史就是一部市场化改革史。具体来讲，中国资本市场之“礼”有“四立”。

（一）立于市场化改革

资本市场是改革的产物，又是改革的工具，促进了改革的深化。中国改革开放四十年能够取得举世瞩目的成就的经验是什么？归根到底是“破”了旧体制的桎梏，放松行政管制，解放了生产力；坚持了市场化改革，确“立”了市场经济制度，遵循市场经济的一般规律，完善产权制度，尊重产权独立，完善公司治理，建立现代企业制度；理顺政府和市场关系，各种所有制经济主体依法平等使用资源要素，公开、公平、公正参与竞争，同等受到法律保护，平等进入资本市场，平等使用金融资源，杜绝一切不必要的行政干预，让市场机制在金融资源配置中发挥决定作用；推进国家治理体系和治理能力现代化建设，推动生产关系和生产力、上层建筑和经济基础相适应。

（二）立于高水平开放

资本市场从本质上来说是“舶来品”，以开放促改革，以开放引领改革，开放为改革指明了方向。改革开放之初，国家便制定并实施境内境外“两个市场、两种资源”的方针。1992 年建立 B 股市场，1993 年青岛啤酒 H 股上市，红筹股、VIE 结构相继成为国有控股企业和民营企业进入国际资本市场利用国际资本资源的重要方式。2001 年中国加入世界贸易组织（World Trade Organization,WTO），中国经济多维度融入世界市场，资本市场对外开放的深度和广度日益扩大；同年，我国允许符合条件的外商投资企业在 A 股申请上市，2002 年 QFII 机制启动；2006 年允许外国投资者以战略投资者身份投资 A 股上市公司；2014 年沪港通启动、2016 年深港通开通，资本市场双向开放的力度和范围大大增加，积极参加国际资本市场规则制定和治理。中国改革开放四十周年之际，习近平主席在博鳌亚洲论坛 2018 年年会开幕式上宣布“中国开放的大门不会关闭，只会越开越大！”资本市场开放进入“快车道”，沪伦通启动、中日交易型开放式指数基金（Exchange Traded Fund，ETF）互通落地，多家外商独资证券期货经营机构设立。2019 年 9 月，A 股被纳入三大国际指数（2018 年 6 月 1 日起 A 股纳入摩根士丹利资本国际公司相关指数，并在之后多次扩容；2019 年 5 月，A 股纳入全球第二大指数公司富时罗素；2019 年 9 月，A 股纳入标普新兴市场全球基准指数）。尤其是 2020 年基本建成上海国际金融中心，标志着中国资本市场对外开放进入一个新的阶段，实现了“走出去”和“引进来”的融合、资本流动和规则互动的融合，中国资本市场已经成为国际金融市场和国际资本配置不可或缺的重要组成部分。一个国际化的资本市场正在形成。

（三）立于市场经济法治

市场经济是法治经济，资本市场是法治市场。资本市场的诞生和发展对社会主义市场经济法治化提出了系统性的要求。同时，资本市场推动了社会主义市场经济法治体系的建设和完善。以保护产权、维护契约、统一市场、平等交换、公平竞争、有效监管为基本导向，基本建成社会主义市场经济法治体系；完善物权、债权、股权等各类产权相关法律制度，从立法上赋予私有财产和公有财产平等地位并平等保护；以《证券法》《证券投资基金法》《公司法》等为核心的资本市场法律体系基本建成，搭建并维护资本市场基础制度有效运行，参与各方权利、义务得到有效保护和尊重；深化行政执法体制改革，最大限度减少不必要的行政执法事项，确保有法可依、有法必依、违法必究。这些都为资本市场运行及市场机制有效发挥作用提供了保障。

（四）立于党的统一领导

中国的改革开放是一场自上而下的革命，离不开中国共产党的统一领导和顶层设计。党的领导贯穿于深化资本市场改革和发展全过程，贯穿于谋划改革思路、制定改革方案、推进改革实施等各环节，党领导的制度优势转化为治理效能，党的方针政策转化为市场法律法规，是推进改革、完善法制、推动法治、依法治市、建设法治市场的根本保障。

三、大力发展资本市场必须坚守什么

三十而立的市场仍是稚嫩的，不是完美的。展望未来，而立之年的中国资本市场承担着“牵一发而动全身”的“枢纽”功能，要倍加爱护，不可求全责备。大力发展资本市场，建立规范、透明、开放、有活力、有韧性的资本市场，就要坚守资本市场之“礼”，更好地发挥资本市场的制度性贡献。

（一）坚持深化市场化改革，着力培育市场主体的微观活力

充分发挥资本市场融通资本、规范透明、公众监督的制度优势，推进混合所有制改革，建立现代企业制度，完善公司治理，培育更多合格的充

满活力的市场主体。微观主体活力是中国特色社会主义制度与市场经济有机结合起来的根本和基石。

（二）坚持深化与市场经济相适应的法治建设，维护市场主体独立性

理解并尊重市场主体的产权独立、利益独立、法人人格独立和交易意志独立，尊重并践行在立法上赋予的私有财产和公有财产平等地位并平等保护；政府要做懂法守法、遵守契约精神的表率，不能轻易地自我否定，不得肆意干预、侵犯市场主体的独立性；强化对市场主体之间产权纠纷的公平裁判。坚持并深化与市场经济内在逻辑和制度相一致的法治建设，全面依法治市，建设法治市场和法治秩序。落实社会主义市场经济法治是一切经济主体“以恒心办恒业”的制度保障。

（三）坚守“建制度、不干预、零容忍”九字方针，坚定不移地全面推进注册制改革

正确处理监管和市场关系，事前“建制度”、事中“不干预”、事后“零容忍”。全过程各环节归位尽责，最大限度减少政府对市场资源的直接配置和对微观经济活动的直接干预，给微观主体留下最大的自由空间。政府尽量不要下场“踢球”，尽力杜绝不必要的行政管控，一个标榜为“超级投资银行”的政府绝不符合现代市场经济制度下的政府角色定位，也绝不会是一个好政府。市场回归常识，回归常态，有自由才有活力，有竞争才有创新，有秩序才有信任。政府对闲不住的行政之手要有惩戒性的制度安排。

当前，注册制是理顺政府与市场关系行之有效的方法。我们要积极推动注册制改革由股票发行向资本市场全方位、各环节推进落实。证券发行注册制已经在科创板、创业板全面试行，也将在1—2年内实现在中小板、主板市场再融资和IPO推广；行业机构设立、并购、经营业务实行更加灵活的准入制度，将经营决策、创新展业的主动权、决策权、创新权还给市场主体，

在资本市场推行“全国一张清单”管理模式，推动“非禁即入”制度普遍落实；非理性定价和大股东行为异化的根源是资本市场服务能力供给的制度性短缺，推行注册制改革扩大资本市场服务能力供给，无论什么人都不要干预、调控股票发行节奏，由发行人自行根据市场情况选择发行时间和决定发行价格，让一级、二级市场股票供求均衡、充分竞争，实现价格理性，约束并规范大股东行为。

（四）坚持科技创新驱动，建设数字化资本市场，提升资本市场效能

资本和科技从来都是相互赋能、相互成就。无论是传统的电话、电报以及无线电技术，还是大数据、区块链、云计算、人工智能等新兴前沿颠覆性科技，与传统金融业务与场景的叠加融合，导致金融学科的边界、研究范式不断被打破和被重构。沪深交易所从开业第一天起就采用股票无纸化电子化交易，实现跨越式发展。在金融科技大发展的形势下，资本市场要持续加大对金融科技的开发和应用力度，以最新金融科技的理念和技术能力为支持，并重新思考资本市场的逻辑结构，全面调整发行、上市、交易、登记、清算、结算、信息披露、市场监察、违规违法稽查、处理和处罚量刑，以及预警、风险防控等政策，优化资本市场运行、监管机制和流程，完善资本市场基础设施，提高资本市场信息化水平、系统效能和韧性；提升理解、服务、对接科技产业、科技企业、科学家的能力和水平，更加有效便捷服务国家科技创新驱动战略，更加有效地维护国家金融安全。随着5G技术的广泛应用和数字时代的到来，资本市场要加大金融科技的投入、研发和应用力度，加快数字化转型，提升智能化水平。这是大势所趋，不可阻挡。

（五）坚定不移扩大开放，以更高水平开放促进更深层次市场化改革，打造主场的国际化资本市场

面对中美贸易摩擦和“逆全球化”潮流，坚持更高水平的对外开放比任

何时候都更有意义，“内循环”绝不是闭关锁国，要以更加真诚的态度、更加开放的姿态吸收借鉴国际成熟市场经济制度经验和人类文明成果，建设更加开放、更加国际化的资本市场。我们要加快科创板、创业板、期货衍生品市场以及整个资本市场制度规则与国际接轨，加快 PDI 开放、实现 AH 股互换，完成 QFII 向 QI 制度的过渡、吸引红筹企业及其他国际企业到 A 股市场发行上市等；我们要加快外汇、外资管理制度改革，促进国内国际资本跨境流动和交易活动的便利化，促进国际企业、资本、信息、人才、交易等向国内主要市场集聚；加快建设有国际竞争力的一流投资银行、财富管理机构及其他中介机构，一个国家资本市场中介机构尤其是投资银行的服务能力基本上决定了这个国家资本市场的服务能力，一个国家资本市场中介机构尤其是投资银行的服务半径基本上决定了这个国家资本市场的国际化水平；我们要加快治理体系的现代化建设，加快培养一支高水平、专业化的监管队伍，发挥制度优势，降低制度成本，克服监管能力不足和认知局限性对市场发展的制约；我们要继续以更大力度支持和维护香港国际金融中心地位和功能，更高水平地加强上海国际金融中心建设，要以全球视野在全球金融市场环境下培育人民币资产的价格形成机制，全面打造“香港价格”“上海价格”，打造我们自己的国际化资本市场的主场，面对百年未有之大变局，应对“中美冲突”“金融脱钩”“去中国化”以及疫情肆虐等带来的全面冲击，尤其是对我国利用国际金融市场的冲击。

回首中国资本市场三十年，峥嵘岁月，不负韶华；展望下一个三十年，风景这边独好，寄希望于年轻一代。希望他们继往开来，不负重托，再创辉煌。

刘青松

2020 年 7 月 25 日

前 言

中国资本市场伴随着改革开放的伟大事业，走过了艰难辉煌的三十年。之所以艰难，一是在于我国资本市场脱胎于行政性计划经济体制，面对着文化、观念、法治的巨大冲突和碰撞；二是在于我国当时没有上市资源，我们进行部分优秀国有企业改制上市，又担心国有资产流失，因此，我们进行股权分置；三是在于在资本市场功能定位不当，我们将稀缺的资本资源通过上市指标和股票发行额度等行政性手段配置到困难企业。通过三十年坚忍不拔的努力，我们迎来了辉煌的今天，市场制度、规则规范日趋成熟完善，资本市场成为社会主义市场经济的重要组成部分，沪深两地上市企业达到 4 000 多家，市值达到 70 多万亿元人民币，市场规模和交易量稳居世界第二位，国有企业、民营控股和中外合资等各类上市公司蓬勃发展，国际资本蜂拥而至，中国资本市场已经成为国际金融资源配置、财富管理的重要场所和国际金融市场规则制定和优化不可或缺的力量。这一切都是在党中央、国务院直接领导、亲自部署指挥下实现的，是三十年来几代资本市场人卧薪尝胆、锐意改革、大胆创新、处变不惊、守正出奇、默默奉献干出来的，凝聚了几代资本市场人的青春和智慧、心血和汗水。

恰逢资本市场而立之年，我们回顾历史、记录历史，是对中国改革开放伟大成就和几代中国资本市场人的最好纪念，也是对中国资本市场文化基因的最好传承和弘扬。

作者1993年进入金融领域，1997年开始从事资本市场监管工作，非常荣幸地作为几代资本市场人中的一员，参与了这个伟大的进程。本书从一位一线资深金融从业者、监管者的视角，如实记录了对中国资本市场三十年中重要时期、重大时点上若干重大问题及其政策形成过程的观察、思考和实践。当然本书的论述，并不代表作者所在的机构。全书共分七个篇章，涉及六个方面的重大问题以及监管理念在河南辖区的综合实践。

总论篇记录了关于我国资本市场的基本属性以及基础制度的思考。我国资本市场既要遵循资本市场的一般规律，又要体现中国特色社会主义市场经济的根本特征，讨论了资本市场供给侧结构性改革的内涵和要点，结构性去杠杆政策下金融体系的选择，并提出优质证券公司可以适度加杠杆的建议。

发行制度篇讨论了我国发行制度，尤其是定价机制存在的问题，作者一直秉持市场化、国际化原则研究和设计发行定价制度，在2005年即向中央决策层提出建议推动注册制改革，属于国内比较早全面研究、宣传和倡导股票发行制度注册制改革的声音。

上市公司质量篇明确聚焦透明度是上市公司质量核心的理念。同时，实事求是地分析了影响上市公司质量的宏观、微观等诸多因素，从国际经验出发简要说明了高质量上市公司和高质量资本市场的逻辑关系。

多层次资本市场篇主要讨论了资本市场及其分层的内在逻辑，系统地考察和介绍了欧美等主要市场多层次体系，对于我国多层次资本市场设计和制度建设具有一定的借鉴意义。

投资银行篇明确说明了投资银行在资本市场功能发挥过程中所处的核心地位，我国建设高质量资本市场的当务之急是做强做大投资银行体系，特别强调投资银行只有在竞争中才能培养出真正的核心竞争力，推动监管环境进一步自由、开放，放松管制，分类监管，鼓励竞争，呼吁“合理监管”，克服监管工作中无原则的“泛爱主义”，呼吁市场准入实施注册制，促进证券经营机构数字化转型，建设智能投行，系统地研究和讨论了我国建设国际一流投资银行的目标、路径和政策选择，具有一定的政策意义。

高水平开放篇讨论了美国次债危机以来中国资本市场面临的复杂国际环境下的“危”和“机”，研究QFII制度及其改革、“内地和香港交易所联网交易”及其对我国资本市场国际化的意义，特别是深入分析目前及将来一段时期中美关系、国际经济金融格局的演进及其对我国利用国际金融市场环境的影响，首次提出建设自己的国际化资本市场主场的主张。

最后是河南辖区实践篇，主要记录了作者作为中国证监会河南监管局主要负责人一方面严格执行党中央、国务院以及中国证监会统一监管政策要求，另一方面根据辖区实际情况创造性地开展市场发展和监管的思考和大胆探索。最有意义的有三件事：一是在河南辖区开展诚信建设活动，全省上下高度支持，齐心协力，收到显著效果，给作者极大鼓舞；二是河南省委省政府大力支持构建“大监管、大执法”格局，协调十一个委办局和各地市、省直管县参与监管的责任心和积极性，形成覆盖全省的巨大监管合力；三是支持辖区某上市公司起诉河南证监局，而且郑州法院一审判决河南证监局败诉。具体案情当时在媒体上有全面细致的报道，这里不做赘述。这件事情的意义在于资本市场法治精神的彰显和确立：一是证监局作为监管机关和上市公司在法律面前的地位是平等的，证监局的行政处罚意见在司法上是可诉的，而且必须经得起诉讼的挑战和司法的检验；二是建设法治市场的目标和依法治市的理念只能在司法实践中实现。当时，这件事引起了极大的反响，争议也很大，有人不理解，这是必然的。因为这是新的监管理念和监管实践，是监管创新，是资本市场法治建设的有益而且极具挑战的尝试。

不忘历史，才能走向更加美好的未来。本书每一篇的开头都设置了简要的“导读”，简述本篇要点，尽力提炼出市场发展的规律性认识，辨明事物发展的方向。七个篇章的七篇“导读”是一个有机的整体，力图知历史、辨兴替，与研究者商榷，给决策者参考，和投资者一起预见未来。

1

第一章 · 总论篇

资本市场基本属性和基础制度

资本市场是资本资源配置和交易关系的总和，其功能实现依赖于市场的自由和法治的秩序，具有商务、法律和国家意志三重属性。资本市场基础制度是尊重商务属性、遵循法律精神、实现国家意志的有机统一。

中国改革开放走过了一条从国家行政指令性计划到引入商品经济，再到发展市场经济的道路，其核心逻辑就是不断减少行政干预，培育市场机制，推动市场经济发育发展，真正让市场在资源配置中发挥决定性作用，促进要素自主有序流动，提高要素配置效率。这是中国经过多年艰难探索寻找到的一条光明之路。

三十年来，中国资本市场一直在管制还是监管、行政主导还是市场主导、政策性要素竞争还是规则制度竞争、主体监管还是行为监管以及能否竞争中性等方面反复、反思和纠结。

全面深化资本市场改革，回归商务属性，强化法律属性，更好体现国家意志，深化对资本市场及其市场化、法治化、国际化、智能化改革原则的理解和认识，不可能一蹴而就，必须持之以恒，久久为功。

“十四五”时期我国进入新的发展阶段，推动形成以国内大循环为主体、国内国际双循环相互促进的新发展格局。这一时期资本市场改革发展的任务将更加艰巨，我们必须加紧完善基础制度，回归市场本源，最大限度地适应和服务以“双循环”为主要特征的新发展格局。

第一节　当前资本市场实现高质量发展迫切需要处理好三大属性之间的关系①

习近平总书记指出："发展资本市场是中国的改革方向"，要"加快形成融资功能完备、基础制度扎实、市场监管有效、投资者权益得到充分保护的股票市场"。2018年12月中央经济工作会议指出，资本市场在金融运行中具有牵一发而动全身的作用，要通过深化改革，打造一个规范、透明、开放、有活力、有韧性的资本市场。当前，推动我国资本市场实现高质量发展，迫切需要处理好三大属性之间的关系：回归商务属性、强化法律属性、更好体现国家属性。

一、资本市场与三大属性

资本市场是直接融资市场，要充分尊重投融资双方真实的交易意愿，通过分散决策、直接决策、充分博弈，实现市场均衡、形成交易价格、提高资源配置效率。资本市场显著特点在于涉众性、分散化、高度敏感性，市场运行以信息流为主要载体，投资者以分享企业经营未来收益为目标，同时承担风险，分担不完全合约下企业未来经营的不确定性。监管重心不仅关注市场机构的资本充足率和杠杆倍数，而且在于尊重资本市场运行规律，制定并维护规则的有序运行，维护公平、公正、公开的市场秩序，保护投资者，尤其是中小投资者合法权益，便利资本形成。监管机构拥有准立法权、

① 原文发表于中证金融研究院《中证金融与法治研究》第100期（2019-5-7）作为卷首语，作者时任中证金融研究院院长。

行政权和准司法权，是法定特设机构。

资本市场起源于商务属性。投融资功能并重，一级、二级市场平衡，在政府有效监管、中介机构归位尽责、市场主体充分博弈前提下，市场定价有效、体系健全、流动性充分、投资产品多元，从而优化资源配置、提高全要素生产率，促进降低宏观杠杆率，吸引长短期资金持续入市；市场多空力量平衡，衍生品市场发达，在更好发现价值的同时，也能更好管理风险，减少市场异常波动；登记结算、清算等基础设施安全、高效、开放，一般以账户体系为出发点明确权利人对账户内资产的权利义务，并在双务合同基础上对整个登记结算过程进行体系化设计；风险防范机制健全有效，货银对付机制健全、交易违约风险可控，既重视微观审慎监管，也强调宏观审慎管理。

现代资本市场是法治市场，法治强则市场兴。法治既约束市场“无形之手”，也规范政府“有形之手”，确保市场规范、透明。理念层面强调契约精神，要求市场主体意思自治、政府有限干预，著名的《梧桐树协议》奠定了现代美国资本市场的根基；实操层面体现为规则、规范、规矩，资本市场是规则导向型市场，强调成文法规范指引，但由于金融立法的天然滞后性，也重视通过习惯法堵漏补缺，法无明文时充分依赖行业规矩自律自治；形式层面体现为法律、法规、规章，各级规范性文件强调精细、快速立法，下位法不抵触上位法，特别法优于一般法；市场自治层面体现为章程、协议，通过自决、自治保证市场参与主体缔约权，尊重公司内部治理机制，强化交易所自律监管。

现代资本市场具有国家属性，服从、服务于国家利益，是国家利益的延续。没有不讲政治的金融，也没有不重视金融的政治。资本市场国家属性首先表现在服务国家经济发展战略，通过鼓励符合国家经济政策、产业政策的公司上市融资，间接实现宏观调控目标；资本市场国家属性还表现为落实国内政治导向和作为国际斗争工具一突出表现为利用资本市场对特定对象进行金融制裁，实现特定政治目的，如美国凭借美元国际货币地位和本国资本市场吸引力，频繁对他国进行金融制裁，禁止美国企业、个人向特定国家提供30日以上的股权投资，禁止美国金融机构与伊朗进行互换交易来对冲风险等。

二、三大属性的发展与现状

长期以来，我国资本市场商务属性扭曲，存在行政手段调控一级、二级市场现象。一级、二级市场失衡，一级市场收益高风险低，二级市场收益低风险高，投资者热衷“打新”后到二级市场抛售，使得一级市场绩差股被爆炒，二级市场被抽血后又难以维持新股价格，“堰塞湖”与“三高一破”（高发行价格、高发行市盈率、高超额募集和高破发率）长期并存是发行市场“伪市场化”的经典表现；投融资失衡，重融资、轻回报，重融资但不注重将储蓄资金引入实体经济，且融资者频繁、过度融资而较少分红，无法保证投资者共同分享成长收益；投资者结构失衡，账户资产规模50万元以下的投资者开户数高达99.77%，成熟理性的长期投资没有得到应有的回报，长期投资者不足；上市与退市失衡，常态化、市场化退市机制尚未建立，退市指标过于偏重财务类指标；多空力量失衡，投资行为扭曲，机构投资者投资行为散户化，以股指期货为代表的衍生品市场还有待发展，单边市非理性暴涨暴跌现象突出。

我国资本市场法律属性弱化。严刑峻法是确保资本市场有效运行的制度保障。我国资本市场法律供给、国家法治能力、市场参与各方的守法意识等严重不足，立法机制滞后，立法周期长、成本高，《期货法》尚未出台，《证券法》《公司法》《刑法》《诉讼法》等亟待修订，授权性立法总体偏少、授权层级较高；证券发行的行政许可属性与上市的契约自由属性没有区别；法治能力弱化，“证券”缺乏明确定义、范围狭窄，导致证券监管机构功能监管、依法治市缺乏抓手；法律责任畸轻，民事赔偿责任偏低、责任构成要件不明确，行政处罚、刑罚幅度偏低，如欺诈发行，我国对公司、个人最高罚款仅60万元、30万元，最高刑期只有5年；美国安然事件后，不仅存在集团诉讼，而且提高了对证券欺诈犯罪的处罚，责任人最高可判处20年监禁以及500万美元罚金，公司罚金可达2 500万美元，尽管市场认为此举导致合规成本提高，但这正是资本市场法治特征的体现，是市场信用和品质的保证；监管执法权限和资源不足，监管机构欠缺刑事检控权、强制被调查对象到案权、搜查扣押权等权力，稽查执法力量不足，全系统监管人员3 000余人、稽查执法人员不到1/4，而美国证监会就有工作人员4 483人，稽查执法人员占比近1/3；行刑衔接机制不畅，资本市场刑事犯罪移送案件证据要求高与行政调查手段不足矛盾突出；投资者保护机制有待健全，集团诉讼制度、公平基金制度等尚未建立，惩治违法违规威慑力严重不足，违法处罚成本与收益不匹配，大量不法之徒铤而走险。

三十年来，我国资本市场从无到有，从小到大，各项法律法规制度基础和具有世界先进水平的基础设施不断完善，在我国社会主义市场经济制度建设与改革中发挥了重要作用，在国际金融资源配置中正在成为重要的国家核心竞争力。改革的方向是提高政治站位，以习近平中国特色社会主义市场经济理论为指导，深入研究、准确把握资本市场本质，遵循有中国特色社会主义市场经济条件下资本市场发展和运行的内在规律，深化资本市场供给侧结构性改革，回归商务属性，强化法律属性，更好体现国家属性。

三、三大属性的发展方向

回归商务属性要坚持市场化取向，充分尊重市场自决、自由、自治原则，确实提升市场包容性和宽容度，确保各类市场主体平等利用资本市场，在遵循市场逻辑基础上加快完善资本市场基础制度。要以设立科创板并试点注册制为契机，落实好发行人的基础信用责任、中介机构的专业信誉责任、注册审核机关的忠实信任责任，强化自律管理、行政监管和司法惩戒三位一体的责任约束机制，深化资本市场市场化、法治化改革，推动资本市场双向开放与国际化，助力上海、香港国际金融中心建设，参与国际金融市场规则制定与金融资源有效配置。

强化法律属性要以“良法善治”为核心。市场在资源配置中起决定性作用和更好发挥政府作用，必须以保护产权、维护契约、统一市场、平等交换、公平竞争、有效监管为基本立法导向。强化法律属性，完善市场法治，既是对市场参与者的监管，又是对政府干预市场行为的规范。在法律框架层面，要完善“四梁八柱”性的基础性法律制度供给，完善资本市场基础制度，大幅提升资本市场违法违规成本，确实解决资本市场违法违规成本过低问题，既要过罚相当，又要起到震慑作用。

更好体现国家属性，着力推动有限、有效、有为监管。有限监管要求认清并严守监管边界，尊重市场主体地位；有效监管要求理性、依法、适度、公开透明；有为监管要求找准监管痛点、监管难点，精准施策、有的放矢。规范监管行为，更好地体现国家意志，是市场有活力、有韧性的重要保障。公平使用市场是国家属性的基础，要合理设置市场准入条件，确保各类适格市场主体平等使用资本市场资源，实现机会均等；要着力维护市场的有效运行，充分发挥市场在资源配置中的决定性作用；要发挥市场失灵的纠错机制，力求首先通过市场自身进行调节，完善纠正市场失灵的“工具箱”；要防范监管失灵，落实功能监管，加强金融机构公司治理机制和透明度建设；要依法治市，建设法治市场，将各类主体行为纳入法治轨道，丰富事中监管手段，提升事后处罚力度；要尽快清理一批违反市场原则、法治规范，妨碍资本资源自由流动、金融创新，影响市场活动的法规、规则及规范性文件；坚决杜绝不必要的行政干预，遵循法治原则、市场逻辑，优化必要的行政管理，避免“一刀切”式的监管；要在现代化市场条件下，打通市场与监管的人才双向交流机制，打造一支政治过硬、恪尽职守、敢于监管、精于监管的监管队伍，构建电子化、网络化、智能化的监管科技体系，提高资本市场治理现代化水平，实现资本市场高质量发展。

第二节　构建资本市场基础制度的几个基本问题[①]

温家宝总理提出，“以制度为主的证券市场建设”。这是中国股市走出迷局的治本之策。制度建设不是某项制度的单兵突进，而是资本市场基础制度的整体构建。

一、关于证券市场基础制度的结构及其参与者功能

（一）证券市场基础结构的三个层次及其参与者功能

第一层次：核心层：证券发行人和投资者。

证券发行人是资金的需求者，利润的创造者，同时也是风险的直接载体，证券发行人对资金的需求推动市场发展和创新。投资者提供资金，并不是他们因为富有而高尚，在证券市场的游戏中，他们的目的只有一个：追求利润，并为此承担风险。当利润成为现实，这是他们承担风险的回报；当风险变成损失，这也是投资者可以预期的结果。投资者对利润的期待产生对风险的欲望和勇气，对损失的恐惧又迫使他们不得不审慎行事。如果投资只有利润而没有损失的可能，即使只是某种政策暗示，投资者必然因欲望而狂热。相反，如果只有投资损失而没有收益，投资者必然因恐惧而绝望，市场因此信心渐失。因而，从微观上讲，投资者必须自主决策、自享收益、自担风险，

① 本文完成于 2005 年 5 月 28 日，作者时任香港交易所上市科副总监。

才能审慎而乐观；从宏观上讲，投资者只有对回报保持合理预期，市场才能活跃、理性而有序。

在这一运动过程中，证券发行人掌握披露信息、运用资金、分配利润、控制风险等的主动权。投资者必须依赖证券发行人披露的信息作出决策，同时对回报的预期和实现也依赖于自己对风险的控制。因而，证券发行人对投资者承担信息披露的责任。同时，发行人董事、高级管理人员对股东和债权人承担信托责任（Fiduciary Duty），并履行诚信义务。

第二层次：服务层，即各类中介机构。

当发行人资金需求量越来越大、业务越来越复杂、证券发行人和投资者数目越来越多，证券发行人与投资者无法通过一对一的直接谈判完成交易时，一系列中介机构便应运而生。中介机构成为联结交易双方的纽带，并对发行人信息披露承担连带责任。中介机构的价值在于提高发行人和投资者之间信息披露和沟通的质量，在微观上提高交易效率，在宏观上促进资金优化配置，促进市场总体效率提高。

任何中介机构都只是为核心层提供服务，市场代价就是其收取的服务费用，财务上表现为各类中介机构的营业收入。只有当提供服务带来的收益增加大于其交易成本的增加时，中介机构的存在才有正面意义。评估中介机构的价值和发展，应考察其个体质量和总体规模是否适应核心层双方的需求。

第三层次：监督层，包括各类行业自律组织、证券交易所、信用评级机构、证监会、媒体以及相关的司法与仲裁机构。

核心层和服务层的机构均为利益主体，具有明显的经济人特征。非营利性质的监督层从公共利益出发，以其职业道德和执业规范制定各类标准（如会计准则、上市规则等）和违反规则的责任及处罚，并监督执行。具体内容包括指导、规范、评价市场参与者行为，肯定守规者，调查、纠正、处罚甚至检控破坏市场规则、损害投资者利益的事件及相关各方，促进发行人履行其披露义务，保护投资人获得信息保护自己的权利，从而维护证券市场秩序及其交易的公正、有效和透明。尽力控制任何违规所可能引发的投资者损失及系统风险，保护投资者信心。

（二）资本市场制度结构的基本特征

一是证券发行人强制性信息披露。证券发行人有责任向投资者披露信息，并对所披露的信息负责。二是投资者根据获得的信息及各自风险偏好进行投资决策，明确认知投资风险和收益的对等关系，选择投资，承担风险，享有收益。三是对于任何不恰当的信息披露，包括不充分披露、选择性披露、虚假披露、差异性披露等，投资者有权要求证券发行人及其董事、高级管理人员及相关责任人等赔偿因此造成的损失，并且该权利应得到足够的尊重和保护。这三个特征构成了资本市场的基本内涵。

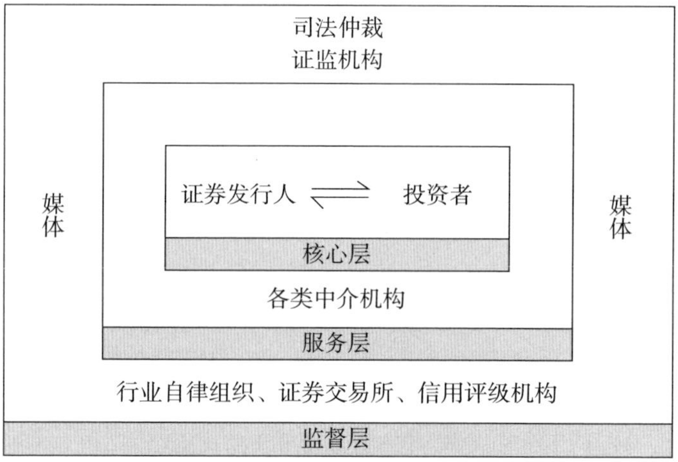

图 1-1　证券市场结构及参与者功能

（三）资本市场资金流

从资金流动的角度看，证券市场有两项资金流入、六项资金流出。两项流入分别是新入市投资者投入资金和发行人创造的利润分配，六项流出是新发行人筹资、中介机构收入、交易所费用、证监机构征费、政府税赋以及投资者离场撤出资金。

维持市场的稳定就是要保证两项流入与六项流出的资金量相对平衡。第一，要降低证券市场的资金流出及成本性支出；第二，提高上市公司创造现金流入的能力；第三，提高市场质量，吸引投资者入市，开拓新的投资资金来源；留住投资者，减少投资者离场撤出资金。

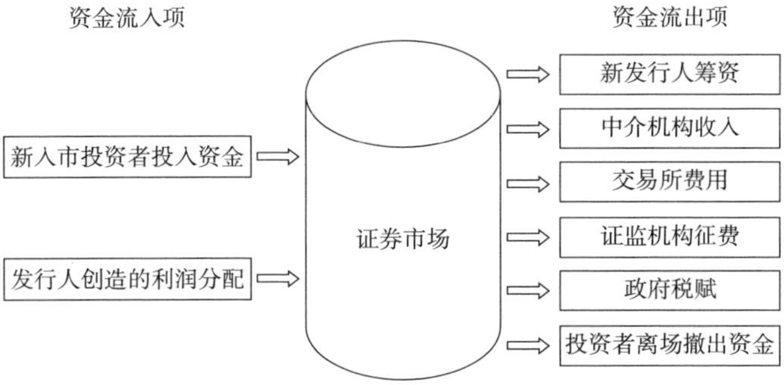

图 1-2　证券市场资金流结构分析

二、关于投资者信心

证券市场说到底是人气市场，因为资金是否入市、股市是否兴旺主要取决于投资者对市场的信心。过去几年，投资者信心受到较大影响。重塑投资者信心将是进一步深化改革的重要任务。

（一）投资者信心来源于对投资回报的合理预期

所谓投资者对投资回报的合理预期，就是对投资回报和承担风险进行评估和测算。如果投资者根据各自的风险偏好，在回报预期和风险之间能够取得平衡，则可以作出投资决策；如果回报预期不足以弥补风险、风险超过了承受能力或者市场信息不足够评估预期回报和风险，投资者则会作出不投资、持币观望的决策。

（二）影响投资者信心的因素

影响投资者信心的因素主要体现在对投资回报合理预期的评估和核算过程的影响。主观上来看，投资者的回报预期是否合理？是否有过高的、不切实际的期望？比如说，只想到赚钱，没打算赔钱；或者指望赚到超常规的利润？从市场制度的角度来看，投资者信心主要受到以下一些因素的影响。

1. 发行人及其所披露信息的可信赖程度。这是投资者确立合理预期的基本前提。发行人披露的信息是投资者评估投资收益和风险最基本的依据，几乎所有发达市场都以法律的形式明确而细致地规定发行上市的信息披露要求。安然事件后，美国国会通过了 2002 年《萨班斯—奥克斯法案》（2002 Sarbanes-Oxley Act），其核心是通过加强发行人责任，如要求公司 CEO 和 CFO 对所披露信息提供个人保证并承担个人责任，以及成立独立会计审核委员会等提高发行人信息披露的可信赖程度等。

2. 中介机构服务质量及其可信赖程度。随着市场对信息披露的要求越来越复杂、细致和专业化，中介机构对发行人和投资者的影响越来越大，发行人和投资者对中介机构表现出越来越强的依赖。因而，中介机构的服务质量、可信赖程度将直接影响投资者对回报的预期。

3. 监督体系是否行之有效。市场参与者行为随着各自风险判断和利益选择而变化，证监机构无法以一己之力有效监督数千万市场参与者。监督体系必须发挥所有市场参与者的力量，建立一个能够使市场各方共同参与、相互监督的互动网络。行之有效的监督体系至少应包括：

（1）所有市场参与者：为了保护自己的利益，市场参与者会以最大的理性、最大的热情监督所有可能带来利益或风险的因素。这是市场参与者的本能也是保护自己利益的权利。参与者保护自己权利的渠道和机制必须明确、便捷、有效，并应得到法定的、充分的肯定，不受任何非法力量的约束和干扰。

（2）各种行业自律组织：在市场基础上形成的行业自律组织既能保护本行业利益，也代表该行业的专业和职业操守的最佳水平，有效地提高该行业服务质量和信誉水平。会计是阻截虚假财务报告的第一道防线，高质量和可信赖的财务报告是信息披露体制的主要支柱。继美国2002年《萨班斯—奥克斯法案》之后，已有许多市场设立类似的独立财务调查组织，如英国、中国香港等。

（3）媒体：媒体以其追逐新闻的本性，搜寻市场上任何“非常”事件，并以通俗易懂的语言将其放大以引起市场的注意。媒体不一定专业，但是敏锐而执着。自由、独立的媒体监督通常能够起到市场净化器的作用。当然，对媒体要严肃纪律，严禁利用媒体误导市场。

（4）证监机构：各国证监机构作为证券市场法定“守门人”自然对维护市场信心责无旁贷。然而，证监机构的监督作用是有限的，在监管与反监管之间，监管永远是、也必然是落后于市场活动的。因为监管表现为法律、法规及相关政策、程序，是相对稳定的；反监管则表现为无数市场参与者以不断创新为核心和以规避监管为本质的各类市场活动，这是不断变化的。即使在发行审核等最具行政审批性质的监管业务中，证监机构也不可能发现所有申请中的所有问题。因而，从宏观上讲，行政审批对于防止虚假、提高市场质量而言，并不具有实质性意义。这正是许多市场采用“披露为本”（Disclosure Base）、注册制的重要原因。真正有效的监督与约束来自事后由于任何虚假披露引起的诉讼和赔偿威慑。

4. 投资者保护是否充分有效。证券发行人可能利用其对信息的控制地位，进行不恰当披露，投资者可能因此遭受损失。机构投资者，特别是大型机构投资者，可能利用与发行人董事、高级管理人员等建立的特殊的信息沟通渠道，较其他中小投资者，特别是公众投资者更快、更全面地获得信息，从而获得优于其他投资者的利益，造成对其他投资者利益的侵害。同时，其他误导、欺诈、市场操纵、内幕交易、不当占用投资者资产等，投资者都可能遭受损失。投资者利益是否受到充分有效的保护，将在根本上影响投资者信心。投资者保护的程序和机制要规范化、制度化和法治化，所有投资者能够获得公平、公正的保护。

5. 司法是维护社会正义和市场公正的最后保证。

三、关于发行人强制性信息披露制度

虚拟经济区别于实体经济的本质特征之一就是经济活动以信息流动为载体。市场参与者各方信息对称是市场有效性的前提。证券市场作为虚拟经济里的传统产业，其建设和监管的核心是建立有效的“发行人强制性信息披露制度”。

1.“发行人强制性信息披露制度”的内涵。强制性信息披露制度就是对发行人披露信息的内容、格式、质量、时间等提出强制性要求，违反者要承担相应的民事或刑事责任；责任落实到具体人，特别是发行人、实际控制人、董事、高级管理人员、财务负责人等。具体包括两个方面的要求：一方面是我们常说的“信息披露必须真实、全面、及时”；另一方面，我们做得还不够，即“公平披露”——证券发行人有责任平等对待所有投资者，即向所有投资者同时披露同样的信息，任何投资者有权在同等条件下获得同样的信息。避免任何因差异性披露而造成的投资者信息不对称。

2.“发行人强制性信息披露”应具有法律约束力。美国《1933年证券法》《1934年证券交易法》以及《2002年萨班斯—奥克斯法案》分别规定了各类证券发行人在发行上市阶段和上市以后必须披露的信息内容和格式，要求具体详尽，特别是其中的表格设计使得信息披露统一、标准和客观，便于操作和监管；大量判例构成了发行人信息披露体系不可分割的重要组成部分，具有法定的、强制性的效力。英国的披露要求较为原则和灵活，有些要求如果发行人做不到，则需要披露做不到之处以及解释做不到的原因。我国香港主要沿袭了英国的制度和方法，同时也借鉴了许多美国的做法。我国香港立法会和财经事务局正在就由香港联合交易所执行的《上市规则》有关信息披露的部分内容立法化，以便加强对发行人信息披露要求的强制性，当出现披露失当时，香港证监会以及其他市场参与者可以依据立法化的披露要求提起诉讼。

3. 发行人强制性信息披露的标准和要求“宜细不宜粗”，应该尽可能客观、详尽、仔细、具体，确保披露标准统一、透明、可操作。美、英及香港地区同属普通法地区，为何在监管理念和方法上差别甚大？主要是因为它们的市场参与者结构及其对普通法精神的接受程度不同。在英国，普通法精神深入人心，对一个明确、统一的原则市场参与者的理解通常是一致的，而且会较为自觉地遵守。如出现分歧，解决纠纷的机制是成熟的，特别是司法诉讼制度，市场对规则执行及纠纷解决有较高的合理预期。美国则稍有不同，由于其民族的复杂性及其历史特征，普通法精神不如英国那样深入民心，他们的市场结构，特别是市场参与者结构较英国要复杂得多。因而，美国的监管理念是在普通法精神的基础上，制定具体详尽的披露要求。香港市场披露要求日趋严厉，包括“双重存档”（Dual Filing）安排、信息披露立法化的要求，这与近几年大陆企业越来越多在香港上市、且出现多家“财务造假”（Cooking Books）不无关系。

证券市场是市场经济的高级形态，其市场理念是建立在诚信、守法基础之上的。中华文化的精髓是儒家文化，和西方的自由交易、法治文化等存在很大差异。市场参与者特别是中小企业基本上不具备现代市场诚信观念和法治精神。在这种条件下建设资本市场，建立强制性信息披露制度就显得尤为重要。深入分析十五年来中国资本市场出现的大量案例，借鉴国际上行之有效的披露方法和要求，制定严格、具体、详尽的披露规则和罚则，并严格执行。

四、改革发行体制，建立标准明确、程序透明、“以实质性审核为基础、充分披露为手段”的发行审核制度

市场制度总在披露要求、保护公众利益和降低筹资成本、便于发行人进入资本市场并有效利用资本之间寻找平衡。发行制度要尽快摆脱行政操控资本资源分配的形象和实质，推行市场化、法治化的改革。

1. 发行监管的三项工作。证券市场处于发展阶段，发行监管工作的全过程可分为三项相互独立、相互制约的部分。一是发行审核，主要职能是依据有效法规、发行条件和披露要求，行使《证券法》赋予的发行审批权力。二是发行监管，监督发行市场，包括发行审核过程，执行法律、法规及相关政策情况。三是规划发展，基于资本市场处于发展中的阶段性特征，负责发行制度的规划发展。

三项工作应该严格分开，相互独立，不可以由同一组人执行，建立有效的“中国墙”（China Wall），防止出现“自己监管自己”以及借“发展规划”之名干扰现行法规的执行等现象，影响现存法律、法规解释和执行的严肃性及一致性。

2. 制定证券发行上市的审核标准。鉴于中国《公司法》《证券法》等条文较原则性、但不够详细的特点，建议修订《股票发行条例》，制定客观、透明、稳定、统一、详细的发行上市标准。以中国香港为例，发行上市标准主要包括三个方面：首先是资格标准、会计处理、披露要求。资格标准是一系列硬性条件，如“适宜上市”“控制权、管理层连续”等，其次是一系列财务指标，如利润水平、年销售收入、现金流量、市值规模等。这些指标为上市公司设定一个最低的规模和质量标准，是客观的、明确的，任何人解读的结果都是唯一的。会计处理的审核原则就是要求公司对所适用的会计政策、会计估计有充分的理据，并将其充分披露，由投资者判断、选择。

3. 证监机构不应拥有制定过多主观标准的权力。发行审核机构对发行上市标准拥有酌情权是必要的，但必须标准明确、程序公开、前后一致。不宜赋予具体审核人员对发行申请人作个人好恶的价值判断的权力。比如，发行人是否为证监机构认定的“优质企业”（“国九条”用语）并不重要，重要的是它到底是什么样的企业？披露是否真实？能否对其披露内容负责？对于“优质企业”，不同的投资人有不同的认定标准。

4. 逐步建立“以实质性审核为基础、充分披露为手段”的发行上市核准制度。“注册制”并非不作审核，“核准制”不允许随意判断。现代证券市场中，发行审核制度无论叫什么名称，都是依据完善、合理的发行上市标准，在发行申请人实质性满足标准的前提下，发行人履行充分披露义务。

5. 改革发审委制度，由证监机构直接行使审批权力，并承担发行审核责任。中国目前的发行审核委员会制度参考了中国香港的做法，但不适合中国国情。中国证监会将《证券法》项下有关证券发行的行政审批权转移给所谓的“发审委”是不恰当的。因为，“发审委”既不具备人格特征，也不具备主体资格，无法承担任何行政或民事责任。审批权转移后，证监会保留的则是市场的风险和责任。美国证监会、英国上市局都没有采用类似的制度。为了提高审批效率和市场竞争力，中国香港交易所拟取消上市委员会，转由上市科行使审批权。中国应参考美国的做法，实行责任明确、责权统一的审批制度，由证监机构直接行使审批权力，承担发行审核责任。目前的发审委可变更为政策咨询机构，负责收集信息、检讨政策、为决策提供咨询。

6. 建立发行审核纠错机制，及发行审核审计制度。为完善发行审核程序和建立发行审核制衡机制，应当构建复核、申诉机制，行政复议制度、司法复核制度等作为发行审核工作的纠错机制安排。对发行审核实行定期的（如每年一次）工作审计，建立发行审核权力的行使与制衡机制。香港证监会每年对香港交易所上市科发行上市审核工作进行例行审计。

五、加强投资者教育和投资者保护

国际证监会组织（IOSCO）在其《证券监管的目标和原则》中将“投资者保护”列为证券监管的三大目标之一，并明确指出，保护投资者的最好办法就是“充分披露对投资者决策重要的信息，投资者可以更好地评估他们的投资风险和回报，从而保护他们自己”。可见，保护投资者利益，并不是保证投资只赚不赔，也不是通过约束其他市场参与者的合法权利来扩大某些类别股东的权利。投资者保护的最有效的办法就是加强投资者教育，由他们保护自己。

（一）投资者保护工作应包括的环节

1. 保护投资者利益的首要任务是做好投资者教育。由于资本市场的特殊性，投资者对资本市场的投资收益和风险的对等关系不一定有足够的认识。投资者教育的目的，就是要帮助投资者，特别是广大中小投资者学习、掌握分析投资风险的基本知识和技能，以便他们清晰、准确地认识投资风险，确立回报的合理水平，根据各自的风险偏好及承受风险的能力做一个明智的投资者。香港证监会主席沈联涛先生为此经常以“智慧博士”（DR. WISE）的名义通过媒体向市场提示风险。

2. 加强市场参与者各方的信息披露责任。首先，证监机构要保证政策、法规、操作程序的高度透明和一致。对于任何与政策法规有关的市场紊乱信息，证监机构要立即予以澄清，校正市场预期。其次，要落实发行人强制性信息披露义务。再次，要建立所有投资者可以自由进入、使用的共享信息平台，及时真实地披露交易前后的信息，确保任何有愿望获得信息的投资者有同等机会获得相同的信息，保证交易信息的高度透明，严肃打击任何形式的不恰当披露以及任何形式的内幕交易。

3. 尊重和保护投资者保护自己、要求赔偿损失的诉讼权，必要时提供司法援助。面对复杂的市场结构、投资工具以及强大的发行人、中介机构等，投资者尤其是中小投资者保护自己的能力非常有限。要允许、尊重和保护投资者寻求法律保护、提起诉讼的权利。这是法治社会赋予公民的基本权利，任何人民法院不得拒绝受理相关诉讼。司法和证监机构要积极探索更加有效的诉讼形式，如代理诉讼、衍生诉讼、集体诉讼等。此外，应建立司法援助制度，在市场征费中提取一部分建立司法援助基金，对保护自己合法权益方面确实存在困难的投资者，特别是中小投资者，提供司法援助，帮助弱势投资者群体享有平等权利。

（二）针对中国证券市场投资者教育和投资者保护的现状，应尽快开始以下几个方面的工作

1. 建立投资者共享信息平台。建立以互联网为依托的电子信息系统，方便投资者检索。同时，考虑到互联网技术的普及程度以及投资者使用信息工具习惯的不同，在各地建立向所有投资者开放的信息披露档案馆。要求发行人披露的所有信息必须在第一时间进入系统，不得以任何方式披露与系统内信息存在实质性差异的信息，提高市场的透明度。

2. 开办各种通俗易懂的会计、法律、金融、证券等课程、讲座，讲授与证券市场有关的业务知识。一方面，帮助投资者认清投资风险，明确自己的风险偏好和承担风险的能力；另一方面，帮助投资者更好地掌握了解分析证券发行人的业务状况、财务状况的技术和方法，以便作出理性的投资选择。证监系统和市场力量要共同承担起这个责任。

3. 司法系统加大审理证券类案件的力度。资本市场不是孤立的，市场参与者各方在任何利益关系中都应遵守相应的法律约束，如《民法》《刑法》《公司法》《证券法》《公平交易法》等，相关法律法规之间相互配合。证券诉讼案例是证券法律体系的重要组成部分。司法系统要抓紧研究证券市场中各种新的法律关系，加大证券类案件的审理力度，尽到维护社会正义和市

场公正的责任。

经过十多年“政策市”“折磨”之后的中国股市成熟了，特别是投资者也成熟了。他们需要的是真实、透明、负责任的信息披露制度，是标准透明、程序公开、可以预期的现代市场的游戏规则。中国股市放弃以“政策”为主的市场建设与监管理念，实行以“制度”为主的市场建设的历史时期拉开了序幕，任重而道远！

第三节　深化资本市场供给侧结构性改革服务高质量发展[①]

当前，我国资本市场存在的多方面问题主要原因在于制度层面供给短缺：股票发行市场不自由供求不均衡、交易受约束且成本较高、中介机构服务供给不足、市场法治不健全等。推动构建高质量资本市场，关键就是深化资本市场供给侧结构性改革，真正以市场化、法治化、国际化为原则克服资本市场制度供给短缺，实现以高质量资本市场服务实体经济的高质量发展。

正如习近平总书记所说的，无论中美关系将来会往哪里去，做好我们自己的事情，是眼前和将来一段时期最重要的事。对于资本市场来讲，做好自己的事情，就是要建设高质量的资本市场，高质量地服务实体经济高质量发展。资本市场的供给侧结构性改革核心就是如何实现资本市场的高质量发展。

① 本文完成于2019年5月11日，作者时任中证金融研究院院长，出席中国人民大学国际货币研究所（IMI）主办的“金融供给侧结构性改革”为主题的货币金融圆桌会议，以“推动构建高质量资本市场”为主题发表演讲。

一、构建高质量资本市场必须认清我们面临的主要问题

1. 发行市场“堰塞湖”和“三高”并存。这个现象有点特殊，一方面申请上市的企业非常多，另一方面是新股上市后涨幅很高。经常是新股上市第一天能涨44%，然后基本上是5—10个涨停板，一边是供给充分，另一边又是供给短缺,这是一个“怪”现象。再融资审核最长的时间需要两年，企业的融资项目、定价基准等都已经面目全非了，这个效率导致我们诸多相关制度设计在国际市场上行之有效，但是在我们的制度下是毫无意义的。

2. 上市公司缺乏新经济。我国现在有3 600多家上市公司，2018年总营收45万亿元人民币，占GDP的一半，应该说是整个中国经济的基本盘。我们的上市公司存在诸多的问题，其中有一条很重要，就是代表中国经济未来的新经济在中国资本市场当中占的比例非常少。从过去二十多年来看，中国的新经济企业基本上走向了国际市场。一方面，因为我们的投资人理念上不接受，比方说当时投资阿里、腾讯、新浪等三大门户的资本，基本都是国际资本，中国资本是不认可的；另一方面，跟我们的整个资本市场的理念和融资标准是相关的，因为我们要求的是用历史告诉未来的逻辑，看前三年业绩，看过去的发展状况，那么这样的逻辑选择的企业，一定是有良好的历史记录，但不一定拥有美好的未来，尤其是大量的新经济是不符合这个要求的。

另外还有一个新情况，就是我们的会计准则严重滞后于新经济发展。我们去调研一些新经济企业，会计报告所表达的资产负债结构当中，80%—90%是有形资产，而真正花出去的资金而形成的资产是大量的数据、专利和结构工具，这些在现在的会计制度下无法记入资产负债表，也就是说公司的资产负债表完全不能够反映资产负债结构的真实状况，这是第一条。第二条，这些企业的营业收入主要依据的经营资产是这些不能纳入资产负债表的数据资产，公司的大量的数据、数据库没有记入公司资产，但是公司

所有收入的80%以上是来自这些资产。这就出现了另外一个问题，它的经营收入与资产负债表无法匹配，也就是说我们现在的会计准则、会计语言和呈现的格式内容与新经济实际的资产负债结构、经营状况和财务状况是严重不匹配的，这怎么反映这些企业的经营状况和风险特征呢？但是现在没有解决。我希望这个问题能解决，因为不解决的话，大量的新经济企业实际的经营状况、财务状况、风险状况无法如实充分反映，一旦进入资本市场就存在制度性风险。

3. 交易制度单一，交易自由受限，交易成本高。市场的本质就是交易，交易所就是做交易的地方。我们现在交易出现一些什么样的问题呢？一是交易制度单一，我们的证券法律限制公开发行股份场外交易，场内交易原来只有"场内机内"，后来增加了"场内机外"，即大宗交易，没有在国际市场上与生俱来各类灵活多样的交易方式；二是交易自由受到影响，2018年证监会提出"三点声明"①，这说明我们的交易自由受到诸多不必要的干预，另外，就是从交易成本上来说还是比较高的，这里面包括税费，等等，如果单笔算下来，我们不是最高，但是交易换手率高，换手率高之后综合算下来我们的交易成本偏高。尤其是印花税，印花税现在已经不高了，但是国际市场比如美欧日大部分的市场是不收印花税的。这与其说是一项政策，不如说是一个态度。

交易工具、产品设计方面还有一些问题。现在证监会对产品创新需要备案，备案时间长短不等，有的需要半年左右。一般需要花两到四个月向监管人员解释清楚其所报的产品结构、风险是什么。导致的结果是我们很多机构因为

① 2018年10月30日上午10点39分，中国证监会发布声明："证监会正在按照国务院金融稳定发展委员会的统一部署，围绕资本市场改革，加快推动以下三方面工作，回应市场关切。一是提升上市公司质量。加强上市公司治理，规范信息披露和提高透明度，创造条件鼓励上市公司开展回购和并购重组。二是优化交易监管。减少交易阻力，增强市场流动性。减少对交易环节的不必要干预，让市场对监管有明确预期，让投资者有公平交易的机会。三是鼓励价值投资。发挥保险、社保、各类证券投资基金和资管产品等机构投资者的作用，引导更多增量中长期资金进入市场。"

嫌效率太低、成本太高，拒绝做产品创新，跟随性策略成了我们机构创新的主要策略，因为这样时间和成本上的消耗相对经济一些。

4. 机构数量和执业水平不能满足市场发展的需要。高质量的资本市场离不开高质量的证券经营机构。上述问题都和我们机构面临的问题是相关的。我国证券经营机构2018年有131家，存在的现象是小、散、乱，核心竞争力缺失，特别是存在“机构同质化、业务通道化、竞争公关化”的特点。

除了证券机构之外，我们还有会计师、律师、评估师等，这些是市场信心的基础，也是交易的基础。在这个市场上，会计师、律师、评估师等，无论从执业水平还是数量的供给，都存在着不同程度的不足。比如三板市场，有不少挂牌公司不能按时披露年度审计报告，因为找不到会计师，没有会计师做；还有一部分公司的会计报告是由一些没有执业资格的会计人员做的，而最后由有执业资格的人签字，这就导致审计报告质量参差不齐。资本市场或者一个金融产品的交易市场，其基本特点就是以信息为载体的市场，而财务信息、审计信息应该是重要的信息组成部分。为什么新三板市场缺乏流动性？所披露的信息质量不够高，不可以信赖，不足以做出交易的判断。新三板市场的交易很多是投资人对投资标的进行专门的现场调查和估值，才能进行交易。在这种情况下，对于一个市场的一般投资人来说，如何去对每一笔交易做这样专门的尽调去估值？在实际操作上是不可行的，从交易成本上是不划算的，这样怎么会有交易？怎么会有流动性？这跟我们的资本市场现在一些中介服务机构的数量和执业质量是有密切关系的，这些也都决定了我们资本市场的质量水平。随着新三板市场改革深化，这些现象已大大好转。

5. 多层次资本市场层次定位不清，相互关系缺乏有机联系。资本市场为什么要多层次？设立或者划分层次的标准和目的是什么？简单地说，市场分层就是风险分层，具有相同或相似风险特征的证券和风险偏好相匹配的资金，根据与本层次风险特征相匹配的交易制度实现对接。党的十六大就提出要完善多层次资本市场，形式上我国现在已经建设了多个层次的资本市场，有公募市场、私募市场，有股权市场、股票市场、债券市场、期货及衍生品市场等。就股票市场而言，我们存在的问题是，主板和中小板、中小板和创业板、创业板和科创板、科创板和新三板等层次之间，上市（挂牌）标准、交易制度、参与者结构等风险区分度不大，层次之间各自为政，竞争大于合作，没有在功能上和风险区隔上形成相互既独立又合作的统一的有机整体。

6. 资本市场高质量发展依赖高质量的司法保障。法治供给不足。首先是无法可依。其次是投告无门，因为现在规定投资者受损失了，必须要有行政监管部门处罚在先，监管部门不认定，法院不受理。当然了还有一些所谓的执法不严、有法不依这样的情况。资本市场违法违规成本极低，不仅对违法违规的机构和个人没有震慑惩戒，反而起到了“激励”效果。

当前，我国资本市场法治生态环境异常脆弱，要培育社会以及资本市场各参与方对法治的信仰和司法对金融市场当中、资本市场当中各种法律关系的确认，我们的监管要经得起法治的考验、经得起司法挑战。如何建设法治市场？司法体系如何提升对资本市场保驾护航的能力？只能在司法实践中、在诉讼过程中逐渐实现。

二、构建高质量资本市场关键在于深化资本市场供给侧结构性改革

2018 年底中央经济工作会议非常清晰地描述了资本市场改革的目标，这也是我们工作的遵循：就是深化资本市场改革，按照市场化、法治化的要求，打造一个规范、透明、开放、有活力、有韧性的资本市场。实现改革的目标就是必须下大力气解决上述存在的问题，这其中的核心就是要真正坚持“市场化、法治化”的改革原则。市场化和法治化对于资本市场而言，既是根本原则遵循，又是根本的基础设施。实际上我们存在一种“叶公好龙”

的情况，就是说起来我们对市场化、法治化是欢迎的，可是到了一些关键环节就不愿意遵循市场化、法治化原则，表现出各种怀疑、犹豫和不信任，担心出错、添乱、失控。这就需要我们深化对市场化、法治化改革原则的认识和理解，要发自内心地信任市场、相信法治。“规范、透明、开放”靠的是法治，相信市场容“乱”纠“错”的能力正是资本市场“有活力、有韧性”的具体表现。“四个敬畏，一个合力”是对坚持市场化、法治化改革原则知行合一的具体体现。

在发行上市标准上，我们更新观念；创新会计制度，适应新经济企业的经营活动特点；明确融资规则，真正让市场在资本资源配置过程中发挥决定性作用，实现一级市场的供需均衡，在上市资源的配置当中，政府尤其是监管部门要真正地放松和放弃对金融资源的控制，真正由市场来控制，尊重参与者自决，便利资本形成，维护市场秩序，打击欺诈发行。机构监管改革的方向主要是放松管制，改善监管，放开机构牌照和业务牌照实行注册制，通过充分竞争，并购重组扶优限劣，通过破产淘汰恶的机构，让机构的生死存亡、并购重组交给市场竞争成为常态，只有减少干预，充分竞争，才能培养出核心竞争力，才能培养出具有国际竞争力的世界一流投资银行。完善交易制度的核心是尊重交易自由和交易便利，尽可能地减少对交易过程的干预，尊重交易者真实意愿，充分研究和借鉴国际市场普遍采用且行之有效的交易制度安排，提高交易效率，减低交易成本，打击内幕交易、市场操纵等。关于多层资本市场的发展，改革的方向应该是把上市（挂牌）证券以及资金和交易制度之间风险匹配，各版块之间风险特征是错位发展、配合互补、升降有序、有机统一，完善法治，要改变观念，做到有诉必理，不能有诉不理。对违法违规案件，要抓早抓小，而不能抓大放小，把小案养成大案。要修改完善立法，行、民、刑三责联动，为执法提供充分的法律供给。完善诉讼程序，特别是讨论比较集中的集体诉讼等。要让法治确确实实成为规范市场、维护权益的最后保障，让市场参与各方在司法实践中切实感受到公平和正义，切实提高资本市场违法违规成本，让所有参与者对市场、对法治心存敬畏。另外，金融和科技永远是相伴而生的，近些年随着信息科技蓬勃发展，金融科技和监管科技都发展很快，但是资本市场金融科技发展滞后，监管科技应用更加滞后，不能一禁了之，迫切需要引起高度重视。

当前，我国资本市场的重中之重就是稳步推进“设立科创板并试点注册制”，根本遵循就是坚持市场化、法治化原则，设计试验一套不同于传统的行政主导的新制度，“真正”由市场机制起决定作用的股票发行上市制度，服务国家科技创新战略。新制度的创立和诞生要克服诸多旧制度的干扰，不能向旧制度屈服低头。这是当前资本市场供给侧结构性改革的头等大事。

第四节　结构性去杠杆政策下金融体系的选择①

防范化解金融风险是当前经济工作的重要任务。杠杆水平是衡量经济金融风险的重要指标，是经济运行的结果，要对合理的杠杆水平有一个科学的判断。去杠杆是一个长期的过程，不能操之过急。去杠杆的过程，实际上是深化改革、转变发展方式的过程。要坚持市场化、法治化原则，绝不能行政化去杠杆。

一、金融去杠杆是2018年宏观经济环境的重要课题

金融去杠杆是2017年宏观环境的重要组成部分，也将是2018年宏观环境的重要主题。2017年下半年开始，金融监管部门陆续出台一系列规范

① 本文是作者2018年7月15日在中国人民大学“国际货币论坛”上的演讲，作者时任中国证监会研究中心研究员。

性文件，将原有散落在不同文件和办法中的相关金融制度规定作出系统总结，表外理财和同业存单监管框架已初步形成，影响最大的当然是大家熟悉的“资管新规”。

2018 年 4 月 2 日，中央财经委成立，首次会议提出“三大攻坚战”，重中之重是打好“防范化解金融风险”之仗，首提“结构性去杠杆”。去杠杆的提法有三个阶段：一是 2015 年中央提出供给侧结构性改革，提出去杠杆，因为杠杆率太高的话，成本就太高，经济的韧性就比较差，去杠杆的含义是把杠杆率降下来；二是 2016 年提出来要稳杠杆；三是最近提出来结构性去杠杆，即“要以结构性去杠杆为基本思路，分部门、分债务类型提出不同要求，地方政府和企业特别是国有企业要尽快把杠杆降下来，努力实现宏观杠杆率稳定和逐步下降”。

结构性去杠杆强调的是在总体杠杆率水平基本稳定的情况下，改善部门内部杠杆率结构来降低风险。我们理解，至少有以下几个层次的内涵。

1. 体现打好“防范化解金融风险”攻坚战坚持去杠杆政策的战略定力。去杠杆的总体方向没有变，但在现在及今后一段时间内，总体杠杆水平要相对稳定，稳中有降。

2. 强调去杠杆的结构性特征。也就是说，在总体杠杆水平稳中有降的前提下，注重结构性调整，好的杠杆可以适当增加，而坏的杠杆则必须坚决出清，比如“僵尸企业”。

3. 关注实体经济增长、经济去杠杆和股市稳定三者中较大的相关性。经济去杠杆，短期看会对当期实体经济增长和股市稳定产生负面影响，不可能要求一方面经济去杠杆，另一方面又要求当期的实体经济和股市不受影响。

4. 关注境内外形势的复杂性和风险叠加，处理好政策的战略定力和政策执行的灵活性之间的关系。

纵观其他国家的历史，成功的去杠杆过程都是在杠杆率逐渐企稳并缓慢下降的过程中实现的；并且总杠杆率缓慢企稳的过程中，一定会伴随着各部门杠杆率结构的再平衡过程。桥水基金达里奥（Dalio，2012）称之为“好的去杠杆”。美国在金融危机之后，其居民部门杠杆率有了显著下降，但政府部门杠杆率却在上升，新增的政府债务有利于美国经济企稳并且降低了整体杠杆率过快下降的风险。

二、去杠杆的过程和现状

（一）去杠杆是一个长期的过程

近年来，国际清算银行（BIS）、中国社会科学院、麦肯锡等机构在宏观经济杠杆率研究上具有广泛的影响力。根据中国社科院研究整理的数据。1993—2017 年，实体经济杠杆率由 107.8% 上升至 242.1%，24 年上涨了 134.3 个百分点。杠杆水平超过了国际上大多数发达经济体。主要有两件大事推升杠杆水平：一是 2009 年的 4 万亿元推动杠杆跃升；二是 2013—2015 年的金融创新和货币宽松杠杆持续推高。根据杠杆率变化的特点，大体上可以分为四个阶段，重点看第二、第三阶段。

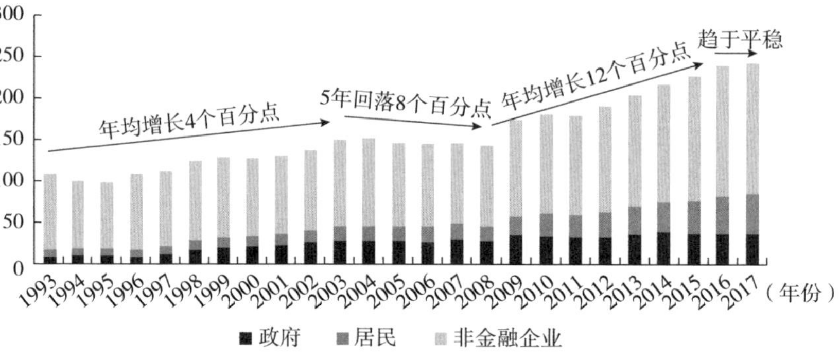

图 1-3　实体经济部门杠杆率及其分布（%）

资料来源：中国人民银行、国家统计局、财政部、Wind；国家资产负债表研究中心。

第二阶段是 2003—2008 年。这段时间名义 GDP 高速增长，增速最低的年份也达到了 16%，最高达到 23%，名义 GDP 增速超过了债务和货币增速，实体经济杠杆率下降。这五年去杠杆过程的最大特点是债务温和上升伴随经济飞速上涨，这是全球经济大繁荣与中国经济上升周期相重合的阶段。这一段时间里，杠杆率五年下降 8 个点。

第三阶段是 2008—2015 年。这七年时间里杠杆率增长了 86.2 个百分点，平均每年增长超过 12 个百分点。由于大规模刺激政策的启动，债务出现了跃升，当年债务增速高达 34%，而名义 GDP 增速则回落至 9%，随后债务增速持续下滑但名义 GDP 增速下滑速度更快，2015 年名义 GDP 增速跌到了最低点的 7.0%。这段时期的主要特点是债务增速在开始两年出现跳升后持续下降,但名义 GDP 增速以更快的速度下降。这是经济增长最困难的几年，也是加杠杆最快的几年。

根据图 1–3，我们观察发现：

1. 一个基本的判断：从历史来看，凡是经济增长比较好的，经济形势比较好的时期，杠杆率升得就比较慢，甚至是下降的；凡是经济比较困难的时候，杠杆率增长就比较快。

通过对过去几十年的观察，要去杠杆，重要的、比较核心的不是停下来去杠杆，而是要在发展中去杠杆，要在实现经济健康发展的过程当中才能够有效的去杠杆。如果实体经济停滞了，或者实体经济进入困难的时期，去杠杆将非常困难。谨防因为去杠杆的改革目标，而引发经济停滞甚至衰退。

2. 去杠杆可能是一个长期的过程，可能比加杠杆的过程还要长，过程要谨慎，不能操之过急。加杠杆的过程实际上是一个负债转为资产的过程，通过产能实现盈利，实现增长，达到一个循环。这个过程是比较漫长的，在大幅扩张期，依靠大比例举债形成的产能则需要更长时间实现财务平衡。

从微观角度讲，按照投资回报率 10% 计算，在一个正常经营过程中，从借钱到自身形成能力还本付息需要 9—10 年。去杠杆的过程要尊重经济活动规律，包括要尊重微观经济的规律，因为它要形成自身有效的循环。

美国 2008 年以后的去杠杆被认为是“好的去杠杆”，我们看到美国从

2008年金融危机之后，一直到加息，花的时间是8—9年。这能不能形成规律？目前来讲虽然尚不能确定，但是这给我们一个启示，就是加杠杆和去杠杆的过程一样，是一个长期的过程。

3. 去杠杆的过程实际上是深化改革和转变经济发展方式的过程。中国是一个高储蓄的国家，是以高储蓄支撑高投入，而且是以债务形式投入的经济增长模式，注定了是一个高杠杆的经济体。这一点不能忘。必须要转变经济发展方式，要从高度依赖高储蓄、高负债、高投入支撑的经济增长方式，转变成以需求拉动、直接融资为主的经济增长方式，才可能长期稳定地去杠杆。

从微观层面来讲，根据著名的MM定理（Modigliani&Miller，1958）及其修正理论，企业杠杆水平和诸多微观因素有关，比如银企双方信息越不对称、企业税负越高，预算软约束越严重，企业杠杆率就越高。1994年的分税制改革则有效解决了财政体制的中央地方激励兼容问题，形成“财政分权和晋升锦标赛模式”，地方政府和国有企业成为资金配置的主体，并主要进入基建、重化、工业和房地产等中长期投资领域，而这些正是预算软约束最严重的部门，地方政府想尽一切办法增加负债，严重恶化了产能过剩和杠杆率问题。目前，地方政府及其融资平台正是高杠杆的主要来源。这是一个制度性、体制性的结果。

也就是说，如果不伴随着深化改革和经济增长模式的转型，去杠杆几乎是不可能的。从积极的角度讲，配合去杠杆要从影响杠杆率的各个环节入手深化改革。深化改革的关键在于强化市场法治，完善市场机制，理顺政府和市场关系，在市场化风险出清的基础上，提高投资回报水平，优化金融资源配置效率。政府管理加大“放、管、服”减低行政成本、地方政府强化预算约束减少低效无效支出、财政体系降税减费减人减支，以及优化金融监管减低实体经济融资成本等。

4. 合理的杠杆水平和结构要有一个科学合理的判断。关于去杠杆我们应该有一个合理的目标，这个目标涉及社会经济活动，特别是对于企业微观活动，要尽量定量。

杠杆水平是经济运行的结果。杠杆是工具，无所谓好坏；杠杆水平是结果，它是个出口，不是入口。各个国家发展水平不一样，各国的经济结构不一样，经济体系不一样，结构制度不一样，实际上各国的杠杆率水平简单比较意义不大。但有一条是一样的，那就是杠杆率水平要服从于实体经济的健康稳定的发展需要,这是基本原则。那么在实现国民经济的健康有序、稳定发展的情况下，我们的杠杆水平、负债水平也是一个重要的基本关系。

5. 去杠杆的过程一定要坚持市场化、法治化。最大的问题是我们加杠杆的时候，各级地方政府快马加鞭。我们去杠杆的时候，各级地方政府也同样是快马加鞭。

（二）金融体系去杠杆情况

由于各国金融体制不同，不同经济体的金融部门杠杆率天然存在巨大差异，对金融部门杠杆率进行国际比较意义不大，这也是 BIS 等机构不发布各个经济体金融部门杠杆率的重要原因。我们研究认为，金融体系的杠杆应当包括金融市场杠杆和金融部门杠杆两个部分。由于我国信用交易受到严格限制，我国金融市场的杠杆水平总体并不高，金融部门杠杆率的增长和经济部门加杠杆的过程基本一致。

1. 2017 年金融体系去杠杆初见成效。1993—2016 年，伴随着实体经济部门杠杆率的提升，金融部门杠杆率一路攀升，从不到 10% 分别上升到负债方统计的 67.7% 和资产方统计的 78.2%。2017 年，金融去杠杆迈出实质性的步伐，到年末金融部门杠杆率分别回落 8.4 个百分点（资产方）和 4.8 个百分点（负债方）。相比于实体经济部门，金融部门可以说是加速去杠杆，且资产方口径杠杆率与负债方口径杠杆率之间的差距继续收窄，表现出表外业务仍在向表内回归。

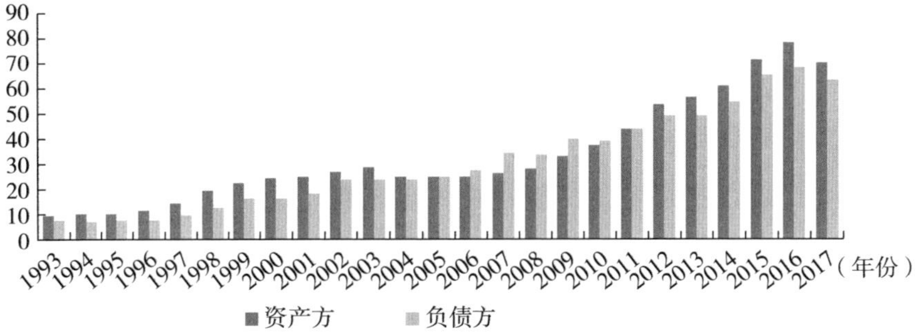

图 1-4　金融部门杠杆率（%）

资料来源：中国人民银行、国家统计局，Wind；国家资产负债表研究中心。

2. 股票市场去杠杆。市盈率。当前沪深两市市盈率水平，上证综指是 13 倍，深圳成指 21 倍，沪深 300 是 12 倍，创业板 41 倍。国际上，标普大约是 24 倍，德国法兰克福是 14 倍，恒生国企 9 倍，孟买指数 24 倍。可以看到，中国的股票市场总体估值水平不算高，具备了一定的投资价值。

融资融券。2015 年 6 月 19 日最高点时，两融余额 22 659.75 亿元，约占 A 股市场流通市值的 4.7%，融资交易占 A 股市场普通股交易比重约 9%；2018 年 7 月 12 日为 9 011.84 亿元，两融余额占 A 股流通市值比例约 2.25%，两融交易额占 A 股成交额 7.86%；在国际上的成熟市场，这两个比例分别超过 6% 和 40%。目前，融资融管业务全市场维持担保比例约 250%，投资者最大融资杠杆比例为 1 倍，实际杠杆水平为 0.67 倍。

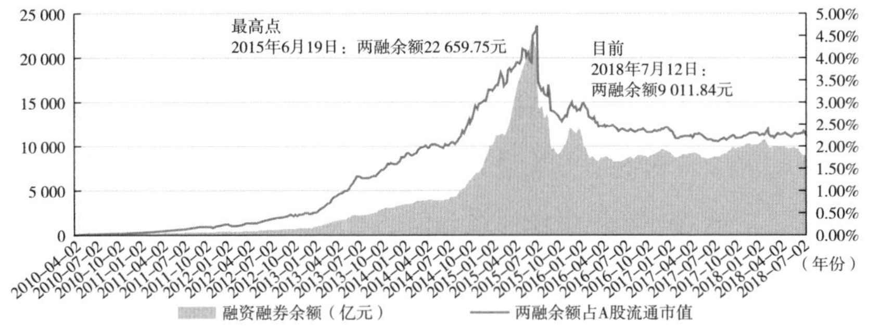

图 1-5　两融规模

资料来源：中国证券金融公司网站。

场外配资。结构化信托配资产品：股市异常波动前，该类产品以伞形信托为主，对接 homs 系统、上海铭创和同花顺等系统进入股市，规模不少于 1 万亿元；此后监管上禁止了此类模式，又规定信托杠杆配资比例不超过 1：2，结构化信托产品规模下降。

互联网配资业务。原型是民间配资，兴起于2007年，不受监管，野蛮生长。"互联网 +"后，民间配资中间将视野由线下扩展到线上，也就是 P2P 模式。根据《2017 年中国网络借贷行业报告》数据显示，截至 2017 年底，网络贷款 1.2 万亿元。如果 2% 的网贷资金进入股市，互联网股票配资规模约 240 亿元。2015 年起，对场外配资，尤其是 homs 系统等清理整顿，非法场外股票配资平台有所减少，但并未根绝。

民间配资业务。互联网股票配资以外的基于民间借贷的配资行为，统计数据不详。

股票质押式回购业务。证券公司自有资金或资管计划的资金，通过沪深交易所场内回购交易向投资者提供融资。2018 年 3 月 12 日起，交易所、证券业协会实施股票质押式回购监管新规，服务实体经济，强化风险管理，规范业务运作，对融入方及风险管理、资金专户存放、质押率上限、单只股票比例、证券公司自有资金融资规模等方面提出明确要求。目前，股票质押式回购业务，风险基本暴露，潜在平仓风险不容忽视。

其他融资业务。证券公司场外衍生品类融资业务，收益互换、场外期权等规模不大，从严监管，风险可控；分级型基金、结构化资管产品处于清盘、转型过渡期。

3. 债券市场去杠杆。主要是银行间债券市场，交易所债券市场规模大约相当于前者的九分之一。由于债券市场回购融资放大了资金可投资的债券总量，一般用债券托管总量 /（债券托管总量—债券待购回余额）来测算债券市场的杠杆率。当前债券市场本身的杠杆率在 1.1 左右，相对稳定且并不高。2016 年下半年以来，从央行出台的政策与公开市场操作来看，去杠杆的主要思路为维持中性或偏紧的货币政策，抬升短端收益率，压缩金融机构“借短养长”利差空间，控制金融机构规模扩张过快。从下半年开始，金融去杠杆逐步成为影响债券市场的重要因素，其中既包括监管部门的政策文件，也包括央行货币政策操作的变化。

虽然债券市场自身的杠杆并不高，但是债券托管总量的上升又是全社会加杠杆的一个重要体现。2016 年开始金融部门债务占 GDP 比重快速上升，速度显著高于非金融企业部门，一个重要的原因是中小银行同业存单规模的增长。2015 年以来，同业存单成为大型商业银行或金融机构向中小商业银行“搬运”流动性的重要工具。债券资产是各部门债权融资的另一面，2016 年债券资产规模的快速增长很大一部分来自中小银行同业存单融资的快速增长，这也一定程度上反映了金融部门的加杠杆和资金脱实向虚的事实。2017 年 9 月，央行发文约束同业存单发行期限不能超过 1 年，并将部分同业存单纳入 MPA 考核体系，同业存单的发行规模与托管规模的同比增速开始快速下行。目前同业存单增速下降明显，规模保持平稳。

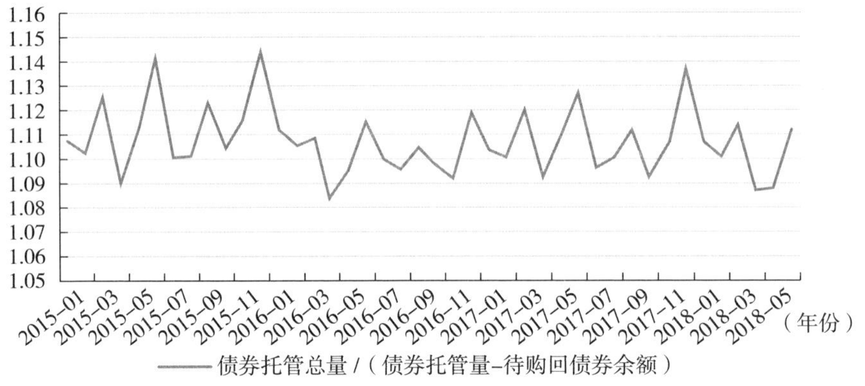

图 1–6　债券市场杠杆率

2018 年 1 月，“一行三会”联合发布的《关于规范债券市场参与者债券交易业务的通知》（银发［2017］302 号，简称 302 号文），内容涉及债券代持、杠杆标准等，严控债券杠杆，整顿债券交易。随着去杠杆的进一步深化，中长端收益率持续上行，对实体经济产生负面影响，信用债爆发违约潮，边际违约率较往年快速提升，信用利差迅速走阔。截至 2018 年 7 月，共有 26 家发行主体出现违约事件，违约后未偿付信用债本金约为 692 亿元，未偿付信用债利息约为 91 亿元。

4. 证券公司去杠杆。证券公司杠杆率基本上维持在 3—4 倍的水平，而银行在 12—13 倍，保险在 10 倍这样的水平。从国际来看，在金融危机前国际主要大机构最高的时候也是 50 多倍，美国基本上保持在 16—20 倍、30 多倍。2016 年的，像高盛、摩根史丹利降到了 10 倍多，比我们高很多。

根据《证券公司风险控制指标计算标准规定》（证监会［2016］第 10 号公告，2016 年 6 月 16 日发布，10 月 1 日期实行），我国证券公司杠杆倍数预警线 10 倍，最高可以达到 12.5 倍。

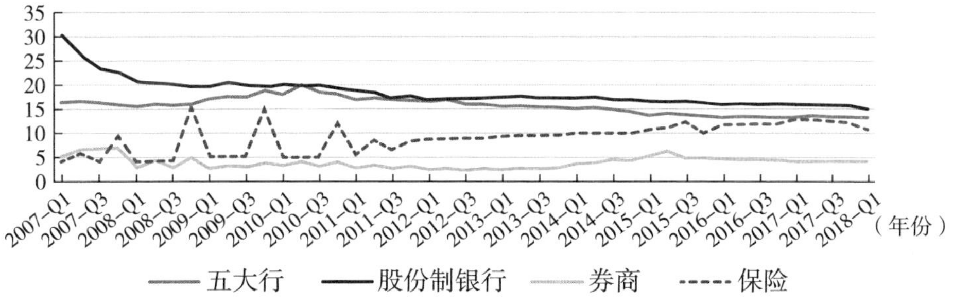

图 1-7　金融机构表内近十年杠杆率变化（2007Q1—2018Q1）

三、金融去杠杆的几点思考

（一）关注金融去杠杆会对实体经济的影响

金融和实体杠杆同为经济增长模式的“镜像”。要密切关注金融去杠杆对实体经济的影响，防止金融去杠杆可能引发新的系统性风险。已有不少国内外研究分析杠杆率和系统性风险的相关性的学说，最具代表性的研究有“阈值效应假说”“倒 U 形假说”和“5-30 经验法则”。我们可以通过这样一些经验规律来审视中国经济和金融体系的系统性风险有没有突破经验阈值。

据中国社科院提供的数据，金融强监管和去杠杆政策效果逐步显现。金融去杠杆已经导致社会融资规模增速回落，表内融资（本币贷款 + 外币贷款）存量增速基本平稳，目前稳定在 12%—13%；表外融资（信托贷款 + 委托贷款 + 未贴现银行承兑汇票）存量增速急剧下降，从 2017 年 10 月高点 19% 降至 2017 年末 15%，2018 年第一季度末进一步降至 5.5%。受表外融资拖累，社会融资规模存量增速和考虑地方债后的广义社会融资规模存量增速双双不断下降。去杠杆尤其是金融体系内部控制杠杆，引起金融体系资金链条缩短、多层嵌套减少等合理反应，具体表现在银行投资的债券规模下降、银行投资的资管产品规模由快速扩张转为有所萎缩等方面。这些业务收缩进一步导致派生存款减少和 M2 增长放缓，从可比数据看，2017 年各个季度 M2 增量均明显低于往年。去杠杆还引起货币乘数回落。

国际经验表明，去杠杆进程（尤其是去杠杆初期）一般都伴随广义信贷增长的显著下降，中国也不例外，由此引发的经济暂时下行压力是去杠杆不得不承受的代价。

（二）金融去杠杆要服务于、服从于实体经济健康发展的需要

金融和实体杠杆最终来自经济增长模式，金融杠杆的水平和结构必须服务于、服从于实体经济健康发展的需要。主动有效去杠杆在于理顺金融和实体之间的信用派生关系，促进经济结构调整，提升投资回报率，平衡不良和有毒资产出清，从而修复金融和实体部门资产负债表，对应的经济基本面应该是量“稳”质“升”，提升信用扩张机制韧性。就像“走钢丝”一样，平衡去杠杆和维持实体需求扩张，最终改善信用结构性扩张机制效率，完成经济结构调整。

（三）大力发展股权和长期债权融资，加快多层次资本市场体系建设

长期以来，我国金融结构失衡，实体经济融资过度依赖银行信贷，造成

资金配置效率降低，企业杠杆率过高，增大了企业运行成本和宏观经济运行的风险。大力发展直接融资特别是股权融资、长期债权融资，不断完善市场层次、产品与基础制度，加快建设更具包容性和适应性的多层次资本市场，提升服务不同类型和发展阶段企业的能力，有效满足多元化的投融资需求。

深化股票发行体制改革，提高资本形成便利化。进一步提升证券发行过程的市场化程度，发挥市场机制在资本资源配置中的基础性和决定性作用，减少行政手段对资本资源配置过程的控制和干预。

大力发展私募股权基金。根据中国证券投资基金业协会发布的2018年6月私募基金管理人登记备案月报，私募股权基金和创业投资基金的规模已达到7.9万亿元。2018年上半年新增规模8 000亿元。

服务创新发展。刘鹤副总理曾经在2001年写过文章，论述新经济与资本市场和风险投资的关系，风险投资必须以资本市场为出口，股权融资是分担风险、激励创新的最佳机制。资本市场要深化改革，提高服务对接新经济新技术企业效率，降低成本。

（四）优秀证券公司可以适度加杠杆

在强监管、降杠杆的宏观环境下，我们必须冷静理性地分析杠杆水平的状况。当前，金融体系还很脆弱，维护市场稳定的任务还很艰巨，证券行业发展不成熟、不均衡，合规风控水平总体不高，违法违规经营问题仍然严重，各类风险状况层出不穷。我们提出坚持差异化监管，就是要全面客观冷静地认识并充分尊重我国行业机构发展不成熟和不均衡的现状，处理好防控总体风险和支持差异化发展之间的平衡，让一部分优秀的行业机构适当增加杠杆水平，符合结构性去杠杆的政策意图。

杠杆倍数直接影响证券行业资本使用效率及其服务实体经济的能力，优秀证券公司适度加杠杆有利于促进证券行业发展，有利于发展正规金融，有利于强化机构自身风险评估和控制能力，提升发展直接融资的能力，增强服务实体经济实现高质量发展的能力。只有证券公司加杠杆，才有利于发展正规金融，有利于深化金融供给侧结构性改革，增加正规金融服务，缓解金融服务供给短缺，减少非正规金融、影子金融的生长空间，才有可能全面禁止非法金融野蛮生长。

在适当增加杠杆的同时要加强监管，尽快构建风险识别、预警、管理、处置，以及风险定价、配置、补偿等市场化法治化机制，培育和增强金融体系应对和化解风险的内生机制及其包容性和韧性；要完善监管问责机制，在防止“市场失灵”的同时要防止“监管失败”，监管者必须受到监管。

（五）加强融资类业务监测监控监管，严打地下非法配资活动

从成熟市场来看，美国、中国香港等发达市场，立法层面均将股票融资业务立为法定持牌业务，经营机构必须持牌经营。美联储专门制定了规制证券公司向投资者提供融资的供其买卖证券的 T 规则，银行及非证券公司贷款人向投资者配资进行证券交易的 U 规则，场内、场外配资均有明确的监管规范。

立法和执法层面坚决遏制和打击非法地下信用交易行为。下一步，《证券法》等相关法律法规修改，股票融资业务要求统一立法，机构必须持牌经营；在执行层面，结合互联网金融整治活动，持续对场外配资平台清理整顿，坚决打击和清理地下信用交易，违法经营股票融资业务，加大股市杠杆等行为。

（六）关注居民部门杠杆率快速攀升风险

1993 年—2008 年，中国居民杠杆率由 8.3% 上升到 17.9%，15 年增长不到 10 个百分点；2008 年—2017 年，由 17.9% 上升到 49%，9 年上升了 31 个百分点。杠杆率水平在国际上是低于发达国家，但是和新兴市场相比我们还

是比较高的，截至 2017 年第三季度末，美国、英国、加拿大、德国和日本居民部门的杠杆率分别为 79%、87%、10%、53% 和 57%。

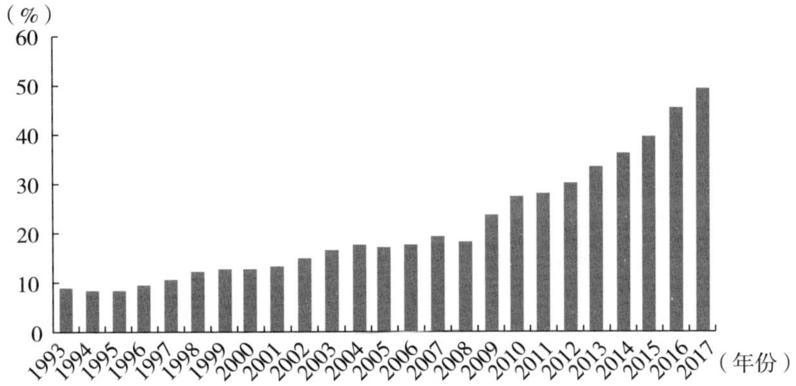

图 1-8 居民部门杠杆率

资料来源：中国人民银行、国家统计局，Wind；国家资产负债表研究中心。

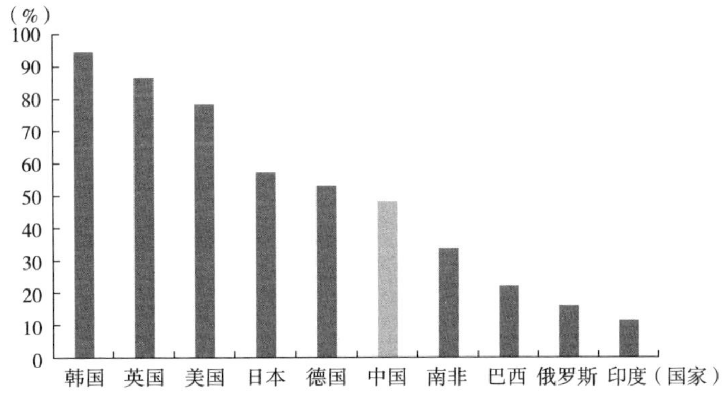

图 1-9 中国居民部门杠杆率与代表性经济体相比并不高

资料来源：BIS，国泰君安证券研究。

要特别注意，我们居民杠杆率水平及其负债承受能力的特点。这里要特别强调一个问题，中国居民的杠杆率水平和中国居民的生存生活的社会环境是密切相关的，它实际上和发达国家的居民的杠杆率、负债能力是不可相比的，有它的特殊性。根据中国人民银行编制的住户部门金融资产负债表，2014 年居民金融资产总量为 84.5 万亿元，其中存款占比 60%，保险准备金占比12%，理财占比11%，股票占比8%，通货占比6%，债券、证券投资基金等占比较低。美联储编制的住户和非营利组织部门金融资产负债表，2017年住户和非营利组织部门金融资产总量80.39万亿美元，其中存款占比14%，养老金配额占比29%，公司股票占比22%，共同基金占比11%。

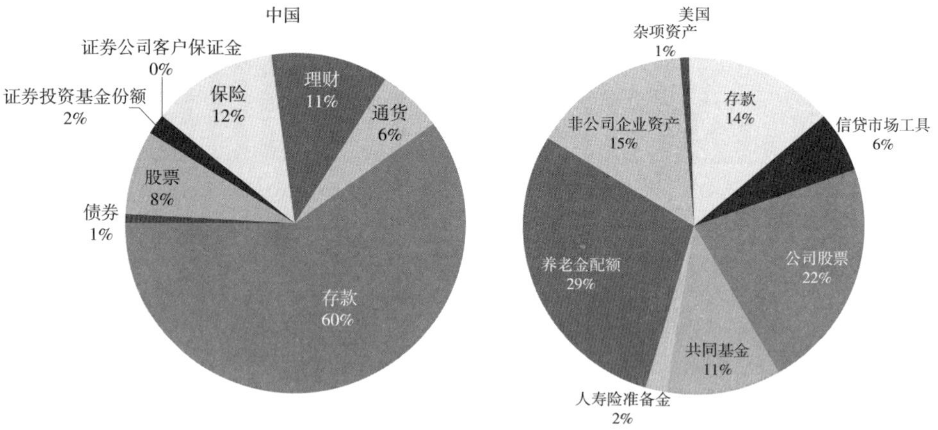

图1-10　中美居民资产结构差异

中美居民资产的结构性差异和中国社会经济发展阶段特征是一致的，如人均收入水平低，收入不均衡差距大，恩格尔系数、基尼系数高，中位数大幅低于平均数；社会保障性民生性福利欠发达；金融市场不发达，不能满足居民保障性民生性金融需求等。本质区别是什么？就是中国居民主要的存款，储蓄的目的在于保障性、民生性需求，这是刚性需求，投资性、投机性和风险性资本是非常低的。这也可以解释我们为什么储蓄那么高？主要是我们人多；我们的保障性、民生性的需求要靠自己。所以这些资金的风险承担能力是比较弱的，也就是说，我国居民要把这些资金转化为以投资、甚至直接投资为主要内容的风险性资本的意愿是比较弱的，这是我们一个要特别注意的地方。也就是说，我们在降杠杆的过程当中，要审慎使用居民加杠杆这样一个政策。

第五节　美国次债危机观察和启示[①]

美国次债危机以迅雷不及掩耳之势演变成席卷全美、波及全球的金融"海啸"。多家银行破产，投资银行作为一种独立的商业模式从此消失。危机已从美国蔓延至全球，从金融体系蔓延至整个实体经济领域。

一、次债危机形成过程

美国经济何以走到如此地步？布什总统在2008年9月24日晚间电视讲话中首先提出了这个问题。

过去十多年被称为"黄金十年"，国际资金大量流入美国。同时，美国长期实行低利率政策，美国形成了"贷款消费，寅吃卯粮"的生活方式。房价大幅上涨让许多人有一种错觉：房价会持续上涨；即使房价下跌，也能及时高价卖出房屋，偿还完贷款还有赚。许多中低收入家庭贷款购房，次级按揭贷款（简称"次债"）增多。投资银行将这些按揭贷款再次组合打包，转化为新的金融产品"按揭支持证券""债务抵押债券"，以及"信用违约互换产品"等。这类以"次债"为基础资产支持的衍生类证券就叫作"次级债券"。一项看似简单的住房按揭贷款已经演变成一条极其复杂难懂的交易链条。次债经过衍生产品规模被放大，信用被放大，风险被放大并且扩散到整个金融体系。

2004年，美国进入加息周期，联邦储备银行利率由2001年的1%—2.3%

---

① 原文发表于《天津日报》(2008-10-27)，作者时任天津市人民政府研究室副主任。

提高到 4.3%—5.3%。2006 年，房屋供大于求，房价下跌，次债还款违约率上升、“断供”。如多米诺骨牌，第一张骨牌次债倒下以后，交易链条上的其他骨牌开始陆续倒下。次债危机迅速演变成金融危机，波及全球。

二、标志美国自由市场经济思想和主张走入死胡同

（一）市场机制失灵

美国推崇自由市场经济制度，相信市场机制能够自动调节经济活动，保持效率和平衡。美国认为，各种次债衍生产品只是一般性商业活动，交易双方作为成熟的“经济人”，尤其是“两房”这样巨型成熟的机构投资者，有足够的能力识别风险，保护好自己的钱袋子。不幸的是，次债市场没有按照美国人自由市场经济逻辑发展。

首先，次债市场机制失灵。2001 年以后，在房价上涨和低利率环境下，借贷双方风险意识日趋薄弱。次级按揭贷款门槛不断降低，一些按揭银行甚至在贷款时不考察借款人信用评级，不要求提供收入证明。次级房贷比重逐年增加，仅付利息型房贷比重就由 2001 年的 0 上升到 2006 年的 22.8%，浮动利率按揭比重由 2001 年的 73.8% 上升到 2006 年的 91.3%。2004 年开始，全球流动性泛滥，美国进入加息周期，到 2006 年 10 月连续加息 17 次，房价明显回落。越来越多的债台高筑的次债借款人才如梦方醒，发现他们根本无力偿还房贷。这些次债被清收便最终成为信贷损失。

其次，金融衍生产品放大和扩散金融风险。对于宏观层面动态来讲，衍生产品并不能降低或减少系统风险，只是将风险分散并传导到他的交易对手；而在传导过程中，风险被掩盖并放大。衍生产品通常是将基础资产的风险因素依据某种数学模型进行分类、组合、评级、打包形成的。许多高级衍生产品，如复合 CDO 等，流动性很低，不能形成市场价格，其价值很大程度上基于模型的收益计算。经过多次打包过程形成的复杂的衍生产品，

被称为“资产毒垃圾”。从理论上讲，市场机制发挥作用的前提是交易双方在信息透明情况下根据各自的风险偏好和承担能力所做出选择的结果。对于次债衍生产品来讲，由于信息扭曲和掩盖，交易双方做出理性判断几乎是不可能的。

最后，衍生金融工具增加了交易过程的道德风险。从事衍生品交易的利益方存在做假账动机（巴菲特，2002 年），因为交易员报酬通常是基于模型计算收益，而报告盈利则基于乐观的估算。这些乐观的估算通常获得 CEO 们的支持，因为衍生品交易员获得了高额的奖金的同时，CEO 从认股权激励中获得巨额收益。当模型假设不成立或市场环境变化使得假设参数有误时，模型运算结果将会出现模型错误。公司股东们多年后才能发现那些“报告的”收益不过是骗局。诚信责任是市场经济的基础。次债危机中暴露出衍生品交易员及相关从业机构和人员的贪婪毁灭了市场经济的诚信基础。投资者对次债危机中倒下的巨人们已失去信任和信心。他们是否存在类似的骗局，美国国会、FBI 已经对他们展开听证、调查。

（二）监管缺失

首先，对衍生产品风险认识不足。2002 年，导致安然事件的直接原因正是衍生品交易。巴菲特称衍生金融产品为经济的潜在“致命因子”“定时炸弹”。然而，血的教训没有促使美国金融监管当局予以衍生金融产品足够的重视和监管。时任美联储主席格林斯潘坚持认为，衍生金融产品并不对美国的金融体系构成威胁，不赞成政府对衍生金融产品市场加强管制。

其次，监管缺位。美国金融监管在“次按”及“次债”领域存在实质性空白和严重失控。无论联邦还是各州至今没有明确针对次级贷款的法律，对次级贷款借款人缺乏统一的界定。绝大部分房屋按揭和一半以上的次债是由不受联邦监管的按揭代理和借款人提供的。这些按揭提供者只接受州法的一般性监管。其实，这种监管非常有限，甚至没有。加入保险的联邦存款机构及其关联公司也参与有问题的次级贷款的发起、认购和分销。会计师将各种衍生品交易损失从表内调整到表外来粉饰报表，导致财务资料严重失真，这已经成为他们的执业惯例。所有参与机构，如投资银行、会计师、律师、评级机构等都被利益驱使没有起到应有的自律和监管作用。衍生金融工具披着创新的外衣，在缺乏必要监管的情况下受贪婪驱使被严重滥用。遗憾的是，交易链条如此复杂、涉及众多金融机构和广大人民群众根本利益的金融活动长期处于无人监管状态。

最后，监管体制滞后。美国财政部 2008 年 3 月 31 日发布《金融监管结构现代化蓝图》，权威地回顾和评价了美国金融监管制度。自 20 世纪 30 年代“大萧条”时期，美国金融业形成了联邦储备银行、证券、保险、期货等分业经营分业监管的制度框架。1990 年前后，欧美各家相继出台了《金融服务业现代化法案》，促进金融业由分业向混业经营转变。英国、德国、日本或其他西方国家相应改革金融业监管体制，采用综合监管结构，而美国保留了“三驾马车”多主体分业监管的格局。这与美国人崇尚自由、制衡的价值理念是一致的。实事求是地讲，过去半个多世纪，美国金融业灵活务实的金融监管确实有力地促进了美国金融业的发展，提高了美国金融业的国际竞争力，曾经作为世界各国学习的楷模。然而，过去十多年里，金融服务和金融产品跨行业现象日趋明显。如次债衍生产品，交易链条涉及银行、证券、保险、期货、基金等各个行业。美国金融监管当局却没有任何一家监管机构能够全面掌握信息，有足够的权力对交易链条实行全过程监管，无法有效控制系统风险及可能引发金融行业危机的潜在风险因素；没有任何一个监管机构能够在金融市场采取有效的协调行动，揭示涉及金融市场稳定问题尤为困难；分业监管机构之间的管辖权冲突频频发生，监管者之间的矛盾、分歧和功能重叠无法协调。美国金融业改革不彻底，分业监管体制已经严重落后于金融业的发展，迫切需要构建与日趋复杂的金融业态发展相适应的监管体制。

三、对我国金融体制改革和建设的启示

1. 加快推进天津滨海新区金融业综合经营试验，尽快研究制定我国《金融业现代化法案》，应对跨行业、跨市场、跨币种、跨国界金融创新产品隐藏的综合性风险，加快金融业经营和监管体制改革建设步伐。

针对危机中暴露出来的金融监管体制缺陷，美国已经开始酝酿金融监管体制的重大改革行动。次债危机中金融监管缺失的核心是美国没有建立与综合经营相适应的金融业综合监管体制。2008 年 3 月公布的《金融监管结构现代化蓝图》建议采用以目的为导向的监管方式。相比分业监管模式，以目的为导向的监管注重监管的目标，不再区分银行、保险、证券和期货几个行业，按照监管目标及风险类型的不同，将监管划分为三个层次。一是市场稳定监管，二是针对市场纪律缺乏问题的审慎金融监管，三是消费者保护和商业行为监管。三个层次监管目标和监管框架的紧密联系，使监管机构能够对相同的金融产品和风险采取统一的监管标准，将大大提高监管的有效性。

我国 1995 年开始逐步确立金融业分业经营和分业监管体制。目前，我国是世界上唯一严格执行金融业分业经营和分业监管体制的国家。但是，我国金融业分业立法并不完备，缺乏相应的业态立法。“一行三会”基本上是按机构或按产品监管，市场分割，标准紊乱，有的监管重叠，有的监管不足，有的自相矛盾。分业经营的体制缺陷在面对综合经营的国际对手竞争中暴露得越来越明显；分业监管留下许多空白，制约创新，损失效率，破坏公平，隐含极大的系统风险。

国家批准天津滨海新区为全国综合改革试验区，要求进行金融业综合经营试验。这是党中央、国务院交给天津滨海新区光荣而艰巨的任务和使命。美国金融危机使得这项任务尤为迫切。金融业综合经营的根本特征是，多种金融业务共享资金、信息、人力、客户、渠道等资源，利用综合金融

工具，提供综合金融服务，发挥协同效应，规避金融风险，实现规模经济和范围经济；关键在于多种金融业务、金融工具组合协调。综合监管要实现金融市场全覆盖、全过程，不留死角，信息共享，协调行动；监管的重点和难点在于及时、准确、全面揭示和控制金融风险，及其在行业间传导、放大和蔓延。

天津滨海新区要充分发挥金融改革先行先试的政策优势，深入研究，广泛吸取国内国际经验教训，积极开展金融业综合经营、综合监管试验，尽快摸索出一套适合我国国情又有国际竞争力的金融业经营监管理论和模式，为国家金融体制改革创新提供借鉴。积极推动和参与研究制定我国《金融业现代化法案》，尽快完成我国金融业经营和监管体制转型。

2. 保持金融环境稳定，审慎把握政策调整的幅度、节奏，把握和引导市场预期，保持政策和实体经济的协调和默契，避免“大起大落”，简单地讲，引发本轮次债危机的直接原因是 2001 年以后持续 4 年的低利率和 2004 年以后急速加息，引发资金链和实体经济的脱节。从历史上看，2001 年美联储低利率政策是在 IT 泡沫破灭、“9·11”恐怖事件、市场信心严重不足、经济面临严重衰退威胁情况下采取的应急措施。政策效果是明显的。格林斯潘主政美联储 18 年，市场已经习惯了他模棱两可、含混其辞的沟通方式，他以其高超的艺术感觉将流动性保持在充足而不泛滥的水平，维持市场高位、高效运作。格林斯潘与市场建立起来的默契为双方建立了良性的互动预期。

值得反思的是，2004 年以后美联储采取的急速加息政策。监管当局即使看到了经济高位运行的高危性，采取调控措施也应该充分考虑市场的反应和实体经济的时滞效应，应该和市场充分沟通，给市场调适的时间。巴菲特说，“退潮之后，你将看到谁在裸泳”。降息政策毕竟不像潮水那样不可控制。即使要收紧银根，降低水位，也应该考虑“裸泳者”的连带影响，把握节奏，给他们“找衣服、穿衣服”的时间和机会。如果说 2001 年以后的低利率政策形成的“大起”是美联储情景所迫不得已而为之，那么，2004 年以后急剧降息则是人为制造“大落”，是引爆这次次债危机的直接“导火索”。

3. 审慎处理创新和监管的关系，充分理解金融创新的内在结构、风险构成及其传导、扩散机制，适度、理性地加强对金融衍生产品的引导和监管。

次债危机是披着创新外衣对金融衍生工具的滥用。比较而言，我国金融市场面临的问题既不是创新过度，也不是工具滥用，而是创新不足，工具不足。要鼓励创新，不能因为次债危机而制约创新。创新权在于市场参与者，而不在于监管者。监管者要尊重和保护市场的创新权。监管者有对创新进行服务和监管的责任，而没有制约创新、垄断创新的权利。要改善监管，不断提高监管水平和监管质量。

我国金融市场监管者要加强对市场的认识和理解，增加市场经验，深入理解创新工具的内在机制和风险结构，和市场创新保持良性互动。要深入研究国际经验和教训的逻辑背景，确立“以我为主”的国际合作理念和制度。清醒地认识国际专家、国际经验的历史背景和利益导向，知其然，更要知其所以然，辨其真伪，去伪存真，为我所用。创新是一个国家、民族进步的动力。要鼓励创新，改善监管，确实把握创新和监管的平衡。

第六节　合理的监管是金融市场的“稳定器”[①]

加强监管和放松管制是一对长期存在而且争论不休的矛盾。深层次的争论在于如何认识和处理政府与市场的关系，在资源配置中起决定性作用的是市场机制还是行政权力，如何更好地发挥政府的作用？这些是金融市

① 原文发表于《社会治理》(2018-08-12)，作者时任中国证监会研究中心研究员。

场绕不开的话题。

近些年，一系列市场失灵事件引发的风险和付出的沉重代价让人们对市场机制产生了恐惧，有一种倾向否定市场机制在资源配置中的决定性作用，主要表现在，发挥金融市场服务实体经济的作用，演变成金融市场成为行政性配置资源的实现手段和载体；防范金融风险守住不发生系统性金融风险的底线，演变成对金融风险的“零容忍”，试图全面控制市场活动；微观审慎监管演变成对行业机构及其微观经营活动的强势介入和干预，等等。

这些倾向性做法存在制度化和常规化的危险和趋势。我们不是“监管越少越好”的拥趸，能够清晰地认识到“监管越位”和“监管失灵”的现实性和严峻性。党的十九大再一次清楚地纠正了这些倾向和做法，坚持社会主义市场经济改革方向，重申市场机制在资源配置过程中发挥决定性作用，更好发挥政府作用，要求清理废除妨碍统一市场和公平竞争的各种规定和做法，激发各类市场主体活力，要求打破行政性垄断，加快要素价格市场化改革，着力构建市场机制有效、微观主体有活力、宏观调控有度的经济体制。

深化监管改革，就是要深入贯彻落实党的十九大精神，深化对新时代强监管的认识，坚持市场机制在金融市场资源配置中的基础性决定性作用，更好地发挥监管功能，在充分有效的竞争环境中着力培育和构建金融市场的核心竞争力。

一、监管是金融市场的守护人

贯彻新监管理念，必须牢牢把握好习近平总书记提出的四项重要原则，坚持“监管姓监”，积极探索社会主义市场经济制度条件下现代金融服务体系运行、发展和监管的规律，宏观审慎和微观审慎协调统一，监管力量和市场力量动态平衡，要尊重市场主体地位，不能片面突出监管意志，改变监管力量处于明显强势的格局，注重发挥市场力量，释放市场潜能，激发市场活力，为了适应实体经济高质量发展的需要，我们要努力提高融体系的服务水平。在新的监管框架下，“两会”（银保监会、证监会）侧重于微观审慎监管，职责在于维护行业和机构的安全和稳定，守护市场竞争的秩序和效率。

必须深化金融改革，用改革统筹“三大任务”。金融业作为竞争性服务业，要全面推进混合所有制改革，优化股权结构，完善现代金融企业制度，完善公司法人治理结构，要客观认识和评价薪酬制度对金融机构经营和竞争力的现实影响，建立有效的激励约束机制，制定科学合理的有市场竞争力的薪酬制度，稳定提高金融体系的活力和竞争力，以安全、稳健、功能强大的现代金融服务体系更好地服务实体经济。

当前，金融体系还很脆弱，维护市场稳定的任务还很艰巨，合规风控水平总体不高，违法违规经营问题仍然严重，各类风险状况层出不穷，防范化解金融风险，特别是防止发生系统性金融风险，是金融工作的永恒主题，也是既定的攻坚战。要尽快构建风险识别、预警、管理、处置，以及风险定价、配置、补偿等市场化法治化机制，培育和增强金融体系应对和化解风险的内生机制及其包容性和韧性。监管者既非超凡的全知全能，更非全然善意的天使，监管者必须受到监管。

监管问责机制缺失主要原因是监管信息垄断，监管执法缺乏透明度，可以通过政务公开提高监管公开性，接受公众质询，促进监管履职尽责，在公开性的“阳光”下，监管的“善”便会光大，监管的“恶”便会遁于无形，金融危机周期性频繁爆发的“魔咒”也许就此解除。

二、坚持市场化法治化监管

深刻认识金融市场和监管的内在复杂性，敬畏市场，审慎监管，规范监管行为，小心翼翼地行使监管权力；扩大开放，提高资本市场的市场化程度，打破证券行业对外行政性垄断、对内行政性管制的监管格局；完善法治，信仰法治，依循法治的精神和原则，依法治市，建设法治市场；完善市场机制，扩大市场竞争，扩大行业机构的经营自主权。

当前的重点，一是反对监管上的随意性。一段时间以来，监管政策和规则变化大、变化快、不透明，缺乏稳定性，市场参与者无法形成稳定预期和良性互动，行业机构普遍表达了强烈的“无所适从”和“动辄得咎”的挫败感，加大了市场运行和监管工作的难度和成本；要慎用“窗口指导”“内部掌握”等非常规手段，加强监管工作、执法过程的制度化、程序化和透明度建设；加强政策形成和立法、执行过程与市场主体的沟通，真心听取市场意见，提高政策法规的合理性、合法性，提高监管预期的稳定性，严惩恶意博弈行为，有利于提高监管效率；

二是反对监管上的“母爱主义”。减少对市场运行微观层面“直接、广泛、深入和具体的干预”，减少业务审批限制，杜绝“代替投资银行进行商业判断”“以合规代替风控”，确实清理监管中非市场化、非法治化的“各种规定和做法”，坚决给市场松绑，给行业机构松绑，扩大市场竞争，扩大机构经营自主权。只有在充分有效的竞争环境中才能培育和提升市场的竞争力，才能建成有竞争力的行业机构队伍；

三是反对监管上的“父爱主义”。面对风险事件不遮掩、不护短、不怕丑，绝不姑息违法违规事件；监管要“长牙齿”，加快修法，提高金融市场违法违规成本；勇于暴露个体风险，打虎、捉鳄、拍蝇，以微观风险出清实现宏观金融安全，守住不发生系统性风险的底线。

三、坚持差异化监管

制约金融市场发展的原因有行业机构的微观因素，也有监管体制政策等宏观因素。调研表明，问题的表象在微观，而问题的根源在宏观。最近一个时期的主要矛盾是，建立在行业机构发展不成熟不均衡基础上的监管政策体系和建设有国际竞争力的现代金融服务体系所需要的市场化法治化国家化监管环境之间的不匹配和冲突。

坚持差异化监管，就是要全面客观冷静地认识并充分尊重我国行业机构发展不成熟和不均衡的现状，综合施策、分类施策，处理好防控总体风险和支持差异化发展之间的平衡。既要牢记底线思维、“一盘棋”思维，又要反对“一刀切”的简单化做法。

坚持差异化分类监管，进一步扩大和完善差异化政策体系，让一部分优秀的行业机构先行先试一些市场化程度比较高的监管理念和做法，如差异化市场准入、差异化合规风控要求、差异化扶持政策、差异化组织管理等，在差异化竞争中优选培育出具有强大核心竞争力的世界一流行业机构队伍，更好地服务新时代国家战略。

四、有效发挥监管的作用

金融市场的功能是通过市场机制优化金融资源配置。一般而言，监管并不直接具有配置资源的功能，而是维护市场秩序，以便于市场功能得以有效发挥。国际证监会组织设定的证券监管的三大目标是保护投资者利益、确保市场公平、有效和透明以及减少系统性风险，为此还设定了八大类30项具体原则。

合理的监管至少还应当具备以下一些特点。一是有限监管，就是要认清并严守监管的边界，尊重市场机制运行和作用的独立空间，不受人为干预；二是理性监管，就是要认识市场规律，遵循市场规律，纠正市场失灵，实现监管和市场参与者的良性互动，尽可能地减少市场参与者和政策之间的非理性博弈；三是依法监管，就是要监管者和被监管者共同依循法治的原则，严格按照法律的规定和精神监管执法，审慎行使法律赋予的自由裁量权；四是公开透明监管，就是要尽可能提高监管工作透明度，按照“公开是常态、不公开是例外”的原则，监管执法决策全过程信息及时上网披露，及时接受市场查询，和市场保持顺畅的沟通，既可以接受市场的监督，也可以协同市场的预期；五是全球视野，就是要把中国金融市场及其监管的运行、发展放在全球金融市场发展的历史空间中来确定其历史方位和发展方向，学习借鉴国际金融市场发展的经验和智慧；中国特色的金融市场理论和实践离不开全球金融市场的发展，只有融入全球金融市场，才能更好地影响国际市场，从而引领国际市场的未来。

2018 年是国际金融危机爆发十周年。一类颇具代表性的观点将危机归结为世界经济失衡、金融全球化、收入差距拉大、金融机构非理性等诸多因素聚合成的“完美风暴”，断言其是一场无法避免的浩劫；另一类典型看法则形成于局内人的反省，包括美联储前主席伯南克、前财长盖特纳等，将危机溯源到金融监管的失败，用监管真空、监管权力不足、监管信息失真等辩护词，暗示着其有心乏力的无奈。

金融是国家重要的核心竞争力，金融安全是国家安全的重要组成部分。近期爆发的激烈的中美“贸易摩擦”表明，中美直接全面竞争不可避免，必须尽快补强金融这个短板。深化金融改革，首先要深化金融监管改革，坚决克服金融监管中“左”的倾向，摆正监管和市场的关系，尊重和发挥市场机制在金融资源配置中的基础性决定性地位和作用，以更好的金融监管、更加强大的金融功能更好地服务新时代中国特色社会主义伟大事业。

第二章 · 发行制度篇

全面推进注册制改革

股票发行制度是资本市场配置资源的基本制度。发行是交易的开始，上市是交易的继续。在行政主导的市场环境下，发行制度被赋予了极强烈的行政管控属性，准入决定了进入资本市场获得资本资源配置的资格，定价决定了获得资本资源配置的数量，发行上市时点把握则被赋予调控市场证券供给节奏的政策内涵。发行制度是行政性控制资本资源配置的重要政策工具，资本市场是行政性资本资源配置的市场化模拟实现形式。这个过程不具有真正的市场经济特征，市场机制和市场规律在资本资源配置过程中没有发挥实质性作用，资本资源配置效果短期如意，长期欠佳，不能适应和满足科技进步、创新驱动和转型升级的发展需要，这也是我国股市长期和实体经济脱节、不能有效发挥“晴雨表”功能的内在原因。

注册制是理顺政府和市场关系的行之有效的制度安排。注册制主要规范的是股票发行环节同时对资本市场生态环境产生重大的根本性影响。在注册制下，企业不分所有制性质、规模大小和经营盈亏，只要合法经营、充分信息披露，都有资格平等进入资本市场，都有资格平等利用资本资源。企业质量主要以透明度、规范性为核心，企业的商业价值和前景交给投资者去判断。市场既形成了风险分担机制，也相应地形成了利益分享机制。市场通过内生的筛选机制决定资本资源的优化配置。

习近平总书记提出，“设立科创板并试点注册制”，宗旨就是要改变由行政力量主导资本市场格局，实行真正由市场力量决定资本资源配置。创业板改革吸收了科创板改革的良好实践，资本市场改革从增量改革深化到存量改革，为下一步中小板和主板证券发行以及再融资等全市场注册制改革奠定基础，整个资本市场正在发生深刻的结构性变化。科创板和创业板成功试点实践表明改革总体风险有限、可控，完全有条件、也应当通过制度重构和创新，坚定不移地尽快使注册制在资本市场全面真正落地生根。

第一节　坚定不移地全面推进注册制改革[①]

2018 年 11 月，习近平总书记在上海宣布设立科创板并试点注册制，12 月中央经济工作会议进一步指出，资本市场在金融运行中具有牵一发而动全身的作用，要通过深化改革，打造一个规范、透明、开放、有活力、有韧性的资本市场。中央从经济发展全局出发指明了资本市场的使命和发展方向。新修订的《证券法》2020 年 3 月 1 日正式生效实施，中国资本市场经过近 30 年的发展，正式迈入注册制时代。

作为现代资本市场运行的基石性制度，注册制来源于美国 20 世纪 30 年代金融监管改革。1929 年“大萧条”之后，1933 年美国制定《证券法》，改革“实质监管”的发行制度，确立了以信息披露为核心的注册制。此后，注册制为境外成熟市场广泛采用。尽管各国市场具体做法不尽相同，但其核心内涵基本一致。在注册制下，监管机构不对证券投资价值做实质性判断，而是督促发行人向市场真实、准确、完整地披露信息，由投资者自行判断投资价值、自担投资风险。监管机构审核注册文件充分性、一致性、可理解性，对信息披露文件的真实性不做背书，真实性责任由发行人和中介机构承担。注册制不代表不审核，而是更加专业的审核，是站在投资者的视角以问询问题的方式，提高发行人信息披露的有效性，关注信息披露质量而非商业投资价值。总之，注册制区别于审核制的核心要义，是让市场说了算，而不是让审批人员说了算，市场和政府各司其职，市场发挥配置资源的决定性作用，政府做好监管，同时建立健全事后惩戒制度安排，让法律法规对市场行为

① 本文完成于 2020 年 4 月，作者时任中证金融研究院院长。

进行约束和规制。当然，如果发行人不能充分有效回答并披露监管机关质询的问题，监管机关有权拒绝、取消发行人的发行上市。从这个层面上讲，推动注册制改革，就是落实中央要求在资本市场推进市场化、法治化改革。

设立科创板并试点注册制一年多来，试点工作蹄疾步稳、积极推进，改革进展符合预期，取得初步成效。发行上市周期大幅缩短、可预期性显著提高，发行上市审核与注册衔接运行有效，信息披露更加严格充分，发行定价市场化机制基本形成，交易定价效率明显提升，中介责任进一步压实，市场总体运行稳定，达到了预期改革目标。但仍有一些问题需要优化完善，如发行条件仍存在较强主观性，招股说明书格式和内容尚待优化，审核问答过程“全透明”造成“过程性”信息困扰，审核人员数量、专业经验和稳定性有待加强，发行上市审核、注册职能划分有待进一步理顺，发行人救济机制有待增补完善，中介机构职责边界和执业规范尚需进一步界定，集体诉讼和事后严刑峻法亟须配套实施，上市首日多空力量失衡现象突出，减持制度与注册制理念仍有差距等。为此，建议进一步厘清证券发行注册和上市审核的关系，在坚守科创定位和深化对科创企业特点认识的基础上优化发行上市条件和审核标准要点，进一步增强信息披露的有效性，建立发行人救济机制提高信息沟通质量，探索前五日放开单次日内回转交易，加快建立集体诉讼等配套制度，构建注册制下独立的减持规则体系尽量降低流动性干扰，厘清中介机构责任、加强中介机构能力建设，科学运用金融科技手段等，提高科创板的国际竞争力。

新修订的《证券法》已确立注册制改革的法律地位。当前，对于如何推进注册制改革有两种看法：一种是改良派，处理好注册制试点制度与现行制度之间的衔接，重点是现行制度的边际优化；另一种是重构派，习近平总书记提出的“设立科创板并试点注册制”本身就是一项稳步推进的增量改革，其宗旨就是要改变由行政力量主导资本市场格局，实行真正由市场力量决定资源配置，试点实践也表明总体风险有限可控，完全有条件、也应当通过制度重构，尽快使注册制在A股市场全面真正落地生根。

习近平总书记在中央政治局2019年第13次集体学习的讲话中明确指出："资本市场的市场属性极强，规范要求极高，必须以规则为基础，减少行政干预，充分发挥市场在资源配置中的决定性作用。"刘鹤副总理在国务院金融稳定发展委员会会议上指出，发挥好资本市场枢纽功能。资本市场关联度高，对市场预期影响大，资本市场对稳经济、稳金融、稳预期发挥着关键作用。要坚持市场化取向，加快完善资本市场基本制度。中央确定的改革方向十分明确，目的是在改革过程中和可控范围内发现问题，为后续的优化和推广探路。我们认为，当前改革路径清晰，推广条件成熟，风险总体可控。可以考虑步子更大一些，推进更快一些，以更好完成党中央、国务院部署的重大改革任务，也更好满足市场各方对注册制的殷切期待。按照新修订的《证券法》的要求，全面推进注册制改革，纠正一切错误理解和做法，杜绝一切不必要的行政干预，重构制度规则，更彻底、更快速地把资本市场的市场化、法治化推向深入。

当前，新冠肺炎疫情席卷全球，世界经济不断衰退，百年不遇的重大疫情对我国实体经济和资本市场形成重大冲击和挑战。改革是中国发展的最大红利，也是中国战胜一切艰难险阻的制胜法宝。注册制改革代表着中国资本市场市场化、法治化、国际化改革方向，资本市场改革又很大程度上是国际市场观察中国改革的风向标。坚定不移地全面推进注册制改革，让投资者看到未来的信心和希望，对于当前应对疫情蔓延和经济衰退稳信心、稳预期意义重大。在全球大宽松的背景下，中国实体经济稳定向好，资本市场吸引力增强，会吸引大批国际资本进入中国市场，在带来财富增值的同时，推动中国资本市场不断做大做强，更好地支持实体经济发展。

改革是时代永恒的主题，中国改革开放走过了一条从国家行政指令性计划，到引入商品经济，再到发展市场经济的道路。其核心逻辑就是不断减少行政干预，培育市场机制，推动市场经济发育发展，促进要素自主有序流动，提高要素配置效率，真正让市场在资源配置中发挥决定性作用。这是中国经过多年艰难探索寻找到的一条光明之路。2020 年是资本市场改革三十周年，中国资本市场也必将沿着这条道路，坚定不移地全面推进注册制改革，创造更加辉煌的三十年，为实现“两个一百年”伟大奋斗目标而不懈努力。

第二节　建立有管理的市场化发行定价制度[①]

近些年，新股发行体制围绕保荐制度、发行审核、发行定价和承销配售等进行了一系列改革，基本上建立了以信息披露为核心的市场化发行体制框架。关于新股发行定价制度，证监会先后发布了《关于进一步改革和完善新股发行体制的指导意见》(2009 年 6 月 10 日)、《关于深化新股发行体制改革的指导意见》(2010 年 10 月 11 日)，修订并发布了《证券发行和承销管理办法》。改革的基本原则是，坚持市场化改革方向，完善询价和申购报价约束机制，强化买方对卖方约束，淡化行政指导，加大定价者的责任，促进新股定价市场化。制度设计的核心环节是借鉴国际经验建立了询价制度，发挥询价对象具有“较高定价能力和长期投资取向”的理性特征，塑造发行市场买方力量形成对卖方的约束力，通过买卖双方的充分博弈，揭示发行人价值，从而确定股票发行价格。新股发行定价制度有力地提升了定价机制市场化水平，增强了保荐人等中介机构的责任，锻炼并提高了询价机构定价能力和风险意识，促进了一级市场的发展。

随着国际金融危机的蔓延，国内宏观紧缩政策逐步深入，二级市场逐渐回落，出现了一级、二级市场倒挂，集中体现在所谓“三高一破”现象，

① 本文完成于 2012 年 1 月 12 日，作者时任中国证监会研究中心研究员。

即高发行价格、高发行市盈率、高超额募集，以及高破发率，客观上影响了股票市场资源配置的效率。究其原因，有现行定价制度自身的原因，也有我国现阶段市场经济体制尚不成熟的原因。针对出现的新情况新问题，及时研究和完善新股发行定价制度。

一、询价制度没有确立负责任的买方约束机制

现行定价制度自身的主要问题是，包括基金公司等在内的询价对象不完全具备询价制度设计理念所赋予的品质和能力。询价对象之间存在错综复杂的股权、业务利益关联，询价过程中，询价对象和发行人、承销商存在广泛“合谋”的利益基础；发生了一些“高报不买”“随意报价”“人情报价”“赞助报价”“关系报价”等恶意推高发行价格、利益输送的情况；询价对象投资决策、内控制度不完善，公司治理机制失效，委托人权益得不到充分尊重和保护，无论是询价对象本身还是其股东大多数情况下对其报价不承担最终损益责任，而是由其受托管理的基金或资产承担。我国现行综合制度环境并不完全支持询价对象“认真定价”“长期投资”。我们的市场不具备强有力的信托文化和信托法治约束，证监会和证券业协会多次明文要求询价对象应“真实报价”，杜绝各种“合谋”操作，但是询价对象行为表明由于缺乏基于内在利益驱动的制约，各种“合谋”禁而不止。询价制度没有建立负责任的买方约束机制，存在内生性制度缺陷，买方对卖方的市场约束终究是软约束。

更深层的原因是，现阶段我国社会主义市场经济制度还不够成熟，价格形成机制不能有效发挥作用。价格是市场经济的核心，价格形成机制是市场机制有效配置资源的制度基础。市场机制发挥作用的条件，植根于价格形成过程买卖双方讨价还价的内在利益。在“两权分离”体制下，微观主体内部的委托代理关系虚置问题没有从制度上解决。这个问题一天不解

决，市场机制就一天不可能正常发挥作用，价格就会出现扭曲。即使在西方发达资本主义经济体中，也存在市场机制失灵，宏观调控体系对于防范和纠正市场失灵是必须的。最近发生的欧美债务危机再一次说明了这个道理。发行定价制度市场化是改革的最终目标，需要一系列宏观微观等条件和环境配套才能保证市场化价格形成机制有效运行。发行定价制度市场化改革，不能简单地理解为“一放就活”，完全排斥甚至取消对发行定价的窗口指导，任由不成熟的市场机制形成扭曲的发行价格。

“三高一破”等不合理现象还和我国股票市场参与者结构有关。我国市场参与者中，80% 以上是账户规模 10 万元以下的中小投资者。国际经验表明，中小投资者投资行为具有显著的群体非理性特征，俗称“博傻”。股市受境内外因素影响，一级市场风险增大，但是新股发行申购时投资者的申购热情依然很高，新股上市首日依然上涨。其不合理性主要是与市场参与者结构有关。同时，询价对象网下定价而认购较少甚至不申购，广大散户网上申购为高定价支付高兑价，也将这种“博傻”特征放大。保护中小投资者利益是监管者的中心任务，纠正中小投资者群体非理性投资行为是投资者教育和保护中小投资者利益的重要内容。改革务必保护、善待投资者热情，尤其是中小投资者的热情“伤不起”。

市场化取向的改革就是要培育和创造市场机制发挥作用的条件和形成内在利益驱动机制，对于改革过程中试验性、探索性的措施和办法，我们要密切观察影响市场机制发挥作用的情况和因素，要及时发现，及时论证，及时纠错，确实控制市场风险，保护投资者利益。

二、进一步完善新股发行定价制度需要多管齐下配套改革

发行体制是一个系统工程。发行定价制度和发行各环节制度设计有关。建立市场化发行定价机制是证券市场改革与发展的内在要求，进一步完善新股发

行定价制度需要多管齐下协调配套改革，在培育价格形成机制发挥作用的条件和环境的同时，实行基于市场力量的有管理的新股发行定价制度。

1. 坚持市场化改革方向不动摇。证券市场是我国社会主义市场经济制度的重要组成部分，承担建立现代企业制度、完善公司治理、培育市场经济微观主体、理顺市场关系等重要任务，是我国市场机制配置资源的重要手段和制度基础。新股发行定价本身就是稀缺的资本资源配置过程，必须坚持市场化改革方向，由发行人和投资者充分博弈，自由选择，确定价格。

2. 建立"合资格投资人"申购订单累进定价制度。现行询价制度的根本问题是，在新股发行的买卖双方之间创设了一个特殊的利益群体——询价对象，享有代表买方参与定价的垄断权，但事实上询价对象群体性违背信托责任，没有能够很好地履行受托人责任，不能作为投资人对发行人的价值评价的代表。改革的核心是将定价权归还买方，建立"合格投资人"申购制度，拓宽询价对象的范围，直接形成买方价值判断。通过合格投资人申购订单累进（Book Building）确定发行价格。

统一界定"合格投资人"非常重要，既要有定价能力，要对自己的申购行为负责，直接承担申购风险，同时还要考虑一级、二级市场之间的联动和平衡。初步建议，发行申购"合格投资人"定义为具有一定时间证券投资经验（如两年或更长）在过去一段时期内（如三个月或六个月）证券投资账户持有证券头寸在一定数量（如 100 万元或 500 万元）以上的投资者，包括满足条件的机构和个人投资者。合格投资人网下申购定价，其他投资人通过网上参与发行申购。

为了保证一般投资者的利益，每次发行应保证网上发行的数量和比例，并在招股书中披露。一个投资人只持有一个投资账户，只能参与网上或网下一次申购。网上申购不足时，可以向网下回拨，但是网下申购不足时不可以向网上回拨。

网下申购不足，且承销团不愿申购的，因为无法定价，即发行失败；

股票采用代销方式的，代销期满，向投资者申购股票数量不足拟发行股票70% 的，即发行失败；尽管全额认购，但是认购结果不能满足“千人千股”要求的，也即发行失败。

3. 严肃保荐人所建议的发行定价区间对发行定价的约束力。通常情况下，保荐人、承销商在招股说明书中提出发行定价建议区间，反映中介机构对发行人的价值评估；影响定价的因素有很多，主要是国内外市场可比公司二级市场估值水平，为给二级市场预留适当空间，通常按一定折扣提出定价建议。合格投资人在保荐人提出的建议定价区间内报价申购。如果申购不足，向监管部门备案后可以调整区间下限；如果获得高比例超额申购，发行人希望调整区间上限，则需要向监管部门提出足够的理据，并且对于募集资金增量部分的使用和管理做出的适当安排和说明。由于区间上限调整直接影响资金配置效率，监管部门要建立专门的程序，审慎评估调整定价区间上限的理据和原来做出定价区间建议的理由之间的关系，提高保荐人定价区间建议的严肃性。

4. 分段配售、优先满足中小投资者。为了防止再度出现大量资金集中打新股现象，网上配售部分实行分段配售，优先满足中小投资者。即网上申购部分单一账户按照申购数量实行不同的配售比例，申购数量较少的单一账户可以获得较高的配售比例。具体操作设计，需要中登公司、交易所数据和系统配合进一步研究。

5. 提高发行审核效率，市场意志在发行审核过程中起主导作用。发行审核是发行证券的生产过程，决定“产品”的品质和供给。（1）提高股票发行的标准及相关政策适用的透明度和一致性。发行资格标准、会计处理、披露要求等要简明、易懂，可预期，保持政策或原则适用的透明和一致性，避免因时因人而异。（2）实行申报材料预披露制度。该制度已在执行，有利于尽早接受市场和利益关联方的监督，对于预披露中反映和暴露出来的问题，要严肃处理。（3）提高保荐人等中介服务机构履行勤勉尽责义务的水平，提高申报材料和信息披露质量。（4）提高审核人员的专业和产业经验水平。审核人员不仅要深入了解法律环境、会计准则适用，更要深入理解发行人的商业模式、业务活动、经营环境等，发行审核工作对审核人员的专业知识和实务经验具有很高的要求，只有这样，监管人员才有可能及时发现申报材料中的问题，就信息披露作出恰当判断。（5）提高发审委成员的市场代表性和权威性水平。发行过程实质上是一个社会资源（资本）配置过程，审核过程中减少行政力量作用，增大市场力量作用。发审委委员要有足够的市场代表性和权威性，通常是各行业机构的主要执业合伙人。监管部门的作用是制定规则并监督规则得以公平合理合法地执行，政府意志体现在规则中并对所有参与者一视同仁。在申请人申报材料所披露的信息经审核没有进一步意见的情况下（No Further Comment），申报材料即可生效。

6. 提高申报材料信息披露的法律约束，严惩“埋雷”“试错”行为，“零容忍”贯穿发行体制全过程。股票市场属于虚拟经济，诚信和法治至关重要。发行人及保荐人等中介服务机构对市场、投资人负有不容推卸的诚信义务。发行申请材料一旦申报，发行人以及保荐人等中介服务机构则要对所申报材料及披露的信息负法律责任，监管部门可以依此追究其法律责任；申报材料一旦披露，投资者依此作出投资行为，则有权维护自己的权益。

加大欺诈发行上市处罚力度，改变偷“白菜”是犯罪，欺诈发行上市是“本事”的错误认识。通常情况欺诈发行上市和生产型企业制假售假相比涉及的金额、人数以及对社会民生影响等要大得多、多得多、恶劣得多，现行《刑法》《公司法》《证券法》等对类似违法犯罪量刑偏低（如《刑法》140、160、161 条相关规定等），没有能够有效地起到惩恶、威慑效果；加大保荐人等中介服务机构、法定代表人及其执业代表人的双重连带责任，强化机构及法定代表人对执业人的管理和约束。对于故意“埋雷”、恶意“试错”等案例，务必严肃处理，“零容忍”要贯穿发行体制的全过程。规范中介服务机构执业行为，提高执业水平。

三、实行有管理的发行定价制度有利于股市尽快回归健康向上的发展轨道

正如汇率、利率、房价等一样，在市场化改革的过程中实施适当的价格管理是必须的，有利于维护市场秩序稳定，维护社会公平正义。发行定价制度改革的路径是在有管理的条件下优先放开发行节奏，逐步实现一级市场供求均衡，从而实现发行定价市场化。

1. 实行基于市场力量的有管理的新股发行定价制度，不是发行定价制度改革的倒退，是在现阶段对市场化发行定价制度的优化和完善，符合国际惯例。提高保荐人发行定价区间建议的严肃性，促进发行市盈率迅速有效地回归合理水平，可以基本杜绝“三高一破”现象，发行市场资金配置效率将大幅提高；一级、二级市场市盈率水平基本衔接，新股发行向二级市场输送价值而不是“泡沫”，股市投资价值再现，社会资金将逐渐回归股市。

2. 合资格投资人申购累进制度由合资格投资人直接定价，打破了询价对象对发行定价权的垄断，建立了负责任的买方制度，从根本上改变询价对象不负责任的行为模式，最大限度地减少发行人、保荐人等对发行定价的干扰，使得新股发行过程中买方约束落到实处，社会资金得到节约。

3. 实行分段配售和优先满足中小投资者配售制度。有人提出放开发行定价，配售向机构倾斜，让中小投资人走开。这种思路不符合现阶段我国新股发行市场利益格局的现状。相反，股市关系到60%以上的中国人的民生问题，实行有管理的定价制度，配售应当向中小投资者倾斜，增加中小投资者获配机会，分享一级市场盈利，体现股市“民生工程”“普惠工程”属性；当中小散户成为新股主要持有人后，机构在上市首日仍然爆炒的积极性会有所下降，二级市场在新股上市首日为新股定价将趋于合理。因为新股首日涨幅趋向理性，上市首日换手率将相应降低，抑制短期投资炒

作，鼓励长期投资；随着新股上市首日收益率下降，参与新股申购热情会逐步降低。即使出现跌破发行价的情况，风险也在申购者愿意和有能力承担的范围之内，反过来将促进新股申购参与者更加冷静。即使出现一定程度的“打新热”情况，与“三高一破”相比，两害相权，孰轻孰重，自然明了。

价格是市场机制配置资源的核心。市场化价格形成机制发挥作用是有条件的，不能超越经济社会所处的阶段及其法治环境。20 世纪 80 年代中期“价格闯关”的经验和教训告诉我们，尽管搞市场经济“价格关非过不可”，但不是“早闯比晚闯好”，市场化取向改革要创造和培育价格形成机制发挥作用的环境和条件，放开价格是在市场制度逐步完善、市场机制逐步成熟、供求逐步均衡的基础上水到渠成的结果。针对询价对象内在缺陷，投资者群体性、非理性以及股票供给结构性短缺等阶段性特点，建立基于市场力量的有管理的新股发行定价制度，从市场化审核、有管理定价、全过程“零容忍”等多个环节，循序渐进地推进市场化取向的发行定价制度改革。保证发行市场资金配置的有效性，促进一、二级市场良性互动和健康发展。

第三节　向注册制转型背景下 IPO 辅导验收制度何去何从①

IPO 实行注册制，是否还需要辅导验收？辅导验收是否不利于激发市场的活力？是否阻碍市场主体公平、有效率的竞争？

① 本文完成于 2013 年 11 月 28 日，作者时任河南证监局党委书记、局长。课题成员：刘青松、楚天慧、韩东晓、李运锋、徐行恕。

一、IPO 辅导验收制度的演变及现状

（一）IPO 辅导验收制度的演变

1995 年，中国证监会发布《关于对公开发行股份公司进行辅导的通知》，初步建立 IPO 辅导制度。2000 年，国务院批准发布《中国证监会股票发行核准程序》，进一步明确券商对发行人的辅导责任和辅导期限。证监会制定《股票发行上市辅导工作暂行办法》，首次明确派出机构对辅导工作的监管职责，要求派出机构对拟发行公司的改制、运行情况及辅导内容、辅导效果进行评估调查。2001 年 10 月，证监会发布《首次公开发行股票辅导工作办法》，对 IPO 辅导工作的目标、期限、辅导机构、辅导内容、辅导程序进行全面规定，对派出机构在登记备案、跟踪监管、评估调查等环节如何履行辅导监管职能进行了规范。

至此，由中介机构提供辅导，派出机构验收的辅导验收制度基本形成。2003 年起，股票发行实行保荐制度。证监会发布《证券发行上市保荐制度暂行办法》，明确规定了保荐人的辅导和推荐职责。同年，证监会下发《派出机构监管工作职责》，第一项职能就是“负责监管辖区内拟发行公司的辅导改制工作”，包括接受辅导备案、受理辅导报告并经过调查验收后向发行部报送辅导监管报告等。2006 年曾考虑取消辅导监管，废止了《首次公开发行股票辅导工作办法》。但是，由于当时全国正在推进股权分置改革、清理大股东占用、证券公司风险处置等方面工作需要地方政府支持，而派出机构普遍反映如辅导监管被取消，将会缺乏与地方政府进行工作沟通的抓手。因此，2006 年发布的《证券发行上市保荐业务管理办法》仍保留了辅导备案和辅导验收的规定，但证监会再没有出台辅导期限和具体规则要求。

总的来看，辅导验收制度的政策意图在于通过中介机构辅导，提高拟发行人规范运作水平；辅导验收则是要求派出机构督促中介机构归位尽责，提高辅导工作质量。证监会受理拟发行人 IPO 申报材料时，要求派出机构

同时上报辅导验收报告。这样一来，辅导验收工作就实际上成了 IPO 申报的“前置程序”。

（二）派出机构 IPO 辅导验收执行标准不统一

2006 年《首次公开发行股票辅导工作办法》废止后，IPO 辅导验收工作就没有了统一标准和规则。各地派出机构则相继制定各自的辅导验收办法，办法的复杂、严谨程度差异较大。多数派出机构认为，IPO 审核是发行部的职责，派出机构辅导验收就是形式，走程序；也有派出机构认为，出具验收报告涉及对辅导效果的评价，针对 IPO 发行问题层出不穷、中介机构执业质量参差不齐的现状，应采取审慎态度，派出机构要负起责任，推动中介机构归位尽责，把好辅导质量关。这样既可以提高拟发行人信息披露质量，也可以缓解 IPO“堰塞湖”的压力。

二、河南证监局 IPO 辅导验收工作的具体做法

河南证监局的做法属于后一种情况。河南证监局从辖区拟上市公司信息披露问题较多的实际情况出发，对辅导验收所有环节和流程进行梳理，广泛征求会机关、中介机构等 20 家单位意见和建议，研究制定了河南辖区 IPO 辅导验收办法。[①]

“辅导验收办法”的核心是采取切实有效办法，落实 IPO 辅导验收制度的政策意图，督促中介机构归位尽责，同时不给拟发行人和中介机构增加任何额外程序和成本。河南局向社会承诺，最大限度杜绝欺诈发行事件在河南辖区发生，从源头上提高辖区上市公司质量。主要做法有：一是实行“辅导备案”制，简化了辅导申请程序；二是实行“全程公示”，拟发行人自进

① www.csrc.gov.cn/pub/henan/gzdt/201302/t20130207_221255.htm.

入辅导到辅导进度、结果等全环节在局官网公示，接受社会监督；三是针对重大疑点启动“特别核查程序”，通过独立取得海关、银行、税务、工商等第三方证据与拟发行人相关资料进行比对印证，发挥派出机构一线监管的优势。

河南局“辅导验收办法”受到了市场的广泛关注和高度认可。数十家媒体进行报道，认为辅导验收办法能够从源头上强化IPO信息披露质量，对提高河南辖区上市公司质量具有积极的作用。辖区执业的保荐机构普遍反映，辅导验收办法推动拟发行人和中介机构进一步清醒认识到自身在IPO辅导过程中的责任和义务，有利于规范辅导工作，提高辅导质量。实践表明，辖区辅导工作质量明显提升，申报公司信息披露质量明显改善，对拟发行人和保荐机构“带病闯关”的侥幸心理起到了明显的阻吓作用。

三、关于向注册制转型背景下辅导验收制度和发行审核制度的思考

党的十八届三中全会明确要求“让市场在资源配置中起决定性作用”“推进股票发行注册制改革”。从国际经验来看，注册制下保荐机构在股票发行中的作用更大了，地位更重要了，对其归位尽责的要求更高了。在推进注册制改革的过渡时期，关于辅导验收制度，我们认为有三种选择：一是保留辅导验收制度，但是证监会要统一标准和具体规则；二是保留辅导机构进行辅导的制度安排，取消验收的要求，可将辅导纳入保荐职责一并规范；三是完全取消辅导和验收，是否辅导由拟发行人和保荐机构自主商定。我们比较倾向于第三种选择，核心是进一步提高中介机构执业水平，强化中介机构尤其是保荐机构的职责。经过18年辅导工作的实践，保荐机构应当有能力履行好这个职能。

辅导验收制度取消后，IPO审核工作就完全直接集中到证监会发行监管部门。在注册制条件下，发行审核怎么审？审什么？我们比较分析了较为成熟市场的做法，初步认为，大致包括以下四个方面。一是制定客观、简明、

统一的发行标准。这里特别强调标准的客观性，减少自由裁量空间。有人说，美国证券交易委员会（United States Securities and Exchange Commission，SEC）关于发行没有条件要求是不确切的，只是条件较低，市场自由选择程序较高。事实上，SEC 对于国内申请人和国外申请人的发行审核标准是不同的；对于不同发行主体，条件也是有差别的，如新兴成长性企业按照《JOBS 法案》应遵循的条件就较其他企业按照“SOA2002”要求低很多。二是审核重点在拟发行人注册信息的齐备性和合规性。这里重点强调合规性，合规性要求审核人员进行实质性判断，而不是简单的形式审查，审核人员对拟发行人的商业价值不做审查和判断。这是注册制的核心和难点，对审核人员的专业水准和经验也提出了更高素质要求。审核人员对注册信息的充分性和合规性有疑问时，可以“评论”（Comment）方式反馈给拟发行人，直到没有进一步意见（No further comment）。通常情况下，监管机构不会否决发行申请，而是市场决定是否发行成功；但是若存在重大疑问，而且无法获得满意解释，不管是披露问题，还是实质性问题，证监会可以行使法定否决权。当然，证监会行使否决权后，有可能面临行政诉讼的风险，事实上，法院一般会支持监管机构的判断。三是严格 IPO 过程中的监管执法，如事中的督导、纠错，事后的稽查、惩诫等。四是严厉打击配售、上市过程中的任何合谋和操纵行为，防止恶意“炒新”，维护新股发行和上市市场秩序。

第四节　我国注册制发行体制“新常态”[①]

党的十八届三中全会决定“推进股票发行注册制改革”，确立了我国股票

① 本文完成于 2014 年，作者时任中国证监会河南监管局党委书记、局长。

发行体制改革的目标。近一年来，大家对股票发行注册制及其改革进行了大量讨论，已经形成了一些共识，但是对于一些基本问题仍然存在分歧。比方说，注册制的内涵、注册的法律属性、注册机关的性质和责任、注册制与政府监管的关系；再比如，注册制下如何审核股票发行申请、是否监管发行价格以及如何监管：还有一个最根本的问题，就是现阶段我国实行注册制的发行体制是怎样的、具有怎样的制度特点，等等。

从各国实践来看，注册制发行体制的基本特征是市场化和法治化，但具体制度设计上没有统一模式。我国推行发行体制注册制改革必然既要体现这些基本特征，又要体现我国市场的特殊性。现阶段，我国资本市场的特殊性表现为两个最基本的特征，一是投资者结构的高度“散户化”，二是资本资源的相对“稀缺性”。我国实行具有中国特色的注册制，既要满足注册制的基本内涵，同时又要具备我们自己的阶段性特征。这些将决定现阶段我国注册制发行体制的基本特征，形成发行体制“新常态”。概括来讲，注册制发行体制“新常态”可以概括为六个方面的特征：明确标准、充分披露、放开节奏、管理定价、合理配售和严打违规。

一、注册制的内涵和性质①

通常来讲，证券发行环节并不是资本市场的核心。资本市场的核心是交易，因为资本通过交易实现价格发现和优化配置。证券发行是证券交易的起点，在自由市场环境下，发行人可以自由决定发行时间、发行数量、发行价格以及发行方式，只要投资人愿意接受。世界各国之所以将证券发行纳入监管，主要是因为证券发行涉及公众投资者；监管的主要方法是要求发

① 参加本部分内容讨论的有大成律师事务所高级合伙人于绪刚博士，北京大学法学院教授、博士生导师郭雳博士，清华大学法学院副教授、清华大学商法研究中心副主任汤欣博士，美国凯易律师事务所高级律师吕梦宇博士。

行人充分揭示并注册所发行证券的相关信息，并要求发行人及相关中介服务机构对所注册信息负责任。简单地说，这就是所谓的“注册制”。

我国视证券发行为资本市场的“核心”并实行严格监管，除了“涉众”这个共性原因外，还由于我国长期以来资本资源的稀缺性。也就是说，证券发行严格纳入监管，实质上是掌控资本资源配置权。我国资本资源的稀缺性是由我国经济发展所处阶段决定的，同时还与我国资本市场和国际金融体系相对封闭相关。

党的十八届三中全会决定“推进股票发行注册制改革”，意义深远。一是深化改革。中国政府将放开对资本资源配置的行政管控，让市场机制起决定作用；二是扩大开放。最大限度地推进资本市场国际化，逐步实现资本进出自由，融入国际金融市场实现资本资源供求均衡，根本改变资本资源稀缺状况。

如何认识股票发行注册制及其法律实质，以及怎样处理注册制和政府监管的关系？有观点认为，核准制是政府监管。而与之相对，注册制就必然由交易所主导。我们认为，这既是对注册制度的误读，也是对国际实践的误解。

（一）注册制的基本内涵和法律实质

注册制是股票发行登记备查制度，侧重信息披露和事后控制，一是发行人必须把全部关于证券本身的风险以及证券背后的信息全部准确地披露；二是如果其中有任何虚假和遗漏，导致投资者损失，这些受损失的投资者可以向有关人士索赔。这些有关人士包括证券发行各环节的人员，包括发行人、券商、律师、审计师等。注册制的基本精神和内核是平衡企业融资需求与投资者利益保护，平衡公众利益和秩序维护与保持市场自主选择和活力。一方面，它针对影响广大投资者的证券公开发行，确立以信息披露为基础、兼顾公司治理要求的统一监管规则和程序；另一方面，它不对发行主体或股票投资的价值进行商业判断，强调依靠市场机制来发现和配置风险收益。注册制将还原证券发行的本来面目，由市场对发行人的盈利能力和财务真实性进行判断。具体来说，包括以下四个层次：发行人负有信息披露义务，并对其真实性、准确性、完整性负法律责任；中介机构应勤勉尽责，监督和规范发行人的行为，并承担相应法律责任；投资者根据披露的信息自主做出投资决定，并为自己的投资行为负责；注册机构负有审核信息披露文件合规性、完整性义务，但并不对其做出实质判断。

注册制的法律实质是发行人按照一定的法定标准履行一定的法定程序，其行为结果赋予所注册信息的法律属性。发行人依法注册是证券公开发行的必要行为，发行人及其他当事人必须依法对所注册信息承担责任。

从世界各主要证券市场发展历史来看，注册制的推行与资本市场成熟程度乃至各国各地区的经济社会整体状况息息相关，其效果的充分实现更依赖于多重基础性条件。这些条件包括诚实守信的商业氛围和文化、高水准的中介机构、成熟的市场参与者、灵活有效的市场机制、可靠的证券监管执法、多元化的纠纷解决机制、清晰的法律责任划分和扎实的法理基础等。

梁定邦先生特别指出①，美国注册制发展的历史背景关键是依靠监管部门的执法能力，包括证监会的执法能力、法院诉讼本身，即依靠的是一个非常完善的法律制度，才可以实行注册制。正因如此，甚至有声音对现阶段我国实行注册制表示担忧，希望“法制体系不健全的背景下注册制需缓行”。社会各界关于注册制认识的分歧正说明我国推行股票发行注册制改革任的复杂性、艰巨性和长期性。

（二）注册制以政府监管为基石

证券市场离不开政府监管。证券市场起源于自由买卖，然而自由市场

① 梁定邦 . 新股发行体制改革深入精髓［N］. 证券日报，2013-12-16.

本身难以确保公平与诚信原则始终得到遵循。因此政府开始监管证券市场。政府监管的历史，是对证券市场历次失灵的检讨和纠正，也是证券法诞生与发展的历史。过往实践反复证明，实行注册制，不是不要监管，而是要更好地发挥政府的监管作用。政府不能放弃对证券市场的监管，尤其是对于“新兴加转轨”特征交织、历史和现实环境复杂的中国A股市场，政府的有效监管不可或缺。

发行制度是证券市场的基础性制度，对股票发行市场的监管是政府监管证券市场的重要方面。虽然注册制信赖市场自律，客观上强化自律建设，但之所以规定公开发行必须经过政府管控的注册程序仍是意在防范市场失灵。注册制以政府监管为基石，是各大司法领域和股票市场实施注册制的基本现实。“核准制是政府监管，而注册制则必然由交易所主导”的结论，逻辑上不严谨，也缺乏对中外现实的体认。

尽管注册制以政府监管为基石，但是现阶段我国股票发行审核制度改革必须去除不必要的政府干预。大幅简化对新股发行企业繁复多变的主观要求及价值审核，发行和上市分开，建立股票发行注册和交易场所负责股票的上市交易或挂牌转让审核制度，形成“股票公开发行注册法定化，上市交易或挂牌转让市场化”格局。

（三）证监会作为注册机关是现实条件下的合理选择

有一种观点认为，证券交易所应当作为证券发行的注册机关。我们认为，这种认识是不妥的。我国开展以市场经济为导向的制度改革已二十余年，多重因素特别是转型期内改革创新与稳健发展的共同需求决定了现阶段股票发行注册机构应为证监会，而非交易所。积极稳妥推进、改革逐步到位。股票发行注册制改革是我国资本市场体制的重大变革。改革新股发行制度秉承的是长远目标，落实市场稳定、风险可控和对投资者保护等多重需求，决定了改革必须既积极又审慎，逐步推进。考虑证券市场传统和证监会作为国内市场集中统一监管者的职能定位，把新股发行的注册权保留在证监会，同时强化沪深交易所及其他交易场所对上市或挂牌的审核权，既适应目前的改革实际，也符合多数市场主体的预期。

市场现实和保护功能。我国证券市场机构投资者相对缺失，散户投资者规模巨大，缺乏健全有效的维权机制，因此现阶段政府的保护功能尤为重要。同时，保护公众投资者尤其是中小投资者利益是监管的使命，也是作为自律机构的交易所无法独立完成的。在涉及广大公众利益的股票发行活动中，目前看，政府的公信力和公正性不可替代证监会维护发行市场秩序、保护中小投资者权益的职责不可推卸。

避免走回头路。全面实现中国证券市场的注册制是一个长期过程，也是一条探索之路。从制度实现角度看，“注册制”迈出的第一步要确保树立市场信心，避免改革走回头路。如果短时间内改革步子过大，甚至出现冒进，在遭遇困难和难以避免的局部失误时，市场容易对“市场化”和“注册制”的总体目标产生质疑，出现舆论反转甚至可能导致改革的重大倒退。

法律和法理考量。鉴于股票公开发行涉及广泛的公众利益，在现行《行政许可法》的框架下，授权证监会之外的其他主体来实施注册，存在较大的法律争议。同时，发行只是证券活动的起点，之后还可能引发有关行政指导、行政强制、行政处罚和行政诉讼等一系列法律问题。因此改革规划必须与现行行政法律体系和机制相结合，确保法理和逻辑上的严密自治。

（四）证券交易所承担发行注册职能存在诸多弊端

整体而言，交易所应负责证券上市审核，而不适合履行发行注册的职能。这主要是由其自利特征的绝对性、自律特征的相对性和发展现状所决定的。

交易所作为市场主体，其自律机制和自利需求可能遭致市场乃至社会质疑，从而影响其行使公共职能的权威性。本质上讲，交易所是以其会员利益最大化为根本目的市场主体，沪深交易所也不例外，其监管是基于契约，而中国是一个契约文化不很发达的国家，将保护投资者利益的重任交由自律性组织实施，在相当程度上缺乏公信力。同时，全球主要交易所大多已完成了以营利为导向的公司制改造并实现了上市，沪深两大交易所的改制冲动亦一直强烈。一旦交易所改制上市，以营利为导向、强调对其股东负责，必然加剧利益冲突，直接影响监管的有效性，进一步威胁自律监管功能的有效实施。这个问题在国际主要市场也已经得到证明。

目前国内交易所之间存在竞争关系，容易诱发监管质量下降，形成发行监管的“竞争逐底”。吸引更多的公司上市是交易所的第一诉求。全球交易所之间竞争的加剧已经导致投资者对上市标准大幅度降低或标准多样化的现实忧虑。最近有关放开交易所上市资源竞争的导向，已促使各交易所进行市场策略方面的调整。若交易所作为发行申请审核和注册机构，交易所由此在公权受托者、自律监管者与市场竞争者诸多角色之间转换，难免产生自我矛盾乃至对立。这必然会影响监管的质量，而交易所之间竞争所导致的监管质量下降甚至会冲击最基本的监管底线。届时，发行监管必将面临难以驾驭的复杂局面。

（五）美国的发行注册机关是证监会而非交易所

观察国外成熟的大型市场，证监会负责发行申请审核和注册占主流；交易所实施发行注册的情况比较少见。中国香港、新加坡等地市场交易所扮演着特殊角色但有特定的历史演进过程和现实考量。他们的市场规模与法域特征与我国市场不具有可比性，制度层面上不具有代表性，借鉴意义不大。

在注册制发源地的美国，作为政府监管机构的证监会是发行申请审核注册环节的主导者，而不是纽交所或纳斯达克。回顾美国证券市场监管史以及与美国资深证券律师的交流，我们认为，美国证监会在证券公开发行注册过程中占据主导地位是美国 20 世纪大股灾后检讨证券市场管理制度的合理选择，也为此后百年的监管实践所证明。

美国证监会作为发行注册机构对证券发行实施监管，是在长期实践的基础上不断总结经验教训形成的。在 1933 年《证券法》制定之前，美国证券公开发行监管先后经历了注重实质监管的蓝天法（州证券法）与上市规则（纽约交易所）监管两个阶段，但实践表明，两者均非最佳选择。为此，美国国会成立了专门的委员会，对股票公开发行监管进行了广泛的讨论与论证。该委员会一致认为，联邦政府对证券发行实施的监督应该由某个公共机构来执行，最好是一个政府部门。同时，对合法行业的融资不要施加过多的限制。

罗斯福总统最终选择了基于信息披露的注册制度，制定了 1933 年《证券法》，并交由 1934 年《证券交易法》创设的政府监管机构——证监会来实施。从此美国本土公司公开募集股份接受联邦与州政府的“双重监管”。直到 1996 年，美国国会通过《全国证券市场促进法》，最终形成了由联邦政府主导发行注册的格局。“注册制”成为美国公开发行证券的基本制度。21 世纪初，为应对安然等公司的欺诈丑闻及席卷全球的金融危机，美国先后通过《萨班斯法案》《多德兰克法案》，以及后来的《JOBS 法案》等法律对 1933 年证券法实行修正，但是包括针对美国证监会主导的证券发行注册制的改革，仍是朝着强化政府监管的方向迈进。可见，美国实行证券发行注册制并且由证监会实施，是该国市场长期实践的选择。相对而言，这种模式对我国股票发行注册制改革更具借鉴意义。

总之，审慎客观是开展重大制度创新和改革实践的应有态度。就现阶段的新股发行体制改革而言，坚持市场化、国际化、法治化改革方向，实行适合能注册制的发行市场思路和方法，形成最符合我国证券市场特点的注册制，由证监会统一实施公开发行注册制度，由交易所、全国股转系统公司或其他证券市场分工负责上市交易或挂牌转让安排是较为合理的制度选择。

二、美国如何监管 IPO 定价："20% 安全港"规则[①]

美国资本市场是国际上最成熟的，市场化程度最高的。在注册制下，美国管不管发行定价？如何监管发行价格？

美国证监会规则规定，发行人首次公开发行实际价格和筹资规模如果超过预披露价格和筹资规模的 20%，则需要做补充披露和附加注册。如何理解这个规则？美国实践表明，在充分信息披露条件下，发行人自行决定发行价格和筹资规模并承担相应的法律责任。美国证监会对 IPO 价格和筹资规模的监管是间接的、市场化和法治化的。

（一）发行人根据市场供求情况确定发行价格和筹资规模

美国《证券法》以充分信息披露为基础（Disclosure-Based），而不是以企业品质为基础（Merit-Based）。企业上市，发行人和市场供求决定发行价格和筹资规模。通常有两种方法，一种是发行人根据承销商的建议确定价格；另一种是通过"订单累计"（Book Building）确定价格。第一种方法比较常用。

承销商在发行人确定发行价格时发挥重要作用，市场供求情况直接影响企业估值进而影响发行定价。承销商负责推介企业价值并挖掘市场需求，一个有经验的承销商对于发行时机和价格的把握能力较强。IPO 定价是一种平衡艺术，承销商必须"一手托两家"，平衡双方客户的利益，一方是发行人希望价格越高越好，而另一方是投资人希望股票能有较大的升值空间。通常一个成功的发行定价给股票上市后留下 15% 左右上涨空间。

---

① 本部分的内容来自作者和美国证监会国际部高级法律顾问 Carols M. Portugal 先生、Pete Curly 先生进行的通信交流。

（二）“20% 安全港”规则

根据美国证券法律，在注册材料正式生效前，发行人可以向潜在投资者提供“预披露招股书”，俗称“红鲱鱼”（Red Herring），并善意地提供可能的定价区间和筹资规模。如果实际定价结果和筹资规模与预先披露的定价区间和筹资规模差异不超过 20%，发行人可以直接按实际价格和筹资规模发行，原来注册信息继续有效，不需要向 SEC 附加注册。业界将此称为“20% 安全港”规则。

（三）差异幅度超过 20% 则可能触发“反欺诈条款”，需要向 SEC 附加注册

1934 年《证券交易法》规则 10（b）–5 条款规定证券发行反欺诈要求，禁止发行人对重要事实做不实、遗漏或误导性披露。SEC 规则通常认为实际定价及筹资规模和预披露的发行价格及筹资规模差异幅度超过 20% 的情况则构成重大变化，需要补充披露并向 SEC 附加注册，说明价格和筹资规模的大幅变化对发行人注册信息的影响，披露内容包括资金使用、企业策略、公司财务状况以及股东权益增厚或稀释等情况。

美国证监会不要求发行人因为上述差异提供是否符合“不欺诈”条款的法律意见书，也不对此发表任何法律意见。最终由发行人评估价格和筹资规模变化的重要性，并决定是否需要补充披露并向 SEC 做附加注册。也就是说，如果发行人评估后认为变化重大，则需要补充披露并向 SEC 附加注册，需要重新派发“红鲱鱼招股书”，并给投资者留足至少 48 个小时消化新的信息以便做出是否投资的决定。投资者可能因此改变对发行人及其定价的信心，发行人因此承担投资者流失的风险；如果发行人评估后认为该差异，即使超过 20%，对于已经在 SEC 注册的披露内容来讲并不构成重大变化，则可以决定不做补充披露和附加注册：发行人则可能因此面临的风险

是，如果投资人觉得“变化重大”，发行人重要信息披露不充分或存在误导等情形，并引起损失，则可以对发行人及相关中介机构提起诉讼，要求赔偿。法庭将对该差异是否具有“重要性”做出裁决。

（四）法院裁定变化对于信息披露的重要性

1934 年《证券交易法》10（b）条款赋予投资者对于发行人任何重要信息披露不足、不实或误导等行为提起诉讼的权利。大量判例表明，法院在判断信息的“重要性”时，主要考虑以下一些因素：（1）发行人有重大错误陈述和遗漏；（2）存在主观故意；（3）发行人的上述重大错误陈述、遗漏和投资者买卖证券之间的联系；（4）投资者依赖上述重大错误陈述和遗漏；（5）造成的损失；（6）发生损失的因果关系；等。由于美国实行的是普通法陪审团将在上述事实和原则清楚的基础上作出信息是否“重要”的裁定。美国没有设立单独的证券法庭，联邦法院负责联邦证券法纠纷的审理，各州法院负责审理各州内部的证券诉讼案件。

（五）“消极保证书”（Negative Assurance Letter）制度

如果反欺诈诉讼成立，投资人也可以对承销商提起诉讼，并要求承销商赔偿。为了保护自己，承销商常以“尽责调查”（Due diligence）来逃避责任，由发行人律师向承销商和承销商律师出具不违反“反欺诈”条款的“消极保证书”。这种保证书只用于承销商保护自己免于因此受到起诉，不需要向 SEC 注册。

三、推进渐进式注册制改革

应当以什么样的节奏推进发行体制注册制改革？是“跑步进入注册制”，还是推进“渐进式改革”？这是不以人的主观意志为转移的而是由我国资本市场内在特征决定的。

（一）发行体制改革回顾：发行制度的内在失衡

近些年，新股发行体制围绕保荐制度、发行审核、发行定价和承销进行了一系列改革基本上建立了以信息披露为核心的市场化发行体制框架。证监会先后发布了《关于进一步改革和完善新股发行体制的指导意见》（2009 年 6 月 10 日）、《关于深化新股发行体制改革的指导意见》（2010 年 10 月 11 日），修订并发布了《证券发行和承销管理办法》。2013 年底发布了被市场评价为“已深入注册制精髓”的《关于进一步推进新股发行体制改革的意见》（2013 年 11 月 30 日）。改革的基本原则是坚持市场化改革方向，完善询价和申购报价约束机制，强化买方对卖方的约束，淡化行政指导，加大定价者的责任，促进新股定价市场化。制度设计的核心环节是借鉴国际经验建立了询价制度，发挥询价对象具有“较高定价能力和长期投资取向”的理性特征，塑造发行市场买方力量形成对卖方的约束力，通过买卖双方的充分博弈，揭示发行人价值，从而确定股票发行价格。新股发行定价制度有力地提升了定价机制市场化水平，增强了保荐人等中介机构的责任，锻炼并提高了询价机构的定价能力和风险意识，促进了一级市场的发展。

2008 年以来，随着国际金融危机的蔓延，国内宏观紧缩政策逐步深入，二级市场逐渐回落，出现了一级、二级市场的倒挂，集中体现在所谓“三高一破”现象，即高发行价格、高发行市盈率、高超额募集，以及高破发率，并导致 IPO 暂时性停发。2014 年初，新股开闸后尽管发现价格明显回落，但是留下了明显的行政干预的痕迹，同时出现了“奥赛康”现象，客观上影响了股票市场资源配置的效率。究其原因，主要是在我国现阶段市场经济体制尚不成熟的情况下，股票发行制度内在失衡。

询价机制失灵是发行制度内在失衡的关键环节。包括基金公司等在内的询价对象不完全具备询价制度设计理念所赋予的品质和能力。询价对象之间存在错综复杂的股权、业务利益关联，询价过程中，询价对象和发行人、承销商存在广泛“合谋”的利益基础，发生了一些“高报不买”“随意报价”“人情报价”“赞助报价”“关系报价”等恶意推高发行价格、利益输送的情况，询价对象投资决策、内控制度不完善，公司治理机制失效，委托人权益得不到充分尊重和保护，无论是询价对象本身还是其股东大多数情况下对其报价不承担最终损益责任，而是由其受托管理的基金或资产承担。我国现行综合制度环境并不完全支持询价对象“认真定价”“长期投资”的理论假设。我们的市场不具备强有力的信托文化和信托法治约束，尽管证监会和证券业协会多次明文要求询价对象应“真实报价”，杜绝各种“合谋”操作，但是询价对象行为表明由于缺乏基于内在利益驱动的制约，各种“合谋”禁而不止。询价制度没有建立负责任的买方约束机制，存在内生性制度缺陷，买方对卖方的市场约束终究是软约束。

更深层的原因是，现阶段我国社会主义市场经济制度还不够完善，价格形成机制不能有效发挥作用。价格是市场经济的核心，价格形成机制是市场机制有效配置资源的制度基础。市场机制发挥作用的条件，植根于价格形成过程买卖双方讨价还价的内在利益。在“两权分离”体制下，微观主体内部委托代理关系虚置问题没有从制度上解决。这个问题一天不解决，市场机制就一天不可能正常发挥作用，价格就会出现扭曲。即使在西方发达资本主义经济体中，也存在市场机制失灵，宏观调控体系对于防范和纠正市场失灵是必须的。欧美债务危机再一次说明了这个道理。发行定价制度市场化是改革的最终目标，需要一系列宏观微观等条件和环境配套才能保证市场化价格形成机制的有效运行。发行制度市场化改革，不能简单地理解为“一放就活”，完全排斥甚至取消对发行定价的窗口指导，任由不成熟的市场机制形成扭曲的发行价格。

市场化取向的改革就是要培育和创造市场机制发挥作用的条件和形成

内在利益驱动机制，对于改革过程中试验性、探索性的措施和办法，要密切观察影响市场机制发挥作用的情况和因素，要及时发现及时论证，及时纠错，确实控制市场风险，保护投资者利益。

（二）渐进式注册制改革符合党的十八届三中全会精神

发行体制改革目标是实现注册制，实质是实现发行体制市场化，就是让市场机制在资本资源配置中发挥决定性作用。吴敬琏教授2014年6月11日在清华大学讲到，“要让市场在资源配置中起决定性作用这是我们的愿望，是一种目标。怎样才能做到？”“三中全会讲，建设统一、开放、竞争、有序的市场体系，是使市场在资源配置中起决定性作用的基础。如果没有这样的体制基础，再有这样的愿望，也是做不到的。实际上，经济改革的任务就是要建立起这样的体制基础”。发行体制实行注册制是改革的目标，也是有条件的，就是要克服发行体制的内在失衡，必须具备一定的“体制基础”才能实现；这个“体制基础”就是“买方硬约束”。当前，新股发行市场“买方硬约束”没有形成，不具备市场机制发挥作用的条件；强行推行完全的市场化改革，必然导致“三高一破”，输入“泡沫”。

现阶段，要“统筹好注册制改革的力度和市场的可承受度”，实现向注册制平稳过渡，可行的办法就是推进渐进式注册制改革。改革过程中要建立和培育新股发行市场的“买方硬约束”力量，培育“买方硬约束”需要时间，是一个长期渐进的过程。在“买方硬约束”力量建立过程中，不能立即实行完全市场化的注册制，要弄清楚发行体制的哪些环节可以完全市场化，哪些环节暂时还不具备完全市场化的条件。这些问题必须明确无误地和市场讲清楚、说明白。分阶段渐进式的改革办法，实质上是市场机制不能有效发挥作用时“更好地发挥政府的作用”的方法，是由现阶段“新兴加转轨”市场的根本特征决定的，符合三中全会精神。就像20世纪八九十年代推行“价格闯关”，其结果必然是全面通胀，这与“价格闯关”失败后，我国采取放开供给端实行需求管理等宏观经济政策取得改革成功的经验的情况是一致的。

（三）渐进式注册制改革“三部曲”

1. 实行完全市场化的发行审核制度。这一部分可以也应当实行完全市场化。研究制定符合国情的市场化发行上市条件，根据法定条件市场化选择发行人，实现配置资源市场化；注册机关以信息披露为核心进行完全市场化的发行审核；发行、上市环节分离，允许发行人自由选择交易场所，由交易场所审核发行人上市或挂牌申请。

2. 实行有管理的市场化定价配售机制。新股发行定价、配售环节暂不能完全放开。废除现行的询价制度，发行人和承销商根据境内外市场可比上市公司估值水平形成合理的发行定价区间。对于需求旺盛的发行人，不存在“销售”困难，不实行网下配售，全部网上发行。只有当大型发行确实存在销售“困难”时，发行人和承销商可以制定网下、网上并行的发行方案。实行优先满足中小投资者申购的配售制度，新股发行必须充分揭示风险，中小投资者可以选择不申购，如申购则要自担申购风险。

3. 发行监管机关对发行全过程严格监管，坚决打击欺诈发行、利益输送、合谋操控行为，对于任何违法违规行为“零容忍”。

实行渐进式注册制改革，要加强投资者教育，尤其是风险教育逐渐培育买方市场的硬约束力。从我国股市中小散户投资者占绝对多数的实际情况看，“买方硬约束”的形成需要相当长的时间，“去散户”将是一个非常漫长的过程，简单的“去散户化”或无视“散户化”的市场现实是不科学的、不理性的，也是错误的。因此，渐进式注册制改革也将持续相当长的时间。操作上，要理性地认识“散户化”市场的非理性现实，真心诚意地听取市场的声音，和市场充分沟通，集思广益、群策群力，形成具有广泛共识的改革方案，防止闭门造车、朝令夕改，珍惜并维护监管权威，稳定市场预期，与市场形成良性互动。渐进式注册制将是今后一个时期我国发行体制的“新常态”。

四、我国注册制发行体制“新常态”的七个特征

发行体制注册制改革必须两手抓，一手是坚持以信息披露为中心的市场化改革，让市场选择发行人，发挥市场机制优化资源配置的决定性作用，提高资源配置效率；另一手是以保护投资者利益为核心在转型的基础上加强监管，更好地发挥监管的作用，维护市场秩序和公平。市场和监管各方归位尽职。

（一）明确发行标准

制定统一股票公开发行标准，提高相关政策适用的透明度和一致性。发行资格标准、规则适用，披露要求等要简单易懂、可预期。无论是客观标准还是主观标准都要保持规则政策或原则适用的透明和一致性，避免因时因人而异。监管部门的作用是制定规则并监督规则得以公平合理合法地执行，政府意志体现在规则中并对所有参与者一视同仁。

（二）充分信息披露

发行人是信息披露第一责任人，申报之日，就是责任形成之时。实行申报材料预披露制度，有利于尽早接受市场和利益关联方的监督，对于预披露中反映和暴露出来的问题，要严肃处理；提高保荐人等中介服务机构履行勤勉尽责的水平，提高申报材料和信息披露质量。

（三）实行市场化审核

注册制实行市场化的发行审核，和核准制下的审核在性质、方法、程

序以及权利的配置都是不同的。注册制下的发行审核工作对审核人员的专业知识和实务经验具有很高的要求，审核人员既要掌握规则，又要了解行业变化；不仅要深入了解发行人及其所处行业的一般性政策法律环境、适用会计准则，更要求深入理解发行人的商业模式、业务活动、经营环境等；只有这样监管人员才有可能及时发现申报材料中的问题，就信息披露的齐备性和合规性作出恰当判断，提高信息披露质量。取消发审委，注册机关直接负责注册信息审核，如美国 SEC，也可以设立“发行聆讯委员会”① 辅助审核。聆讯委员会不具有批准发行申请的行政权力，而是代表市场和行业就发行人申报材料的信息披露提出专业意见。该委员会成员要有足够的市场代表性和权威性。在申请人申报材料所披露的信息经审核没有进一步意见（No Further Comment）情况下，申报材料即可以注册生效。

（四）放开发行节奏

在发行节奏和发行实价这两个环节的改革次序上，应当优先放开发行节奏，监管部门可以不再调控发行节奏。这是股票发行市场在总量上实现供求平衡的内在要求。发行人何时提出发行申请、何时提交申报材料、发行方案、发行方式，以及发行申请注册生效后何时发行等可以完全放开，由发行人根据市场情况自由决定。由投资人选择发行人，市场供求决定发行成败，能否放开发行节奏是目前问题的焦点之一，是市场化配置资本关键一步。放开发行节奏后，如何防控 IPO 对二级市场的冲击？如何防止“炒新”和“三高一破”？我们认为，接下来的三个环节，即管理定价、合理配售和严打违规，可以有效缓解这些矛盾。

① 香港联交所的上市委员会由 28 位独立人士以及香港交易所行政总裁组成，主要负责判断相对主观的上市适当性，而相对客观的上市条件，由上市科 IP0 部门审查。适当性指标具体包括：业绩或置利的可持续性，是否过分依赖主要客户，董事与控股股东是否胜任、是否过分依赖母公司、与母公司业务是否有重叠《上市规则》对适当性指标没有规定，交易所会发布《关于退回若干上市指引》，给市场参考。上市委员会也会发出年报，对拟发行人进行指导。

（五）管理发行定价

由于市场的非理性和资本资源的稀缺性，发行定价在现阶段不能完全实行市场化，必须建立有管理的市场化发行定价机制，严肃保荐人所建议的发行定价区间对发行定价的约束力。通常情况下，保荐人、承销商在招股说明书中提出发行定价建议区间，反映中介机构对发行人的价值评估；影响定价的因素有很多，主要是国内外市场可比公司二级市场估值水平，并给二级市场预留适当空间通常按一定折扣提出定价建议。投资人在保荐人提出的建议定价区间内报价申购。如果申购不足，发行人向监管部门备案后可以调整区间下限；如果获得高比例超额申购，发行人希望调整价格区间上限达到一定幅度以上（如 20% 以上），则需要向监管部门提出足够的理据，并且对于募集资金增量部分的使用和管理做出的适当安排作出说明。由于区间上限调整直接影响资金配置效率，监管部门要建立专门的程序，审慎评估调整定价区间上限的理据和原来作出定价区间建议的理由之间的关系，提高保荐人定价区间建议的严肃性。

实行基于市场的有管理的新股发行定价制度，不是发行定价制度改革的倒退，而是在现阶段对市场化发行定价制度的优化和完善，符合国际惯例。提高保荐人发行定价区间建议的严肃性，促进发行市盈率迅速有效地回归合理水平，发行市场资金配置效率将大幅提高，一级、二级市场市盈率水平基本衔接，可以使得有限的资本资源配置到更多的公司，提高资本资源配置的效率和普遍性，避免资本过度集中在少数企业而造成浪费。从而基本杜绝“三高一破”现象，新股发行向二级市场输送价值而不是“泡沫”，股市投资价值再现，社会资金将逐渐回归股市。

（六）合理申购配售

实行优先满足中小投资者的配售制度，投资者按招股书建议的价格区间申购，按照申购价格优先、申购数量从小到大的顺序累计订单，优先满足中小投资者申购。一名投资者只能有一个申购账号。投资人直接申购，打破询价对象对发行定价权的垄断，逐步建立负责任的买方约束，从根本上改变询价对象不负责任的行为模式，最大限度地减少发行人、保荐人等对发行定价的干扰，使得新股发行过程中买方约束落到实处。

有人提出放开发行定价，配售向机构倾斜，让中小投资人走开。这种思路不符合现阶段我国新股发行市场利益格局的现状。相反，股市关系到60%以上的中国人的民生问题，实行“优先满足中小投资者配售制度”，配售向中小投资者倾斜，是实事求是的最优选择。

（七）严打违法违规

股票市场属于虚拟经济，诚信和法治至关重要。注册信息的法律属性要求提高申报材料信息披露的法律约束力，严惩“埋雷”“试错”行为，“零容忍”贯穿发行体制全过程。发行人及保荐人等中介服务机构对市场、投资人负有不容推卸的诚信义务。发行申请材料一旦申报，发行人以及保荐人等中介服务机构则要对所申报材料及披露的信息负法律责任，监管部门将可以依此追究其法律责任；申报材料一旦注册生效，投资者依此作出投资行为，则有权维护自己的权益。加大保荐人等中介服务机构、法定代表人及其执业代表人的双重连带责任，强化机构及法定代表人对执业人的管理和约束。对于故意“埋雷”、恶意“试错”等案例，务必严肃处理，“零容忍”要贯穿发行体制的全过程；规范中介服务机构执业行为，提高执业水平。严厉打击发行定价、配售、新股上市交易过程中的合谋、操纵利益输送等任何违法违规行为，维护发行市场的透明、公平、公正和有序。

加大欺诈发行上市处罚力度，改变偷“白菜”是犯罪，欺诈发行上市是“本事”的错误认识，通常情况欺诈发行上市和生产型企业制假售假相比涉及的金额、人数以及对社会民生影响等要大得多、多得多、恶劣得多。现行《刑法》《公司法》《证券法》等对类似违法犯罪量刑偏低（如《刑法》第140条、160条、161条相关规定等），没有能够有效地起到惩恶、威慑的效果，建议尽快修改有关法律，提高处罚力度，维护市场秩序稳定，维护社会公平正义。

发行注册制改革是一个系统工程，不可能一蹴而就，注册制发行体制没有统一的模式。价格是市场机制配置资源的核心，市场化价格形成机制发挥作用是有条件的，不能超越经济社会法治环境和所处的阶段。市场化取向改革要创造和培育价格形成机制发挥作用的环境和条件，放开价格是市场制度逐步完善、市场机制逐步成熟基础上水到渠成的结果。要深入研究、准确把握我国现阶段实行注册制发行体制的若干特征，循序渐进地推进市场化取向的发行制度改革；积极探讨并建立“中国特色的注册制发行体制”，实现市场机制在股票发行资本资源配置中起决定性作用；在此基础上更好地发挥监管的作用，保证发行市场资本资源配置的有效性和公平性的统一，促进市场良性互动和健康发展。另外，还应当加快推进资本市场国际化，尽快改变资本资源稀缺状况，注册发行体制也将具有新的特征。

第五节　抓紧做好注册制改革的过渡期安排①

党的十八届三中全会《中共中央关于全面深化改革若干重大问题的决定》提出，健全多层次资本市场体系，推进股票发行注册制改革，多渠道推动股权融资，发展并规范债券市场，提高直接融资比重。这是股票发行注册制首次列入中央文件。四中全会明确了改革与立法的关系，要求“重

---

① 原文发表于《河南日报》（2014-12-27），作者时任河南证监局党委书记、局长。

大改革于法有据”，条件不成熟的要按照法定程序授权先行先试。党的十八届三中、四中全会以来，市场化、法治化改革方向深入人心，改革红利呈现，股市开始进入牛市周期，并发力迅猛。股票发行注册制改革面临难得的外部环境。

在我国市场、法制环境下，注册制应当怎么办？监管工作应当怎么做？都没有国际通行的答案。因而，做好从现在到注册制立法之间仅有的一年左右的过渡期安排，尽快开展注册制改革试验，既是改革的需要，也是立法的需要。

开展注册制改革的过渡期试验，初步考虑，具体环节主要有以下几个。

1. 全面审视、清理发行定价、配售等环节有关询价对象、配售比例等对微观活动的干预政策。根据四中全会关于“法定职责必须为、法无授权不可为”“不得法外设定权力，没有法律法规依据不得做出减损公民、法人和其他经济组织合法权益或者增加其义务的决定”的精神要求，全面清理现行有关股票发行上市的政策、法规。在现行法律框架下，依循注册制的原则和理念，规范涉及宏观制度安排的相关政策规范；清理、废除干预发行市场微观活动的相关政策安排。特别是全面审视、清理发行、定价、配售等环节有关询价对象、配售比例等对微观活动的干预政策。这些政策割裂了市场，阻碍市场机制有效发挥作用。要在制度上给市场机制发挥作用留下自由空间，严格规范行政监管行为，建立开放、自由、平等、竞争的发行市场。

2. 不得在法定条件之外设立所谓的“内部标准”。在现行法律框架下，制定并公布明确的股票发行条件，无论是客观条件还是主观条件都要尽量简洁、明了、客观，减少自由裁量空间，不得在法定条件之外设立所谓的“内部标准”。完全由市场按照法定标准选择发行人，由投资者决定发行是否成功，各类市场主体公平竞争，给市场明确预期至关重要。

3. 确实树立以信息披露为中心的审核理念，制定市场化的审核制度。这对我们的审核体制、审核队伍、审核习惯提出挑战。这是过渡期安排的要点也是难点，其核心就是要确实树立以信息披露为中心的审核理念，逐步建立与注册制相适应的发行审核体制和审核队伍。审核要点是与发行证券相关信息的披露的完备性和合规性。发行人是否达到发行、上市标准不是审核目标，而是审核的自然结果。简单地说，发行审核就是审核人员代表普通投资者审阅招股书等披露的信息，审核的原则就是从普通投资者角度看发行人披露的信息是否足够清晰、易懂。同时，从会计、法律、行业等专业角度就信息披露的内容是否规范、充分做出判断、提出意见。市场化的发行审核对审核人员的素质与专业水平提出了更高的要求。

4. 建立发行人审核救济机制。为了弥补审核人员的差异化造成的审核差异，还应当建立发行人审核救济机制，即当发行人与审核人员就相关问题的审核意见不一致时，发行人可以申请复议或申诉。这样可以防止因为具体审核人员差异导致的发行人过渡披露、增加发行成本等问题，有利于发行审核工作的一致性和连续性，提高发行审核的效率和质量。交易所可以适当方式参与审核工作。

5. 证监会核准更多地体现为形式和程序性许可。过渡期内，证监会核准仍然是不可缺少的法定环节，只是核准更多地体现为形式和程序性许可，而不是管控资本资源配置的手段。证监会保留在任何环节上对任何公开发行的叫停权和执法监督权。

6. 毫无保留地放开发行节奏。发行市场的秩序和理性取决于发行市场的供求平衡，不仅与单个公司发行股份有关，归根到底是由发行节奏自由决定的。四中全会要求要使市场在资源配置中起决定性作用和更好发挥政府作用，必须统一市场、公平竞争，要毫不犹豫地取消对发行节奏的管控，取消行政对资本资源配置的干预和控制。这是发挥资本市场投融资功能、实现发行市场供求平衡、平抑 IPO 定价“泡沫”的根本保证。

7. 恢复“25% 安全港”制度。上一轮发行体制改革取消了“25% 安全港”制度，其中原因更多的是从放开行政干预发行人 IPO 募集资金的角度理解这个制度的政策意图的。其实，从国际市场的普遍做法来看，“25%安全港”制度更主要的意义在于对招股书披露信息的完整性、有效性的补充。因为如果发行人募集资金超过原计划的20%或25%以上，那么发行人的公司性质、财务状况都可能发生较大变化，投资者可能因此面临不同的风险。因而，发行人有必要对此作出判断并给投资者进一步思考、评估风险的机会，比如说暂停发行活动48小时等。我们对这个制度的性质和意义的认识是不充分、不到位的。在我国资本资源依然稀缺的条件下，如果说放开发行节奏提高了发行市场的效率，那么“25%安全港”制度则有利于提高发行市场的公平，防止稀缺的资本、资源过度集中到个别发行人，从而在整体上提高发行市场配置资源的效率。

8. 严格监管执法。注册制发行体制是宽进严管的体制。过渡期内，事前、事中、事后严格执法既是注册制改革试验的重要内容，也是试验成功的根本保证。坚决打击欺诈发行、虚假披露、利益合谋、操纵发行配售过程和新股交易等违法违规行为。发行全过程监管执法的制度设计及其有效性迫切需要实践检验。

9. 建立中小投资者看得懂、用得上的维权体系，确保维护投资者权益。股票发行注册制改革是整个资本市场全面深化改革的总开关、“核按钮”。社会主义市场经济体制建设和全面深化改革对资本市场寄予厚望。改革是渐进的，注册制不会随着《证券法》的修改突然降临。当前，宏观环境来之不易，市场韧性、对改革的容忍度和承受力大大提高，要抓住市场转暖的有利时机，加大改革力度，核心就是要抓紧做好过渡期安排，尽快开启注册制改革试验，借助本轮行情深化改革、攻坚克难、促进发展，发挥本轮行情的正能量，引导资金进入实体经济，提高直接融资比重，推动资本市场进入长期、稳定、健康发展轨道。

股票发行注册制主要是指发行人申请发行股票时，必须依法将公开的各种资料完全准确地向证券监管机构申报。证券监管机构的职责是对申报文件的全面性、准确性、真实性和及时性作形式审查，不对发行人的资质进行实质性审核和价值判断，而将对发行公司股票的质量的判断留给市场来决定。

注册制的核心是只要证券发行人提供的材料不存在虚假、误导或者遗漏，即使该证券没有任何投资价值，证券主管机关也无权干涉。这类发行制度的代表是美国和日本。这种制度的市场化程度最高。

第六节　完善科创板发行人救济机制[①]

科创板是我国全面深化资本市场改革的试验田，肩负着资本市场更好服务国家战略的时代使命，架起科技与资本顺畅连接的桥梁，必将有力推进创新驱动发展；承载着深化资本市场改革的重任，秉承市场化、法治化原则，借鉴国际最佳实践，强化司法保障功能，真正落实以信息披露为核心的发行注册制，统筹推进交易、退市等关键制度创新，为打造一个规范、透明、开放、有活力、有韧性的资本市场，积累可复制可推广的经验。

市场运行数据显示，截至目前，科创板申请企业 152 家，33 家已经履行了证监会注册程序，32 家获得注册，1 家不予注册，已上市 29 家分属生物医药、智能制造、计算机、电子元器件等七大行业，基本符合中央关于科创板的定位，初步实现了更好地服务科技创新这个目标；在制度创新方面，科创板设计了一系列更加符合科创企业特征和成长规律的规则体系，探索实施了“以信息披露为核心的发行审核注册制”，各项制度创新运行良好，为市场参与各方所认可和接受。简单地说，市场交易“热而不乱”，制度运

① 本文为作者 2019 年 9 月 8 日接受《中国经营报》的采访，作者时任中证金融研究院院长。

行“忙而有序”。尽管科创板开板运行时间较短，尚不足以做全面评价，初步看来，可以概括为，科创板成功开板，市场运行总体平稳，基本实现了“稳”起步。

科创板必须坚守服务高科技企业创新的定位，但问题是在实际操作中如何实现这一定位？核心是如何判断企业科创属性的？科创企业具有独特的风险特征和成长规律，高科技本身具有重大不确定性和未知性。在现实当中，采用了一些方法，用一些已知的标准衡量未知的高科技属性，确实可能存在着一些“误判”的情况发生。在科创板运行初期严格要求是可以理解的，但将来应该能够进一步优化科创企业认定的标准和方法，在总的行业取向符合定位的前提下进一步增强市场包容性，具体科创企业的科创属性，要能够给市场留下足够的判断和选择的空间。要相信，“资本是聪明的，市场选择是有效的”。

要进一步完善发行人救济机制。如果一家企业没有获得注册许可，根据科创板实施意见和股票发行注册管理办法，在制度规则上证监会做出不予注册的判断是符合实际的，是合理的。从完善制度规则角度来讲，需要进一步理顺发行上市审核过程中审核权、注册权、救济权三者之间的关系，建立健全发行人救济机制，更好地体现资本市场服务科创企业的本质要求。根据科创板实施意见和股票发行注册管理办法，证监会在发行注册环节有六种行动选择：第一种是在 20 个工作日之内同意注册，第二种是不同意注册，第三种是中止注册，第四种是终止注册，第五种是撤销注册，第六种是暂缓或者暂停发行上市。上交所有两种行动选择，结合上市委员会的意见，可以作出“同意发行上市的审核意见”，或者“终止发行上市审核”的决定。证监会和上交所都可以对发行人作出有重大影响的，而且是负面的、否定性的决定，发行人拥有怎样的救济措施非常重要。

从国际最佳实践的经验看，发行上市审核和注册过程具有“互动”和“磋商”的性质，一个重要目的就是和发行人及其保荐机构一起“揭示真相、准确表述，便于普通投资者阅读和理解”；在审核、注册及相应的救济过程中，发行申请人享有充分的表达意见和意见被听取的权利。建立发行人救济制度有利于贯彻落实“以信息披露为核心”的注册制理念，提高信息披露质量，对审核工作的局限性也是一个有益有利的制衡和补充，具有制度性意义。根据《行政复议法》《行政诉讼法》等相关法律，目前的制度安排对证监会的六个判断，尤其是五个负面性的行动，有行政复议和司法诉讼这两个救济措施；对于交易所终止审核的决定，发行人可以在收到交易所的“终止”决定之后五个工作日之内向上交所提请“复审”。从以往的“复议”和“诉讼”等实践来看，效率和效果“不尽如人意”；还存在一些法理性的问题需要进一步澄清，如交易所决定的法律属性是什么？是否属于终局意见？是否可诉？如果可诉，属于行政诉讼，还是“民事诉讼”？等等。监管机构的每一个行动，都将对发行人产生重大的影响，尤其是否定性决定，将对行为相对人产生重大的负面影响，应当尤其审慎；要赋予发行人自我救济的权力，而且这种救济要便利、有效，成本不能太高。市场的包容性在很大程度上体现在发行人救济机制的安排上，市场的活力和韧性体现在市场的包容性上。

第三章 · 上市公司质量篇

以透明度为核心全面提升上市公司质量

上市公司质量是资本市场持续发展的基石，资本市场的一切财富增值都是来源于上市公司的价值创造。只有高质量的上市公司，才能创造更多的价值分享，才能吸引更多资金入市，资本市场才能健康稳定的发展；否则，没有高质量的上市公司，资本市场必然不断萎缩，进而难以为继。评价上市公司质量的维度是多方面的，如依法规范经营、信息披露充分及时、建立现代企业制度、完善的公司治理，有较好的财务结构、盈利能力和成长性，积极履行社会责任，对股东负责，对社会负责，要经常向股东现金分红，并保持良好的投资者关系，等等。在这些诸多维度中，核心是透明度，公司的经营和治理政策可以因人、因时而异，盈利状况则受宏观环境、行业周期、资源禀赋等多重因素的影响。作为上市公司，保持公开、透明、及时、充分的信息披露至关重要。

高质量的上市公司和高质量的资本市场是什么关系呢？换句话说，是好的上市公司成就好的资本市场，还是好的资本市场能够培养、造就好的上市公司？我们经历过正反两方面的例子。20 世纪 90 年代，我国股市建设初期，民营经济不发达，国有企业整体状况欠佳，我们选择国企的优秀部分改制上市，当时这些公司都是严挑细选，是国民经济的“基本盘”“顶梁柱”。三十年来，尽管这些上市企业对我国资本市场和国民经济的发展发挥了至关重要的作用，但鲜有成长为有国际影响力的跨国公司。相反，美国纳斯达克市场，秉持“Any company can be listed, but time will tell the tale”（任何公司都可以上市，时间会证明一切）对上市企业并没有那么严格的要求，更没有盈利的指标，要求的核心是充分信息披露，把选择权、定价权完全交给投资者，充分信赖市场机制充分竞争优胜劣汰，过去几十年间，相继培育出苹果、微软、思科、英特尔、英伟达、甲骨文、特斯拉等具有全球引领性高科技跨国公司。可以看出，好的资本市场应当能够培养、造就高质量的上市公司。国际上也常把能否培养出高质量的上市公司作为衡量资本市场是否成功的重要标志。

如何持续提升上市公司质量？这需要放在如何建设高质量资本市场这个大的逻辑框架下系统考虑。在把好上市公司质量入口关的同时，还要建设和发挥好并购、重组、退市等市场化制度的作用，发挥市场机制持续提高上市公司质量的功能性作用，无论公司原本的质量如何，在高质量的资本市场机制的作用下，都有可能够被塑造、培养成优秀的高质量的上市公司。比如，我们大家熟知的巴菲特的金融帝国伯克希尔·哈撒韦原本是一家濒临破产的纺纱厂。

提升上市公司质量，根本原则就是要在市场准入和持续监管的全过程坚持透明度原则，真正建立以充分信息披露为核心的监管理念和制度，坚持“四个敬畏”，坚守“四条底线”，完善市场机制，充分发挥市场规律的作用。科创板、创业板以及我国资本市场能否培养出世界级的高质量的上市公司，还有待时间的考验。

第一节　全面提升上市公司透明度①

党的十八届三中全会通过的《关于全面深化改革若干重大问题的决定》中"公开""透明"的文字先后20多次被提及，充分说明公开、透明不仅是资本市场的基本要求，也是整个社会发展和治理的核心价值观。2012年10月，河南63家上市公司集体签署了《河南上市公司诚信公约》②，向社会做出了公开承诺。《诚信公约》签订后实际履行情况如何，一个有效的检验方法就是通过公开透明的方式，请投资者、新闻媒体等市场参与各方现场监督和评议。

一、透明度建设在资本市场运行发展体系中居核心地位

透明度是资本市场上有关交易的信息在事实的基础上公之于众的程度。透明度建设在整个资本市场的运行和发展体系中具有核心重要地位。从市场整体讲，透明度影响市场效率和市场功能的发挥。作为虚拟经济的典型代表，资本市场是一个信息流动的市场，市场上所传递、交换的信息质量决定了市场功能发挥的水平，决定了市场效率的高低，一个成熟、健康的资本市场离不开有效信息披露所提供的透明度。从投资者角度讲，提升透明度是维护投资者利益的根本保障。投资者做出证券投资决策主要依赖证券发行人披露的信息，高质量的信息披露能够使投资者透过公司信息的"现象"了解公司的

---

① 本文是2013年11月2日作者在"河南上市公司诚信公约阳光行活动"上的讲话，作者时任河南证监局党委书记、局长。

② www.csrc.gov.cn/pub/henan/201210/t20121030-216330.htm.

“本质”做出投资决策。因此，保护中小投资者合法权益，首要的就是保障投资者知情权。从证券发行人角度讲，提升透明度有利于上市公司规范治理和健康发展。高质量的信息披露使上市公司的经营发展行为充分暴露在更多的利益相关者面前，得到他们的监督，使公司治理架构中权力利益的分配与制衡作用的发挥更加有效、透明。从市场风险防范角度讲，提升透明度是维护市场稳定、防范系统性风险的重要途径。

二、上市公司透明度有关的监管要求

透明度是个相对的概念，从发行人的角度，披露的信息越少，融资和维持上市地位的成本越低；从投资人的角度，则希望能够披露更多信息，能够了解更多一点，这就需要平衡。因此，透明度监管应当是适度监管。公众参与度比较高的资本市场，监管的“度”应该把握得比较严。证监会强调以投资者需求为导向的信息披露监管理念，但也不是投资者需要什么就披露什么，关键还是取决于信息披露的有效性，即对投资者的投资判断要有效，这种有效性主要体现在内容有效、时间有效和方式有效上。具体来讲，信息披露的要求有以下四条。

1. 在内容上，任何价格敏感信息都属于披露范围，披露的信息要真实、准确、完整，这是透明度的基本要求，也是法定要求。这些在《证券法》《上市公司信息披露管理办法》和《股票上市规则》等有关法律法规和规则中都有明确详细的规定。

2. 在形式上，披露的信息要简明易懂，对投资者确实有用。透明度强调充分披露信息，并非要求上市公司尽可能多的披露信息。披露信息的数量多不等于公司透明度就高，重要的是披露的信息要对投资者投资决策有用，要能够被大多数投资者理解和使用，避免披露垃圾信息和过于复杂、晦涩难懂的信息。

3. 在时效性和披露方式上，信息披露要及时、公平，防止内幕交易。无论怎样正确的信息，如果公开的时间迟滞，作为投资判断的有用性将必然减退。同时，从披露方式和披露对象范围上，要坚持公平披露原则，确保所有投资者可以平等地获取同一信息，不得向单个或部分投资者透露或泄漏，不做选择性披露。

4. 从诚信自律的角度来看，诚信公约对透明度也有明确的要求。签约公司在诚信公约中做出的十五条承诺大部分都直接或间接与公司透明度有关，如第八条"合规披露、不做假账"，第九条"内幕交易、严格防控"，第十条"心系股东、加强沟通"以及第四条、第十三条中关于披露"研发投入比例""社会责任报告"的要求；第六条、第十四条、第十五条关于"公平交易、阳光操作""自觉接受社会公众监督"等内容。如果公司有违反诚信公约的行为，就会被记入诚信档案，这也是我们的一种监管措施。

三、上市公司透明度方面仍存在不少问题

总体上说，河南辖区信息披露水平在全国处于中上水平。根据沪深两个交易所近几年对辖区公司信息披露和董秘工作考核的结果来看，河南辖区上市公司信息披露评价结果达到良好以上的比率高于全国平均水平，辖区上市公司信息披露取得了不少成绩。但是辖区仍有不少公司信息披露质量存在问题，主要表现在四个方面。

1. 个别上市公司信息披露存在重大不实，涉嫌违法违规。如某上市公司 2007 年、2008 年连续两年会计利润披露严重不实，河南证监局现场检查发现后对公司进行了立案调查，目前已经进入处罚程序。又如近期媒体质疑的某上市公司采矿权问题，公司一项重大的无形资产被零价转让不及时披露信息，河南证监局核查后已对公司正式立案调查。这些案例都反映了公司治理和透明度方面存在重大缺陷，相关当事人的法治和诚信意识不强，

无视法律法规的威严。

2. 部分公司信息披露不及时、不完整、不准确、不公平。从近几年河南证监局现场检查和采取的监管措施情况来看，辖区上市公司信息披露存在的问题：一是披露不及时，以定期报告代替临时报告。有的公司对于一些本该以临时报告披露的负面信息或可能会被市场质疑的事项，如诉讼、担保、关联交易等事项，不及时进行披露，总是拖到定期报告时一并披露，试图借助定期报告中大量的信息来冲淡市场的关注和质疑。二是披露信息不完整、不充分。有的公司会计政策或会计估计变更、募集资金项目进展、承诺履行情况等信息披露不充分；有的公司将关联方非关联化，关联交易披露不完整或是金额统计遗漏；有的公司与控股股东之间的代收代付款项，明显属于应当披露的关联交易却不披露；有的公司刻意规避持股比例方面的控制认定规则，对于实际控制的子公司不按照企业会计准则的规定合并会计报表，试图掩盖利益输送问题。三是信息披露不准确。有的公司披露的会计数据、担保事项等信息前后不一致，存在低级错误或逻辑上的矛盾；有的公司甚至将每股收益计算错误，导致股民的多次投诉。四是信息披露的有效性不足。有的公司非财务信息披露过于笼统、内容空洞，董事会报告格式化、辞令化语言多，对公司战略、研发投入、面临的风险等对投资者决策有用的信息分析披露不足。五是披露不公平，内幕交易防控不严。有的公司向控股股东、外部单位提供经营或财务报表时内幕信息知情人登记制度执行不严格，有的公司曾几次出现董监高及其亲属在窗口期违规买卖股票的问题。

3. 部分上市公司控股股东、实际控制人的信息披露义务履行不及时。一些上市公司的控股股东、实际控制人没有充分履行股权或控制权转让、资产重组或其他重大事项的报告、公告义务，不积极配合上市公司做好相关信息披露。辖区一些国有控股上市公司的控股股东在政府主导下进行整合重组和股权划转时，政府已经做出决策或是与重组方签订了意向书，市场也有传闻，上市公司居然还不知情。有的公司股价出现异动了，按照交易所的要求发布澄清公告时声称没有应披露未披露的重大事项，但是两个月之后就又公告称收到控股股东的重组事项通知。此外，还有一些民营控股或境外资本控股的上市公司，对于上市公司控股股东层面以上的股权控制结构、管理层股权激励等事项总是遮遮掩掩，披露不及时、不充分，影响了上市公司的透明度。

4. 为上市公司信息披露出具专业意见、履行尽职调查和持续督导义务的中介机构执业质量不高。一些会计师事务所在审计过程中执业质量控制不严，审计程序执行不到位，出具审计意见不审慎，导致公司财务信息披露出现问题，披露之后又多次进行“打补丁”更正；有的注册会计师甚至配合或帮助公司的财务信息虚假披露行为。一些保荐机构“重发行保荐，轻持续督导”，财务顾问对重大事项的核查“重书面核查，轻现场检查”，对公司信息披露疏于履行持续督导职责。

四、进一步提高上市公司透明度

为全面提升上市公司透明度，需要市场参与各方的共同关注、共同努力和有效配合。

1. 上市公司是信息披露第一责任人，应坚持规范运作，做好信息披露工作，不断提升公司透明度。一是要按照法律法规和信息披露规则的要求，真实、准确、完整、及时、公平地披露对投资者投资决策有用的信息。二是要对媒体质疑、股价异动等情况积极应对，采取有效措施，主动进行澄清。我们鼓励公司在重大消息公告的同时召开现场媒体通气会，为投资者提供透明的信息环境。三是要建立与投资者的信息沟通与良性互动机制，指定专职部门或人员负责，通过电话、网络专栏、交易所“互动易”平台、业绩说明会等渠道建立与投资者的信息沟通、互动机制，在不违反及时、公平披露原则的前提下，及时回应投资者的关切。对于我们通过现场检查发现或是媒体质疑、信访反映后经核查属实的信息披露违法违规行为，我们将依法严厉查处。届时公司及相关责任人不仅要接受行政处罚或其他的行政监管措施，还要承担广大投资者集体诉讼的民事赔偿责任。情节严重触犯刑律的，还要承担刑事责任。

2. 中介机构要切实发挥对上市公司信息披露质量的鉴证和督导作用。从事证券期货相关业务的会计师事务所、资产评估机构、律师事务所、保荐机构、财务顾问及其执业人员应坚持独立、客观、公正的原则。简单来说，就是四个字："勤勉尽责"。特别是保荐机构，对保荐机构的信任是建立保荐制度的基础；保荐机构要做好尽职调查，切实发挥对公司信息披露的审核把关和督导作用。

3. 投资者，尤其是机构投资者要关注、研究所投资的上市公司。有"一流的投资者"，才会有"一流的上市公司"；有"一流的上市公司"，才会有"一流的资本市场"。从资本市场发展的规律来看，资本市场建立伊始没有监管者，只有发行人和投资人两个主体，投资者为了自己的投资利益自然要监督发行人。监管上市公司、保护投资者利益是监管部门的首要任务和工作的重中之重，但监管永远是跟随性的。因此，投资者要树立股东权利意识，提升行使股东权利的主动性，关注所投资上市公司的经营、发展及信息披露等情况，提高分析能力和判断能力，理性投资。如果对上市公司披露的信息存疑，主动通过电话、网络专栏、交易所"互动易"平台等途径询问上市公司。我们鼓励投资者积极通过现场或网络投票等形式参加股东大会，主动行使股东权利，监督公司的决策和经营行为；也欢迎投资者积极参加"诚信公约阳光行"活动，走进上市公司，加深对上市公司的了解。

4. 新闻媒体要充分发挥舆论监督作用。媒体监督是"大监管、大执法"格局的重要组成部分。

5. 市场参与各方要善于拿起法律武器，维护自身的合法权益。投资者要善于利用信访投诉、调解、仲裁、诉讼等渠道寻求监管保护和法律救济。

6. 河南上市公司协会要做好上市公司信息披露质量的自律引导工作。河南上市公司协会要进一步加强行业自律，发挥会员和各个自律专业委员会的作用，切实推动辖区上市公司不断提升公司诚信水平和信息披露质量。

7. 进一步强化以信息披露为核心的监管执法力度。一是加强上市公司信息披露日常监管。对上市公司披露的每一份年报、半年报、季报和临时报告认真审阅，对于发现的问题或疑点，及时采取监管措施。二是推动上市公司通过业绩说明会、网络互动等形式及时回应投资者的问题，接受投资者的监督。三是持续开展“诚信公约阳光行活动”，组织投资者、新闻媒体等市场参与各方走进上市公司，进行面对面的互动交流。四是加大稽查执法工作力度，及时查处信息披露违法违规行为。五是发挥媒体监督作用，及时处理媒体质疑、信访投诉所反映的每一条违法违规线索。六是完善投资者权利救济途径，支持投资者拿起法律武器保护自身的合法权益。七是完善诚信档案的建设，对于上市公司做出的承诺没有兑现的，要记入诚信档案，并与公司在资本市场上的重组、融资活动的监管对接，让诚信者畅通无阻，失信者处处受限。八是积极推进政务公开，坚持公开是常态，不公开是例外的原则，及时将重要的监管工作信息在河南证监局外网网站上公开，最大限度地提高监管工作的透明度，建设透明的监管局。

党的十八届三中全会为我们勾勒出了全面深化改革的宏伟蓝图，明确提出“使市场在资源配置中起决定性作用”。资本市场作为市场配置资源的主战场，透明度至关重要。我们要深刻领会、贯彻十八届三中全会精神，高度重视、积极参与资本市场透明度建设，不断提高辖区上市公司的信息披露质量，使虚假陈述、内幕交易、市场操纵、欺诈发行、关联方利益输送、资金侵占等各种市场阴暗和不良行为在阳光下无处遁形。

第二节　以完善公司治理为抓手深化国企改革[①]

三十多年来，国企改革始终处于我国经济体制改革的中心地位，改革方向是建立现代企业制度，核心是有效解决公有制与市场经济融合问题，实现坚持公有制为主体、多种所有制经济共同发展的基本经济制度与市场机制作为配置资源决定性力量的统一。推动国有控股上市公司完善治理结构、提高治理水平是深化国有企业混合所有制改革、建立现代企业制度的必然要求，是建立和完善社会主义市场经济体制的重要制度基础。以河南省 32 家国有控股上市公司为样本展开调查研究，可以揭示国有控股上市公司治理存在的问题，提出相应的完善公司治理措施，并进一步就国有企业改革深化提出相关建议。

一、公司治理的基本原则

上市公司治理不完全属于公司自治范畴，利益相关者可以以多种形式关注、参与上市公司的治理。世界上第一份公司治理原则是 1992 年在英国诞生的《卡德波利报告》。此后，众多国家与组织的公司治理准则纷纷出台，既包括发达国家和地区，也包括发展中国家与新兴的市场经济国家，其中影响力最大的是经济合作发展组织（OECD）发布的《OECD 公司治理原则》、国际公司治理网络（ICGN）发布的《ICGN 国际公司治理准则》以及英国的《英国公司治理综合准则》。OECD 除公司治理一般原则外，还专门制定了针对国

① 本文完成于 2015 年 12 月，作者时任中国证监会河南监管局党委书记、局长。

有企业的《经合组织国有企业公司治理指引》(以下简称《指引》)，明确定位和讨论国有企业公司治理的特定情况，从国家作为所有者的角度，阐述国家如何在政策上确保良好的公司治理。《指引》包含国有企业的法律和监管框架，国家作为所有者行事，平等对待所有股东，与利益相关者的关系、透明度和信息披露，以及董事会的责任等六个方面的具体内容。①

国内上市公司治理的原则与OECD公司治理的原则基本一致。《公司法》《证券法》《上市公司治理准则》等证券监管相关法律法规则对公开发行证券的上市公司规定了具体的治理标准和规则。同时，《企业国有资产管理法》《劳动法》《劳动合同法》《消费者权益保护法》《会计法》《企业会计准则》《企业内部控制基本规范》等相关法律法规还就公司治理中涉及的国有股东权益保护、利益相关者、会计信息、内部控制等内容做出规定。

这些法律法规涵盖股东权利及保障、公司治理机构及运作、平等对待投资者、信息披露、绩效评价及激励约束机制、利益相关者作用以及内控体系建设等各个方面的治理内容，构成了比较完备的国内上市公司治理制度体系，是我们研究国有控股上市公司的治理问题，提出完善国有控股上市公司治理指导意见的法规依据和制度基础。

二、河南省国有控股上市公司治理存在的问题

截至2015年8月底，河南共有上市公司72家，第一大股东为国有股东的上市公司有32家，市值为2 283.29亿元，占河南上市公司总市值的41.80%，其中A股流通总市值占到河南上市公司的48.63%。河南国有控股上市公司基本建立了“三会一层”的公司治理框架，治理状况不断改善。但是，对照境内外上市公司治理标准和相关法规要求，河南国有控股上市公

① the OECD Guidelines on Corporate Governance of State-Owned Enterprises，www.oecd.org.

司治理仍存在以下十个方面问题：

（一）上市公司与控股股东“五分开”不彻底

部分国有控股上市公司与控股股东在人员、资产、财务、机构、业务等方面不能严格分开。主要表现为：（1）人员分不开，高管人员交叉任职、违规兼职；（2）资产分不清，上市公司的资产完整性存在缺陷；（3）财务分开不彻底，部分控股股东对上市公司财务实际上仍按照上下级模式管理，人员重叠交叉，信息系统共用，资金统筹调度，控股股东可随时查阅公司的财务信息；（4）机构不独立，部分公司与控股股东共用办公区域、机构划分不清；（5）业务不独立，未实现整体上市或主业整体上市的国有控股上市公司与控股股东存在同业竞争或潜在同业竞争的问题，关联交易比较多。

（二）控股股东行使控制权不规范，上市公司独立性不足

控股股东对于上市公司的重大决策、经营战略、业绩计划等事项仍沿用行政命令、行政审批的方式处理，不履行“三会”审议表决程序，或是先执行后履行程序，使公司治理的制衡机制流于形式。主要表现为：（1）个别国有控股上市公司的经营发展受制于行政干预和影响。行政性的计划、指令或严格的报批程序使得部分国有控股上市公司被管得过死，与民营控股上市公司相比，难以根据公司利益最大化原则制定发展战略。（2）上市公司高管人员的选聘任用受控股股东的完全控制或不当干预，高管人员的提名、选聘大多沿用机关干部提拔任用模式，实行行政职级管理，市场化程度不高。32 家国有控股上市公司董事、监事以及高级管理人员（董监高）中，省、市、县管干部共有 56 人，省国资委派干部 4 名，央企委派干部 42 人，控股股东委派干部 165 人，而职业经理人仅有 29 人。（3）上市公司经营管理团队的绩效考核实际由控股股东完全主导或不适当干预，上市公司董事会及设立的薪酬与考核委员会对高管的绩效考核形同虚设。控股股东对上市公司

的考核往往更注重从集团整体利益出发考量，而不是从上市公司的绩效出发考察，考核指标设计不尽科学合理，没有体现上市公司作为经营主体的市场化属性。（4）激励机制以薪酬为主，手段单一，实施管理层股权激励计划的只有1家国有控股比例比较低的公司。主要原因除政策限制较多外，还由于受控股股东影响，高管任职不确定性较大，可能出现激励股权还未真正行权，高管已发生变动的情形。（5）个别上市公司的控股股东还越过董事会直接介入公司的日常经营，下达经营计划、制定利润指标等。公司年度预算、资金使用计划需要控股股东审批同意的公司有5家，占到15.63%。个别公司的控股股东甚至直接干预公司的招投标计划，干预上市公司的原料采购。（6）国有控股上市公司及其控股股东作为政府控制企业承担了更多的社会责任。如4家煤炭类国有控股上市公司的控股股东，按照《河南省人民政府关于批转河南省煤炭企业兼并重组实施意见的通知》（豫政［2010］32号文）的要求，分别划片接收了省政府划定地区的中小煤矿。这些中小煤矿大部分因为证照不齐，安全生产存在重大隐患，不满足进入上市公司的条件，客观上与上市公司形成同业竞争，成为影响这些公司治理能力提升的主要问题之一。

（三）保护中小投资者合法权益的机制还不够健全

国有股“一股独大”的股权结构有其历史的、体制的必然性和合理性，其本身并非问题，关键是要在公司治理层面建立有效的制衡大股东滥用控股权利、损害中小投资者合法权益的机制。目前，中小投资者合法权益保护不充分的情况依然存在，主要表现在以下几方面：（1）控股股东利用控股地位通过同业竞争、关联交易损害上市公司和中小投资者利益。河南国有控股上市公司中有12家未实现整体上市或主业整体上市，上市公司与控股股东之间存在同业竞争，或有大量的关联交易，控股股东为平衡整个集团利益而通过同业竞争、关联交易损害上市公司利益，损害中小投资者利益的情况还时有发生。（2）部分控股股东提前知悉，有的甚至泄露内幕信息导致股价异动。按照《关于国资委监管企业编报月度企业财务快报有关事项的通知》等相关文件，国有控股上市公司需要每月向控股股东、国资管理部门报送财务快报，内容涵盖上市公司的主要经营状况和重要财务数据等。大部分的国有控股上市公司并未将这些信息予以公开披露，有违公平披露原则，损害了中小股东的知情权。此外，有的控股股东在筹划上市公司并购重组、再融资等重大事项过程中掌握大量的敏感信息，又不支持、不配合上市公司及时履行信息披露义务，不做好内幕交易防控工作，存在内幕交易的风险隐患。（3）中小投资者的参与权、监督权未得到有效保障。主要表现是中小股东参加股东大会的便利性不足和中小股东很少能够推选代表自己利益的董事与监事。（4）投资者关系管理工作仍有漏洞。大部分上市公司虽设立了投资者热线电话，但个别公司的热线电话经常无人接听，或是与投资者沟通态度生硬，不积极解答投资者提出的问题，多次被投资者投诉，反映出公司对投资者关系管理工作的重视不够，缺乏尊重中小投资者合法权益、积极与投资者进行沟通交流的意识。

（四）信息披露质量不高，透明度较差

部分国有控股上市公司信息披露不及时、不完整、不准确、不公平，甚至存在重大不实披露，涉嫌违法违规。主要表现为：（1）信息披露不及时，以定期报告代替临时报告。（2）信息披露不完整、不充分。有些的公司会计政策或会计评估变更、募集资金项目进展、承诺履行等信息披露不充分，有些公司将关联方非关联化，关联交易披露不完整。（3）信息披露不准确，存在低级错误或逻辑上的矛盾。会计数据、担保事项等信息前后不一致；有些公司甚至将每股收益、非经常性损益等重要的财务指标计算错误。（4）不公平披露，泄露内幕信息，涉嫌内幕交易。有些公司向控股股东、外部单位提供经营或财务报表时内幕信息知情人登记制度执行不严格，有些公司曾几次出现董监高及其亲属在窗口期违规买卖股票的问题；有些公司接

待机构者调研时对敏感信息控制不严；有些公司领导在公众场合讲话不注意，无意中泄漏敏感信息等。（5）虚假披露或隐瞒重要事实不披露。如某味精 2007 年、2008 年财务报告披露严重不实，将未收到的政府补助入账，虚增会计利润；某能源公司一项重要的采矿权被零价转让不及时披露，直到被媒体报道质疑才公诸于众。这些信息披露问题都反映出上市公司的公司治理和透明度存在明显缺陷。

（五）董事缺乏必要的独立性和勤勉尽责意识

河南省某国有控股上市公司共有董事 297 人，其中外部董事 110 人，内部董事 80 人，独立董事 107 人。其中，由实际控制人、控股股东或第一大股东提名董事人数 162 人，占比 54.55%；独立董事中由控股股东推荐的 50 人，占比 46.73%。大多数董事来自控股股东或是由控股股东推荐、提名，这些董事在做出重大决策时难以排除控股股东的影响，对公司全体股东的受托责任往往被简单理解为主要是对控股股东负责，不能完全从公司利益的角度出发进行决策，执行公司事务时的勤勉尽责意识也不强。

（六）独立董事制衡作用有限

针对国有控股上市公司 2011—2013 年度董事会召开前沟通阶段因为独立董事意见修改或延迟表决的议案数量，进行调查问卷，结果显示，认为没有、很少、少的公司分别有 8 家、3 家、17 家，合计 28 家；认为多的公司仅 4 家，认为很多的 0 家。而在董事会表决阶段，最近三年独立董事在董事会上投反对票的为 9 人次，投弃权票的为 15 人次，没有就关联交易、高管选聘等事项发表过保留意见和反对意见。由此可见，独立董事的制衡作用发挥还比较有限。影响独立董事监督作用发挥的因素主要有以下三方面：（1）独立董事缺乏履行监督制衡职责所需的足够信息；（2）部分独立董事责任心不强；（3）独立董事专业水平参差不齐。

（七）董事会和经理层职责划分不明晰

董事会与经理层存在人员兼任、职责边界不清等问题，对经理层的监督制衡不足。截至 2013 年底，7 家上市公司董事长兼任总经理，占到公司总数的 21.88%。董事长兼任总经理，既决定战略制定，又负责战略执行，容易职责混淆，缺少足够的制衡。国有控股上市公司的总经理绝大多数都是通过各级党的组织部门考核选派的干部，受行政因素干预，董事会无力聘任或解聘。总的来看，董事会对经理层的监督和制衡较弱。

（八）董事会专业委员会作用发挥不足

形式上，上市公司均设立了审计委员会、薪酬与考核委员会、提名委员会、战略与发展委员会中两种以上的专业委员会；但是除审计委员会外，其他委员会的作用非常有限。原因主要有三：（1）专业委员会作为董事会下设的会议组织，在董事对于基本的受托责任意识不强的情况下，专门委员会的作用难以有效发挥；（2）专业委员会没有定期会议制度，一般开会较少；（3）专业委员会运作情况不透明，外部监督不足也是专业委员会作用不足的原因之一。

（九）公司内部控制存在缺陷，监事会对公司规范运作的监督力度弱

首先，部分国有控股上市公司内部控制制度不健全，制定的内控制度未得到有效执行，公司内部控制存在缺陷，难以保证公司规范经营和信息披露质量。2014 年，31 家上市公司执行《企业内部控制基本规范》，披露内部控制评价报告和内部控制审计报告，有 1 家公司的内部控制被审计机构出具了否定意见，2 家公司的内部控制被审计机构出具带强调事项段的无保留意见。其次，监事会、内部审计等内部监督作用发挥不够。虽然大部分公司建立了形式上比较规范的监事会，但实际监督作用有限，主要原因有：（1）监事会履责时间、精力不足；（2）监事会只是一个履行监督职责的议

事机构，除了召开会议外没有常设机构、部门对其负责或代表其履行具体监督职能，其会议通知、记录、决议及工作报告的起草等工作大部分是由董事会秘书负责，制约了其监督作用的发挥；（3）部分公司的内部审计监督作用发挥不够，未设立专门的内部审计部门或是内审部门独立性不够，财务人员兼任内部审计人员，内部审计制度不健全，针对内审发现的问题也缺乏严格的事后纠正和责任追究机制。

（十）对利益相关者重视程度不够，社会责任的履行和披露存在不足

上市公司对利益相关者的重视程度不够，在维护职工、债权人、消费者的合法权益，推进技术进步、节能减排、保护环境等方面还存在不足，积极履行社会责任并披露社会责任履行情况的意识不强。2014 年，15 家公司披露年度社会责任报告，有一半多的公司还未披露社会责任报告。个别公司的生产经营风险长期得不到有效化解，财务状况持续恶化，大量的银行贷款逾期不偿还，债务诉讼纠纷不断，职工的工资、福利发放及转产安置问题长期得不到妥善解决，作为公众公司既影响地方社会的稳定，也有损于河南资本市场的形象。

三、完善国有控股上市公司治理的措施

在现有的法律法规和国资管理框架下，2014 年 10 月 24 日，河南证监局与河南省国资委研究制定了《关于完善河南国有控股上市公司治理的指导意见》[①]，提出十点意见，市场各界反响正面。

（一）制定科学规范的公司治理原则

我们以党的历次决定精神，尤其是十八大、十八届三中、四中全会精神

① www.csrc.gov.cn/pub/henan/gzdt/201411/t20141106_263025.htm.

为指导，充分参考、借鉴境内外资本市场有关公司治理的基本原则、指引，针对河南国有控股上市公司的实际情况，规范国有控股股东行为，确定了完善公司治理的五条基本原则：（1）依法履职行权原则，尊重上市公司的独立性，不干预上市公司的日常管理；（2）公平处理各类投资者关系原则，保障各类投资者尤其是中小投资者的知情权、参与权与监督权，建立与中小投资者进行沟通的渠道，为中小股东参与公司治理提供便利；（3）信息披露规范透明原则，不得以其掌握的证券敏感信息从事内幕交易；（4）规范董事会建设，强化科学民主决策原则，强化董事会专门委员会功能，推动其独立、有效地发挥作用；（5）尊重和保障利益相关者的合法权益，积极履行社会责任原则。

（二）尊重上市公司的独立性

国有控股股东应依法通过参加股东大会行使表决权参与上市公司重大决策，维护股东合法权益，推动国有资产保值增值，切实维护上市公司在人员、资产、财务等方面的独立性，不直接干预上市公司的正常经营活动。（1）人员独立。上市公司的经理人员、财务负责人、营销负责人和董事会秘书不得在控股股东单位担任除董事以外的其他职务。（2）资产独立。控股股东投入上市公司的资产应独立完整，权属清晰。（3）财务独立。上市公司应按照有关法律、法规的要求建立健全财务、会计管理制度，独立核算。（4）机构独立。上市公司的董事会、监事会及其他内部机构应独立运作。（5）业务独立。上市公司业务应完全独立于控股股东。控股股东应采取有效措施避免与上市公司的同业竞争。

（三）保护中小投资者合法权益

1. 健全中小投资者参与公司治理的基础。各上市公司应按照《上市公司章程指引（2014 年修订）》和《上市公司股东大会规则（2014 年修订）》的要求，修改完善公司章程，明确将股东大会网络投票、征集投票权，累积投票制选举董事、监事，中小投资者单独计票等写入公司章程，健全中小投资者参与公司治理的制度基础。

2. 保障中小投资者依法行使权利。公司应全面开通网络投票，便利中小投资者参与股东大会；不得对征集投票权提出最低持股比例限制，并为中小投资者征集投票权提供便利。鼓励公司推行差额累计投票制选举董事、监事。上市公司应明确股东大会审议影响中小投资者利益的表决应当单独计票，单独计票结果应当及时公开披露。

3. 完善与中小投资者的沟通交流机制。公司应建立投资者关系管理制度并公开披露。通过举行投资者交流会、业绩说明会、网络互动平台等方式加强与投资者的沟通，及时回应投资者的问题；指定专人负责接听投资者咨询电话、接待投资者现场来访及调研。

（四）提高上市公司信息披露质量

1. 严格信息披露标准。上市公司应按照信息披露规则，真实、准确、完整、及时、公平地披露公司信息。鼓励上市公司在定期报告中披露控股股东向上市公司提名、选派董事、监事、高级管理人员情况，市场化选聘高管人员情况，独立董事工作时间和薪酬制定，董事会专业委会员运作，监事会监督履职等公司治理信息。

2. 控股股东、实际控制人应配合上市公司履行信息披露义务。控股股东在实施重大资产重组、国有股权划转过程中应主动、积极配合国有控股上市公司依法履行信息披露义务，做好信息披露工作；应督促国有控股上市公司严格执行企业会计准则和财务报告制度，提高财务信息披露的可比性，增强信息披露的有效性。

3. 做好内幕信息管理，有效防控内幕交易。国有控股上市公司及相关责任主体应严格按照有关规定，健全并落实内幕信息保密制度和内幕信息知情人登记制度。内幕信息形成过程中，各相关责任主体应加强内幕信息管理，尽量缩小内幕信息知情人范围，及时履行信息披露义务，有效防控内幕交易行为的发生。

（五）增强董事会独立履行职责的能力

1. 规范董事会的构成和人员选聘。应建立健全规范、透明的上市公司董事选聘制度，保障所选聘董事具备独立履行职责的素质和能力。鼓励单独或者合并持有公司已发行股份1%以上的股东提出独立董事候选人。董事应根据公司和全体股东的最大利益，忠实、诚信、勤勉地履行决策和监督管理层的职能。

2. 明确董事会的职责定位和权限。上市公司董事会应认真履行有关法律、法规和公司章程规定的职责，确保公司遵守法律、法规和公司章程的规定，公平对待所有股东，提高公司盈利能力，积极回报投资者，并关注其他利益相关者的利益。董事会可以按照股东大会的有关决议，设立战略、审计、提名、薪酬与考核等专门委员会。控股股东应尊重上市公司董事会的独立性，积极支持其正常履行对上市公司的法定义务。董事会与经理层的职责权限应划分明晰，董事会有权按照透明的规则和程序选聘和撤换总经理，支持经理层行权履责，不干预经理层的日常经营管理。

3. 建立健全上市公司独立董事制度。上市公司应按照《上市公司治理准则》《上市公司独立董事履职指引》建立健全独立董事制度，明确独立董事的义务、职权和履职程序，加强独立董事的履职培训和监督，建立独立董事履责档案，并为独立董事提供必要的履职保障。上市公司及其主要股东、实际控制人，其他与上市公司存在利害关系的单位和个人，不应影响独立董事独立行使职权。

（六）强化监事会的监督作用

首先，完善监事会的构成和选聘机制。监事会的人员和结构应确保监事会能够独立有效地行使对董事、经理和其他高级管理人员及公司财务的监督和检查。鼓励国有控股上市公司公开选聘具有法律、会计等方面专业知识和工作经验的人员担任监事，增加专职监事比重。其次，强化监事会的监督职能。鼓励国有控股上市公司监事会主席由公司或控股股东的党组织纪检书记担任，以内部审计部门为监事会的常设履职机构。公司应采取措施保障监事的知情权，为监事正常履行职责提供必要的条件。监事可列席董事会会议，可要求公司董事、经理及其他高级管理人员、内部及外部审计人员出席监事会会议，回答所关注的问题，可独立聘请中介机构提供专业意见。

（七）强化上市公司内部控制体系建设

国有控股上市公司应按照《企业内部控制基本规范》（财会［2008］7号）的有关要求加强内部控制体系建设，做好内部控制自我评价、审计和披露工作。控股股东及实际控制人应督促上市公司健全公司内部控制制度并有效实施；不得利用控股优势干预上市公司内部控制的有效运行；不得指使或授意董事、高管绕过相关内控程序，从事损害上市公司和其他股东权利的行为。

（八）尊重利益相关者的合法权利

1. 履行对利益相关者的法定义务。国有控股上市公司应严格遵守《劳动法》《劳动合同法》《安全生产法》等法律法规，保障员工安全生产、职业健康等权益。应遵守《消费者权益保护法》《产品质量法》等法律法规，保证产品、服务质量，保障消费者合法权益。应遵守《合同法》《民法通则》等法律法规，树立与客户、供应商共同发展的经营理念，与债权人合法、善意地进行交易，切实履行依法订立的合同。

2. 为利益相关者参与公司治理提供便利。国有控股上市公司应与利益相关者积极合作，共同推动公司持续、健康发展。一是及时向债权人提供必要的信息，以便其对公司的经营状况和财务状况做出判断和决策。二是构建相应的交流途径和制度，鼓励职工通过多种形式与董事会、监事会和经理人员沟通和交流，反映职工对公司经营、财务状况以及涉及职工利益的重大决策的意见。

（九）完善人员选聘、考核与激励机制

1. 完善人员选聘机制，探索上市公司高管岗位分类选聘管理制度。坚持市场化、专业化、职业化和重品行、重能力、重实绩的原则，完善国有控股上市公司人员选聘机制。逐步提高市场化选聘职业经理人的比例，探索上市公司高级管理人员公开选聘办法，实行差异化的选任、考核、薪酬待遇制度。

2. 规范控股股东推荐董事、监事、高级管理人员行为。控股股东向上市公司推荐董事、监事、高级管理人员，应严格遵守《公司法》《企业国有资产管理法》和公司章程的规定，履行相应程序。

3. 改革绩效考核机制。国有控股上市公司的董事、监事、高级管理人员应按照干部管理权限分别由组织部门、国资委、控股股东、上市公司薪酬委员会考核。相关部门或组织应从上市公司利益出发，对上市公司董事、监事、高级管理人员进行绩效考核。

4. 健全高管激励机制。在完善人员选聘机制、绩效考核机制的基础上，国有控股上市公司应建立健全管理人员薪酬与公司绩效相关联的激励机制。鼓励国有控股上市公司探索通过股权激励、员工持股计划等方式进一步健全长期激励机制。

（十）利用资本市场加快优化国有控股上市公司的股权结构

按照党的十八届三中全会关于积极发展混合所有制经济的精神，着力推动河南国有企业采取首发、借壳等方式，在资本市场上市，使上市公司成为混合所有制的重要实现形式。根据不同国有控股上市公司的功能定位，合理设定国有股权比例，分类推动国有控股上市公司优化股权结构。对公共服务、基础设施、重要矿产资源等领域的上市企业保持国有控股，其他企业股权设置不设限制。加强上市公司股权运作，运用减持股份、增发配股、可转债等

手段，畅通国有资本流动渠道，逐步优化国有控股上市公司的股权结构，形成制衡有效的公司治理机制，提高上市公司运转效率，增强企业活力。

四、进一步深化国有企业改革的相关建议

（一）实现资本化经营完善国有资产管理体制

完善国有资产出资人制度，探索建立以资本为纽带的国有资产授权经营体制，推动国有资产监管由管资产向管资本为主转变，实现国有资产的资本化经营，加快建立一批国有资本经营管理公司。国资监管机构要围绕资本收益、选择管理者和参与重大决策等出资人职责，加强对企业公司治理，制定出资人权利事项清单，依法制定或参与制定公司章程，重点管好资本投向、规范资本运作、提高资本回报、收入分配、风险控制等，精简国有企业重大事项审批事项，减少行政对国企经营管理的干预和约束，确保出资人监管不缺位、不越位、不错位。

（二）优化竞争性行业国有控股上市公司的股权结构

国有控股上市公司积极通过资本市场减持国有股份、并购重组再融资等方式引入更多非国有成分的投资者，适度降低国有控股股东的持股比例。对于不涉及国家安全、市场竞争比较充分的行业或领域，国有股份不必保持绝对控股地位，相对控股即可，通过定向增发、并购重组、引进战略投资者等方式实现股权多元化，逐步改变国有股“一股独大”的局面，增强公司治理的制衡性。

（三）高管选派、考核和薪酬激励制度“双轨制”

分类改革国有控股上市公司高管人员选派、考核和激励制度。合理划分高管岗位性质，实行组织委派、市场选聘“双轨制”，不能搞一刀切、切一刀，关键是要保证国有企业竞争性行业、竞争性岗位的市场竞争力。对

于履行党务、纪检、工会、国资监管等职责的高级管理人员通过组织考察行政委派，对于经营管理岗位通过市场化选聘，实行差异化的选任、考核、薪酬待遇制度。对于市场竞争充分、不具有垄断国有资源优势领域的国有控股上市公司要探索高级管理人员公开选聘办法，逐步增加市场化选聘职业经理人的比例，放宽其管理层股权激励的政策限制。对于经营公用事业、具有垄断国有资源优势的非充分竞争领域的国有控股上市公司，重点完善其高管考核制度，将上市公司的经营业绩、市值水平、公司治理和透明度等纳入其高管考核激励指标体系。

（四）在遵循公司治理基本原则的基础上，允许自主选择差异化的有效治理模式

国有控股上市公司的治理机构比较复杂，部分机构的职能存在一定的交叉。如国企“老三会”（党委会、职代会、工会）与公司“新三会”（股东大会、董事会、监事会）在决策监督职能方面的交叉；上市公司审计委员会与监事会关于财务监督职能的交叉。在明确治理基本原则的基础上，应允许公司选择适合自身业务特点的有效治理模式，降低治理成本。境外成熟市场关于上市公司治理指引中部分条款所采用的“不遵循即说明”、允许公司选择差异化治理形式的方法值得借鉴。

第三节　谨防上市公司资金大面积脱实向虚[①]

2015年初以来，股市快速上扬，对实体经济影响如何？是否有利于上

① 本文是作者2015年4月21日在证监会河南局市场风险调研座谈会上的交流发言，作者时任中国证监会河南局书记、局长。

市公司基本面的改善？是否存在大量资金由实转虚进入股市？我们向 10 家公司发送了调查问卷，并邀请了河南辖区 7 家上市公司的董事长座谈，调研公司既包括煤炭、矿采、农副食品加工等传统产业，也涉及互联网、新材料等新兴产业。调研中，大家基本认同，此轮股市快速上涨既是资本市场对经济增长的“托底”、对金融风险可控的认同，也是全面深化改革、市场流动性充裕、上市公司盈利情况改善等多种因素的综合反映，有其必然性与合理性。但是，过快上涨不利于资本市场长期健康发展。建议适度控制上涨节奏，谨防上市公司资金大面积脱实向虚。从调研情况看，大家普遍表示 2015 年的股市上涨对上市公司及所属行业产生了积极影响。主要表现在以下几个方面：

一是有利于社会资金通过股市进入实体经济。上市公司在本轮股市上涨中市值规模有很大提升，不少公司股价翻倍，股市的赚钱效应再次引起了社会公众对资本市场及上市公司的强烈关注。从开户情况来看，河南辖区 2014 年全年新增开户 25 万户，2015 年仅前 2 个月新增开户数就达 9 万户，创历史新高。社会资金大量流入股市，上市公司抓住机遇纷纷推出配股、增发等再融资方案，资金通过股市进入实体经济，支持了实体经济发展。2014 年辖区有 16 家公司完成并购重组再融资，实现融资或资产注入 248.58 亿元，较 2013 年增加 18.36%。2015 年以来，辖区已公告或申报并购重组再融资方案的上市公司有 33 家，拟融资 292.20 亿元，较去年同期增加了 96.74%。

二是有利于上市公司转型升级和创业创新型企业发展。相比传统行业的股价，“互联网 +”、新材料等新兴行业涨幅更大，市值规模提升更快，拓展了新兴产业的发展空间，形成良好的示范效应，从而引导和促使企业主动适应经济新常态，不断提升技术、创新商业模式。从河南辖区公司看，自 2014 年 7 月 1 日以来涨幅居前的是新开普（300248）、汉威电子（300007）等公司。其中新开普上涨 456.66%，公司由校园一卡通生产涉足 NFC 近场支付和移动互联网，2014 年每股收益比 2013 年增长 52.94%；汉威电子上涨 228.69%，公司由传感器生产转型为涉足智慧城市，2014 年每股收益比 2013 年增长 38.23%。创业创新型上市公司市值的高增长，极大地促进了投资者的投资热情，为创业创新型企业的建立、孵化、发展提供了强大的资金保障，这符合宏观经济调结构、转方式、促转型的政策方向。

三是为上市公司的股权激励、并购重组等提供了良好的条件。2015 年上涨行情有利于上市公司推动股权激励、员工持股和并购重组工作。2014 年以来，河南辖区 A 股上市公司中有 6 家推进股权激励和员工持股计划，较 2013 年增加 100%，对激发员工积极性、完善公司治理、改善企业经营状况产生了良好作用。2014 年辖区共有 40 家公司启动再融资，比 2013 年翻了 1 倍；本次调研的 17 家公司中就有 11 家公司在 2014 年启动或完成了并购重组再融资。可见股市的快速上涨激发了上市公司通过并购重组再融资加快发展热情，促进了行业整合和产业升级。

资本市场健康发展主动适应、服务、引领经济新常态，关键是深化改革，推动社会资金进入实体经济，促进调结构、转方式，服务创新创业、科技进步，防止资金大面积“脱实向虚”，打击违规投机炒作。

一是加快推进注册制改革。当前股市快速上涨，为注册制改革提供了难得的机遇。一方面要加快推动注册制相关法律法规体系建设，完善股票发行上市制度，降低企业 IPO 财务指标门槛，允许尚未盈利但符合一定条件的互联网和科技创新企业上市，对上市公司小额发行、向合格投资人私募发行等再融资简化或豁免发行注册。另一方面要全面贯彻以信息披露为中心的发行审核理念，审核中不对涉及证券价值判断、融资必要性等应由市场决定的事项过多关注，提高审核效率，完善事中事后监管机制。不管因为什么原因，拖延注册制改革，都将错失改革良机。

二是发行节奏市场化，增加股票供给，加快资金流入实体经济。当前，投资者信心饱满，“买方硬约束”基本形成，应当主动克服对发行节奏市场化的恐惧和控制发行节奏的思维惯性；全面放开发行节奏，由市场调控，有利于各类主体归位尽责，并快速消化在会排队候审企业，增加市场股票供给，引导市场资金由虚拟经济进入实体经济，实现投融资均衡发展。同时，加大发行过程的监管力度，实行有管理的市场化定价配售机制，实现一级市场效率与公平的均衡，真正解决企业融资难、融资贵问题。

三是简化上市公司并购重组再融资审核程序，提高市场效率。并购重组再融资是发挥上市公司领头羊作用，实现调结构、转方式的重要途径。股市活跃为并购重组再融资提供了有利的市场条件，但从公司股票停牌筹划至核准方案实施，时间较长，有的公司反映长达一年以上，大多在半年左右，整个过程中仍然存在较大人为因素和监管引发的不确定性，影响市场效率，给投资者带来较大风险。建议完善并购重组再融资的相关股票停复牌制度，分阶段及时披露并购重组进展情况，减少股票停牌时间。结合股票发行注册制改革精神，进一步精简上市公司并购重组行政许可，取消对上市公司非公开发行股份购买资产的核准。对于保留的行政许可事项要进一步提高审核效率，统一审核标准，提高审核过程的透明度。

四是加强投资者预期管理，引导投资者树立价值投资理念和风险防范意识。本轮快速上涨行情，再度激发投资者“赚快钱”的幻想，不利于投资者整体，尤其是新生代投资者培养理性、长期、适当的投资回报预期和股市文化，不利于资本市场理性、稳定发展。目前市盈率过百的股票已超过了800只，结构性泡沫已比较明显。应加强相关政策协调，给市场机制发挥调节作用的空间。同时，引导管理各类媒体报道，既要坚定社会各界、市场各方对中国经济、资本市场长期健康发展的信心，也要有针对性提示市场风险，防止风险积聚和扩散；通过多种渠道宣传、普及证券期货知识，引导投资者树立价值投资理念，切实提高投资者风险防范意识和自我保护能力。

五是谨防资金大面积脱实向虚，适时开展上市公司资金违规进入二级市场专项检查。针对股市持续快速上涨产生的巨大财富效应容易引发资金由实转虚并为上市公司带来较大经营风险的问题，应适时开展上市公司资金违规进入股票二级市场的专项检查，重点检查募集资金是否违规直接或间接用于持有交易性金融资产、可供出售的金融资产、委托理财等风险投资项目，防止上市公司资金大面积违规进入二级市场。

第四节　利用资本市场促进旅游产业发展[①]

旅游业是服务业的重要组成部分。习总书记指出，旅游业是综合性产业，是拉动经济发展的重要动力。《关于制定国民经济和社会发展第十三个五年规划的建议》明确提出要“大力发展旅游业”。国务院相继出台了《关于加快发展旅游业的意见》《国民旅游休闲发展纲要》《旅游法》和《国务院关于促进旅游业改革发展的若干意见》等重要文件。河南省是旅游大省，旅游资源丰富，旅游景点数量和旅游业产值均在全国排名靠前，但截至目前，尚无旅游类上市公司，无年收入超过 10 亿元的旅游企业，旅游企业的发展与河南省旅游大省的形象严重不匹配，“大产业，小企业”格局亟需改变，旅游产业发展任重而道远。

为更好地服务旅游业发展，我们先后赴河南省旅游局、焦作、洛阳调研，了解旅游产业发展存在的问题以及旅游企业利用资本市场发展方面的不利因素，在此基础上，研究资本市场如何更好地服务旅游业发展。

---

① 2015 年 12 月 19 日，时任中国证监会河南局党委书记、局长，课题组成员：刘青松、张智、楚天慧、徐行恕。

一、旅游产业在整个国民经济发展中具有重要地位

旅游业是综合性产业，产业链长，关联度强，资源消耗低，带动系数大，发展旅游产业既可以带动消费、拉动投资、增加出口、促进经济增长，又可以带动相关产业发展，增加服务业比重，还可以增加社会就业，促进农村经济发展。旅游业的发展符合“十三五”规划建议中提出的“创新、协调、绿色、开放、共享”五大发展理念。

（一）发展旅游业是经济保持中高速度增长的重要引擎

“十三五”规划建议中明确提出“经济保持中高速增长”我国旅游业增长明显快于 GDP 增长，正处于旅游大国向旅游强国迈进的关键时期。

1. 旅游业高速增长，对 GDP 增长有明显拉动效应。2001 年至 2015 年，我国旅游业总收入逐年稳步增加，且收入增速均超过 GDP 增速（2003 年由于“非典”爆发和 2008 年由于世界金融危机爆发除外）。特别是 2009 年后，旅游业收入增速稳步保持在 14% 以上，远超 GDP8% 左右的增速水平，对经济的拉动作用明显。旅游业总收入占 GDP、服务业增加值的比重也逐年稳步提高，具体情况见下表 1。

表 3-1　旅游业对我国经济和服务发展贡献　　单位：万亿元

年份	GDP	服务业增加值	旅游业总收入	旅游业总收入占GDP 比重	旅游业总收入占服务业增加值比重
2009	34.56	15.36	1.29	3.73%	8.40%
2010	40.89	18.07	1.57	3.84%	8.69%
2011	48.41	21.46	2.25	4.65%	10.48%
2012	53.41	24.30	2.59	4.85%	10.66%
2013	58.80	27.59	2.95	5.02%	10.69%
2014	63.61	30.60	3.38	5.31%	11.05%

根据国家旅游局、国家信息中心旅游规划研究中心课题组的研究结果，2013 年、2014 年，我国旅游产业对 GDP 直接贡献均超过 7%，综合贡献均

超过 10%。

2. 我国服务业将进入高速发展时期，旅游业快速发展正当时。美国经济学家钱纳里等人将工业化过程分为工业化初期、中期和后期三个不同的发展阶段。根据其研究结果及年度物价指数变动情况，当人均 GDP 达到 10 000 美元后，一国和地区开始进入工业化后期阶段，工业化后期的产业结构特点是三次产业结构呈“三、二、一”的倒金字塔形，即服务业将快速增长。欧美等发达国家发展实际也同样证明，当人均 GDP 达到 10 000 美元附近时，服务业将进入高速发展期，在此后 20 年左右服务业增加值在 GDP 中的占比将大幅提升 10–20 个百分点。例如美国 1979 年人均 GDP 为 11 302 美元，服务业增加值在 GDP 中的占比为 62.86%，随之其占比持续稳步提升，2001 年为 76.52%，提升了 13.66 个百分点；加拿大 1980 年人均 GDP 为 10 934 美元，服务业增加值占比在接下来的 10 年中由 58.80% 提升至 65.80%，具体情况见图 1 和图 2。

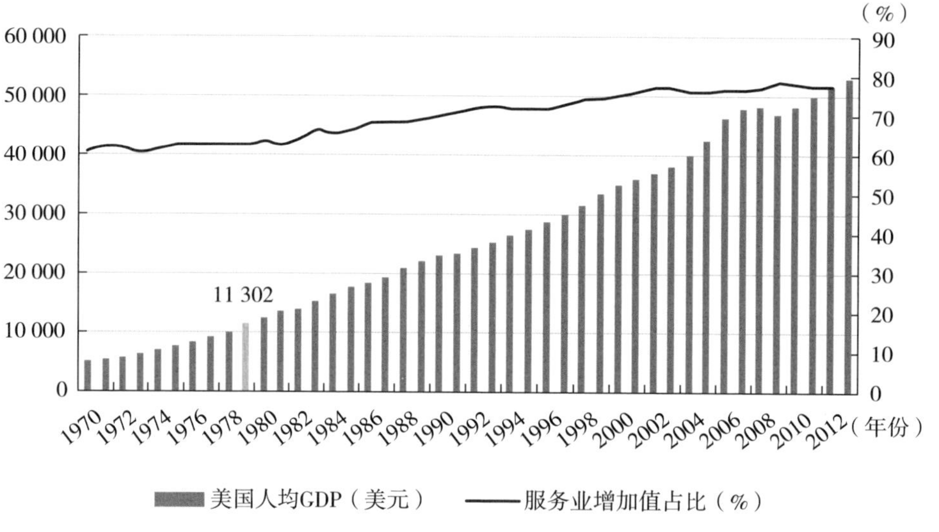

图 3–1　美国人均 GDP 及服务业增加值占比

数据来源：Wind，中原证券。

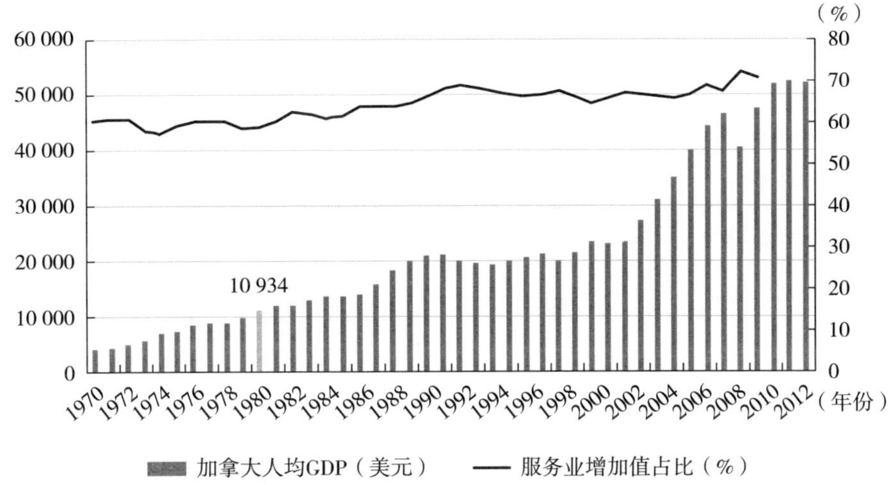

图 3-2　加拿大人均 GDP 及服务业增加值占比

数据来源：Wind，中原证券。

我国经济目前正处于高增长期步入中高速增长期的“换挡期”，2014 年我国人均 GDP 已达 7485 美元，根据世界银行、IMF 等机构预测，我国人均 GDP 有望在 2017 年–2018 年进入 10 000 美元时代，依据发达国家经验，我国服务业将进入快速发展时期，旅游业也会随之迎来高速增长。

（二）发展旅游业是优化国民经济产业结构，促进国民经济持续协调发展重要保障

1. 旅游业发展能够提高国民经济运行质量，带动关联产业增长，促进三次产业协调发展。旅游业作为一项带动性强、覆盖面广，集资金密集、知识密集、技术密集、高附加值、高整合性等特性于一体的朝阳产业，其发展有助于提高国民经济的运行质量。同时，旅游业联度大、产业链长，广泛涉及并交叉渗透到许多相关行业和产业中。根据世界旅游组织统计，旅游产业每收入 1 元，可带动相关产业增加收入 4 元以上，旅游产业能够影响、带动和促进与之相关联的 100 多个行业如民航、铁路、公路、餐饮、住宿、商业、通信、会展、博览、娱乐、文化、体育等上规模、上水平，提高服

务业占生产总值的比重。据统计，2014年全国旅游业对住宿业的贡献率超过90%，对民航和铁路客运业的贡献率超过80%。随着众多新旅游形态的出现，旅游业又扩展到工业、农业、教育、医疗、科技、生态、环境、建筑、海洋等领域，有效推动农业、工业的优化升级，促进三次产业协调发展，打造现代产业体系。

2. 发展旅游业能够推动国民经济形成资源节约环境友好的绿色发展方式。旅游业在为社会提供舒适、安全、有利于人体健康的产品的同时，以一种对社会、对环境负责的态度，合理利用资源，保护生态环境，是资源节约型、环境友好型产业。大力发展旅游产业，可以替代资源消耗大、污染重的产业，转变主要依靠增加物质资源消耗促进经济增长的传统模式，达到减少污染排放、减轻生态破坏，实现自然文化资源和生态环境的可持续发展的目标，是经济发展、社会和谐、环境价值的综合体现，能够协同推进人民富裕、国家富强、中国美丽。

（三）发展旅游业是增加就业供给、缓解就业压力的重要途径

2014年末全国就业人员中，第一产业占比29.5%，第二产业占比29.9%，第三产业占比40.6%，这是第三产业吸纳就业首次超过四成，成为绝对主力。旅游业作为第三产业的重要组成部分，就业门类多、容量大、门槛低、包容性强，对不同层次劳动力都有需求，能够提供形式多样、数量可观的就业机会。2014年旅游业带动直接就业约2 779.4万人，加上间接就业总量达7 873万人，占全国就业总人口的11%，能够有效缓解我国日益增长的就业压力。

（四）发展旅游业是精准扶贫、平衡地域差异的有效手段

我国经济存在较大地域差距，截至去年底，全国各地仍有7 000多万农村贫困人口。“十三五”规划中要求实现“精准扶贫、精准脱贫”。我

国自然旅游资源多数分布在贫困落后地区，发展旅游业恰恰可以成为精准扶贫的最好工具，它把经济较发达、消费能力较强区域的人群，搬运到旅游产品供给较好，但经济发展相对落后的旅游目的地，将城市的消费力转化为乡村经济的发展力，实现旅游扶贫。根据国家旅游局统计显示数据，2010年至2014年。全国通过发展乡村旅游带动了10%以上贫困人口脱贫，旅游脱贫人数达1 000万人以上。

二、旅游产业发展情况

在当前转变经济发展方式，“调结构、扩内需、促消费”的大背景下，旅游产业面临新一轮的发展机遇。但随着人们消费观念和消费结构的转变以及信息技术的发展，旅游产业也进入矛盾凸显期和转型升级期。旅游产业从封闭走向开放，边界趋于模糊，由旅行社、景区、酒店和旅游交通等传统业态向更为广泛的生活服务业转变；旅游产品由制式供给向个性化转变；旅游服务由粗放向特色化转变。提高游客满意度，增加旅游附加值成为现代旅游产业发展关键。在机遇与挑战并存的现状下，我国旅游产业的发展存在以下特点：

（一）休闲度假旅游初步发展，旅游需求与供给矛盾明显

依据世界旅游产业发展经验，人均GDP超过3 000美元时，休闲度假消费需求将快速增长。我国人均GDP 2011年已经突破5 000美元且平均以7%的速度增长，城镇居民人均教育文化娱乐支出由2011年的12.21%逐步提升至2013年的12.73%，休闲度假游发展已经具备了经济基础。然而目前我国休闲旅游占旅游出行比重仅为20%左右，远低于观光旅游。究其原因，一是受生活和消费习惯影响，旅游业依然以观光旅游为主导（2011年—2013年观光旅游平均消费为1 169.17元，而同期休闲旅游为842.57元），

休闲度假需求未充分释放。二是旅游产品深度开发不足，难以从供给层面拉动旅游产业向休闲旅游转变。旅游产品供给和服务对旅游资源内涵和潜在功能挖掘不充分，创新不足，不能满足高质量、高品位、多样化的需求，导致延伸消费不足，人均消费不高且结构不合理。据统计，我国人均旅游消费不足 900 元，主要集中在吃住行环节（2013 年餐饮住宿交通的消费占比约为 72.4%），游购娱的比例相对较低；旅游总收入增长更多依赖旅游总人数增长（如图 4 所示），具有粗放型发展特征。

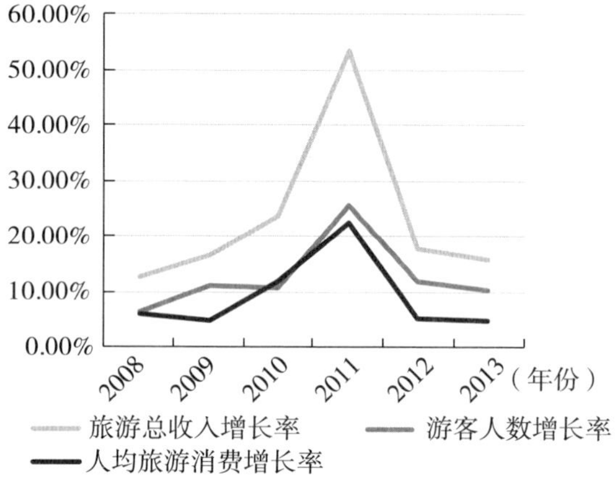

图 3-3　旅游收入增长结构分析图

（二）基础设施不完善，管理水平跟不上，制约景区类旅游企业持续发展

旅游业需要完善的基础配套设施来创造发展环境，提供后续增长动力。我国旅游基础设施整体投入不足，道路、交通、水电等建设滞后，旅游公共服务设施短缺，特别是旅游厕所、停车场、汽车营地、游客服务中心等不完善，后续维护更新不足，信息化管理水平滞后以及过度使用、加速磨损等问题严重，致使游客舒适度大打折扣，降低了再次消费可能性。部分具有全国知名度的旅游类上市公司也是在近两年才通过资本市场募集资金更新和完善了基础设施，如峨眉山、黄山旅游、丽江旅游等。

（三）旅游企业规模较小，盈利能力较差，市场竞争激烈

除投资开发需要大量资金外，旅游业对资本和技术依赖较少，行业进入门槛较低，可模仿性较高，导致旅游企业数量较多、规模较小、竞争激烈。2013 末，全国有 A 级以上旅游景区 6 604 家，单个景区年收入平均值为 4 698.23 万元；2014 年末，全国有旅行社 26 650 家，单个旅行社总资产平均值为 383.26 万，年收入平均值为 1 512.04 万元。

由于产品和服务有较高相似度，旅游企业之间主要采用价格竞争，行业整体盈利能力偏低。尤其是旅行社业务，同质性强、低价竞争激烈，出境游、高端游等毛利率不足 10%，国内游毛利率仅为 5% 左右。随着自助游和自驾游的普及、旅行社跨区经营限制取消以及在线旅游企业线上线下布局加速，竞争将会进一步加剧，同时也会促进优胜劣汰，推动旅行社向规模化、集团化发展。

（四）优势企业加快扩张，优化业务布局，推动行业整合升级进度

景区类资源受消费个性化和景区承载能力等因素影响，门票经济不能持续；旅行社受散客化、个性化、网络化影响，游客依赖度和渠道价值下降明显，旅游企业亟需寻找新的增长点。为寻求突破，部分规模较大、经营较成熟的旅游企业，不断通过加快产业扩张、创新经营模式、优化布局、延伸业务链条来提高竞争力。

在扩张模式上，一是依赖内延式增长，完善产品结构，深入挖掘并充分利用自身资源优势，拓展业务范围，寻找新的利润增长点。如峨眉山旅游股份有限公司不断丰富产品种类，完善产业链条，目前公司有 11 家子公司，涉及景区经营、旅行社、会展服务、茶叶种植、智慧旅游等领域；宋城演艺在三亚、丽江、九寨等复制和创新演艺项目；中国国旅和中青旅在传统旅行社业务基础上分别发展免税商品经营、人造景观及在线旅游等。

二是依赖外延式增长，收购其他旅游资源或进行品牌、管理的对外输出，通过品牌或管理复制，带动运营理念和管理水平提高，进而实现经济效益的提升。旅游景区中自然景区难以复制，但旅游服务、人文景观、自然景观的管理模式均可以复制。如景域集团拥有 3 家景区特许经营权；浙旅控股拥有 4 家景区特许经营权；港中旅控股 5 处自然景区经营公司，参股 5 家景区经营业务；同程旅游成立了景区托管公司对景区营销权、承包权进行托管，在线上销售门票、园区内客运车票、开展促销活动等以提升景区客流量，目前已和 100 多个景区签订了托管协议，其中 5A 景区 2 家，4A 景区 18 家。

（五）资本成为推动旅游产业发展的重要力量，非旅游企业向旅游行业跨界趋势明显

为充分挖掘旅游投资和旅游消费增长潜力，国家出台了多项政策法规，鼓励社会资本支持和参与旅游业发展，加快基础设施建设。2013 年以来，19 家旅游类上市公司通过首发或者并购重组再融资筹集资金 164.52 亿元用于旅游资源开发建设。非旅游类企业也实施跨界发展，加大对旅游产业的投入。据不完全统计，万达、恒大、绿地等房地产集团相继进入旅游业，近五年中已投资或计划投资额超过 1.7 万亿元；百度、腾讯和京东等互联网、电商企业近五年累计投资旅游业也已超过 350 亿元；而中国国旅、港中旅、中青旅、华侨城、携程等大型旅游集团近 6 年投资累计已超过 1 500 亿元。

三、河南省发展旅游业的必要性

（一）发展旅游业是我省转方式、调结构、促转型的必然选择

河南省是全国人口大省、农业大省和新兴的工业大省，长期以来经济总量位居全国第五位，但是河南省产业结构不合理、产业层次偏低的问题依

然比较突出。农业产量居全国前列，但现代农业发展不充分，农业经营方式、农业技术水平仍有待提高，农业与工业、服务业融合度不够；工业大而不强，能源原材料工业比重大，传统支柱产业比较优势在减弱，新兴产业规模在全省产业比重仍不大，工业的服务化程度较低；服务业与全国平均水平相比比重较低，2014 年服务业增加值占 GDP 的比重为 36.85%，远低于全国 48.1% 的水平，现代服务业发展不充分，服务业的规模和质量都需要提高。发展河南经济，重点要大力推进服务化进程，提高服务业在经济总量中比重，作为具有比较优势的旅游业，是我省加快调整产业结构、大力发展服务业的着力点。

（二）旅游资源丰富但仍处于发展的初级阶段

河南省是旅游大省，具有丰富的旅游资源。截至 2014 年底，全省共有 A 级以上景区 327 家，其中 5A 级景区 12 家（2015 增至 13 家），全国排名第 3 位（其中洛阳市有 4 家 5A 级景区，全国城市排名第 4 位），4A 级景区 114 家；国家级风景名胜区 10 个，全国数量排名第 8 位；世界文化遗产 5 项，全国数量排名第 2；世界地质公园 4 个，全国数量排名第 1；省内重点风景名胜区 25 处，省级以上自然保护区 23 处，中国优秀旅游城市 27 个，星级酒店 503 家，境外出行资格旅行社 48 家，境内出行资格旅行社 1 100 家，全国排名第 8 位。

旅游产业一直是河南省重点培育的优势产业之一，为全省经济社会发展和整体形象提升做出了积极贡献。但是河南旅游业还处于发展的较低阶段。国际旅游发展经验表明，当人均 GDP 达到 1 000–2 000 美元，旅游消费将呈现大众化，普遍化态势；当人均 GDP 达到 2 000 美元至 3 000 美元时，旅游消费开始向休闲旅游转变；当人均 GDP 超过 3 000 美元，则开始进入度假旅游经济时代，度假消费需求将爆发性增长。（具体情况见图 5）。

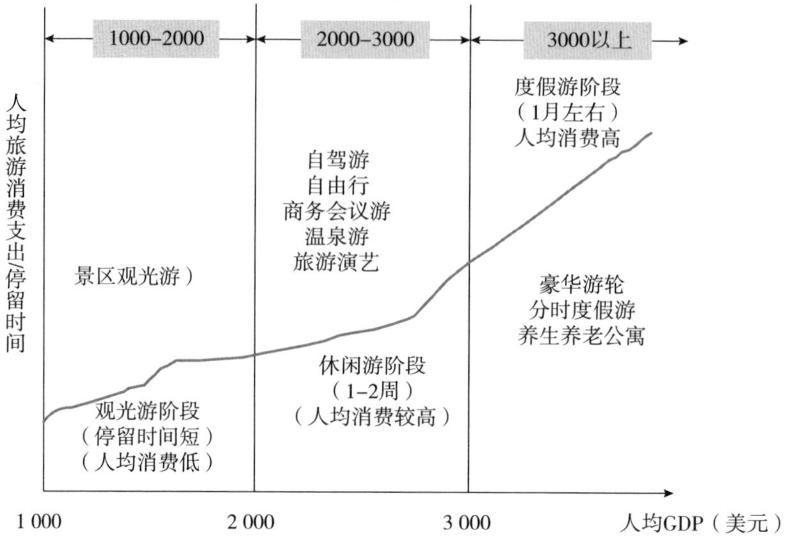

图 3-4　人均 GDP 增长带动旅游产业转变情况

2014 年，河南省人均 GDP 已达 6 042.23 美元，但旅游仍然处于景区观光游阶段，与人均 GDP 数量不匹配。同时，河南省旅游资源多限于景区开发，缺乏与之相关的互联网服务业、可复制性强的主题乐园、大型连锁酒店等新兴业态。因此河南省有必要通过推进旅游产品开发、提升服务水平、拉长产业链条、优化发展环境、打造旅游品牌等战略举措，大力发展旅游业。

（三）发展旅游业是我省扶贫工作的有效手段

截止 2014 年底，河南省还有 53 个贫困县、8 103 个贫困村、576 万农村贫困人口，扶贫任务依然艰巨。河南省 70% 以上的景区周边集中分布着大量的贫困村。全省以南太行、伏牛山、桐柏山、黄河滩区为核心，推动旅游扶贫连片开发，已经取得显著效果。根据“河南省乡村旅游提升与旅游扶贫推进会”数据，“十二五”以来，河南省通过发展乡村旅游每年有 20 万人实现脱贫，脱贫人数占贫困人口比例高于全国平均水平。例如，云台山附近的岸上村以发展家庭宾馆为主，一跃成为全省闻名的小康村；洛阳市栾川县 14 个乡镇中，11 个乡镇从事乡村旅游，农民人均纯收入 65% 来自于乡村旅游；特别是滦川县的重渡沟村，通过发展乡村旅游，农民人均纯收入从 1999 年的 400 多元增长到 2014 年的 2.75 万元，15 年增长了 60 多倍。因此大力发展旅游业特别是乡村旅游对于建好一个新景点，带动一批农家乐，致富一方老百姓，解决农村贫困人口就业、创业具有重大战略意义。

四、河南省旅游产业发展情况及存在问题

旅游产业作为最具带动作用的服务行业，是实现中原崛起、河南振兴的一大优势、一大支撑和一大后劲。近几年来，河南省围绕建设旅游强省的战略目标，不断加强旅游产业培养，通过推进旅游产品开发、提升服务水平、拉长产业链条、优化发展环境、强化宣传促销、打造旅游品牌等战略举措，旅游产业发展成绩显著，但也存在一些不协调和不平衡，需进一步转变发展方式，优化产业结构，增强发展活力。

（一）河南旅游产业发展情况

1. 产业发展迅速，优于全国平均水平。河南省旅游产业发展迅速，规模和结构逐渐扩大和优化，旅游收入和游客总量快速增长。2011 年以来，全省旅游收入平均每年增长 17.51%，高于全国平均水平（16.33%）。2014 年全年共接待海内外游客 4.58 亿人次，实现旅游总收入 4 366.2 亿元，同比分别增长 11.59%、12.66%（全国 9.44%、14.55%）。旅游总收入占全国旅游总收入比重约为 12.92%，全国排名第六位。

2. 优势资源突出，产业发展具有先天优势。一是河南省历史悠久，旅游资源丰富，景区数量和质量在全国排名前列。在当前旅游产业创新和融合发展趋势下，景区资源作为旅游产业发展的核心要素更加凸显，日益成为资源控制权争夺和全产业链布局的关键资源，河南省丰富的景区资源也成为旅游产业发展的最大优势。二是具有交通区位优势。河南是全国最大

的交通中枢，机场、公路、铁路等全方位发展，尤其是随着高铁建设的不断推进，“半小时交通圈”“一小时经济圈”的规划建设方便了游客的出行。三是人口基数大，经济发展速度快，在扩大内部需求、拉动旅游消费方面，具有潜在消费市场广阔的优势。

3. 人均旅游产值较低，地域差异明显且发展不均衡。河南省人均旅游消费一直处于较低水平，旅游收入地区间差异明显。2013、14 年，游客在河南的人均旅游消费为 926.72 元、953.32 元，仅略高于全国人均旅游消费（805.5 元、839.7 元）；郑州、洛阳、焦作、南阳、开封等地市景区资源相对集中，产值占全省旅游产值的 50% 左右，拥有境内业务资格旅行社合计占全省总量的 51.08%。从人均旅游消费看，仅郑州超过 1 000 元，洛阳、焦作、南阳等地均远低于全国平均水平（634.54 元、792.71 元、518.72 元）。

（二）河南省旅游业发展存在的问题

河南省旅游产业发展态势良好，但与旅游发达地区相比还存在较大差距，产业发展层次较低，新兴旅游业态较少，传统产业发展不充分，缺少规模大、品牌强的大型旅游企业或集团，总体表现为产业大而不强，企业小而分散的特点。这与企业自身发展的局限性有关，也与相关政府部门指导不到位、规划不合理相关。

1. 旅游产业规划没有充分认识到我省旅游资源的实际情况，具体指导性不强。《河南省“十二五”旅游产业发展规划》虽然明确了河南省“十二五”期间旅游产业发展的具体目标和任务，但是没有充分考虑我省景区资源的特点，未结合景区发展情况制订切实可行的措施方案，导致“十二五”中提出的许多目标到现在仍难以落实。如规划中提出了“至少有 1 家景区游客超过 500 万人”，“力争‘十二五’末培育 10 个年产值超过 10 亿元的旅游企业集团，2–3 家在境内外利用资本市场成功上市”的目标。截止目前，河南省旅游企业中规模较大的为龙门旅游和云台山旅游，年游客量在 300 万人次和

240万人次左右，且云台山在高峰期游客接待量已接近饱和，很难有较大突破，两家公司包含门票在内的收入仅在4亿元左右，距离规划目标差异较大；辖区没家1家旅游上市公司，仅有1家在新三板挂牌。以上情况均反映出规划在制定过程中存在对河南省旅游资源发展定位不够准确、目标设定不够合理的问题。其次规划中提出了整合伏牛山、嵩山等山地旅游资源，但未设定明确的整合措施、整合主体等，仅南太行山区实现了部分资源的整合，云台山拟整合青天河和神农山经营权因相关政府部门不支持而失败；另外规划还提出了设立省级旅游发展投资公司，也因缺少政府相关部门支持而未得以落实。

2. 旅游资源开发缺少统一协调，地方主义、多头开发现象严重。河南省旅游景点主要依托太行山、伏牛山、桐柏山、大别山等山川，这些山川基本横跨多县、多市，受地域管辖权限制，景区开发和管理由当地政府自主决定，存在条块化分割开发和经营。在委托经营当地旅游景区时，由于缺乏统一协调管理，导致景点经营分散，经营企业各自为战、独立开发，既不能发挥旅游资源协同效应，使资源最大限度转化为产品，也致使旅游资源开发存在着“上下沟通难”“横向联系难”“产业扩展难”和“寻求支持难”的现实问题。如伏牛山系有10家以上的旅游企业经营不同景点，仅栾川县就有6家旅游企业，且主要业务均为旅游门票、车票、索道的销售，企业规模小、业务重合度高、接待游客能力弱、盈利能力有限，致使伏牛山景区旅游资源自身整合度不高，景点布局分散，资源凝聚性不高，开发深度不足。

此外，多数景区由私人进行开发经营，资金一部分来自其他领域经营所得，另一部分来自银行或私人借贷资金，具有较强的逐利性，往往存在急于收回成本或资金不足而导致开发不到位、不合理、无序开发、缺少后期维护等问题。加之地方政府在授权经营过程过度看重资金资源，对经营企业的知名度、行业经验等考虑不足，导致行业存在管理缺失、人才匮乏，违规经营等问题。

3. 缺少统一的资金管理运用平台，难以进行有效的资源开发和整合。旅游资源开发具有投入金额大、回报时间慢、产业链条长、环境要求高等特点，因此应由资金实力强大、影响力强的旅游投资主体进行开发。旅游资源的整合也需要依赖资金实力强大的大型旅游集团，凭借其成熟的经营管理经验、规模经济以及高效便捷的融资平台，推进旅游企业规模化经营、集团化和网络化管理，带动旅游产业升级转型。考虑到所需资金量较大，成本较高，要兼顾经济效益和社会效益，所以旅游投资开发、整合主体多由政府部分牵头设立。不少旅游大省都成立了省级旅游投资集团和产业基金（如表 2 和表 3 所示），完善旅游产业投融资机制，主要定位为全省旅游业龙头企业、省旅游投融资平台、全省旅游资源整合主体。而河南省没有统一的旅游资金管理和运用平台，导致旅游资源开发和整合进展较慢。

表 3-2　旅游产业投资集团设立情况　　单位：万元

省份	名称	股东构成	资金规模
广东省	广东省旅游控股集团有限公司	广东省国有资产监督管理委员会	100 000
江西省	江西省旅游集团有限责任公司	江西省人民政府（江西省旅游发展委员会）	100 000
贵州省	贵州旅游投资控股（集团）有限责任公司	贵州省人民政府国有资产监督管理委员会	300 000
云南省	云南世博旅游控股集团有限公司	云南省人民政府国有资产监督管理委员会	290 314.84
广西省	广西旅游投资集团有限公司	广西旅游发展集团有限公司（省国资委为实际控制人）	110 000

表 3-3　旅游产业基金设立情况　　单位：亿元

省份	基金名称	资金规模	合伙人	投资方向
陕西省	陕西旅游产业投资基金	50	陕西旅游集团、国开证券有限责任公司、平安银行股份有限公司等	陕西省及周边相关文化旅游产业项目以及泛丝绸之路重大文化旅游项目

续表

省份	基金名称	资金规模	合伙人	投资方向
云南省	云南省文化（旅游）发展基金	50	云南省国资委、工银国际投资公司、北京万方文化传播公司、普洱扬正投资公司	开发、优化、完善、延伸我省矿业和文化旅游业的产业链，扶持、培育、提升以上领域内的优秀企业
福建省	福建省文化产业发展投资基金	20	建省财政厅、福建海峡文化产业股权投资基金、海峡出版发行集团、福建广电网络集团、兴业银行	文化创意、文化旅游、出版（含数字出版）、印刷发行、广播影视、演艺娱乐、广告、动漫

4. 基础设施不完善，产品结构单一，旅游产品的品质和内涵需加快提升。河南省旅游资源主要为自然类资源，大多处于开发的初步阶段，配套设施不完备，过度依赖门票资源，景区普遍存在路面平整、林道开发不到位，现代化游客服务中心、观光索道缆车等未建造，餐饮、住宿接待服务低端且能力不足，能够提供的产品和服务有限等问题。景区提供的餐饮、住宿、商品等一般由附近村民自主供给，缺少统一规划和管理，质量和档次较差，不能延长游客停留时间或提高二次游览意愿。而《禅宗少林·音乐大典》《水秀》等演艺类项目，以及休闲度假村、水上乐园等休闲项目尚处于起步期，深度挖掘和开发不足且开发周期较长、品牌形成和推广进度较慢。依据2014年国内游客在河南省消费构成的抽样调查数据，“游”的消费占比为10.27%，远高于全国平均水平，购物和娱乐项目不足20%，低于全国平均水平。

5. 旅游企业规模较小，竞争实力较弱，利用资本市场能力不足。近些年地方政府虽然在推动旅游企业利用资本市场发展中做了大量工作，但效果一直不明显。在调研座谈过程中，我们了解到河南省旅游企业发展思路相对保守、规范意识差、距离资本市场的内在要求还有一定距离，主要表现为以下方面：一是企业规模普遍较小，收入较低。没有 1 家旅游企业净资产超过 10 亿元；景区类旅游企业仅有 5 家年收入超过 1 亿元，5 家年净利润超过 1 000 万元。2014 年末，河南省旅行社数量全国第八位，但收入排名全国第十八位，每家旅行社年营业收入平均 355 万元，为全国平均水平（1 512 万元）的 23.48%，营业利润平均 15.37 万元，为全国平均水平（76 万元）的 20.13%，只有 1 家全国百强旅行社，全国排名第 75 位，4 家收入超过 1 000 万元的旅行社中只有 1 家年净利润超过 100 万元，2 家不足 10 万元。二是收入结构不合理，严重依赖门票收入。全国景区收入中门票收入占 30% 左右，而河南省多数在 60% 以上。部分企业甚至没有取得客运、索道经营权或者未开发建设客运、索道项目。如洛阳 10 家规模较大景区经营中，6 家公司 2014 年门票收入占收入的比重达到 80% 以上，4 家公司没有车票收入，8 家没有索道收入。三是规范意识差。不少企业大量进行现金收支，财务控制薄弱，财务风险较大；此外，部分企业存在项目未批先建、资产权属瑕疵、受托经营合同不符合法律规定等情况。四是对资本市场了解不足，利用资本市场能力弱。多数旅游企业因项目建设而有较大金额的资金需求，但缺少对其他融资工具和方法的了解，基本是计划依靠银行贷款、民间借贷和自有资金投入，既加大了因负债增加带来的投资风险，又使企业在投资时过度考虑成本收益而缺乏长期规划，短期特征较为明显。

五、利用资本市场加快河南旅游产业发展建议

（一）加大政府统筹布局规划和政策保障力度，制订合理的产业规划

在深入、全面了解辖区旅游资源情况的基础上，遵循旅游产业发展规律，打破地域限制和条块限制，站在全省一盘棋的高度对河南旅游产业发展进行统一规划和布局。

1. 立足长远，结合河南省发展实际，制订切实可行的产业发展规划。规划要与河南省国民经济和社会发展总体规划相适应，与旅游业发展规律和发展实际相一致，与我省中原崛起的国家战略相协调，与城市规划、土地利用规划和交通规划等相匹配，突出战略性和可操作性，对影响我省旅游业发展的法律法规障碍、体制机制障碍、人才障碍予以明确的解决期限。

2. 统一协调，加大资源整合力度。旅游主管部门应加大与地方政府协调力度，统一发展认识，统一资源调配，基于完善旅游产业链条和全省旅游产业发展的高度推动旅游资源的开发和整合，避免因地域限制和地方保护等因素给旅游产业发展可能带来的阻碍。

3. 制订清晰明确、可操作性强的配套政策措施。如组建省级旅游投资平台，打造大型旅游集团，整合全省旅游资源等目标，要提出具体的解决措施、落实主体和期限等。

（二）设立省级旅游投资开发平台，统一规划、整体开发

1. 组建设立河南旅游投资集团公司，作为河南省旅游产业投融资平台，统一落实全省旅游产业规划和投资管理。建议在企业自愿为主和行政指导为辅的基础上，依托现有的省级投资平台公司，积极吸引带动规模较大、经营较成熟、对旅游产业发展有深入认识的国有龙头企业、优秀上市公司或者港中旅、中国国旅、中青旅等大型旅游企业集团参与，共同出资组建。其中，省政府以省级投资平台公司出资并绝对控股。

2. 以省旅游产业投融资平台为主体，进行旅游投资开发及资源整合。依托河南省旅游投资集团，优先在旅游资源较丰富的地市整合形成 1–2 个旅游龙头企业，逐步在全省范围内形成 3–5 个跨区域、全产业链的大型旅游企业，着重提升企业品牌建设、发展质量等。通过企业整合及资源整合，在统一经营规划下，可以依据各旅游资源自身特点，进行有特色的深度开发，避免重复性建设和低水平的同质化竞争。

（三）以政策资金为引导，有效撬动社会投资，拓宽旅游产业融资渠道

旅游投资开发、旅游资源整合都需要大量资金，单靠政府资金难以为继，但社会资金分散投入力量有限，渠道有限，所以在当前旅游大开发、大发展前提下，政府应以财政资金为引导，设立相关产业基金，利用杠杆撬动作用，吸引带动社会分散资金。旅游产业基金的设立应借鉴其他省份经验，并兼顾我省特殊发展情况，初步规划如下图所示：

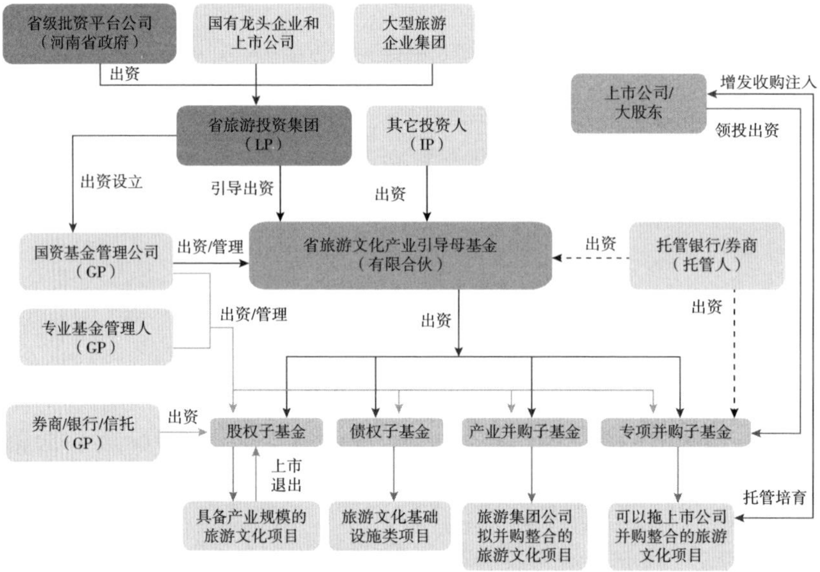

图 3-5　省旅游文化产业发展基金运作规划

1. 由河南省政府授权河南旅游投资集团作为出资主体，以财政资金为引导，募集社会资本，成立省旅游文化产业发展引导基金。在组织管理架构上，由省政府、指定的基金管理人等共同决策具体投资事宜。

2. 以引导基金为母基金，按照旅游产业的不同业态和发展目标，设立子基金，实施分类扶持和发展：

（1）针对自身具备产业规模和优势的旅游企业，设立旅游产业股权投资基金，以股权方式向企业投资并培育，以实现 IPO 上市（或借壳上市）、管理

层回购等方式实现股权退出。在基金期限上，按照业内惯例暂定为 7 年。

（2）针对旅游基础设施类项目所需资金，由于风险较高、回报期长，可以设立旅游产业债权基金，以母基金引导，按一定杠杆向银行等募集配套资金。由于基础设施类项目周期较长，基金期限可设定为 10 年左右。

（3）针对可依托上市公司并购整合的旅游企业，母基金引导出资，上市公司领投出资，通过银行、券商资管基金、信托等按杠杆配比募集资金，设立专项并购基金，完成对拟整合并购项目的收购。上市公司对收购标的托管培育后，通过增发收购并购标的股权，完成并购基金退出。基金期限可灵活设定在 3—5 年左右。

（4）针对有意向收购整合其他旅游资源的企业，设立旅游产业并购基金，由母基金引导出资，吸收带动社会资金共同参与。基金期限上设定为 5—7 年。

3. 合理设定基金规模和出资方式，择优选择管理人和投资人，确保基金有效运作。在基金规模及出资方面，建议母基金首期规模为人民币 20 亿元左右，政府引导资金不少于 30%，采用一次出资制，确保资金到位。子基金可根据实际情况确定发行规模（建议总规模在 100 亿左右），出资方式可采用认缴制。在基金管理人方面，建议在河南旅游投资集团下设基金管理公司，作为基金管理平台，负责资金筹集和项目筛选、投资管理等日常事务。子基金可由母基金管理人作为管理人，也可按市场化原则挑选其他专业机构。在基金投资人方面：按当前有关法律法规要求，基金投资人不得超过 50 人，每名投资人投资金额不得少于 1 000 万元。建议推动省级政府投资平台如省投资集团、开发公司等，省内上市公司及其控股股东，港中旅、中国国旅等大型旅游企业集团，以及其他具备条件的个人作为投资人，共同筹集。

（四）着力培育龙头企业，积极对接资本市场，形成示范带动效应

近年来，证监会大力推进市场体系建设，目前已经形成了主板、中小板、

创业板、新三板、区域性股权交易市场等多层次的直接融资体系，不断放宽优先股、公司债、资产证券化产品等新工具的要求，简化发行审核流程。各类企业只要有意愿，就可以根据自身的实际情况，通过多层次资本市场、多种融资工具，方便快捷地筹集发展所需资金。

地方政府应深入了解当地旅游企业情况，加大支持指导力度，培育龙头优势企业，推动龙头企业利用多层次资本市场，形成示范带动效应，形成河南省旅游企业融资渠道畅通、资本市场认可度高的良好局面。结合当前河南省旅游资源情况，应着力做好以下工作：一是推动旅游企业在规范发展基础上，积极通过兼并重组、品牌输出、管理输出、连锁经营等做大做强。二是推动云台山公司解决产权确认、董事重大变动等问题，加快上市申报速度。三是推动洛阳餐旅集团股份有限公司、清明上河园公司、凤翔温泉尽快启动上市或新三板挂牌程序。四是推动符合新三板挂牌条件的老君山公司、重渡沟公司、龙门旅游等选定中介机构，积极启动相关工作。五是针对白云山公司、新乡南太行旅游集团等的发行公司债券意向，做好沟通指导，协调做好相关工作，推动及早实现。

第五节　适时引入托宾税　应对短期资本流入①

长期以来，国际资本在全球的自由流动，严重冲击新兴国家的稳定发展和金融安全，相继引发了“拉美债务危机”“亚洲金融危机”等。主要发展中国家陆续实行了以增加短期资本流入成本为主要特征的资本流入管制措施，起到了很好效果。2008 年金融危机以来，美欧等国为了救市，相继

① 本文完成于 2011 年 8 月，作者时任中国证监会研究中心研究员。

释放了大量流动性。由于美欧等国实体经济复苏缓慢，信用缺失，这些资金大量流入复苏较快的新兴市场，严重影响了这些国家宏观政策效率和金融安全。7 月 27 日，“金砖四国”之一的巴西政府再次决定对外汇市场的期货美元交易开征 1% 的金融交易税；8 月底，法国总统来华商讨金融资本交易税事宜，并且有可能被推上今年 G20 峰会的议程。

我国已就引入托宾税问题研究多年，随着国际经济失衡、国际资本流动加剧，我国货币政策面临两难选择，我们应该及时引入托宾税。这既符合国际通行做法，也能有效阻止短期资本流入，减轻对金融系统的冲击，保证宏观金融安全。

一、国际资本流动投机性越来越明显，迫切要求提高宏观调控政策的主动性

国际短期资本新兴市场国家不断聚集，其驱动因素是多方面的，对宏观经济和金融体系造成了冲击。一是 2010 年美国和欧盟相续出台了针对对冲基金的严格监管措施，而亚洲各国对对冲基金的监管力度偏弱，“监管洼地”效应促使大批对冲基金移师亚洲。二是各国经济复苏前景的不对称性，美国和欧盟经济复苏的前景并不乐观，经济增长乏力致使投资机会匮乏，而以中国为代表的新兴国家经济增长前景相对乐观，资本逐利的天性促使大量热钱流向亚洲。三是人民币汇率升值预期、中美利差吸引以及境内资产价格的持续上涨等。国际清算银行的数据显示，当前全球每天有日均 4 万亿美元的外汇交易中，只有 2% 是因为贸易和国际投资引起的，其他都是投机性交易。顺周期、逐利性的短期国际资本虚拟化、杠杆化现象日益严重，增加了宏观经济风险管理的复杂性。

面对通胀和资产泡沫压力，针对热钱流入的利率、汇率政策空间不大，我们需要恢复宏观调控的主动性和有效性，积极应对危机带来的挑战，保

障我国经济金融安全。目前流入我国的热钱主要来自套汇、套利及资产升值这三个方面。其一，加息和资本流入成为政策的“两难抉择”，不加息，通胀压力大；加息，资本流入加剧，资产泡沫压力更大。年初以来的多次加息和存款准备金的6次上调以及近期扩大存款准备金缴存范围等措施也是对冲热钱流入的措施，在经济增速放缓的背景下继续上调的可能性不大。其二，人民币升值预期居高不下，导致热钱流入套利；同时热钱大量流入在一定程度上会加剧人民币的升值压力。新兴国家有宏观经济、金融监管、资本市场、资本流动管理等多种途径应对资本流入。托宾税作为管制短期资本流入的手段，可以使政府在中短期内依据国内经济状况和目标推行更为灵活的利率和汇率政策，经验研究分析得出，资本流入管制在短期内可以降低组合投资与短期资本在资本流入总额中的比重，但也有相应的负面影响。

二、征收托宾税的国际经验

1971年，诺贝尔经济学奖获得者美国经济学家托宾首次提出对外汇交易征税；1978年，托宾进一步提出根据外汇交易规模征收全球统一的交易税，以增加进行频繁短期交易的成本。这一概念逐步被一些国家付诸实施，并推而广之。托宾税的设计框架大致涵盖以下内容。一是包括广义和狭义两种对象：狭义仅对国内金融资产的交易征税；广义则包括对国内外与货币兑换有关的所有金融资产交易征税。二是具备资本流入税和流出税两方面，具体应视一国特定的资本流动状况而选择适当形式。三是托宾税税率的确定与金融资产的特性和期限相关，也与资产到期的执行状况有关。四是征税形式的灵活性，提高资本流动成本。五是托宾税既可由个别国家施行也可由全球统一协调征收。目前国际上常使用的是直接课税及无息准备金这两种形式。

从20世纪80年代末开始，亚洲和拉美国家先后采取了一系列的间接和直接管控措施来应对热钱流入，效果显著。金融危机后，巴西相对强劲的经济增长及10%以上的高利率使其成为投资者的首选，巴西政府采取了托宾税的策略，增加了外国投资者对未来政策的不确定性，因而对短期投机性资本流入起到一定的限制性作用。智利通过针对外汇贷款，随后逐步扩大到凡是可能成为潜在投机资本流入管道的资本流入形式采用无息准备金制度，延长了流入资本的停留期限，使国内利率与国际利率之间保持明显差距，还降低了汇率波动性。

这些国家的实践有如下经验。其一，实施托宾税对防止短期资本的过度流入具有重要作用。其二，应随着国内外经济形势的变化，采取广泛而灵活的措施。其三，离岸市场的投机交易对于资本的流动非常重要，巴西当地银行通过离岸市场的交易调整外汇头寸，规避税收影响，促使巴西政府对银行在外汇衍生品的总头寸进行管制。其四，托宾税的实施也有对价，它增加了交易成本、影响正常的资本流动、增加形成新漏洞的可能性。

三、我国适时征收托宾税的政策安排分析

征收托宾税的必要性和可行性。进入“后危机”时代，国际上已经摈弃了不顾条件鼓吹“资本自由化”的自由市场主义理念，我们要在一定程度上进行外汇管控，保障金融安全。一是托宾税的征收能增强央行货币政策的实施效果，二是托宾税的征收将降低本币升值的压力，三是征收托宾税有利于改善资本流入的期限结构。从可行性方面来考虑，一是当下我国处于一个探索建立征收托宾税的相对有利的国际大环境，发达国家和新兴国家纷纷加入讨论或开始实施。二是我国的外资流入从结构上来说相对简单。特别是资本市场，外资参与面有限，市场深入程度还不是太高，并且产品结构相对简单，因此覆盖面将大大简化，外资规避税收的机会也会降低。

（一）关于征收托宾税的几个问题

从国际上通行的情况来看，托宾税的征收通常采取两种办法：一是直接征税法，二是间接征税法，如智利的无息准备金。直接征收托宾税的优势在于更不易被规避，而且税率的设定还可以和期限结构挂钩；劣势在于增加税种、改变税率是一个法律过程，与作为行政规定的无息准备金要求相比，灵活性较差。权衡利弊得失，我们认为目前采用无息准备金更可行，可考虑逐渐过渡到动态直接托宾税。

1. 征税主体。对于无息准备金而言，国际上通行的做法是把跨境资金的一部分无息地存放在中央银行，使本来可以获得的利息收入成为短期资本流入的机会成本，并根据资本流动状况适时调整存期和比率。对于直接托宾税而言，税率和征收范围需要根据政策目标的变化而经常调整。

2. 征税对象。我们建议托宾税应该适用于所有的跨境资本项下的货币兑换交易，既不影响进出口等国际贸易，又对资本流入进行了一定的限制。可参考国外的经验制定合适税率，太低达不到控制效果，太高会抑制境外资本的合理流入。

3. 配套措施。对境外资金征收托宾税是一个系统性工程。首先，要通过外资流入的动态监控体系，跟踪境外资金的流转；其次，要和相关货币政策以及财政政策相协调；再次，要采取措施防止已经入境的境内资金快速撤出，导致金融市场混乱；最后，要公检法配合，打击境内的非法境外资金活动。

（二）探讨托宾税的政策效果和影响

国际经验表明，采用征收托宾税在减少外汇资金流入的期限结构上有一定效果，但也会催生非法资金活动。根据我国国情，还需在一段时间保持目前的方式，并辅助以市场化手段，例如适时引入托宾税，以稳定经济和金融市场，实现内外平衡，减少金融动荡甚至危机发生的可能性。随着国家汇率和利率改革的稳步推进，我们应该逐步地过渡到以市场化手段为主，为未来向资本和金融账户的自由化逐步过渡创造条件。

如果我国推行托宾税，应明确管理的重点项目，尽量避免过于苛刻的管制而引发资本集中外逃，从而影响到我国经济利用外资平稳快速增长以及香港人民币离岸交易中心地位。托宾税是防范短期国际资本过度流动或金融风险的手段之一，根本的解决办法是政府应该利用政策赢得的时间和空间来进行结构改革，改善实体经济质量，深化金融改革，增强金融风险自控能力，完善金融监管体系。

4 第四章 · 多层次资本市场篇

完善功能适度竞争错位发展

资本市场分层本质上是市场风险分层，以资本供求双方对风险的识别能力和承担能力为主要指标，形成不同层级，相同风险偏好的资本供求者对接和交易，同时配以相适应的投资者准入、信息披露、交易规则和监管制度，每个层级具有清晰的功能定位和风险特征。随着公众投资者参与程度的不同，监管要求也不一样，通常是公众参与程度越高，监管要求越严格。层次较高的市场，对企业的准入标准要求较高，信息披露较充分，市场风险比较低，投资者入市标准较低，对投资者开放程度较高，上市企业承担上市成本较高；相反，层次较低的市场，对企业的准入要求较低，信息披露难度较大，相应的市场风险比较高，对投资者识别风险和承担风险能力要求也比较高。

三十年的发展，中国资本市场从股权市场的角度看，已经建立了沪深交易所主板、中小板、创业板、科创板等场内市场，场外市场有新三板市场、地方区域性股权市场以及私募股权市场等。主板市场对普通投资者开放，创业板、科创板市场对参与者有一定的资格要求，监管要求较高；新三板市场只向成熟的专业投资者开放，市场对行政监管的要求不是很高，以上市或挂牌公司自律、中介机构自治以及投资者自我保护为主。

我国资本市场层次之间存在的问题是板块同质化，上市条件、持续监管要求、交易制度、参与者结构等风险区分度不高，导致层级之间缺乏有效合作，没有在功能和风险区隔上形成既相互独立又合作互补的有机整体。

市场层级定位是市场功能细分的结果，是市场成熟程度的标志。主板市场要坚持蓝筹股定位，中小板从本质上是主板市场的一部分，创业板是科技创新企业的大型超级市场，科创板则是科技创新企业的精品店，新三板市场必须坚守场外市场定位，承担多层次资本市场体系“塔基”的基础性功能，承担为所有有意挂牌交易的企业提供服务平台的责任，同时从其他层级市场退市企业提供挂牌交易服务。既要做好板块层级的顶层设计，更要容许投资者和上市（挂牌）公司自由选择，各层级积极互动，在充分竞争的基础上，形成功能齐备、错位互补、有序自洽的多层次资本市场体系。

第一节　多层次资本市场建设的逻辑结构和总体思路[①]

建设场外市场是中国证监会发布的六项“新政”之一，广受社会各界关注。最近，国务院决定清理各地非法证券交易场所，将对场外市场建设产生重大影响，而且影响整个资本市场的改革与发展；反过来，清理工作的成败取决于对多层次资本市场逻辑结构的理解和合法的场外市场建设。

一、多层次资本市场的逻辑和结构

相对于我国现行发行上市联动的制度安排而言，场外市场包含场外发行市场和场外流通市场两部分。如果回到企业融资活动的一般性过程，企业发行证券和所发行证券流通转让是两个不同法律性质的行为和两个相对独立的过程。场外市场要整体考虑理清证券发行、交易之间的逻辑关系和体制衔接，绝不是建设一个比创业板发行上市标准更低一级、名称上叫作场外市场而实质上是交易所市场或一个板块。如果场外市场对于大多数企业来讲，仍然高不可攀，那么也无法实质性地缓解经济发展的融资需求。

（一）证券发行可以分为私募发行和公开发行

企业通过发行证券融资，无所谓场内还是场外，而是按照是否涉及公众利益参与以及公众参与程度分为私募发行和公开发行。这也是国际资本市场对发行融资活动进行差异性监管的法理依据。只有已发行证券的交易活

---

① 本文完成于 2011 年 11 月 24 日，作者时任中国证监会研究中心研究员。

动才涉及场内交易和场外交易。这个“场”就是传统意义的证券交易所。

在西方发达市场，私募发行可以豁免审批（需要遵循专门的私募发行的法律规定），但必须对其发行行为出具律师意见书，并向监管部门备案存档，发行过程要确实符合私募发行的相关规定，否则属于违规发行证券。我国《证券法》规范的是所有公司的公开发行行为和公众公司的私募发行行为，包括增量发行和存量发行。

公开发行证券则需要履行必须的申请、审查和核准等法定程序（在注册制下，这个过程叫作注册或存档），并承担法律责任。因为公开发行涉及公众参与，政府要制定基于公众利益保护为核心的公开发行证券的相关法律法规，包括实质性要求和程序性要求等，如资格标准、会计处理、信息披露要求等，要客观、透明、稳定、统一、详细，要简明、易懂，可预期，没有歧义，便于执行，便于监督。发行企业必须依照企业公开发行证券的有关法律法规要求编制招股说明书，经核准（或注册生效）后按规定可以公开招股募集资金。企业公开发行证券必须向监管部门提出申请，申报有关资料。国际经验来看，企业的盈利水平既不是公开发行证券的必备条件，也不是发行审核重点。监管部门的审核重点是申报材料是否齐全完备、申报材料内容是否依法合规，如公司设立并持续存在、经营活动、会计处理等是否依法合规，是否符合市场惯例，信息披露是否充分等。如有不符，企业应提供令人信服的解释并在招股说明书中予以披露。如果监管部门有充分理据认为企业所申报（或注册）的资料不齐备、披露不充分、陈述与事实不符、会计处理不恰当，或提供的解释不能信服等，则可以退回申请或直接否决申请。

发行企业可以就企业涉及的发行规则中的相关政策或原则的理解和适用等问题，事先书面咨询发行监管部门的意见，发行监管部门有义务予以解答。为了保持政策或原则的解释和适用的透明和一致性，避免因时因人而异，这些解释性意见通常要向市场公布，除非经一定的程序不得改变。发行企业申请材料一旦申报，则要对所申报材料及披露的信息负法律责任，监管部门可以依此追究企业的法律责任；申报材料一旦披露，投资者依此做出投资行为，则有权依此维护自己的权益。

（二）注册制和核准制辨析

我们注意到，最近仍然有些同志对发行监管采用核准制还是注册制存在争论；把注册制和核准制对立起来，认为注册制不做审核或少做审核，核准制可以随意判断，都是错误的。至于发行监管程序叫注册制还是核准制，国际上并没有统一的、法定的概念界定。从历史上看，这些都是人们为了更好地认识相关制度而进行的主观划分。如果我们反过来因为这些外生性的划分制约甚至误导了工作，那就是削足适履、本末倒置了。

发行过程实质上是一个社会资源（资本）配置过程，无论称为注册过程还是核准过程都有工作人员对申报材料进行全面审查。两种制度的关键区别在于，审查过程中，是行政力量起支配作用还是市场力量起支配作用。行政力量起支配作用，表现为政府政策、长官意志、甚至具体审核人员个人经验和好恶等起决定作用。如果“发行审核委员会”即使是名义上代表市场，而实质上由政府主导发行审核的过程和结果，也就是由行政意志主导金融资源配置，这种发行体制通常称为“审批制”或“核准制”。另一种情况是，市场力量起支配作用，表现为在规则明确、执行统一的基础上，市场力量主导发行审核的过程和结果，审查过程可以是监管机关内部负责审查的工作人员（如美国 SEC），也可以是由市场参与各方代表组成的“上市委员会”（如香港交易所），按照业界规范审核并作出判断。这里的关键是，审查标准代表的是行业的规范和市场的选择，而不是政府或具体人员的意志。“上市委员会”成员产生机制很重要，必须有足够的市场代表性和权威性，能够代表市场的主流意志，通常是各类行业机构的主要执业合伙人作为成员。在这个过程中，政府意志体现在规则中并对所有参与者一视同仁，监管部门的作用是制定规则并监督规则得以公平合理合法地执行。在申请人申报材料所披露的信息经审查没有进一步意见的情况下（No Further Comment），申报材料即可以生效。这种制度可以称为“注册制”。

采用哪一种发行制度与市场经济体制成熟程度、金融资源稀缺程度、法治环境尤其是司法体制完善程度等因素有关。通常情况下，经济体市场化程度高，即市场参与主体比较成熟，市场机制较为灵敏，金融资源相对比较充裕，法治环境比较完善等，则“注册制”的特征占主导；相反，则“核准制”的特征就占主导。在市场运行和违规处罚方面，审批制或核准制更多依赖行政处罚和人治；而注册制则更多依赖司法程序。因为市场经济离不开诚信和法治，所以说法治环境的成熟程度决定发行制度的市场化程度。

（三）企业公开发行证券既可以申请在证券交易所上市交易，也可以申请在场外市场转让流通

私募发行证券可以向合资格投资人定向转让。证券交易所负责制定各板块上市交易标准，并批准已公开发行证券的上市交易申请。同时满足公开发行证券要求和交易所相应板块上市条件的，申请经监管部门和交易所双重批准后可以一并利用交易所系统同步完成发行上市两个程序。这就是我们现在的发行上市联动体制。

没有在交易所上市交易的公开发行证券报价转让就构成了非上市公开发行证券场外报价转让市场，即场外交易市场。国际经验表明，场外市场有多种组织形式，可以集中交易（全国市场），也可以分散交易（区域市场）；可以采用传统的柜台交易（Over the Counter，OTC），可以采用电子计算机平台交易（Over the Computer，OTC）。从场外市场发展的趋势来看，场外市场在 20 世纪 60 —70 年代基本上完成了从传统的 Over the Counter 到 Over the Computer、从分散交易向集中交易的过渡。尽管在国际上仍然存在一些所谓的区域性市场，但是这些带有区域性特征的市场是市场竞争和投资者选择的结果，而不是制度安排使然，并不具有制度性意义。

多层次场外市场。场外市场是分层次的，可以按照目标发行人或目标投资人的特点形成多层次的发行细分市场和交易细分市场，分别采用与各层次细分市场功能和参与者特点相适应的投资者准入制度、信息披露标准、交易制度、技术系统等。特别需要说明的是，交易平台、交易制度、交易方式本身只是完成证券交易的手段，并不决定交易的性质；关键是交易要便捷、便宜、高效、安全，与交易参与者的特征相匹配。

2008 年美国次债危机的经验教训表明，无论是集中交易还是分散交易，证券的登记、清算、结算、交收等趋于集中统一，便于控制交易的对手方风险。

（四）转板机制和介绍上市

已在场外市场挂牌交易的公开发行证券，经过一定时间的成长后，如果各项经营指标能够满足交易所上市要求，可以申请到交易所挂牌交易所发行证券，同时在场外市场停止交易，这就是所谓“转板机制”。申请转板的企业可以申请增发新股，并连同已挂牌转让证券一并到交易所上市交易，其要履行前述公开发行并上市的双重审核程序；如果不增发新股，则可以申请将所发行并在场外市场交易的证券经交易所批准后直接转到交易所挂牌交易，同时在场外市场停止交易，这种上市方式我们暂时没有，在香港市场叫作“介绍上市”（Listing by Introduction）。国际上，将已经在认可交易所公开交易的证券转移到另外一个认可交易所市场交易通常采用介绍上市方式，这种上市方式将来建立场外市场和交易所市场的升降板制度。

（五）场外市场发展

在国际上，交易所上市证券可以在交易所交易，也可以在场外市场交易，这类交易设施称作电子通信网络（Electronic Communication Network，ECN），或另类交易系统（Alternative Trading System，ATS）。欧盟金融工具市场法规（Markets in Financial Instruments Directive，MiFID）确立了最优执行原则（Best Execution Rule），将场外电子交易平台称为多边交易设施（Multiple Trading Facilities，MTF），或系统化内部撮合 MiFID OTC 平台。证券交易形成了传统认可的交易所市场和多层次场外电子交易市场并存的市场格局。场外交易市场提供高效、便捷的交易服务，降低了证券交易成本，提高了交易效率，打破了交易所对证券交易的垄断，促进了交易所系统改进和技术进步，也是推动近期发生的国际交易所并购的重要原因。近些年来，发达市场的数据表明，场外交易平台占市场交易份额呈上升趋势。以德国证券市场为例，德国交易所 2008 年 1—9 月占全市场交易份额为 42.23%，到 2010 年同期则下降到 33.52%；相反，场外市场交易量比重则由 56.18% 上升到 63.12%；据投资公司 Raymond James Financial 编纂的数据显示，2011 年上半年，“暗池交易”（Dark Pool，一种场外交易平台）在美国所有股票交易中所占比例为 28.6%（IOSCO 提供的数据）。

二、各类证券交易场野蛮生长的主要原因是金融服务制度性供给短缺

导致各类非法证券交易场所蔓延的原因是比较复杂的，每家证券交易场所设立和运行都有独特的背景和原因。总体来讲，根本原因在于地方存在发展经济、发展金融的迫切需要和合法金融服务制度性供给短缺之间的矛盾。这是主要矛盾。解决矛盾需要“疏”“堵”结合。

“疏”就是要加快建设合法场外市场。针对主要矛盾，清理工作要把握要领，处理不当或操之过急，容易激化矛盾，导致风险外溢。清理应在深入分析个案情况的基础上，根据国务院的决定要求相关各方协调配合，疏堵结合，以疏为主。“疏”就是要加快建设合法场外市场，为市场提供合法的融资和流通机制；“堵”则要各地负责，各方联防，防范各地非法交易。有效及时的“疏”可以起到釜底抽薪、事半功倍的功效，令非法场所自生自灭。

在尽快推进“疏”的同时，要审慎做好“堵”的工作。第一，对于产权类非法融资交易场所，只要提供合法便捷的场外市场融资流通渠道，大多数企业将不会继续到非法场所融资交易；对于已经在非法场所挂牌交易的企业要明确定性并限期自行退出，停止非法活动；应当明确指出，逾期不退者在其申请进入合法证券市场时该记录将作为严重污点，实质性地影响其进一步融资活动；第二，对于各类证券化产品（如文化艺术品份额等）非法交易场所，应由审批设立的地方政府限期清理整顿，并处理因此引发的一切债券债务关系；第三，对于参与非法交易所场所经营活动所有中介机构，应限期停止相关活动；如果涉及证券经营机构提供保荐或做市商服务，或上市银行提供清算服务，该机构应认真配合做好清理工作并限期清退，否则该行为将记入诚信档案；第四，对于限期不予改正的，由审批成立交易场所的地方政府负责清理整顿，并处理因此引发的一切债券债务关系；第五，地方政府、公安部门相关各方应紧密合作，防止任何不稳定事件发生。

场外市场建设步伐要与清理工作相协调。总体来讲，场外市场建设的节奏和进度不应慢于清理工作进度，只有这样才能最大限度地减低清理工作的难度和不确定性。

三、我国场外市场建设的工作思路和目标模式

（一）建设场外市场是我国资本市场发展战略的重要组成部分

总体来看，现在电子信息技术可以提供强劲的功能支持，满足价格发现的充分性以及交易效率和监管成本等方面的要求，我国场外市场应建立基于电子信息技术系统的全国集中统一的非上市证券发行和报价转让市场，建设分割的区域性场外市场的想法是不恰当的。可利用信息技术手段，将区域性市场介入全国性市场系统；对于在场外市场挂牌企业可能隐含的区域性风险，可以在全国性统一市场框架下通过保荐制度、做市商制度等相关

制度安排体现区域性特征，予以控制和防范，有效防止区域性风险通过场外市场向其他地区蔓延和扩散。

（二）场外市场建设的目标选择

现阶段，以传统的场外市场为建设目标，即维护交易所对上市证券交易的垄断地位，建设与沪深交易所市场相互独立又可以相互转板的多层次的非上市证券公开发行交易市场；长期来看，要顺应国际市场交易制度的发展趋势，突破传统交易所的制度架构，建立更加开放、高效的场内市场和场外市场一体化的证券发行交易市场体系。

（三）加快相关制度建设

我们现行的所有证券发行上市法规规则都是围绕公司发行证券并上市联动机制制定的。场外市场建设要纳入非上市公众公司监管制度建设范畴，研究制定分阶段实施的监管非上市公众公司证券发行和交易行为的建设方案和相关制度规范。包括：非上市公开发行证券监管规则、非上市公开发行证券登记托管结算等监管规则、场外市场建设和组织规则、非上市公开发行证券申请在场外市场挂牌并转让监管规则、介绍上市规则、转板规则、场外市场投资者适当性管理制度、投资者教育和投资者保护指引等，研究制定与证券场外发行交易体制市场化改革相配套各种措施和程序。场外市场发行监管制度可以实行市场力量占主导的“注册制”。

场外市场建设要确实坚持市场化原则和方向，具体方案和建设步骤需要做好顶层设计、精心规划，既要解决我们阶段性的特殊问题，又要符合市场发展的一般规律。清理非法证券交易所对加快场外市场建设提出了要求，也提供了难得的历史机遇。清理工作要审慎分析实际情况，妥善推进，不可操之过急。为了提高场外市场方案的科学性，避免对市场造成不必要的意外的冲击，切不可“闭门造车”，要尽可能提高方案形成过程的透明度，广泛征求市场参与者各方的意见和建议，形成广泛参与的、开放互动的市场建设氛围，同时呼应和支持清理工作。

第二节　我们需要建设怎样的区域性股权市场[①]

区域性股权市场是我国多层次资本市场的重要组成部分，是为区域内中小微企业私募证券的发行、转让及相关活动提供设施与服务的场所，是私募证券市场的一种形式，要严格执行国务院38号、37号文件关于区域性股权市场建设和运作基本规范。

一、区域性股权交易中心要发挥“五个平台”的作用

（一）信息展示平台

股权交易作为一种金融产品的交易行为，具有金融市场基本特征，说明经济活动由实体经济进入虚拟经济。虚拟经济与实体经济的基本区别在于，实体经济是以实物为载体的运动而形成的经济活动，虚拟经济是以信息为载体并且流转形成的经济活动。凡是在股权交易中心挂牌转让的企业和相关市场参与人都必须真实、准确地履行信息披露义务。股权交易中心第一个功能就是要作为广大中小微企业信息展示的平台。

（二）融资融智平台

一方面是挂牌公司私募证券的发行融资；另一方面参与股权交易中心平

① 本文是2015年9月16日作者在中原股权交易中心开业仪式上的讲话，作者时任中国证监会河南局党委书记、局长。

台的企业不仅要融资还要融智。就是说挂牌企业除了吸引资金以外，还要吸引随着资金流而来的人流、经验、人才，包括让出一些管理权和决策权，这是好事，一定要走共享、分享的道路，要走共同发展的道路。

（三）并购重组平台

近些年来，大量资金要投资到河南，但是投资给谁？合作伙伴在哪里？这些问题对于投资者来说至关重要。从现在的投资环境来看，要获得这些信息需要较高的成本。股权交易中心则可以有效地解决这个问题。因为有充分的信息披露，良好的企业展示。在这个基础上，希望中原股权交易中心成为各类资金包括境内境外的资金，投资中原、投资河南企业，进行兼并重组的主要入口和乐园。

（四）规范发展平台

一方面中原股权交易中心及中介机构对于挂牌企业规范经营和改善公司治理能提供很好的服务，另一方面通过中心引进资本、引进人才有利于河南企业做大做强。特别强调的是，根据国务院有关规定，省级人民政府（指定监管部门）负责区域性股权市场的日常监管，证监会系统各派出机构对地方政府监管部门开展区域性股权市场监管工作进行指导、协调和监督，所以说从多个方面都会形成一个合力来推动促进挂牌企业持续稳定健康发展。

（五）政策对接平台

目前，全国已经设立 33 家区域性股权市场，有一部分市场做得比较好，其中有一个非常值得借鉴的做法，就是地方政府充分利用区域性股权市场所提供的信息展示功能，建立了良好的机制，各类政府型基金，包括各类产业发展基金、财政补贴、科技发展类基金等，在区域性股权市场挂牌企业中选择对接对象。为什么呢？因为有透明度，因为这里的企业项目经营情况怎么样？好不好？相对透明。特别是基金使用进入了一个透明的可监控、可监测的过程，提高了政府性基金使用的透明度和有效性，实践证明是有效可行的。河南股权交易中心可以发挥后发优势，积极探索并借鉴各地平台相对好的做法，把中心尽快做好。

二、股权交易中心是价值驱动型市场

交易所和股权交易中心的市场特征区别在哪里？一个很明显的特征是交易所市场具有很强的交易驱动型市场的特征，而股权交易中心是价值驱动型市场。股权交易中心的使命是非常清晰的，就是要通过融资、融智等多种方式，全心全意服务于河南省各类中小微企业，各类创新型、创业型、成长型企业，促进其规范发展。股权交易中心的目的不是要通过各种高频率的交易，来实现所谓流动性溢价，而是要发现并实现公司自身固有价值。股权交易中心的特征和功能是发现价值，实现价值，而不是谋求高换手率、高估值、高投机性交易价值。无论是市场的组织者，还是各类参与者，要对这个市场有一个清晰的定位，形成合理的预期。它的核心是价值驱动型市场，不是交易驱动型市场；是投资型市场，不是投机型市场。具体要着重注意以下几个方面。

1. 要严格信息披露。关于信息披露的内容、格式、方式、频率等等，中原股权交易中心已经做了大量工作，明确了各项规则要求。中心的第一责任就是督导信息披露义务人严格落实信息披露义务。没有信息披露，就没有股权交易，就没有市场。

2. 要严禁价格操纵。交易所市场有连续竞价，能形成连续的价格曲线。股权交易中心不能采取连续竞价交易，交易是一对一的撮合。这个过程中可能会出现出于各种目的的价格操纵，形成一些非市场化、非供求双方真实意愿的价格信息，从而扰乱市场秩序。这就违背了价格发现和价值实现的核心功能要求。

3. 要严厉打假。包括挂牌企业信息披露、交易行为等。真实是市场的生命力，遍地造假的市场是不可持续的。希望所有参与者能够像爱惜自己的荣誉一样，爱护这个市场，抱着真正的善意参与这个市场。在这个问题上，我们希望中原股权交易中心的组织者以及监管部门省政府金融办，当然我们证监局也责无旁贷，齐心协力严厉打击各种造假行为，维护市场尊严。

4. 坚持专业化投资市场定位。中小微企业在商业模式、盈利模式等方面存在较大不确定性，经营风险较高，通常不适合中小投资者参与。因而，区域性股权市场要严守专业化合格投资者参与的市场特征，严格执行投资者适当性管理制度。在市场监管上，以参与者自律、自治、自我负责为主要特征。

5. 选择适当的交易制度。不要谋求以推动换手和提高交易频率为目的的交易方式，特别是所谓的竞价交易模式。这在国务院关于清理整顿各类交易场所的文件中明确规定。当然，作为市场组织者，如何降低交易成本，提高交易效率是必须考虑的。

6. 市场分层。分层的目的，一是实现风险分层及风险揭示；二是让投资者和融资者双方更便利地找到与自身风险偏好相匹配的交易对象。从国际市场来看，目的也不过如此。中原股权交易中心把市场分为两个层次，两个板块，一个是展示板，一个是交易板，这个分层是有道理的。希望市场组织者和所有参与方认真学习、严格遵守国务院关于清理整顿各类交易场所的相关规定，特别是中国证监会根据国务院规定拟出台的《区域性股权市场监督管理试行办法》。届时，我们将会与有关部门一起向大家作介绍。

三、区域性股权交易中心前景广阔

河南省到目前为止大约有 43.23 万家企业，中小微企业占绝大多数。其中，截至今天，沪深两家交易所上市公司72家，新三板挂牌公司137家。还有43万多家企业都是股权交易中心的服务对象，都是我们前景广阔的市场。

简要总结一下，这个市场首先是大有前途的；其次要建设价值驱动型的市场，充分发挥好“五个平台”作用。我们知道说得好不如做得好。如何能做得好？需要河南省委、省政府的坚强领导，需要省政府金融办、省财政厅、省工信厅以及相关单位和股东单位的大力支持。当然，最直接的还是需要中原股权交易中心经营团队的努力。

第三节　发挥资本市场功能　防范和化解地方债务风险[①]

随着欧美等国家主权债务危机陆续爆发，中国政府债务尤其是地方政府债务的潜在风险受到国内外市场和社会各界的高度关注。2011年上半年，国家审计署对全国地方政府债务进行全面审计，6月10日发布了审计公告《全国地方政府债务审计结果》(2011年第35号)[②]。审计公告充分肯定地方政府性债务资金用于弥补地方财政不足、应对全球金融危机和抗击自然灾害、改善民生和生态环境保护、推动地方经济社会的持续发展等方面发挥的积极作用。财政部表示，“从审计结果来看，我国地方政府性债务风险总体可控”[③]。

我们的研究基本支持上述结论，同时强调地方政府债务具有财政属性和金融属性二重性，地方政府债务结构性错配所隐含的风险值得关注，在信贷政策急剧紧缩条件下存在演变成系统性风险的可能性。我们建议，防范和化解地方债务风险，必须继续深化改革，地方各级政府要树立科学发

① 本文是2011年10月完成的课题调研报告，作者时任中国证监会研究中心研究员。本课题与中金公司合作，课题组成员有刘青松、孙美芳、杨希、翁阳等。

② 本文所引用的全部数字除另有说明外，均引自该公告。

③ 本文是2011年8月15日财政部有关负责人就加强地方性债务管理答记者问。

展观。短期内来看，要处理好流动性风险；长期来看，要充分发挥资本市场功能优势，尽快建立风险可控规范透明的地方债务管理制度。

一、当前我国地方政府债务及其风险状况的总体情况

地方政府债务主要包括政府负有偿还责任的债务、政府负有担保责任的或有债务以及地方政府可能承担一定救助责任的其他相关债务等。截至2010年底，地方政府债务合计10.72万亿元，上述三项分别有6.71万亿元、2.37万亿元和1.67万亿元，分别占62.62%、21.8%和15.58%。

（一）总体来看风险可控

截至2010年底，省、市、县三级地方政府负有偿还责任的债务率，即负有偿还责任的债务余额与地方政府综合财力的比率为52.25%，加上地方政府负有担保责任的或有债务，债务率为70.45%，再加上中央政府债务余额6.75万亿元，我国全部政府债务17.47万亿元占同期GDP39.8万亿元的比重为44%，低于发达国家水平和100%国际公认警戒线；2010年财政收入8.2万亿元，我国总体债务规模是财政收入的2.13倍，低于美国的6.5倍。总体债务水平和地方政府债务规模均处于安全范围。

（二）局部存在一定风险

2010年底，有78个市级和99个县级政府负有偿还责任债务的债务率高于100%，分别占两级政府总数的19.9%和3.56%；有22个市级政府和20个县级政府的借新还旧率超过20%；有4个市级政府和23个县级政府逾期债务率超过了10%；地方政府负有担保责任的或有债务和政府可能承担一定救助责任的其他相关债务2010年的逾期债务率分别为2.23%和1.28%。值得关注的是，市级政府债务是地方政府债务主体，占43.51%，有近五分

之一的市级政府超规模负债。

（三）风险集中度较高

举债主体主要集中于各级政府成立的融资平台公司，2010 年底全国省、市、县三级政府共设立融资平台公司 6 576 家，债务规模 4.97 万亿元，占地方债务总额的 46.38%；资金来源主要集中于银行信贷，占全部债务余额的 79%；还款期限主要集中于 2011 年、2012 年和 2013 年，分别到期 2.62 万亿元、1.84 万亿元和 1.22 万亿元，合计 5.68 万亿元，占债务余额的 53.08%；还款资金来源对土地出让收入的依赖较大，2010 年底地方政府负有偿还责任的债务余额中，承诺用土地出让收入作为偿债来源的债务余额为 2.55 万亿元，共涉及 12 个省级、307 个市级和 1 131 个县级政府。

（四）城投债风险加大

截至 2010 年底，地方政府性债务中，债券融资 7 567.11 亿元，占 7.06%。其中，除财政部转贷地方国债和代理发行地方债券约 4 000 亿元，城投债余额约 4 000 亿元。尽管城投债发行审核较严格，但是发行主体治理结构不规范，信贷政策紧缩以来，城投债信用事件时有发生，估值风险加大，信用风险和流动性风险显著上升。

二、要高度重视地方政府债务结构性错配风险

（一）地方政府性债务结构性错配主要体现在以下几个方面

1. 主体错配。我国现行法规没有赋予地方政府举债权，所以国家对地方政府举债没有统一规范。反过来，因为国家没有规范，地方政府就各显神通，举债行为、渠道和方式各式各样，不统一、不规范、不透明，多头举债、债出多门。大多数地方政府成立地方融资平台公司变相举债，有的以政府担

保获得资金，有的地方政府部门和单位则直接举债。除地方政府债券和各种政府转贷外，大部分地方政府性债务收支没有纳入预算管理和监督。举债主体性质和行为能力混乱。2010 年底，地方政府债务余额中，融资平台公司、政府部门和机构举借的分别为 4.97 万亿元和 2.5 万亿元，占比共计 69.69%。

2. 期限错配。主要表现为债务资金的“短贷长用”和银行资金的“短存长贷”。地方政府已支出债务资金中用于市政建设、交通运输、能源建设的占 61.18%。这些项目有效提升了城市功能，满足了城市化进程的需要，形成了大量优质资产，增强了经济社会发展的后劲，但是项目的建设周期相对较长，而债务偿还期限却相对集中，债务期限结构与项目的投资回收周期严重不匹配。同时，进入加息通道后，商业银行存款更倾向于短期化，银行短存长贷的现象愈发明显。随着地方债务偿还高峰期的到来，债务资金的“短贷长用”和银行资金的“短存长贷”的矛盾将更加突出，并将导致部分地方政府的资金链趋紧。

3. 资金错配。主要是资金性质错配，商业资金用于公共事业，财政资金用于商业开发，流动资金用于固定投资等。地方债务资金的 53.87% 用于市政建设、科教文卫、农林水利及保障性住房、生态建设和环境保护等公益性项目；部分地方政府债务使用率较低，存在大量债务融资长期未使用的情况。地方政府性债务余额中尚未支出的金额为 1.1 万亿元，其中 34 个省级（含计划单列市）、256 个市级和 942 个县级政府所属部分债务单位 2008 年及以前年度举借至 2010 年底未支出的债务余额有 1 319.80 亿元。部分地方政府进行融资时存在一定的盲目性，并非根据实际资金需求及项目建设需求融资，存在资金投向未落实、项目准备不充分、超前融资等现象，债务资金出现错配未能及时发挥效益。

4. 责任错配。一方面，由于举债主体错配、多头举债或是统借统还，造成偿债责任主体混乱；另一方面，由于地方政府主要领导人流动性较大，特别是举债期限跨任期，举债人与偿债人不完全统一，“前任花钱，后任还债”

或“新官不认旧账”。债务偿还责任没有统一规范，既导致地方政府举债冲动过度，也因为还债意愿较弱推高违约风险。

（二）要高度重视地方政府债务结构性错配风险可能引发的系统性风险

地方债务兼具财政属性和金融属性二重性，要防止财政风险和金融风险交织在一起，由地方债务危机酿成不可估量的经济危机。

1. 防止地方债务转为中央政府债务。作为单一制国家，我国没有地方政府破产或救助制度，中央政府是地方政府债务的“最终还款人”。当地方政府无法偿付到期债务时，地方政府融资风险通过各种方式转换为中央政府的财政风险，地方债务将转为中央政府债务，造成中央财政风险。

2. 防止金融体系风险。历史经验表明，地方债务增长在经历了高峰后，一旦大幅收缩，违约风险就会大增，地方债务风险大多数转化成银行系统坏账，银行信贷资产不良率就会上升，银行资产恶化进一步加剧再融资风险，进而演变成整个金融系统风险。目前，地方政府债务 79% 是银行贷款，地方债券中约 40%—50% 由商业银行持有，地方债务一旦出现大规模的偿付危机，不良贷款将拖累银行信贷资产质量，地方政府债务风险很可能转换为银行体系的信贷风险，从而增加金融体系系统性风险。

3. 防止发生宏观经济风险。地方债务规模和地方投资规模密切相关，债务规模决定投资规模，投资规模要求相应的债务规模支撑。要防止地方性经济社会发展不平衡导致宏观经济结构失衡，一方面基础设施规模要与城市功能、人口等相协调，另一方面投资规模要与本地区经济发展水平相适应。要防止部分地方政府基础设施投入过大，超过本地区财力限制和社会发展需要，造成城市功能结构性过剩，资源配置效率损失。长期来看，地方政府举债规模若与当地经济发展水平不相符，将抑制私营部门的合理投资与发展，扭曲本地区经济结构，影响地方财政的可持续性，进而制约整个宏观经济的可持续发展。

三、近期工作重点是防范和化解流动性风险

地方债务近期面临的主要风险是局部风险集中爆发和信贷政策急剧紧缩引发的流动性风险。银监会2011年明确禁止流动资金用于项目建设，银行平台贷款“不得新增、不得展期、不得借新还旧”。这就使得2011年到期的2.6万亿元贷款“违约”风险急剧增大。同时，地方债务结构性错配风险立刻演变成现实的直接的流动性风险。近期，城投债发行难度加大、流动性溢价上升已经初步反映了市场对流动性的恐慌。国务院高度重视防范地方政府债务风险，从2009年下半年以来，国务院办公厅、发改委、财政部、人民银行和银监会等分别出台了规范地方政府融资管理和举债行为的若干文件。

（一）尽快清理整顿各类政府债务，摸清底数

尽管审计署已经实行全面审计，但是地方债务的具体项目情况仍然不清楚。要在逐项解包还原的基础上，对各类举债主体的所有负债进行分类清理，应该由财政负责偿还的要纳入财政支出预算；应该由举债主体自行偿还而且项目资金能够全覆盖的必须转化为一般性贷款；应该由财政提供补贴的项目，要明细补贴计划，变暗补为明补，并纳入财政预算，举债主体与财政脱钩；对既不属于政府应该担负的三类责任而举债主体也无力偿还的债务，该违约的就违约，该破产的就破产。政府不得大包大揽，在严肃政府信用的同时，也要严肃债权人责任，增强风险意识。在全面清理债务项目和举债主体的基础上，对地方债务建立全口径动态监控，做到主体规范，底数清楚，增量有序，总量控制。要特别关注负债率比较高的市县级地区，逐个排查，做好应急预案，防止违约风险集中爆发，引发连锁反应，造成宏观风险。

（二）妥善处理债务偿还和在建项目后续融资

这是近期财政部公布的针对地方融资平台公司贷款下一步将采取的四

项措施之一[①]。我们认为，这项措施同样适用于其他各种地方债务类型。债务人、债权人及相关利益主体均不得单方面改变原有债权债务关系，不得转嫁偿债责任和逃废债务，不得以财政资金承担不该承担的债务责任。对还款来源主要依靠财政性资金的公益性在建项目，除法律和国务院另有规定外，应通过财政预算等渠道，或采取市场化方式引导社会资金解决建设资金问题；对使用债务资金的其他项目，原贷款银行等要认真做好重新审核工作，符合规定和政策要求的，要继续按照协议提供贷款；不符合有关要求的，地方政府要尽快清理。

（三）建立政府性债务的监测体系和风险控制标准

我国还没有建立统一的地方政府债务风险管理制度。当前，在全面清理整顿地方债务的基础上，尽快建立政府性债务的监测体系和风险控制标准，将政府负有直接或间接偿还义务的各类债务纳入政府性债务的监控范围，对政府性债务实行余额管理。从国际经验来看，政府性债务风险控制指标的核心是债务总体水平和均衡化还本付息水平[②]，通过指标管理将地方政府的债务融资规模和年度偿还水平控制在安全范围内。

（四）运用资本市场工具纠正结构性错配

全面清理整顿后保留的政府融资平台公司，要进一步充实资本金，完善

---

① 2011 年 8 月 15 日，财政部有关负责人就加强地方性债务管理发表意见，提出下一步将采取的四项措施：一是妥善处理债务偿还和在建项目后续融资；二是继续抓紧清理规范融资平台公司；三是坚决禁止政府违规担保行为；四是加快研究建立规范的地方政府举债融资机制。

② 据标准普尔评级公司介绍，主权评级指标体系中，广义政府债务净额占 GDP 的百分率在 60%—80%，以及广义政府利息支出占广义政府收入的百分率在 5% 左右，属于中等水平。美国政府 2010 年广义政府债务净额占 GDP 的 66.3%，广义政府利息支出占广义政府收入的 3.9%。另据时任中国人民银行副行长刘士余等 2010 年 9 月考察德国、美国、波兰等国市政债务情况后的报告，波兰作为单一制的国家，法律规定了地方债务（含债券和银行贷款等全部债务）的余额不得超过当地政府当年预算收入的 60%，地方政府债务当年还本付息额不得超过同期地方政府预算收入的 15%。

公司治理，建立现代企业制度，真正实现规范经营，逐步实现债务风险内部化。满足相应条件的地方融资平台公司，可以申请发行股票上市融资，可以发行公司债券或企业债券；完善公司债发行制度，放宽标准，简化程序，降低成本，提高效率，提升制度竞争力和吸引力，拓宽公司债发行交易制度适用对象，公司债发行上市逐步实行注册制；鼓励具有良好现金流的市政建设、城镇基础设施建设、交通设施等基础设施建设投资项目，如高速公路、城市供气供水以及未来的公租房等项目，发行资产证券化产品，实现债务规模与现金流相匹配，债务期限结构与项目的投资回收相匹配；允许具有较高信用级别的证券化产品进入交易所竞价交易系统（研究建立投资者适当性制度），并提供质押融资服务；对于需要处置相关资产偿还债务的，要通过证券交易所等公开交易平台公开转让，防止国有资产流失等道德风险。

政府债务证券化，能够缓解地方政府债务融资的流动性压力，拓宽城市基础设施建设资金的融资渠道，降低融资成本。同时，利用资本市场严格规范的公司治理机制，促进地方负债行为及债务管理规范运作，利用资本市场信息披露机制，逐步提高地方政府债务的透明度，加速地方政府融资平台的市场化转型，保护债权人权益。

四、加快建立规模可控规范透明的地方债务制度

我国正处在城市化工业化快速发展期，城市功能快速提升，基础设施投资扩大。基础设施建设具有一次性投入规模大，投资回收期长，当代人投资后代人享用的特点，通过举债进行建设，当代人和后代人共同承担债务还本付息责任，可以更好体现代际公平，克服当期建设资本金不足的瓶颈制约，符合基础设施投资建设规律，也符合国际惯例。长期来看，我国必须建立一整套风险可控、规范透明的地方债务制度，确保基础设施投资

与当地经济社会发展水平相适应，把投资规模与债务规模控制在合理的范围内，防止发生系统性风险。

（一）各级政府要确实树立科学发展观，合理控制债务规模

地方债务规模和投资规模密切相关，决定投资规模的指导思想有两类，一类是城市基础设施投入规模要与本地区经济社会发展水平、所处的发展阶段相协调；另一类是受 GDP 指标、政绩工程、形象工程所左右。前者是符合科学发展观的，后者则是错误的政绩观，不符合科学发展观。各级政府要确实树立科学发展观，自觉克服错误的政绩观，约束投资冲动，合理确定本地区政府负债规模。

（二）继续深化改革，强化地方财政预算约束

各级政府行为主要是由行政体制和财税体制决定的。行政体制改革不彻底，政府职能转变不到位，地方政府“越位”与“缺位”问题并存；分税制改革以来，尽管在名义上中央上解了大部分税收，实际上通过返还和转移支付 90% 左右的财政收入归地方政府支配，但是仍然存在“事权”和“财权”不匹配的问题；各级政府不但没有退出本应退出的营利性和竞争性领域，反而在不同程度上扩大了政府所承担的发展本地区经济的职能，并通过政府干预在其中扮演着十分重要的角色；地方财政制度不健全，缺乏统一的债务管理机制，各自为政、管理缺失、多头管理，同时债务信息统计、债务控制、债务资金使用效率以及债务监督等方面存在严重问题，债务存量不清、权责不明、规模失控。继续深化行政体制、财税体制等方面的改革，细分“事权”，理顺“财权”，规范“行为”，强化地方财政预算约束机制。严格执行《预算法》关于地方各级政府预算“量入为出、收支平衡”“不列赤字”的要求，政府性债务要全部纳入收支预算，不得违规负债、违规担保。

（三）规范地方政府举债行为，建立债务违约问责制度

需要明确指出的是，依据地方政府所有的土地资源、矿产资源、国有股权等国有资产价值设定地方政府性债务规模的做法是不正确的；地方政府并不是上述国有资产的法理所有者，只具有代理管理权，没有自由处置权。地方政府应当根据本地区国民经济和社会发展需要以及财政状况，制定本地区政府债务规划，合理确定债务总量。关于债务规模与社会经济发展水平以及财政收入水平的具体关系，国际上有多种经验数据，但是随着欧美主权债务危机陆续爆发，国际经验的参考价值大打折扣，需要根据我国的具体情况研究分析。政府债务资金重点用于基础性和公益性项目建设，严格控制用于非基础性和非公益性项目建设，不得用于经常性支出。根据经济发展水平和财政收入规模，综合平衡，合理制订还本付息计划，尽量采用均衡还本付息法。建立地方政府债务严重违约问责制度[①]，坚决抑制地方政府投资冲动和举债冲动。

（四）发挥资本市场功能，逐步规范发展市政债券

市政债券分为一般信用债券和收益债券两类。一般信用债券还本付息是以地方政府的信誉和税收为担保的，可以从政府行为比较规范、预算约束较强的省级政府先行先试；省、市、县三级政府在各自核定的债务规模内自行决定发行收益债券。市政债券的发行主体、发行目的及其投资项目均应具有特定性，必须满足特定条件，可以在交易所市场或场外市场发行，采取市场化

---

① 美国约20各州通过立法实行“财政紧急控制”制度。根据刘士余副行长等《德国、美国、波兰市政债考察报告》，尽管美国联邦政府对市政债券市场实行自律监管为主的理念，但并不是没有其他处罚措施，1975年纽约市的市政债券违约导致该市付出了财政被纽约州政府接管长达20年的代价。另据周沅帆博士介绍，法国也有类似的接管制度。一旦地方政府对外负债或地方债券不能到期偿还、政府运转不灵，则由法国总统的代表，即省长直接执政，原有地方政府或议会宣布解散，其债务由中央政府先行代偿。参见周沅帆．城投债——中国式市政债券［M］．北京：中信出版社，2010:44.

运作；同类产品发行条件公开统一透明，发行采用注册制；研究建立适于市政债券特点的交易制度和登记结算制度，提高效率，降低交易成本；建立严格的市政债券信息披露制度和责任追究制度，确实保护投资者和债权人利益。目前，城投债是一种符合我国国情的“准市政债券”，要将城投债进一步发展为规范的市政债券，逐步发展规范的市政债券市场，建立和完善我国地方政府债务制度。

地方政府性债务由目前的银行信贷为主转变为市政债券为主，核心区别在于前者依托银行信用筹集社会资金，后者则是基于地方政府自身信用直接面对市场，并承担偿还责任。相比银行贷款等间接债务融资，发展市政债券有利于发挥资本市场功能，提高资金合理配置和使用效益；没有中间环节，有利于降低筹资成本，投资收益较高；有利于筹集具有稳定性的、可以长期使用的投资资金；有利于丰富债券品种，促进债券市场发展；资金供求双方直接形成债权债务关系，加强了投资者对资金使用的关注和对地方政府的监督，促进地方政府债务的透明度；有利于化解金融体系的系统性风险，建立风险可控、规范透明的地方债务市场。

（五）加快地方政府债务制度立法，统一地方政府债务管理体制

我国《预算法》原则上不允许地方政府举债，国家发改委、财政部、人民银行等陆续发布了一系列政策性规章制度，我国至今没有规范地方政府债务的专门法律。地方政府债务管理体制已经混乱到不能容忍的地步。举债主体除经国务院批准的省、市、区级政府以外，平台公司、政府部门、事业单位等多头举债；负债方式除财政部转贷国债和代理发行地方债券以外，银行信贷、企业债、公司债、城投债、中期票据、短期融资券等方式多样；交易场所有沪深证券交易所市场、银行间市场、柜台交易市场等；债券发行交易政出多门、多重标准、程序各异、多头监管。地方政府债务管理体制扭曲、市场分割，不规范、不透明、成本高，效率低下、监管套利，隐藏着极大的体制性、系统性风险。

尽快制定国家地方政府债务管理立法，统一规范地方政府债务管理体制。清理整顿现行各部门分别发布的各式各样的政策性文件，根据《预算法》《公司法》《证券法》等有关法律法规的要求，顶层设计、统一立法；鉴于市政债券和一般企业债券或公司债券在发行主体、业务特征、盈利模式、负债和偿还方式、来源等方面存在的很大不同，市政债券和企业债券等实行分类管理，制定专门的市政债券发行交易管理规则，全面纳入《证券法》监管范畴；在合理规模控制、强化预算约束、问责机制到位的条件下，发挥资本市场的功能，逐步建立规范化、法制化、透明高效的地方债务管理体系。

第四节　设立“政府支持机构”规范地方政府性融资行为①

中国证监会2012年监管工作会议上提出，“逐步研究推动地方债、机构债、市政债、高收益债等固定收益类金融产品创新”的发展思路。从国际经验来看，各级政府是资本市场的重要参与主体和服务对象，各级政府直接或间接发行的各类证券是资本市场的重要品种。截至2010年底，全国地方政府性负债高达10.7万亿元，其中近八成为银行贷款，债券融资占七个百分点。所发行的债券主要是企业债、中期票据和短期融资券等。证监会监管的证券市场涉及较少，基本游离于地方政府性融资活动之外。这样的格局尽管有效地规避了地方债风险和企业债风险，但是也失去了相应的话语权，弱化了资本市场功能及其服务的深度和广度，弱化了资本市场和国民经济的内在关系。如何发挥资本市场功能服务地方政府性融资，既是

① 本文完成于2011年10月，本课题与中金公司合作，课题组成员有刘青松、孙美芳、杨希、翁阳等，作者时任中国证监会研究中心研究员。

地方政府性融资的迫切需要，也是丰富与发展资本市场的内在需求。

初步研究表明，借鉴国际经验，地方政府设立“政府支持机构”（Government-Sponsored Enterprise，GSE）作为地方政府性融资主体，规范参与资本市场运作，是发挥资本市场功能，服务政府性融资的有效办法。

一、地方政府性融资迫切需要资本市场服务

2012 年后的两三年，地方政府性债务到期偿还规模约 5.68 万亿元，随着紧缩政策和各项防范风险措施落实到位，迫切需要资本市场服务。郭树清主席提出，“逐步研究推动地方债、机构债、市政债、高收益债等固定收益类金融产品创新”的发展思路。从国际经验来看，各级政府是资本市场的重要参与主体和服务对象，各级政府直接或间接发行的各类证券是资本市场的重要品种。我国正处于工业化、城镇化加速发展阶段，在现行行政管理体制和财税体制下，政府性融资既具有明显的阶段性特征，也将是一项长期存在的任务。资本市场创新金融产品、深化服务功能、拓展服务范围面临难得机遇。

二、我国地方政府发行规范的地方债或市政债还有大量基础性工作要做

从世界各国的情况来看，正常情况下地方政府性融资的主要形式是发行市政债券，包括一般收益债券和项目债券，发行主体可以是政府、政府部门等。无论是联邦制国家还是单一制国家，地方政府发债具有一些共同特点：

1. 发债主体具有法律、财产独立性，具有独立的民事行为能力。在联邦制国家，独立性由州或地方宪法规范，发债计划一般必须经过议会批准。如果发生支付困难，州以下的地方政府可以破产，部分政府部门可以停止运

转。在美国有专门针对地方政府的破产程序，即《美国破产法典》第9章[①]《地方政府债务调整法》。和企业破产不同，市政债权人不能强制申请地方政府破产，破产法庭也不能影响政府的正常运转，地方政府不可以被清算等。在单一制国家则以明确而且有效约束力的财政制度和财政纪律为基础。相对而言，联邦制国家往往比单一制国家有更大规模的市政债券市场；单一制国家由于中央与地方财政紧密关联，中央财政为了防止地方政府多头举债导致债务风险，往往限制甚至禁止地方政府举债，而把财政赤字留在中央层面由中央财政统一发债。

2. 发债主体履行严格的信息披露义务。简单地说，除少数例外情况以外，地方政府发债必须编制并发布“政府年度财务资料”。有些人认为在美国市政债券的发行和交易不受SEC监管，不披露任何信息，这是一种误解[②]。美国SEC在形式上对政府证券豁免注册，实际上通过对从事政府证券经纪、交易的券商实现监管。这样安排的原因是由于美国联邦政府和州政府相互独立的关系。我国并没有这样的约束，因而必须透过其法律形式而看到实质，有条件将政府证券直接纳入监管范畴。

尽管引入市政债券等融资工具具有多方面的积极意义。但是，近阶段我国地方政府尚不具备发行规范的市政债的条件。主要原因是我国地方政府不具有法律意义和财务意义上的独立性，不具备独立负债的资格和能力，

---

① 1978年制定的《美国破产法典》(United States Bankruptcy Code)，其第9章《地方政府债务调整法》规定了地方政府破产办法，方式上与第11章规定的企业破产债务重组很相似，只是适用对象为市政当局(Municipality)，州下属的市、县、地区、村镇等地方政府，但不包括州政府本身。该法案不允许州破产，因而各州将通过削减开支、增税来降低预算赤字。破产案件由市政当局提交给破产法院。

② 美国是联邦制国家，基于联邦和州的关系，即《美国宪法第10修正案》规定，“凡宪法未授权联邦政府亦未禁止州政府行使的权利，均属于各州或人民”，所谓“剩余权力归州”。由于市政债发售属于州及地方政府的权利，美国《1933年证券法》和《1934年证券交易法》等确实均对市政证券规定了宽泛的豁免情形，SEC被禁止直接对市政证券发行主体执行披露准则。但是，通过执行《1934年证券交易法》第15c章《政府证券经纪商和交易商》对券商的监管要求，SEC可以间接地对市政债发行主体执行披露准则。披露信息包括所发行证券的条款，发行人和其他相关主体、企业、基金、账户或其他对所发行证券的固执有重大影响的人的财务状况、经营数据以及针对发行的证券履行持续披露承诺的说明等，通常还包括发行的目的、证券本金偿还方式、发行人或者所发行的证券的债务人的财务和经济状况等。

没有形成可以量化的独立的信用基础。这既和我国实行单一制国家体制有关，也与我国现行行政管理体制、财政税收体制下事权、财权不匹配的现状密切相关。这正是我国《预算法》不允许地方政府列赤字预算和担保、负债的现实原因。另外，我国各级地方政府近期内无法全面弄清家底，编制资产负债表,财政预算软约束,存在较大的弹性。近期试行的部分地方政府“自行发债”，实质上是中央财政代理发债和地方政府在事权上的微调，具有一定的积极意义，但不具备普遍意义。如果要发行规范的市政债，我国还有很多基础性工作要做。

三、平台公司融资模式不可持续

近些年来，成立平台公司成为地方政府融资的重要手段。但是平台公司从设立到运营管理等都很不规范，存在重大风险隐患。平台公司融资模式不可持续。截至 2010 年底，全国共有融资平台公司 6 576 家，平台融资占地方负债总额的 46.38%，国家审计署审计中发现的主要问题几乎都与融资平台公司有关。

1. 平台公司与政府关系不清楚。平台公司形式上是公司制独立法人，实质上既没有财产独立性，也没有经营管理独立性，基本上是平台借钱，政府花钱。有的平台公司干脆就是一个空壳，而平台公司的债务却仍然由政府全部承担。尽管审计署将地方债务分为三类，实际上在地方政府看来实际上只有两类债务——按规定偿还的或赖账的。

2. 平台公司融资超规模。尽管在发行条件上，均要求发债规模不超过净资产的 40%，但实际上存在多头融资、一项资产多家借款的情况。近些年来，无论是经济条件较好的地区还是发展相对落后一些的地区，普遍存在强烈的投资冲动，存在过度投资和过度负债的情况，搞政绩工程、财政支出竞争。投资规模、负债规模既超过了平台公司的偿债能力，也和该地区社会经济综合发展水平不匹配。贵州省有些城市，政府融资主要依赖土地收入担保，但是2011年一年的贷款规模比当年土地收入的三倍还要多。

3. 平台公司融资管理混乱使用效果差。平台公司融资既由政府主导，又大部分没有纳入预算管理和监督，使用过程游离于政府体系和预算体系之外。贵州全省共302家平台公司，只有5%盈利。

四、设立“政府支持机构”促进地方政府性融资可持续发展

地方政府设立“政府支持机构”（Government-Sponsored Enterprise，GSE）并发行证券融资是地方政府性融资可持续发展的一种可行的模式。类似设立“政府支持机构”的做法在美国等世界许多国家公益性事业融资中广泛使用。归纳起来，政府支持机构主要具有以下特点：由国会（或州议会）立法批准设立；股权结构多元化，可以是国有或国有控股，也可以是私人资本参与，形成混合所有制结构；立法授权从事公共事业性项目投资和运营，不以营利为唯一目标，有比较稳定的收入和现金流；建立现代企业制度，实行规范的公司治理，服从政府一定形式的监管，如政府委派董事等；政府提供相应的支持，包括授权经营公益性项目、给予税收优惠、财政补贴或贴息等。所有这些支持政策均由议会批准，纳入地方财政预算并列入公司项目现金流，保证支持政策透明，划清政府所承担支持责任的边界，严格区分此类机构的政策属性和商业属性等。

政府支持机构可以更好地利用资本市场融资。地方政府可以将经营性和半经营性的基础设施和公益项目，以及有限的财政资金设立或投入政府支持机构，政府以相应的支持政策配套，可以产生稳定的现金流，实现持续经营，政府变“输血”为“造血”；地方政府支持机构还可以代表地方政府发行收益类市政债券；有较好现金流的资产或项目可以发行资产证券化产品等。政府支持机构满足一定条件后可公开发行股票并上市成为上市公司，具有稳定的收入、稳定的回报和稳定的估值，这类股票在市场中将成为一

种介于一般公司股票和债券之间的证券类别。沪深A股市场有约37家带有政府支持机构性质的上市公司。上市后，政府支持机构可以更加广泛地利用市场工具融资，如增发股份、发行债券及相关衍生产品。

资本市场发挥信息披露、规范监管等制度优势，促进地方政府性融资可持续发展。对于我国而言，引入政府支持机构最大的借鉴意义在于，在目前地方政府预算软约束的情况下，地方经营性资产公司化，发挥现代企业制度法人财产独立性这个制度优势，建立规范化的公司治理结构，在政府行为和公共服务领域，引入市场化激励和约束机制；以企业信用为主，政府信用为辅，形成严格负债约束和经营规范，实现可持续发展。这既可以为地方政府提供规范便捷的融资渠道，又丰富了资本市场参与者结构和交易品种；既能够服务地方政府性融资，又规范了地方政府融资行为，提高地方政府负债透明度。

贵州省是我们调研的第一站，初步反馈意见是积极的。政府支持机构的设立和运营需要通过地方省级人大立法规范。根据立法，地方政府可以设立规范化的政府支持机构，有条件的平台公司可以改造成规范的政府支持机构。

我们设想的“政府支持机构”内涵特征和国际上的一些做法并不完全相同，为进一步论证这一设想的可行性，增强其内涵的科学性和针对性，我们拟选择东部、中部和西部几个不同发展程度的省市进行调研，深入交流探讨“政府支持机构”的设立和运行的必要性和可行性，并研究相关立法和制度设计。

第五节　美国创业企业融资法案及其评价[①]

安然事件以后，美国政府加强资本市场监管，强化投资者保护，相继

① 本文于2012年5月与徐芳合作完成，作者时任中国证监会研究中心研究员。

制定了《萨班斯法案》《多德法兰克法案》《金融消费者保护法》等，市场透明度大幅提高。同时，企业利用资本市场的难度和融资成本也大幅增加。过去十年，中小企业利用资本市场融资的家数和筹资额明显少于2000年以前。中小企业是社会就业的主要提供者。2008年金融危机以来，美国经济复苏缓慢、创新力下降。特别是中小企业融资难问题使得就业问题雪上加霜，失业率水平长期维持在10%的高位水平。在这种背景下，奥巴马政府对美国资本市场监管环境进行了系统反思，于2011年初向国会提出了全面放松中小企业利用资本市场融资监管要求的一揽子建议，一方面是给小企业减税，另一方面是便利成长型企业在资本市场融资等。

2012年4月5日，美国总统奥巴马签署了《创业企业融资法案》(Jumpstart Our Business Startups Act，以下简称“JOBS Act”或者《法案》)，旨在通过放宽金融监管要求，便利新兴成长型小企业通过资本市场获得融资，并促进就业。美国国会参议院和众议院分别以73票对26票和380票对41票表决通过了JOBS Act，并经总统奥巴马签署后形成正式立法。

法案主要包括六个部分：（1）为新兴成长型公司重开资本市场；（2）为创造就业者提供融资渠道；（3）大众融资；（4）小公司融资；（5）私人公司的弹性与成长；（6）资本扩张。

一、为新兴成长型公司重开资本市场

法案创设了一个新的企业类别，即新兴成长型公司（Emerging Growth Companies，EGC）。EGC是指在最近会计年度总收入低于10亿美元的公司，将持续被认定为EGC直到：a. 发行人的总收入达到或超过10亿美元的会计年度最后一天；b. 根据《证券法》（Securities Act of 1933，下同）进行IPO注册后第五年的最后一天；c. 在前三年内，发行人发行非可转债达到或超过10亿美元之日；d. 发行人被认定为大型加速披露企业（Large Accelerated

Filer，指公众持股量达到7亿美元且挂牌至少一年的公司）之日。法案同时要求，被认定为EGC的企业必须是2011年12月8日以后进行IPO的企业（Section 101）。

法案减轻了被认定为EGC的企业利用资本市场的部分监管和信息披露要求。具体包括：

1. 放宽IPO注册内容要求。法案允许EGC在向SEC递交IPO申请时，注册材料中所提供的经审计财务数据涵盖时间由前三年调整为前两年，在“管理层讨论及分析”中只需涵盖之前两年的财务信息；法案豁免了EGC对高管薪酬的披露义务，EGC可以：a. 在招股书中省略“薪酬披露与分析”的部分；b. 提供一个两年之内的简要薪酬表；c. 提供三名高管（包括CEO）的薪酬信息；法案允许EGC可以不提交最早审计期开始前的选定财务数据（Selected Financial Data）。上述规定不直接适用于外国私人发行者（Foreign Private Issuer）（Section 102）。

2. 豁免期限由三年延长至五年。法案将EGC完成IPO之后满足萨班斯法案404（b）条款关于审计合规的要求，对财务信息、公司内部控制审计和管理层薪资水平等信息进行披露的豁免期限由原来的三年调整为五年，在此期间无须聘请外部独立审计师证明公司的内部财务控制等（Section 103）。

3. 萨班斯法案第103（a）（3）款关于强制轮换会计师事务所或者补充审计报告时审计师需要提供发行人的额外审计和财务信息等规定，不适用于EGC；法案公布后被上市公司会计监管委员会（Public Company Accounting Oversight Board，PCAOB）采纳的审计规则将不适用于EGC，除非SEC出于对投资者保护、促进效率、竞争和集资的考虑，确信上述规则对于公众利益而言是必要的且适当的（Section 104）。

4. 法案免除了同一家公司内部研究分析部门与投行部门之间相互分离的要求，允许投行分析师在“静默期”发表研究报告，该报告不构成招股书的组成部分；允许分析师与潜在投资者进行接触，允许分析师与EGC管理层进行接触，允许EGC与潜在的投资者进行接触，但要求潜在投资者是合格机构买方（Qualified Institution Buyer，QIB）或者是获许投资人（Accredited Investors）（Section 105）。

该项豁免构成法案的重点争议之一，允许分析师在其投行同事推介IPO之前，或者IPO完成之后马上撰写研究报告，而不是之前规定的40天之后。该规定与传统上倡导的在研究部门和投行部门之间建立防火墙的做法与理念大相径庭。因此,有人担心法案的此项豁免有可能破坏研究部门的独立性，制造新的利益冲突，而且五年宽限期的规定也使研究报告更为重要，一旦股票上市后的表现不如预期，将会被投资者起诉。

5. 法案允许EGC在准备阶段向SEC秘密递交注册文件，由SEC对文件进行非公开的审阅。此项制度在2011年12月之前适用于外国公司，之后被修改为公开递交。秘密递交使敏感的商业和金融信息免于被泄露给竞争对手。法案要求EGC在不迟于路演前21天公布秘密递交的文件和所有修改内容。根据SEC的解释，此次恢复秘密递交的规定适用于所有EGC，包括被认定为EGC的外国企业（Section 106）。

二、为创造就业者提供融资渠道

1. 当所有的投资者均为“获许投资人”时，私募发行允许使用一般性劝诱或公开广告。根据SEC于1982年发布的D条例项下的规则506，私募发行禁止一般性劝诱或公开广告（General Solicitation or General Advertising）。法案规定，当所有的投资者均为“获许投资人”时，一般性劝诱或公开广告的禁止性规定将不适用，发行人负责采取合理的步骤核实购买者确为“获许投资人”。尽管可能采取一般性劝诱或公开广告的手段，但该类发行行为将不被视为公开募集。

2. SEC 规则 144A 规定，私募证券发行人以外其他人的转售行为，如果对象是 QIB，则该项交易豁免向 SEC 注册。法案允许 144A 项下的销售行为面向非 QIB，包括采取一般性劝诱或公开广告的方式，但购买者必须是 QIB。

3. 证券交易平台经营者豁免登记为经纪人或交易商（broker or dealer）。法案规定，满足一定条件的证券交易平台（允许发行人通过该平台以一般性劝诱或公开广告等手段进行证券的发行、买卖和议价等）提供者将不被视为经纪人或交易商，条件是上述主体没有基于证券的买卖获得酬劳或者占有客户的资金或证券等行为。该项豁免的目的是帮助那些支持小公司融资的"天使投资人"网络平台的发展。

三、众筹（Crowd Funding）

这一部分全称为"Capital Raising Online While Deterring Fraud and Unethical Non-Disclosure Act of 2012"。大众融资豁免仅适用于美国国内的公司。

1. 小规模公开发行注册豁免。法案提供了一项新的豁免，即针对小规模公开发行，在一定条件下可以免于就本次发行向 SEC 注册。法案规定，12 个月内公司通过网络平台募集资金总额不得超过 100 万美元，可以豁免注册。法案将发行人目标融资金额划分为三档，分别提出不同的财务信息披露要求：融资不超过 10 万美元的，由公司高管确认财务信息的真实性；融资高于 10 万但不超过 50 万美元的，由独立审计师审阅；融资在 50 万美元到 100 万美元的，则需要独立审计师出具审计报告。

2. 小额投资规定。对于单一投资人，法案规定了投资最高限额，即在交易前 12 个月内，年收入（或净资产）不足 10 万美元的投资人，所投金额不得超过 2 000 美元或其年收入（或净资产）的 5%，以较高者为准；在交易前 12 个月内，年收入（或净资产）超过 10 万美元的投资人，投资限额为其年收入（或净资产）的 10%，但不得超过 10 万美元。通过大众融资方式获得证券的股东将不被计入股东总人数（为注册的目的）。

3. 为发行人提供大众融资服务的经纪商或融资平台（以下统称“中介机构”）必须向 SEC 注册。中介机构必须根据 SEC 的要求披露相关风险和投资者教育信息，确保投资者了解所投资风险，确认投资者能够承担相应损失；采取适当措施降低欺诈风险，包括根据 SEC 的要求核查每一位董事、高管、持股 20% 以上股东的背景信息（如姓名，财务状况等）；保证所筹资金归发行人，不存在超募分成；根据 SEC 的规定，保护认购者私人信息。

4. 证券转让限制。通过大众融资方式认购的证券有一年锁定期，在锁定期内仅可转让给：a. 发行人；b. 获许投资人；c. 成为注册证券；或 d. 家庭成员与死亡、离异有关转让等。

5. 法案规定，已向 SEC 注册的融资门户网站（Funding Portal）豁免注册为经纪人或交易商，由 SEC 对其进行监管。法案规定融资门户网站：a. 不得提供投资建议；b. 不得劝诱他人购买、出售在其平台交易的证券；c. 不得就证券的销售、劝诱向其雇员、代理人支付费用；d. 不得持有、管理、占有投资人的资金或证券。

6. 大众融资项下的证券豁免了州法的注册要求，但是，法案保留了州法对于发行人、经纪商、交易商、融资平台的欺诈和非法行为的管辖权。州证券监管机构不得对大众融资收取费用或要求其提交文件，除非发行人的主要经营地在州内或者 50% 及以上的投资人来自该州。对于已向 SEC 注册的融资门户网站，州法原则上也不应对其制定规则，除非其主要经营地在州内，且州的规则与 SEC 的要求没有冲突。

上述规定的目的在于提振小企业的融资能力，但也有人认为法案可能导致小企业的资本结构混乱，让潜在的风险投资人望而却步，所以告诫创业公司谨慎使用大众融资。

四、小公司融资

美国《证券法》第 3（b）条授权 SEC 按照其自行设定的条件豁免任何总额不超过 500 万美元的证券销售。据此，SEC 制定了 D 条例中的规则 504 和 505 以及 A 条例来具体实施小额发行豁免。主要内容包括：对于在美国或加拿大成立并以之为主要经营地的发行人，如其不是受《证券交易法》（Securities Exchange Act of 1934）约束的报告公司（Reporting Company）和投资公司（Investment Company），也不是空白支票公司（Blank Check Company），同时又没有“坏男孩”排除条款规定的情形（例如，在过去五年受过 SEC 的处分），则其在 12 个月内发行或销售的证券总额不超过 500 万美元的,可以豁免就本次发行向 SEC 注册。但由于 500 万美元的数额限制，A 条例一直没有发挥作用，据统计，在 1995 年到 2004 年的 10 年间，美国平均每年只有不到 8 件通过 A 条例进行的小额发行案例。

为便利小规模企业的融资需求,法案将这一金额上限上调至 5 000 万美元。据统计，过去 10 年美国证券市场 75% 的融资项目的融资规模在 5 000 万美元以下。本次对于发行规模上限的调整，无疑将为 A 条例的适用开辟更广阔的空间。

五、私人公司的弹性与成长

1. 放松触发注册要求的公司股东人数限制。根据美国《证券交易法》，当一家公司的资产超过 1 000 万美元、股东超过 500 人时，该公司将被要求就其股份向 SEC 注册（对证券的注册），并需要遵守《证券交易法》中的报告要求。法案放宽了关于股东人数的限制，规定当公司拥有 500 名“非获许股东”（Unaccredited Shareholders），或者全部股东人数达到 2 000 人（包括获许和非获许股东）时，前述关于注册的要求才被触发。

2. 法案要求 SEC 制定关于“在册持有人”（Holder of Record）注册起点的规则，并规定“在册持有人”不包括通过员工薪酬计划（Employee Compensation Plans）获得股份的人。此前，参议院在审议该法案时，否决了在“在册持有人”中包含“实际权益人”（Beneficial Owners）的提议。法案将判断“在册持有人”范围的权力赋予了 SEC。

六、资本扩张

法案规定，如果发行人是银行或银行控股公司，若其总资产超过 1 000 万美元且股东人数超过 2 000 人，则需向 SEC 注册并承担相应的信息披露义务，其中对非获许股东的人数没有限制。此外，现行法律规定，当股东人数少于 300 人时，可以从 SEC 注销注册，法案针对银行或银行控股公司，将人数要求提高至 1 200 人。此项规定旨在增加小规模社区银行的吸引力。

关于 JOBS 法案，美国各界众说纷纭，褒贬不一。法案受到了大多数互联网公司、新兴创业企业以及风投人士的支持。全美风险投资协会认为，法案使那些已经存在了大约 100 年的证券法规更加现代化，方便大众通过网络投资小企业。法案同时也受到了来自证券监管者、消费者以及投资人的反对，反对者认为，这项法案是 2010 年 7 月多德弗兰克法案生效以来美国金融体系改革的一次重要倒退。纽约州前检察长埃利奥特·斯皮策甚至认为，这部法律与其叫作“促进创业企业融资法”；不如说是“让欺诈重回华尔街法”。尤其是“众筹”，让小投资人参与高风险的小企业融资，被认为是一种“博傻”行为。有人预言，未来十年将会出现大量股权纠纷和诉讼。有人甚至将该法案称为“欺诈许可证”（Licence for Fraud）。

综合看来，我们认为，该法案确实对证券市场一系列传统理念提出了挑战，例如公募和私募的区分界限、投资人适当性管理原则和标准、市场透明度要求，以及研究报告的独立性等，法案都有突破性规定，其效果确实需要观察。法案在便利小企业融资和投资者保护的平衡方面做出了比较积极的努力，预计将促进创业企业快速成长，带动就业，刺激经济复苏。作为对批评意见的回应，奥巴马政府指定财政部、小企业管理局和司法部等机构“密切”关注法案的实施，以确保“适当的投资者保护”能得以维护。

第六节 欧盟多层次证券市场体系及启示[①]

经过40多年的整合，欧盟基本形成了一体化、多层次的证券市场体系，其基本特征可以概括为“三统三多”。“三统”，即统一立法、统一监管和统一交易结算体系；“三多”，即主体多元化、结构多层次和多点布局。

“三统三多”主要表现在：第一，证券立法与监管基本统一。建立了条例（Regulation）和指令（Directive）为主要内容的证券市场法律规范，以及各成员国立法与监管相结合的监管体系。第二，欧洲各国证券交易市场横向和纵向整合，形成了以伦敦交易所、德意志交易所和泛欧交易所三大集团为代表的多主体跨国界的市场体系。第三，欧盟证券市场基础设施和技术系统整合，三大交易所集团分别形成了统一的电子交易平台和交收清算体系，基于此体系，跨国全天候的巨量交易得以低廉安全迅捷完成。第四，场内多层次与场外多层次并存。根据欧盟《金融市场工具指引》（MiFID），达到一定规范程度、有足够大的交易量的场外市场将被认定为“认可交易所（Recognized Exchange）”而纳入监管，如Chi-X、Plus等。第五，在统一交易平台和后台系统的技术和制度基础上，基本保留了整合前各国市场机构，自然形成多点布局的空间格局，方便欧盟各国投资者和企业的参与。

① 本文完成于2007年8月，作者时任天津市人民政府研究室副主任，兼任天津市OTC工作小组负责人，赴欧洲资本市场考察，考察团成员有刘青松、孔晓艳、周华敏、是鸣、陈霞、张超等。

欧盟证券市场体系为我们建设多层次证券市场提供的启示可以概括为以功能为核心，以现代信息技术为支撑，注重功能和结构的匹配，充分发挥场内多层次的作用，场内多层次和场外多层次自然并存，统一平台，多点布局，体现市场功能与结构、成本与效益、秩序与效率的完美统一。

一、欧盟证券市场整合过程

1966年，欧共体委员会委任专家团对欧洲资本市场的发展情况考察并出具了《Segre 报告》，揭示了对欧洲资本市场一体化构成的障碍并提出了纠正措施。1977年，欧共体委员会发布了《欧洲可转换证券交易行为准则建议》（*Recommendation for a European Code of Conduct Relating to Transactions in Transferable Securities*）。该建议成为发展和形成统一的欧盟证券法律制度的第一个尝试。40多年来，欧盟证券市场一体化进程的重大进展集中表现为三个方面。

（一）统一了证券立法与监管

2000年，欧盟设立了由亚历山大·兰姆弗赖斯担任主席的“智者委员会”（Committee of Wise Men），并由此产生了著名的兰氏程序（Lamfalussy Process）。兰氏程序主要是为证券业而设的一项提议，旨在简化欧盟复杂而又冗长的标准立法程序。2002年12月，欧洲理事会决定在欧盟全部金融业中实行兰氏程序。兰氏程序涵盖四个层面：第一层面，在欧盟委员会的支持下，欧盟相关机构包括欧盟委员会、欧洲议会和财政与经济理事会采用了框架立法（Directive）。第二层面，在四个专家委员会即欧盟银行委员会（KBC）、欧盟证券委员会（ESC）、欧盟保险及职业养老金委员会（EIOPC）以及负责混业集团监管的金融集团委员会（PCC）的协助下，欧盟委员会负责制定技术实施的细节（Implementing Measures）。第三层面，欧盟委员会听取其他专家委员会的建议（Supervision），比如欧盟银行监管委员会（CEBS）、欧盟证券监管委员会（CESR）和欧盟保险及职业养老金监管委员会（CEIOPS）。第四层面，通过与各成员国、第三层面的监管机构及私人部门紧密合作，委员会对欧盟区域内政策执行的一致性进行检查（Enforcement）。兰氏程序使证券市场的立法更灵活、更有效，从而在应对金融市场创新及技术变革时更快地得以通过并被采用；金融机构能获益于欧洲证券监管者的专业技术、监管服务；更加关注于成员国之间执法的公平一致性等。欧盟委员会每年公布实证指标分析，以评估欧盟区域内的金融一体化进程（金融一体化监测）。该分析通过识别一体化转化为欧盟金融市场竞争力和市场效率的程度，为政策制定提供依据。同时通过监测金融不稳定性跨境传播的可能途径，为是否需要在欧盟内部实施审慎保护措施的研究与决策提供依据。

（二）欧洲各国证券交易市场纷纷开展横向和纵向的整合

横向整合以联合为主要形式，纵向整合的方式主要通过并购完成。2000年4月21日，巴黎、阿姆斯特丹和布鲁塞尔证券交易所公布了结盟计划，组成欧洲第二大交易所——泛欧交易所（Euronext）。该交易所于同年9月开始运行，并于年底上市。此时，里斯本股票交易所也加入了泛欧交易所。在泛欧交易所横向联合的同时，德国、卢森堡和奥地利进行了交易所的纵向整合，成立了德意志集团（Deutsche Börse Group）。德意志集团还包括了设在卢森堡、德国、奥地利、瑞士通过欧洲期货交易所清算行（Eurex Clearing）系统的清算运营管理中心。经过一体化整合，伦敦交易所、欧洲交易所和德意志交易所三家主要交易所的交易量占据了欧洲整个证券市场的70%。

（三）欧洲证券市场基础设施和技术系统实行整合，为欧洲证券市场一体化提供了技术保障

交易所的资金存放和清算系统也通过统一的结算中心而整合，并由

此设立了欧盟票据交换集团（Euroclear）和清算网络集团（Clearnet）。在2002年及2003年间欧盟票据交换集团和清算集团一直在扩大融合，最终英国乌冠资金存放公司（CrestCo）和伦敦清算中心（London Clearing House，LCH）也加入其中，建立了伦敦清算网络中心（LCH.Clearnet）。

截至2005年，欧盟绝大多数金融服务行动计划指令基本实现。12月，欧盟委员会颁布2005—2010年金融服务白皮书，阐明了2005—2010年委员会在金融服务政策方面的目标，探索能使企业和消费者从金融一体化中进一步受益的最佳方案。第一步是动态地巩固成果，确保现行规则的良好实施和强化。第二步是将优化监管原则贯穿于政策制定过程。第三步是加强监管整合。第四步是促进服务供应商之间的竞争，尤其是活跃于零售市场的供应商。第五步是扩大欧盟在全球资本市场的影响力。2006年，后金融服务行动计划日程框架开始形成，工作仍在进行中。

受欧盟监管的市场必须在市场运营主体和交易系统两个方面都满足《金融工具市场指引》中有关规范市场的条款，在市场上挂牌的证券其招股说明书、信息披露等必须符合欧盟的相关指令，目前受监管的市场主要是欧洲各国的交易所。截至2007年10月末，受欧盟监管的市场达到90家，在这类市场交易的股票为7 138只。多边交易设施（Multiple Trading Facilities，MTF）由于监管相对宽松，市场准入门槛较低，尤其受到非上市公司的青睐，目前在欧洲市场发展非常迅猛，截至2007年10月末，已经发展到85家。系统化联结者市场（Systematic Internaliser）的主体是投资公司，这类公司只要达到MiFID的设立标准，并在交易指令执行以前满足交易指令的透明度要求就会被认可为系统化联结者市场。截至2007年10月末，欧盟认可的该类市场为8家。

二、欧盟证券市场法律制度

欧盟证券市场是一个经过40多年努力不断整合而形成的一体化的证

券市场。在此过程中，欧盟证券市场法律制度的整合和统一发挥着至关重要的作用。欧盟证券市场法律制度的目标是将欧盟各成员国的证券法律体系进行整合，促进欧盟证券市场一体化，促进竞争，提高金融体系运转效率，降低交易成本，提高资源分配效率，从而提升欧盟证券市场的国际竞争力。

欧盟证券市场主要法律框架分为两个层面，第一层面是欧盟层面的证券市场条例（Regulation）和指令（Directive），它是欧盟范围内统一标准的法律规范。第二层面是欧盟各国国内证券法律体系，欧盟各国之间的证券法律体系有较大的差异，它们在本国法域内直接产生法律效力，但欧盟层面的证券市场条例和指令已转化在各欧盟成员国国内证券法律体系中，并至少是目前各欧盟成员国国内证券法律体系的最低标准。

（一）欧盟证券市场主要指令

欧盟层面证券市场法律多以“指令”（Directive）为主要形式。欧盟证券市场主要指令包括：《投资服务指令》（1993 Investment Services Directive，ISD），其于2007年11月1日被《金融工具市场指令》（Markets in Financial Instruments Directive，MiFID）取代；《资本充足指令》（1993 Capital Adequacy Directive，CAD），目前被《资本要求指令》（Capital Requirements Directive，CRD）取代；《招股说明指令》（2003 Prospectus Directive，PD）；《透明度指令》（Transparency Directive，TD）；《市场滥用指令》（Market Abuse Directive，MAD）；等等。

1. 公开发行证券（offer of securities to the public）。《招股说明指令》界定了在欧盟区域内关于公开发行证券的统一概念，即公开发行证券是一种与公众关于有价证券销售的沟通行为，该行为无论以任何形式或通过任何手段，向公众提供关于证券的全面信息，而使公众决定购买或预购这些证券，其目的是在欧盟范围内明确界定公共市场行为和私募市场行为，从而区别它们的职责和义务。依《招股说明指令》的规定，公开发行证券须履行招股说明书报批和公开义务。

《招股说明书指令》规定了一系列豁免招股说明书义务的情况。当证券发行只对合格投资人进行；当证券发行虽不是对合格投资人，但在单个欧盟国家对不超过 100 个自然人和法人发行证券；当证券对投资者发行，但每单个投资者认购每单证券发行的对价不低于 5 万欧元；当证券发行的每一单位面值不低于 5 万欧元；当证券发行在超过 12 个月的已发行金额不超过 10 万欧元；等等。

2. 合格投资人（Qualified Investors）。和其他国家立法相比，《招股说明书指令》关于合格投资人的定义较为完善。同时，欧盟证券市场法律还提供了一套合格投资人的登记和公示制度。欧盟证券法律制度在欧盟证券市场的规范和建设上，不仅提供了一体化的框架，还提供了可实施、可操作的明确依据。

《招股说明书指令》认定的合格投资人包括：（1）经许可或规范的从事金融市场活动的法人实体，包括信用机构、投资机构、其他经许可或规范的金融机构、保险公司、集合投资计划及其管理人、养老基金及其管理人、商品期货交易者，以及虽未获得许可或规范，但其目的纯粹是投资证券市场的其他实体；（2）国家和区域政府、中央银行、国际和跨国机构如国际货币基金、欧盟央行、欧盟投资银行及其他类似国际组织；（3）没有满足如下三项规定中两项标准的其他法人实体，即一个会计年度内平均雇员数不超过 250 人，总盈余不超过 4 300 万欧元，或总营业额不超过 5 000 万欧元；（4）如果是特定的自然人，该自然人需被共同认可，成员国可以选择授权给本国居民，如果这些自然人符合如下规定中的至少两条并需被明示要求作为合格投资人，即投资人在证券市场完成足够金额的交易，在过去的 4 个季度中，平均每季周转不少于 10 次；投资者的证券投资组合达到 500 万欧元；或投资人在金融部门工作过至少一年以上，并担任专业职务足以获取证券投资知识；（5）如果是特定的中小企业实体（SMEs），该中小企业实体需被共同认可，成员国可以选择授权给注册地在本国的并需被明示要求作为合格投资人中小企业实体。

欧盟证券法律规定欧盟各国主管机构须建立对认定合格投资人的登记制度，包括对自然人和中小企业实体（SMEs）为合格投资人的登记制度，并进行统计，确定合格投资人的数量是否在适当的水平。所有成为合格投资人的自然人和中小企业实体（SMEs）都必须登记，而已被登记为合格投资人的也可以随时选择不做合格投资人。登记资料向所有发行人公开。

3. 欧盟通行证（Euro Passport）。欧洲通行证是欧盟证券市场法律中最重要的指令之一。《招股说明书指令》规定，如果申请公开发行证券或已发行证券在欧盟管制交易的市场挂牌买卖，均向本国证券监管当局提出申请并须履行招股说明书报批及公布义务。

《招股说明书指令》的核心意义是为了给发行人提供在欧盟范围内的招股说明书通用效力，即"欧盟通行证制度"。发行人只要履行最小义务而能达到在整个欧盟的通行效力，即只有发行人所在国主管机构需要负责审批招股说明书，一旦招股说明书被发行人所在国主管机构批准，发行人即获得了所谓的"欧盟通行证"，欧盟通行证的效力使发行人可以在欧盟任一国家不需该国主管机构重新审批而使招股说明书有效，发行人所在国主管机构只要经发行人指示将其审批的招股说明书提交给所需国家备案即可。招股说明书的语言可以本国语言制作，也可以英文制作，以英文制作的，仅需附加一个以本国语言制作的招股说明书摘要。《招股说明书指令》对招股说明书的内容和具体格式有详尽的要求。欧盟关于招股说明书的规定对欧盟证券一体化市场及扩大一体化的广度意义深远。

（二）欧盟证券市场层级规范

为了充分揭示市场的风险，并有效规范和管理证券市场，提高证券市场运营效率和保护投资人利益，鼓励证券市场的有序竞争和自由发展，提供足够的法律保障，顺应市场和技术的进步要求，欧盟证券市场指令对欧盟证券市场进行法律层面的分层规范，并由欧盟成员国监管机构授权许可和实施监管。

欧盟证券市场层级规范的主要法律是《金融工具市场指令》(MiFID)。MiFID将欧盟证券市场分为四个层级。第一个层级是欧盟管制市场（EU Regulated Market，EURM）。EURM的概念在MiFID之前的《投资服务指令》中已用，MiFID对其做了延伸性及更详细规范。该层级市场须获得主管机构认定和许可。该层级的市场属于高标准的市场，类似于大型蓝筹股市场。第二个层级是多边交易系统（Multilateral trading facility，MTF），MiFID认可这种新兴的投资服务方式。这一层级在原《投资服务指令》中没有被明确界定和规范。MTF取得了部分近似欧盟管制市场层级的法律地位。该层级市场也须获得主管机构认定和许可。第三个层级称作系统联结者（Systematic Internalisers），是由投资机构运营的一个市场类型。MiFID认可这是个自由化的市场，不需经过主管机构的特定许可。MiFID鼓励市场创新，建立第四个层级，即是由交易所市场控制的数据自由公开而产生的交易市场。MiFID遵循的是完全自由的途径，希望给与其更自由的市场空间。

MiFID的适用，将带来欧盟证券市场交易平台的分类规范管理的新框架和新格局。证券交易所将不再是投资者从事金融产品交易的唯一途径，银行和投资公司也可以搭建自己的交易平台。

（三）欧盟证券市场监管框架

欧盟国家证券市场实行“统一规则，当地监管”的原则。在欧盟层面，证券市场的监管与协调主要是欧盟证券监管委员会（CESR）；而各成员国市场则由各欧盟成员国的监管机构组织实施，如英国的金融服务局（FSA）德国的联邦金融监管局（BaFin）等。欧盟各成员国监管机构受到欧盟决策层面如欧盟委员会、欧盟理事会与欧洲议会等的影响。

1. 欧盟证券监管委员会（CESR）。1997 年，欧盟 15 个国家及冰岛和挪威的证券监管当局决定成立欧洲证券委员会论坛（FESCO），并于巴黎签署了宣言。在自愿的基础上，欧洲证券委员会论坛开始建立标准，加强成员之间的合作。欧洲证券委员会论坛在发起 1999 年《实施金融服务行动计划》（Implementing The Financial Services Action Plan，FSAP）方面起了重要的作用。欧洲证券委员会论坛在 2001 年 9 月转化为欧盟证券监管委员会。欧盟证券监管委员会的主要任务，一是担任欧盟委员会的顾问。在欧盟委员会提出书面咨询要求时，欧盟证券监管委员会提供与兰氏程序第二层次计划相关的书面建议，或者提供实施第一层次计划的措施即建设法律框架所必需的技术措施。二是为其成员提供标准和最佳操作流程，为欧盟各类指南与法规的执行以及日常的市场监管提供便利。这种行为属于兰氏程序的第三层次，以成员的一致同意为基础。在自愿的基础上，成员承诺遵守其同意的标准。三是加强成员国之间的操作协调，使共同法规在各成员国保持一致并得到及时的执行。

欧盟证券监管委员会有两个常设委员会来承担该项任务，即 CESR-Pol 和 CESR-Fin。CESR-Pol 负责处理强制执行问题。它提供了一个促进成员完全履行其监管职责的合作框架。它的目标是促进信息充分共享，以便于欧盟市场的监管合作。CESR-Fin 协调成员国关于欧盟上市公司内部会计、审计标准和其他财务信息披露要求的制定和执行工作。欧盟证券监管委员会已逐步成为欧盟各国监管机构网络的核心。这实际上在操作层面解决了建立一个欧盟证券监管系统的难题。

2. 英国证券市场监管。英国证券法律框架。2000 年统一的综合金融法律体系建立后，英国证券市场法律框架主要包括第一层面具有基本法意义的 2000 年《金融服务和市场法》（Financial Services and Markets Act，FSMA），以及由英国金融服务局（FSA）制定的第二层面的《规则和指导手册》（Handbook of

Rules and Guidance)。其他证券市场法律还包括1985年《公司法》、1995年《公众发行证券规则》(The Public Offers of Securities Regulations，POSR)等。

英国证券市场立法经历了由分散到统一的过程。为顺应证券市场的发展要求，英国于1986年通过了《金融服务法》(Financial Services Act，FSA)。该法将过去严格分开的证券经纪商与批发商合二为一、取消最低佣金制度、实现证券交易系统的电子化以及允许银行、金融机构和外国证券公司直接入市交易等措施，打破了金融机构间的业务界限，有效地促进了市场的全面竞争，使英国证券市场发生了根本性变化，成为英国证券市场发展进程中划时代的重大事件，被称为英国的“金融大爆炸”。但《金融服务法》确立的仍是金融分业经营和管理的状态。1997年5月始，英国国会决心将英国原有分散庞杂的金融法律整合为一个统一的综合性金融法律体系，整合的背景正是欧盟金融证券市场一体化的大环境。2000年6月14日出台了FSMA，取代了此前一系列规范金融业的法律，确立了英国新的金融法律体系，统一了英国金融监管标准，为英国新世纪金融业的发展和监管，提供了崭新的框架。

FSMA建立的是英国金融法律体系的统一框架，它并不就具体细则问题做出规定，也不由政府直接行使监管权，而将全面的规则制定权和监管权都直接赋予依据FSMA而设立英国金融服务局(FSA)。这样政府就与日常金融监管活动分开，不用承担监督失误的责任，降低了政治风险。因此，在《金融服务和市场法》中金融服务局的地位提升到了一个相当的高度，并由其制定《规则和指导手册》，并直接承担了在监管中出现的主要责任和风险。

《规则和指导手册》主要体现了2000年《金融服务与市场法》确立的金融监管的目标框架，即四个监管目标和七项监管原则。这四个监管目标分别是保持金融市场的信心；促进公众对金融系统的理解，包括对于各类投资及其他金融业务的收益及风险的认识；消费者保护；减少金融服务机构可能构成金融犯罪。七项良性监管原则是金融服务局必须最有效并最节约地使用其资源；金融服务局负有监督金融机构高级管理层的职责；监管措施的成本，无论是放松还是限制，必须与预期所能达到的监管效果相适应；促进监管手段的创新；注重金融服务市场的国际化特点，并保持英国金融业的竞争力；尽可能地减少因金融服务局为履行其职能而采取必要行动可能对竞争带来的副作用；促进金融服务局监管的金融机构之间的竞争。

《规则和指导手册》既是金融服务局自身运行的规则，也是作为被监管者的金融机构，以及其他金融市场中介机构、行业协会、学者乃至任何个人监督金融服务局的做法是否合规的依据，甚至以此为依据进一步追究金融服务局的不当监管责任。

《规则和指导手册》由六大板块组成。第一板块是高水平标准板块（High Level Standards），内容包括商事原则（PRIN）、高管安排、系统及控制（SYSC）、环境要求（COND）、许可者申明及行为准则（APER）、许可者合格测试（FIT）及总则（GEN）。第二板块是商务标准板块（Businesses Standards），内容包括投资和证券机构［IPRU（INV）］、银行［IPRU（BANK）］、社团构建［IPRU（BSOC）］、保险公司［IPRU（INS）］、友好协会［IPRU（FSOC）］以及商事行为（COB）、市场行为（MAR）、技能培训（T&C）、洗钱（ML）。第三板块是监管程序板块（Regulatory Process），内容包括许可指南（AUTH）、监控指南（SUP）、执行指南（ENF）、决定指南（DEC）。第四板块是救济板块（Redress），内容包括争端解决和投诉（DISP）、补偿（COMP）及对金管局投诉（COAF）。第五板块是大量专家资料（Specialist Sourcebooks）。第六板块是其他特殊指导（Special Guides）。

在1986年的《金融服务法》（Financial Services Act，FSA）出台之前，英国的证券市场主要采用自律监管模式。具体表现为：证券交易所自己制定规范来管理证券的上市并规定其成员的义务以及管理市场。在证券交易方面，交易所规则的影响力要远远高于议会立法（如1958年的《预防投资欺诈法》和《商业行为规则》）。对于收购行为的监管则都是通过“收购小组”（take-over panel）的自我管理机制进行。1986年《金融服务法》实施后，英国建立了“法典框架下的自律监管”模式，即监管系统分为金融服务法规则（FSAR）的直接监管［其中证券与投资委员会（Securities and Investments Board，SIB）负责证券市场监管］和自律组织监管，前者主要针对直接经过授权许可参与金融活动的个人，后者针对各类自律监管机构下属的成员。这种监管模式引起的问题是，不同的金融机构从属于不同类型的监管者，而各类监管者的监管方式又各不相同，各类监管者之间缺乏协调和配合。同时，金融市场和业务融合化的发展使得金融机构之间的业务界限越来越模糊，也使得分散于不同监管机构或组织之间的监管职能难以准确实施。为此，英国议会于 2000 年通过金融服务与市场法（Financial Services and Markets Act，FSMA），对英国金融监管体制进行重大变革。FSA 取代了 SIB，并继承三个自律组织及九个被承认的职业团体的一系列管理职能。同时，FSA 还取得英国中央银行英格兰银行对银行业的监管职能，以及财政部对保险业的监管职能。对上市公司的审核责任也从伦敦证券交易所转到金融服务局。金融服务局除接手原有各金融监管机构的职能以外，还负责过去某些不受监管的领域，如金融机构与客户合同中的不公平条款，金融市场行业准则，为金融业提供服务的律师与会计师事务所等对其实施监管。自此，金融服务局成为英国唯一的、独立的、对英国金融业实行全面监管的执法机构，有权制定金融监管规则、颁布与实施金融行业准则、对被监管对象进行调查和处罚等。它的权力包括授权、立法（包括制定规则和制裁措施）、监督、调查和管理等。

金融服务局受到司法的审查和监督。英国成立了专门的“金融服务和市场特别法庭”（Financial Services and Market Tribunal），主要审理发生在金融服务局与被监管者之间的纠纷，审查金融服务局在纪律决定和授权决定中所引起的个人控诉。法院可以依法作出撤销金融服务局的决定的裁决。对金融监管者的制衡机制将有效促使金融服务局认真依法进行监管，提高英国金融监管的法治水平。

3. 德国证券市场及其监管。

（1）德国证券法律框架。德国证券市场法律框架主要包括《有价证券交易法》《第四号金融市场促进法》《有价证券保管法》《交易所法》《招股说明书法》以及规范公司的《股份公司法》《民法典》等。

《有价证券交易法》是 1994 年德国为贯彻欧共体关于证券市场方面的一系列指令而制定的管理有价证券交易的法律，其立法目的是在加强证券市场运作能力的同时，改善对投资者的保护。1995 年，德国依据该法在法兰克福设立了联邦证券监管局，作为监督有价证券交易主管机关。2002 年，该机构并入德国联邦金融监管局。

2002 年 1 月，德国颁布了《第四号金融市场促进法》，在德国任何欲从事银行或金融服务的机构都必须得到德国联邦金融监管局的书面批准。德国《交易所法》专门规范交易所行为。

德国除了在本国制定法律以对证券市场进行规范外，还必须遵守欧盟有关的法律。德国一直在为执行欧盟《投资服务指令》（Investment Services Directive，ISD）而努力改善国内金融法律环境，积极执行 MiFID。过去，德国证券市场的监管一直存在国际化障碍，既没有禁止内幕交易的法规，也没有保护投资者免于市场操纵之苦的措施，二级市场的监管标准也不符合国际惯例。后来在欧盟的影响下德国的监管力度得到加强。1994 年颁布的《有价证券交易法》不仅履行了《欧共体内幕交易指令》，也履行《投资服务指令》和其他指令；德国《招股说明书法》更是直接将欧盟《招股说明书指令》转化为德国国内法加以实施，其明确目标是改进和提高德国金融市场的国际化程度。

（2）德国证券市场监管机制。德国证券市场监管机构分为三层构架。第一层监管机构是联邦金融监管局（BaFin），直接负责对德国证券市场进行监管。由于德国为联邦制国家，除联邦金融监管局外，各州也都设有各自的监管机构，这是第二层监管机构。第三层是各州监管机构在其监管的证券交易所内设置的监管办公室。德国联邦金融监管局的办公地点设在波恩和法兰克福，共有 1 400 员工，共对 2 400 家银行、750 家金融服务机构、

640家保险公司、25家养老金基金、7 000家基金和85个投资公司进行监管。德国联邦金融监管局在欧盟层面是很多机构和委员会的成员，承担共同推动欧盟金融市场一体化的任务。

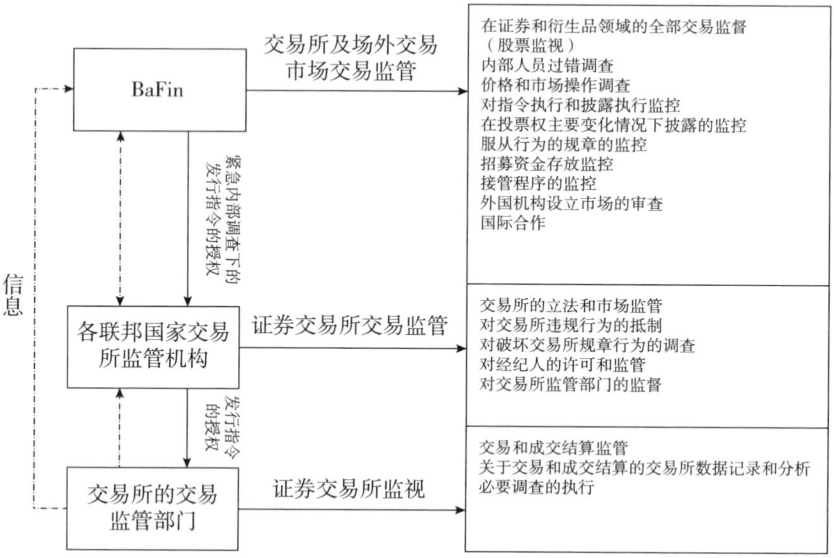

图4-1　德国证券市场监管三层架构的职权

三、主要证券市场层级结构和交易制度安排

为了提高市场覆盖面和竞争力，欧盟证券市场是场内场外并存的多层次体系，每一层次有其明确的功能定位，并设计采用与其服务对象相适应的制度安排和技术系统。总体来讲，交易所针对不同服务对象，采取不同的监管标准和交易制度安排，在交易所内部创设了不同市场层级，多点布局，在欧盟多层次证券市场体系中占主导地位。这有利于整个市场的成本节约和系统安全。

（一）主要市场层级

1. 泛欧交易所。NYSE-Euronext集团于2007年4月4日设立，包括英国、法国、比利时、荷兰、葡萄牙五国的 6 个股票交易所和 6 个衍生品交易所，是全球第一个实现跨国界证券交易所完全整合的公司，创建了一个跨国界完全整合的市场模式。Euronext 股权类证券交易市场总部设在巴黎，衍生品类市场总部设在阿姆斯特丹。Euronext 在整合欧盟市场模式下，搭建了一个全欧洲统一的交易平台，即欧洲交易所中央证券交易簿（Central Order Book）。统一的证券产品交易平台可提供的交易品种包括股票、债券、开放式指数型基金以及权证等。所有证券都按照统一的规则在同一个电子交易平台上完成交易，并通过同一个系统 LCH.Clearnet 进行清算。投资者可同时进行证券和衍生产品买卖，只需一次登录即可完成任意产品的交易。中央证券交易簿的设计注重市场流动性以期使证券买卖双方获得最佳交易价格。Euronext N.V. 是泛欧交易所的控股公司，该公司依照荷兰的法律成立于荷兰阿姆斯特丹。公司施行管理委员会和监督委员会双重管理的体制。2001 年 7 月 Euronext N.V. 在泛欧交易所挂牌上市,并成为交易所中一只交易活跃的股票。截至 2006 年 4 月，其市值为 80 亿欧元。

泛欧交易所的设立与发展，旨在适应金融市场全球化的挑战，为参与者提供一个流动性不断增加、交易费用低廉的平台。泛欧交易所的特色之一，是所有上市公司，可自由选择阿姆斯特丹、巴黎、布鲁塞尔、里斯本任何一家证交所挂牌，并受上市地国家的法律监管。同样，市场参与者亦可通过任意一家证交所进行证券买卖。考虑到政府监管的要求以及尊重各个成员国本国的商业和交易环境，Euronext 属下 5 家交易机构（均为 Euronext 全资子公司）经过高度整合后依然存在并进行交易。尽管交易仍可在五地进行，但其交易体系、清算体系、交割体系均是统一的。欧洲交易所的内部结构如下：

主板市场（Eurolist）。欧洲交易所主板市场 Eurolist 于 2005 年初正式启动，由阿姆斯特丹交易所 OffcieleMarkt 市场、布鲁塞尔交易所 First Market 市场、里斯本交易所 Mercado de Cota coes oficiais 市场和和巴黎交易所的

Premier Marche 组成，是受欧盟监管的市场。在 Eurolist 上市的企业需要满足以下条件：公司有三年以上的经营记录；提供符合国际标准的财务报告；公开发行后公众持股数量不少于 25%；符合欧盟法规的公开招股说明；强制性的信息披露；Euronext 董事会核准上市申请。

创业板市场（Alternext）。Alternext 是欧洲交易所特别为中小企业上市和发展创立的初级市场，成立于 2005 年 5 月，是受欧洲交易所监管的市场。Alternext 为中小企业上市和发展提供了一个规范、便捷、上市标准低、维护费用低廉的融资平台。通过 Alternext，欧洲交易所为富有潜力的中小企业在欧元区上市融资提供了一个新的上市途径。申请在市场上市的企业需要满足以下条件：公司有二年以上的经营记录；提供符合国际标准的财务报告；公开发行股份或者 5% 的资本额不得少于 500 万欧元；流通资本额不少于 250 万欧元；符合法规要求的公开招股说明；必须有一名上市发起人；Euronext 董事会核准上市申请。

自由市场（Marche libre）。2001 年 6 月，泛欧证券巴黎交易所设立不受欧盟标准监管的自由市场，在自由市场转让股份的公司不受欧盟监管的市场对上市公司提出的要求，没有最少公开发行股份数量的要求，对于发生可能影响公司市场价值的事件，交易所并不强制公司进行披露。在自由市场挂牌的企业，主要是小型企业，具备的主要特点包括：公司设立两年或以上；符合法国会计准则；公募或者私募；无最低公众持股数量限制；如果是公开发行，公开招股说明必须符合法规，且披露有关经营情况的信息。

2. 英国证券交易市场。英国有伦敦交易所、PLUS 交易所和 Virt–X 交易所等。

表 4–1　英国证券交易市场结构表

	欧盟监管的市场	非欧盟监管的市场
上市标准	伦交所主板市场 PLUS 交易所	伦交所 专业证券市场

续表

	欧盟监管的市场	非欧盟监管的市场
上市标准	Virt–X 交易所 techMark 市场 extraMark 市场	伦交所 专业证券市场
非上市标准	专业基金市场	AIM 市场

（1）伦敦交易所。伦敦交易所按照投资工具划分为股票市场、专业证券市场、专业基金市场。股票市场根据不同的服务对象，分为主板市场、techMark 市场、extraMark 市场和 AIM 市场。专业证券市场是由伦敦交易所运营和监管的市场，可以交易债券、可转换债券和存托凭证，该市场主要面向机构投资者。专业基金市场成立于 2007 年 7 月 12 日，是受欧盟监管、主要为高风险的专业基金提供交易的市场。

主板市场。主板市场是伦敦交易所层级最高的市场，上市的证券必须经过 FSA 下辖的英国上市局（UK Listing Authority，UKLA）的核准，遵守有关上市条件、公开招股、信息披露和透明度等相关规则。在伦敦股票交易所主板上市的主要条件包括：在适用的法律权限内，该公司必须是具有独立法人实体的公司；公司必须有三年公开发表的会计报表，申请上市以前半年以上的审计报告，证明其盈利能力；公司的高层管理机构和人员必须具有充分的技能和经验开展业务，且不会和关联公司和个人产生利益的冲突；根据会计师的报告，公司必须拥有满足当前和未来 12 个月需要的净资本；公众持有的股份总数不能少于总股本的 25%；公司股票的市值最低不得少于 70 万英镑；公司的股票可以不受限制的自由转让；申请在主板市场的公司必须聘请金融管理局认可的保荐人或上市代理人，负责监察上市申请的全过程，确认申请材料是否符合金融管理局的要求。

techMark 市场。1999 年 11 月，伦敦股票交易所打破了行业门类和规模的限制，面向技术类的上市公司，设立 techMark 市场。该市场的设立有利于投资者更容易地投资技术类公司。techMark 实质是主板市场中的市场，而非独立的交易平台。techMark 市场的上市公司不需要持续三年营利的记录。申请在 techMark 市场上市首先必须得到英国上市局的核准，然后由伦敦股票交易所在咨询技术顾问小组后做出决定。

extraMark 市场。2000 年，伦敦股票交易所从金融时报 350 指数（FTSE350）的样本中选取 36 家技术、传媒和电信公司，开发出金融时报 TMT 指数（FTSE TMT），同时推出交易型开放式指数基金（ETF）跟踪金融时报 TMT 指数，为基金提供交易服务的市场被命名为 extraMark 市场。

AIM 市场。AIM 是伦敦证券交易所高增长市场，创建于 1995 年 6 月 19 日，受伦敦证券交易所监管。AIM 是伦敦证券交易所为英国及海外初创的、高成长型非上市公司所提供的一个全国性市场，由伦敦证券交易所组成的专业团队负责经营，其运行相对独立。AIM 市场主要是面向职业投资者或富有经验的投资者，这类投资者比较熟悉创业型上市公司在证券交易市场运作的特点，了解成长型中小公司所具有的高收益与高风险相结合的特征。总体而言，AIM 是目前国际上运行比较成功的创业板市场。AIM 市场主要面向规模小、成长性强、不能满足主板标准或者符合适度监管要求的企业，企业申请在 AIM 市场上市无须提供历史会计记录，没有对公司治理团队和最小股票市值的要求。AIM 是交易所运营和管理的市场，不受金融监管局的直接监管，2004 年 10 月以后也不受欧盟上市规则的监管，有独立的上市标准和要求。AIM 市场上市的主要条件包括申请人必须是公开发行公司、公司股票可以自由转让、认可的会计准则，企业上市资格由指定保荐人而非英国上市监管当局或交易所审定。此外，在 AIM 市场上市的公司还必须承担持续信息披露的义务，必须及时披露价格敏感信息，指定时限内发布年报和半年报等财务信息。AIM 市场成功运行的核心是制定并有效运行的保荐人终身保荐制度。

（2）PLUS 交易所。PLUS 市场的前身是 OFEX 市场，即未上市公司股票交易市场（Off-Exchange，OFEX）。OFEX 创立于 1995 年 10 月 2 日，由 JPJenkins 公司负责运营。JPJenkins 公司是伦敦证券交易所登记在册的、具有良好经营记录与信誉的做市商。其目的是为那些未进入伦敦证券交易所主板市场或 AIM 挂牌交易的公司股票建立一个可出售其股票，募集资金的市场。一些在 AIM 交易的公司股票及在 1996 年底关闭的“未上市证券市场”交易的公司股票也可以在 OFEX 进行交易。OFEX 与 AIM 非常类似，都是为中小型高成长企业进行股权融资服务的市场，但 OFEX 的市场准入门槛更低、层次更初级，属于非正式市场。2002 年以前，OFEX 的监管是由 JPJenkins 公司依据英国法律规定自己实施监管。2003 年 4 月 30 日，OFEX 控股公司从 JPJenkins 公司分离出来，在 AIM 市场挂牌上市。此后，经过再融资和资产重组，2004 年 11 月 1 日更名为 PLUS 市场集团公司。

2007 年，PLUS 市场经金融监管局承认为股票交易所，是欧盟认可的市场运营商，可以从事一级市场和二级市场的业务，其电子交易平台既可以交易像金融时报 100 指数里的成份股，也可以交易 AIM 市场倚赖做市商报价提供交易服务的非上市公司股票。凡是在伦敦主板市场和 AIM 市场上的投资者和机构，都可以在 PLUS 市场上进行投资。在 PLUS 市场上市的公司，在其经营业绩获得发展之后，均可升级进入主板市场和 AIM 市场。目前，在 PLUS 交易所交易的中小型公司股票有 200 多家，2006 年 PLUS 市场一级市场成交量 6.77 亿股，成交额 77.96 亿英镑，全年共有 61 家公司挂牌，其中 11 家首次挂牌进行了资金募集，共募集到资金 654.47 万英镑。截至 2007 年 3 月末，市值约 20.62 亿英镑。

PLUS 市场对上市公司既没有企业经营年限、企业现有资产数额、销售额以及盈利额方面的特殊要求，也没有对公司所从事的产业、行业领域的限制性要求。只要企业已经拥有一定的发展基础和资产基础，并拥有一个较好的商业盈利模式，产品或服务拥有好的市场和发展前景，拥有好的公司管理和经营团队，能够守法守规的经营，并在公司上市融资之后，按法律规定经营和披露公司信息，就可以向 PLUS 市场申请公司上市。相对于伦敦交易所，PLUS 市场上市的门槛较低、上市的费用、上市后的维护费用和再融资的成本相对低廉。PLUS 市场对上市公司和投资者的吸引力在不断增加，是英国证券市场体系中的重要组成部分。

3. 德意志交易所集团。德意志交易所集团包括德意志交易所股份公司，欧洲期货交易所苏黎士股份公司、明讯国际结算托管行（Clearstream）和德意志交易所系统软件股份公司。该集团是世界上唯一具备综合性交易所职能的机构，公司的业务领域广泛，跨越欧洲、亚洲和美国。全世界有 42 家金融市场和德意志交易所的清算、结算系统联结。欧洲期货交易所是德意志交易所的子公司，也是全球规模最大的衍生产品交易所。2003 年，德意志交易所在交易所内推出一般市场和高级市场板块，2005 年推出初级市场板块。申请在德意志交易所上市公司可以根据自身的需求和特点，选择相应的市场板块。三种上市标准是针对不同公司和不同投资者的要求制定的。

高级市场（Prime Standard）是受欧盟监管的市场，希望在高级市场上市的公司，必须先满足一般市场对上市公司的要求，并遵守国际信息披露惯例和要求。希望吸引全球投资者注意和支持的公司在高级市场上市更为合适。申请在高级市场上市的公司必须满足以下要求：公司成立时间在 3 年以上；提供包括符合国际财务报告准则年度和中期财务报告，以及季度报告；在互联网上披露公司经营计划方案；每年至少召开一次分析师研讨会；公司必须用英文进行信息披露。

一般市场（General Standard）是受欧盟监管的公开市场，在一般市场上市的公司，需要满足欧盟对上市公司信息披露标准的最低要求，透明度要求必须遵守欧盟法律规定。在一般市场上市的主要条件包括：公司成立三年以上；提供审计后的年度财务报告，包括符合国际财务报告准则和国际会计准则要求的管理报告和中期财务报告；对影响股票价格的公司经营信息进行实时披露；涉及公司董事交易的披露；重大事件的披露；公司控股权变化的披露。

初级市场（Entry Standard）是由德意志交易所监管的非官方市场，是德意志交易所公开市场的一部分，其法律框架是按照德意志交易所规范的非官方标准制定的。申请在初级市场上市的公司需要满足的主要条件包括：企业成立的时间需要在一年以上；提供符合国际会计标准或者美国、加拿大、日本会计标准的年度和中期报告，以及德文和英文的公司管理报告；定期披露公司重大事件；公布公司简况；公布公司主要经营计划的时间表。

4. 欧洲尚没有统一的私募市场。在过去的二十年中，欧洲公司已经逐渐摆脱了通过银行筹集长期资本的传统，更多地通过欧洲的证券市场进行直接融资。欧盟并没有形成一个统一的私募市场。虽然某些多边交易系统允许私募证券的转让，《金融工具市场指令》没有对私募发行市场制定相应的规定。

（二）主要市场交易制度

1. 泛欧交易所的交易制度。泛欧交易所是全球第一家完全整合的跨国界的证券交易所，建立了统一的交易规则和一体化的电子交易平台（Euronext Trading Platform），并通过同一个系统（LCH.Clearnet）进行清算。证券交易全部通过该电子平台进行，欧洲交易所中央证券交易簿上的证券交易量在欧洲各大证券市场中居领先地位。中央证券交易簿的设计注重市场流动性以期使证券买卖双方获得最佳交易价格。

泛欧交易所在主板市场（Eurolist）和二板市场（Alternext）上市的股票由流动性提供者（Liquidity Provider，LP）提供流动性，根据流动性决定采取指令驱动机制的竞价交易制度和由报价驱动的做市商制度。主板市场以竞价交易制度为主，欧洲交易所 100 指数的成份股只能采取竞价交易制度。二板市场这两种交易模式并存，所有服务于主板市场的会员均与此市场相连接。LP 分为永久 LP（Permanent Liquidity Provider）和拍卖 LP（Auction

Liquidity Provider）。前者是在竞价交易中出现中断时进行双边报价，后者只适用于采取单一做市商制度公司的双边连续报价。LP由交易所任命并与交易所签订相关协议，履行相关义务。《流动性提供协议》规定了以下内容：流动性提供者为履行报价义务的每日最高交易数量；流动性提供者交易计划；最高价差与每次报价最低数量限制；其他有关报价参数的规定；因履行报价义务所产生交易的收费计划。欧洲证券交易所规定，一只证券至少应有1家或多家LP，LP进行双边报价的价格区间是10%，最低报价数量为5 000欧元，在报价区间内必须承担成交义务。Euronext市场的LP没有任何特别的交易特权，但交易所免去与其报价有关的交易费用。此外，LP还可以得到来自证券发行者的财务补贴，特别是流动性提供者为发行者提供其他服务；LP通过在订单簿内报价并予以披露，可扩大其知名度。

2. 伦敦交易所的交易制度。20世纪80年代以前伦敦交易所实行面对面口头报价驱动的交易制度。1986年，英国金融市场“大爆炸”（Big Bang）促使伦敦交易所建立了自动报价交易系统，即股票交易自动报价系统（Stock Exchange Automated Quotation，SEAQ）和国际股票自动报价系统（SEAQ International）。1993年，为改善流动性较差股票的交易，建立了股票交易另类服务系统（Stock Exchange Alternative Trading Service，SEATS Plus）。1997年，适应世界范围内交易自动化程度的提高，建立了指令驱动交易系统，即股票交易电子服务系统（Stock Exchange Electronic Trading Service，SETS）。目前，这四个交易系统服务于伦敦交易所主板市场和AIM市场。

SETS系统实行订单驱动的竞价交易制度，是一种完全自动化的指令驱动电子交易系统，主要服务于伦敦交易所富时100指数（FTSE100）成份股、大部分富时250指数（FTSE250）中具有较高流动性的成份股和交易所交易基金（ETFs）等。各会员公司通过电子指令簿上的报价进行交易。会员公司提交的指令包括限价指令、最优指令、金额即时（Fill or Kill）指令和执行和取消（Excute or Eliminate）指令。

SEAQ 系统实行报价驱动的竞争性做市商制度，主要服务于 SETS 系统交易股票以外的股票、债券等。上市股票通过 SEAQ 系统交易必须具备至少两个做市商。成为注册做市商必须符合一定的条件，如获得英国金融服务局（FSA）的批准。在注册后，做市商在随后的 3 个月内不得退出；而一旦退出，则在随后 3 个月内不得重新注册成为做市商。做市商在交易时间内有义务为所担当的股票进行连续的双边报价，并在该价位接受投资者的买卖要求，为证券交易提供更多的流动性。竞争性做市商制度主要体现在做市商之间相互竞争，通过缩小买卖报价价差来吸引交易者。SEAQ 系统不仅显示每一种股票的最优买卖报价和数量以及最多可达 4 个报出该价格的做市商，同时也显示其他做市商的报价。交易所将监督和支持注册做市商履行义务。在市场发生剧烈波动时，注册做市商可能难以履行规定的双向报价义务，在这种情况下，交易可以宣布市场处于剧烈波动情况（Fast Markets），并暂时豁免注册做市商的各项义务。

SEAQ International 系统主要服务于欧美证券市场中具有较高流动性的国际证券。SEAQ International 上显示的股票报价，均是以该股票发行国的货币标价，并且通过该国际股票上市地的清算交收系统进行清算交收。该系统采用竞争性做市商制度，每只国际股票都有 2 个以上的做市商。

SEATS Plus 系统主要服务于伦敦交易所另类投资市场（Alternative Investment Market，AIM）股票和在竞争性做市商资格方面不符合 SEAQ 要求而不能在 SEAQ 系统上市交易的其他主板市场的股票。该系统实行做市商制度，一般只显示一个做市商的报价。当股票有两个或以上做市商为其做市时，则转到股票交易自动报价系统（SEAQ）交易。

3. PLUS 市场的交易制度。PLUS 市场是英国 PLUS 市场集团（PMG）所管理的未上市公司股票交易市场，市场内部分为初级市场和二级市场。初级市场是主要向广泛分布于各个行业、各个发展阶段英国国内外的小型公司提供挂牌转让服务的场外市场。二级市场则为已在伦敦证券交易所主板或 AIM 市场上市的股票，以及退市公司股票提供报价驱动交易服务。

两个细分市场都实施了做市商制度，做市商通过报价驱动的电子交易平台，以其自有资本参与市场，提供价格信息和流动性。投资者通过 PLUS 报价或 PLUS 交易的股票，需通过经纪自营商进行，经纪自营商既是 FSA 管理下的股票经纪人，又是 PLUS 市场的经纪自营商会员，经纪自营商收取投资者的交易服务费可以有较大的折扣，大大低于伦敦证券交易所的水平。做市商的职责就是在 8：00—16：30 的交易时间内通过向经纪自营商提供双边的买卖报价来向市场提供流动性。PMG 对经纪自营商和做市商采取会员制进行管理方法，会员免交会员费和通道费。目前，PLUS 市场有约 50 家经纪自营商和 7 家做市商。

4. 德意志交易所的交易制度。德意志交易所是全球唯一一家具备综合性职能的交易所，能够为投资者提供全方位的交易、清算、结算、托管、信息和基础设施服务。其交易制度是竞价交易制度与指定保证人（Designated Sponsors）制度相结合的混合交易制度。

（1）电子化竞价交易平台。德意志交易所使用的 Xetra 系统，是一个泛欧洲的高效率的电子化交易平台。Xetra 系统采取订单驱动的竞价交易制度。所有交易通过中央报价簿进行撮合成交。2006 年，该系统的股票交易量占全德国股票交易总量的 93%，其中在该系统进行的德意志交易所 DAX 指数中 30 只成份股的交易量占全德国的 97.74%（法兰克福交易所交易厅占 1.33%、其他德国证券交易所占 0.93%）。

（2）指定保证人制度。为了解决流动性较差股票的交易问题，1998 年德国建立了类似做市商的指定保证人制度。由于德国有综合型银行的传统，银行、证券经纪商、证券交易商都可以通过申请获得指定保证人资格。上述机构满足法律规定的条件，经交易所批准可成为指定保证人，指定保证人可以为交易所所有股票提供流动性。上市股票如果每天交易额低于 250 万欧元则必须引入指定保证人为其提供做市。如果某上市公司没有选择指定保证人或无相应机构申请成为该上市公司指定保证人则由交易所指派。任何证券可以有一个以上的指定保证人，任何一个指定保证人也可以同时充当多只证券的指定保证人。此类交易通过交易厅柜台内的指定保证人进行。在交易所开市期间，指定保证人应客户要求必须立刻提供报价，并以报价条件与之交易，但报价由指定保证人根据市场情况决定，并不承担按照投资者价量要求成交的义务。指定保证人没有义务维持持续的双边报价，在指定保证人难以达到报价标准要求时或出现技术性障碍时，交易所允许指定保证人对一些报价要求不作出回应或不参与一些集合竞价。交易所针对指定保证人制定了报价最大差幅、最小报价规模、回应时间、参与率等标准，并根据这些标准，监管和记录指定保荐人执行这些标准的情况。指定保证人可以向发行人收取固定费用，同时可以免交两年的指定保证人账户交易费用。

5. Chi-X 交易制度。Chi-X 是另类交易系统（Alternative Trading System，ATS），即传统交易所以外的自动集中、显示、撮合或交叉执行证券交易的电子交易与撮合系统。Chi-X 是一个泛欧洲的多边交易平台，实行订单驱动的竞价交易制度。系统能公布持续的报价信息。在中央订单簿上，所有的指令遵循价格优先和时间优先的原则进行连续竞价、撮合成交。交易系统支持限价、市价等多种订单类型，订单当天有效，当天没有执行的定单在交易日结束后全部取消。相比欧洲传统交易所订单类型更灵活多样（见下表）。Chi-X 凭借“免费搭车”的成本优势和更低的运作成本，使得证券交易更加快捷、灵活，交易成本更低。

表 4-2　Chi-X 与伦敦交易所（LSE）支持定单类型比较

支持的定单类型或订单限制条件	Chi-X	LSE
限价订单（Limit）	支持	支持
市价订单（Market）	支持	支持

续表

支持的定单类型或订单限制条件	Chi-X	LSE
冰山订单（Iceberg）	支持	支持
执行和取消（Execute or Eliminate）	支持	支持
全额即时（Fill or Kill）	支持	支持
隐藏（Hidden）	支持	不支持
Mid Peg	支持	不支持
Primary Peg	支持	不支持

Chi-X 为 Instinet 公司第四代交易技术系统，核心技术系统采取的是一个低成本、开放接入、前沿、快速的技术模型，其核心的撮合系统是基于 linux 操作系统的应用系统，相对应的硬件为中型计算机或以下配置，开发及维护成本较低，而且容易迅速低成本地扩展核心硬件系统配置和能力，因此具备很高的性价比和实用性。

目前，Chi-X 核心系统能处理每秒 3 万条信息，相对于伦敦交易所系统每秒 3 500 条的处理能力，核心系统处理速度快了近 10 倍。核心系统同时拥有实时灾备系统，具有很高的安全性。Chi-X 的整个技术系统总体时延很小，从 2007 年 4 月一个普通交易日的实际测试来看，消息从发出到接到系统响应的平均时延，Chi-X 系统表现最好，为 2 毫秒左右，大大优于其他欧洲交易所系统。

表 4-3　Chi-X 公布的测试情况

交易所系统	平均时延（毫秒）
Chi-X	2
LSE SETS	20
Deutsche Borse Xetra	60
Euronext	75
OMX	137

续表

交易所系统	平均时延（毫秒）
Borsa Italiana	174
SWX	284
VIRT–X	291

Chi–X 的实时交易数据可以通过行情系统（CHIXMD）直接查到，也可以从 Chi–X 的网站上的 BookViewer 查看，或者通过第三方的数据供应商获得标准格式的行情信息和相关数据。Chi–X 技术系统下一步将重点在智能路由技术、提供和巩固市场交易数据、场外交易报告服务、综合数据分析等四个方面进行产品开发或规划。

Instinet 是一家全球性的机构经纪商，提供与全球 50 多家证券市场实现成功互动所必须的交易专业知识技能以及先进技术，公司客户包括国际互助基金、保险公司、养老基金和对冲基金，Instinet 公司仅为其提供代理服务；Instinet 借助公司各类前端交易系统、证券交叉配对网络（Crossing Network）、算法和投资研究产品，积极提高机构投资业绩，降低整体交易成本。Instinet 公司总部设在纽约，在北美、欧洲和亚太地区设有办事处，该公司于 2005 年 4 月被 NASDAQ 收购。

四、启示与借鉴

（一）市场层级设计和建设以功能为核心

每个层级具有清晰功能定位，透明度较高，不同层次针对不同的公司和不同的投资者，即意味着不同的市场风险。层次较高的市场，对企业的上市标准要求较高，信息披露较充分，对投资者开放程度较高，投资者入市标准较低，监管程度要求较高，上市企业承担上市成本较高。层次较低的市场，对企业的上市标准要求较低，信息披露不充分，投资者多为风险识别和风险承担能力较强的机构投资者，因此市场对监管的要求不是很高，上市企业承担的上市成本较低。以德意志交易所为例，层级最低的公开市场的服务对象为非公开发行公司，企业融资采取私募融资方式，需要充分披露市场风险和企业风险，投资者风险自担，该市场不在德国金融监管局的监管之列；初级市场主要服务对象为中小企业，公司的上市标准较低，只要求公布符合所在国的会计通用准则并经审计的年报、中报和公司新闻的定期披露，上市标准简化，上市成本较低，由交易所监督公司信息披露的执行；在一般市场上市的公司需满足欧盟对上市公司信息披露标准的最低要求，如符合国际会计准则和国际财务报告准则的年报和中报、公司经营信息的及时披露、重大事件披露等；高级市场具有更高程度的透明度，公司在高级市场上市除要求满足一般市场上市标准外，还应披露公司季报、每年召开至少一次分析师研讨会和在互联网披露公司经营计划等。因此，市场层级的建立是针对不同类型公司的功能要求和风险特征，针对不同投资者风险识别承受与鉴别能力，制定不同的上市标准、信息披露标准和监管标准，配合不同的交易制度而实现的。

（二）在“三统”基础上，场内多层次和场外多层次并存

第一，在欧盟的法律体系下，制定较高要求的信息披露标准，作为对欧洲各国证券市场的指导，在宏观层面引导和规范市场。第二，交易所场内满足不同功能的各类交易平台和交易所场外电子交易系统共存；不同市场标准的公司可以在统一的交易平台进行交易；集中统一的清算系统支持投资者跨市场层级交易；交易所与场外电子交易平台的竞争迫使传统交易所大量投资于交易系统改造并强化跨国市场间的联系，使得交易费用大为降低；积极推进金融工具创新，品种繁多的金融衍生产品市场为资产配置和风险处置以及做市商制度的发展提供了条件，提高了证券市场制度效率。第三，交易所市场具有经验、人才、技术、系统等诸多优势，欧盟的经验表明，多

层次市场以场内多层次发挥重要作用，有利于宏观节约和市场系统安全。

（三）混合交易制度是多层次证券市场交易制度的发展趋势

促进市场的流动性，降低交易成本，充分发挥证券市场的价格发现功能，是交易制度安排的核心目的。交易制度安排本身并不能决定交易行为的性质。自 20 世纪 80 年代开始，随着计算机技术在证券市场中的广泛运用，交易制度发生了一些重要的变化，呈现出相互融合的趋势，即原先采用做市商制度的市场逐渐引入竞价交易制度，而原先采用竞价制度的市场逐步认识到做市商的现实意义，引入做市商制度，从而形成各具特色的混合交易制度。伦敦证券交易所在完善报价驱动的做市商制度的同时，引入了指令驱动的竞价交易制度。在报价驱动的交易制度中，不仅有竞争性做市商制度，也有垄断做市商制度。在指令驱动的交易制度中，不仅允许限价指令和市价指令的存在，而且开发了冰山指令、金额即时指令、执行和消灭指令等。欧洲证券交易所实行竞价交易制度和由 LP 提供流动性的报价驱动交易制度相结合的混和交易制度。德意志证券交易所在完善竞价交易制度的同时，建立了指定保证人（Designated Sponsors）提供流动性的报价驱动交易制度。

（四）技术系统外包是证券交易市场建设新模式

现代证券交易市场建设包括三个重要方面，即市场管理、市场营销和技术支持。市场管理包括法律法规制定、市场监管等；市场营销指在交易所相互竞争的情况下，各交易场所运行主体进行的市场宣传和推介；技术支持是交易制度的实现载体，指软硬件方面的电子技术系统。随着社会专业化分工水平的提高，欧洲证券市场的建设已发展到很高的层次，市场管理和市场营销由交易所通过有形的载体专职负责，而专业化程度较高的技术支持则采取整体外包的模式，由交易所技术服务提供商来完成。OMX 公司既是北欧证券交易所的拥有者和运营商，也是世界最大的交易所技术服务提供商，已为55个国家的70家证券交易所提供交易系统、清算系统和市场信息发布系统的服务，业务内容包括交易系统设计与咨询服务、软件支持与维护等。AEMS公司作为全球性技术服务提供商，为交易所、清算公司、银行、经纪商等中介机构提供业务咨询、项目管理和交易系统技术支持，例如欧洲证券交易所的交易平台就是由其提供计算机软硬件支持和维护。交易技术系统建设的外包模式使得以前交易所完全自主承担市场管理、市场营销和技术支持三方面工作的状况发生了改变，市场有形载体和技术载体相分离成为可能，有利于证券交易市场技术服务提供商更加专注于自身职责，促进了证券市场发展。

第五章 · 投资银行篇

着力建设高水平国际化投资银行体系

投资银行在资本市场功能发挥过程中居于核心地位。投资银行是资本市场交易活动的重要组织者和执行者，是资本市场功能的制度基础和创新的逻辑主体。从国际经验来看，投资银行在资本资源有效配置、服务各国经济建设和国际竞争中都发挥重要作用，一个国家投资银行强不强大基本决定了这个国家资本市场的发展水平、功能及其服务半径。面对日趋复杂的国际经济金融环境，服务国内国际经济发展“双循环”新格局，迫切需要建设高水平、国际化的投资银行体系。

一段时间以来，我国资本市场功能还不够强大，其重要原因之一就是投资银行发育发展还不够强大，小而不专，大而不强，勤勉尽责、忠诚信义尚未深入人心，合谋造假时有发生。表现为投资银行机构同质化、业务通道化、竞争公关化，根本问题在于整个投资银行体系缺乏市场化的竞争机制和基于专业化服务的核心竞争力。制约投资银行发展的原因有自身的微观因素，也有监管体制政策等宏观因素。问题的表象在微观，问题的根源在宏观。主要矛盾是建立在行业机构不成熟、不均衡发展基础上的监管政策体系与建设高质量投资银行体系所需要的监管环境之间的冲突和不匹配。监管怕乱，行业怕罚，彼此强化，形成负向循环。

贯彻新发展理念，宏观审慎和微观审慎协调统一，监管力量和市场力量动态平衡。理念上相信市场就要相信竞争规律，增强对市场竞争引起的“错”与“乱”的容忍度，容“乱”纠“错”正是市场规律发挥作用的过程和结果，也正是市场韧性的表现。开放市场准入，鼓励市场竞争，释放市场潜能，激发市场活力，在机构准入、业务牌照、并购重组等方面实行更加灵活的制度安排，尽快逐步实行注册制。让机构竞争性生死存亡成为常态，生存竞争是最根本的竞争，没有生死存亡就没有优胜劣汰；要坚决克服监管中的“泛爱主义”，无原则的“泛爱主义”是对市场规律的实质性破坏。

投资银行只有在开放自由的市场竞争中才能得到大力发展和培养出核心竞争力，才能逐步形成各有特色、小而专、大而强的投资银行体系，整体上功能齐备互相补充，在此基础上形成相匹配的分层分类的差异化监管体系，整个资本市场才能充满生机和活力。

加快推进投资银行数字化转型。5G技术支撑的高速通信网络正在深入社会经济生活，以人工智能、区块链、云服务、大数据（ABCD）为代表的新一代数字科技应用正在赋能、颠覆证券行业的传统逻辑和业务模式。证券行业要尽快更新观念改变目前投入少、人才缺、监管严的落后状况，尽快加大投入、研发和应用，主动顺应数字化时代发展的趋势，建设智能投行。未来投资银行的竞争，一定是以算法为代表的智能竞争。

加快建设具有国际竞争力的一流投资银行队伍。任何一个行业的健康稳定发展都有几个市场集中度比较高的头部机构，承担维护市场稳定、规范市场行为、引领市场发展、参与国际竞争以及落实国家战略的使命。面对日益复杂的国际经济金融环境，我国资本市场迫切需要加快建设具有国际竞争力的一流投资银行队伍。建设国际一流投资银行应当上升为国家战略。

建设高质量投资银行体系是一个长期的系统工程，要以“功成不必在我”的精神、“十年磨一剑”的信心和毅力，坚持不懈地努力和奋斗。

第一节　有中国特色的世界一流投资银行建设之路[①]

近些年来，我国证券业改革发展取得了前所未有的成绩和突破，拥有了市值规模位居全球第二的股票市场和余额规模位居全球第三的债券市场。2017 年中国证券业的资产规模和盈利能力指标都比 2012 年翻了一番以上。但是，证券业及证券公司的发展状况与资本市场的国内国际地位仍然十分不相称。我国证券行业竞争格局正经历着前所未有的巨变，面临着三面夹击的强劲竞争：一是银行、保险的“混业竞争”；二是互联网机构的“跨界竞争”；三是市场进一步开放，国际巨头的“跨境竞争”。后金融危机时代，全球金融监管和国际金融治理发生了深刻的变化，国际金融格局和竞争规则面临重塑和重大调整，中国全球战略和金融改革发展面临前所未有的挑战，也迎来前所未有的战略机遇。我们迫切需要建设一支与我国全球经济地位和政治地位相匹配的投资银行队伍，尽快提升资本市场服务实体经济、服务国家战略、参与国际竞争和治理的能力和水平。

证券公司正面临前所未有的使命。建设一批与我国经济金融国际地位相匹配的具有一流国际竞争力的投资银行，形成投资银行国家队，是建设资本市场强国战略的重要支点，有必要从全球视野和国家经济金融体系发展与安全、国家全球战略的高度，深入研究论证和重新审视我国资本市场的格局和发展方向。

---

① 本文是 2018 年 6 月完成的课题报告，作者时任中国证监会研究中心研究员。课题组成员有刘青松、李东平、童卫华，陈倩、吴伟央、唐靖、戴苏林、王若阳、马超、韩晓东等。感谢证监会研究中心、机构部、研究院，以及中信、海通、国君、广发、华泰、国信、建投、银河、招商、申万、中金、光大等证券公司，为课题调研提供大力支持和配合。

一、建设有中国特色的世界一流投资银行是国家战略

（一）投资银行是资本市场功能的核心

投资银行是现代资本交易活动重要的组织者和执行者，是资本市场功能和创新的制度基础和逻辑主体。现代资本市场最大的特点就是资本端、融资端的对接。投资银行作为中介，一手托两家，起到了关键的作用。从国际经验来看，投资银行在各国经济建设和国际竞争中都发挥了重要作用。一个国家的投资银行强不强大，基本决定了这个国家资本市场的发展水平、功能及其服务半径。近期暴发的激烈的中美贸易摩擦表明，中美直接全面竞争不可避免，必须尽快补强金融这个短板。资本市场强国建设的核心是做大做强投资银行，要建设国际领先的、有世界竞争力的资本市场，其核心就是做大做强高水平国际化的投资银行队伍。

（二）证券业及证券公司发展状况与资本市场国内国际地位仍然不相称

美国证券行业的总资产占GDP的比重在20%—30%，而我国是3%—6%。比重最高的是2015年股灾的那一段时间，最高水平达到9.37%。仍然与美国有很大差异。

从投资银行角度来看，2016年、2017年，国内排名靠前的五大证券公司是中信证券、国泰君安、广发证券、海通证券、华泰证券，与高盛和摩根士丹利比较发现：排名前5的证券公司总资产加起来大约是两万亿元人民币，相当于高盛的三分之一，摩根士丹利的三分之一。

从行业集中度来看，国际上无论是银行、保险还是证券，都需要有一些代表性大机构，才能有利于该行业的发展。然而，我国的行业集中度相对比较低。图5-1中，我国排名前五的证券公司的集中度在20%多，与日本、韩国等国家相比，我国是比较低的。行业之间比较也是如此，国际上对中国投资银行的看法更趋向于经纪人（Broker），和银行、保险比较，总

体集中度比较低。这说明我们的市场还不太成熟，没有形成有效的市场竞争力。

表 5-1　中国五大券商与部分可比国际投行对标分析（2016 年度）

指标名称	中信证券	国泰君安	广发证券	海通证券	华泰证券	高盛集团	摩根士丹利	野村控股
总资产（亿元）	5 974	4 117	3 598	5 609	4 015	59 670	56 533	26 468
净利润（亿元）	109.81	113.53	84.09	89.31	65.19	513	415	148
ROE（净资产收益率）（%）	7.36	10.08	10.29	7.39	7.59	8.52	7.91	8.73
资产负债率（%）	75.6	73.1	77.39	78.26	78.66	89.84	90.53	93.36
海外业务占比（%）	12.14	6.21	2.43	21.20	1.31	40.74	26.39	27.29
员工数（人）	16 964	14 573	11 544	9 800	6 967	34 400	55 311	28 672
最新市值（亿元）8 月 28 日	2 002.72	1 708.83	1 270.25	1 565.41	1 370.56	5 610.77	5 723.53	1 309.29

数据来源：WIND 资讯，华泰证券整理。

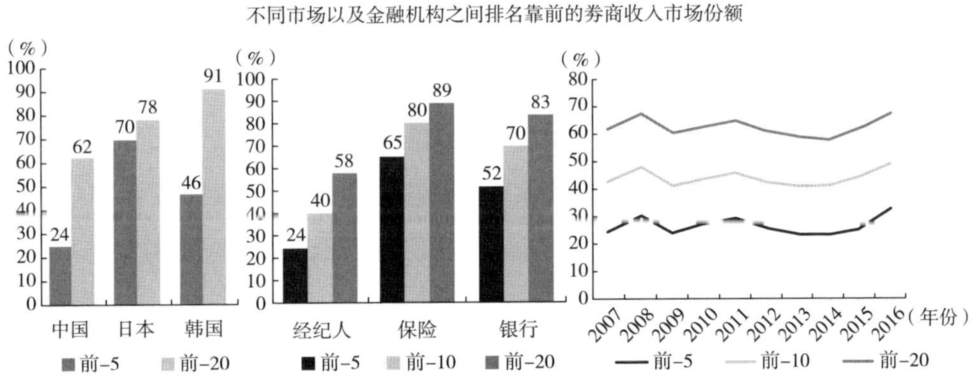

图 5-1　过去十年，中国券商行业并未出现整合迹象，市场一直高度分散

资料来源：中国证券业协会，中国银监会，中国保监会，Wind。

（三）首要任务是建设一支具有国际一流竞争力的投资银行国家队

一方面，目前我国证券行业迎来前所未有的战略机遇，后金融危机时代，全球金融监管和国际金融治理发生了深刻的变化，国际金融格局和竞争规则面临重塑和重大调整，中国全球战略和金融改革发展迎来前所未有的战略机遇；另一方面，我国证券行业也面临前所未有的挑战，迫切需要建设一支与我国全球经济地位和政治地位相匹配的投资银行队伍，尽快提升资本市场服务实体经济、服务国家战略、参与国际竞争和治理的能力和水平。对此，有必要从全球视野和国家经济金融体系发展与安全、国家全球战略的高度，深入研究论证和重新审视我国资本市场的格局和发展方向，建设一支具有国际一流水平的投资银行国家队。

二、具有世界一流水平的投资银行国家队的内涵、特征及意义

（一）基本内涵

首先是国内一流投资银行，能够反映国内投资银行的最高水平；其次必须在国际资本市场上具有强大的竞争力、执行力和影响力，达到国际一流水平；最后是有国家忠诚度，有意愿、有能力、肯担当，有强烈的责任意识，自觉代表国家利益、落实国家战略、体现国家意志。

投资银行国家队是资本市场行为规范的制定者、践行者、示范者，是服务国家战略的领头羊，能够自觉摆正国家利益和企业自身利益的关系，平时，能够做资本市场建设、运行和发展的表率；危时，能够顶得上、靠得住，维护市场秩序。

投资银行国家队不强调国有或国有控股，强调投资银行的综合服务能力、国际竞争力和国家忠诚度。

（二）基本特征

1. 综合实力强大。规模大。资本实力、资产规模、营业收入、盈利能力及客户资产规模等各项指标综合排名位居前列；在国际市场竞争中，各项指标要能够有一定的竞争力。

影响力大。有很强的市场影响力和品牌号召力，抗风险能力强，是行业的“稳定器”，对维护国家核心利益以及国家金融安全具有重要作用。

同业关联性高。集团化经营，分支机构数量众多，线上线下渠道高度融合，覆盖全国和全球两个或以上主要金融中心，与国内外其他金融机构的业务来往频繁。

2. 具备宽阔的“护城河”。“护城河”体现出在各种复杂环境下抵御外来进攻且有效保护自己并取得防守性胜利的能力。当前，我国投资银行的“护城河”主要来自严格管控的行政许可和牌照管理。在开放竞争的市场环境下，行政许可和牌照的防御性功能将大大降低，宽阔的护城河将主要来源于：

国际一流的合规、风控和资本管理能力。识别、评价和管理国内国际纷杂多变的风险环境，在激烈的竞争中有效地武装自己、保护自己。

国际一流的人才机制和人才储备。丰富的业务经验和国际先进的业务规范和制度积累。

国际一流的品牌美誉度。良好的公司文化和品牌形象，形成强大的国际认可度和向心力。

完善的公司治理。治理结构、规则、制度完善有效，在世界各法域根据市场特征妥善处理激励和制约的内在关系。

3. 具有强大的核心竞争力。竞争力体现为在激烈的市场竞争中把握商机的能力，在纷繁复杂的需求中提供服务的能力，在险象环生的环境中实现盈利并发展壮大的能力。核心竞争力是投资银行差异化的竞争优势，具有完全的不可替代性，是在激烈竞争中攻城略地取得进攻性胜利的根本力量。

足够大的资本规模。投资银行的竞争归根到底是资本的竞争，资本是投资银行一切竞争力的基础，所谓“定价权”，归根到底是买家定价，即有资本支持的定价才是有效定价。国际主要投资银行拥有巨大的资本规模，并且能够快速筹集、调动、配置巨量的国际资本，影响并引领世界经济发展格局。

国际一流的研究能力。研究能力是一切业务能力的先导。研究能力是在全球社会经济发展不均衡中发现商机，并提出推动世界经济回归均衡策略建议的能力。国际上有影响力的投资银行差不多都是对现实经济最权威的研究机构，至少是可以和一流科研机构、政府研究部门并驾齐驱的。

强大的专业服务执行力。执行力就是推动不均衡的全球经济回归均衡并实现商机的能力，体现为高效落实公司战略决策并实现利润的能力。具有专业素质且精通投行业务的高端人才队伍，在全球范围内广泛布局并不断积累持续发展，在重点区域如一些国际金融中心精耕细作并以此为中枢向其他地区辐射。在全球范围内最优配置金融资本资源，形成有市场号召力的价值重估和资产定价，并完成交易。

强大的创新能力。投资银行国家队顺应形势，应敏锐地把握需求动向，注重创新，按照市场发展的方向形成前瞻性的竞争力。

4. 综合化、国际化程度高。具有完整的业务链、产品链和服务链，能够向各类客户提供多市场、全周期、多层次、一站式的综合金融服务。跨境业务占比较高，在“一带一路”沿线重要国家资本市场具有较强的影响力和渗透力，在亚太区域乃至国际市场具有强大的资源配置能力和品牌影响力，拥有一定国际定价权。

5.“靠得住”是国家队的灵魂，是国家队区别于欧美大行及其他一流投行的根本特色。“靠得住”并不意味着对政府或监管唯命是从，国家队必须严格遵守公司治理原则，忠于全体股东利益、忠于市场经济原则、忠于国家法律、忠于国家利益。

投资银行国家队自觉围绕国家战略主动作为。积极参与国家战略的研究制定与贯彻实施，为国家战略、市场监管的创新和完善积极主动建言献策；如果由于客观环境或市场条件等因素变化，导致国家战略的实施确实缺乏市场可行性，投资银行国家队要深入研究并及时向国家报告有关意见，供国家决策参考。在某些特殊情况下，公司利益和国家利益出现冲突的时候，投资银行国家队服从于、服务于国家战略利益，尤其是在危机时刻要处理好局部利益和全局利益、眼前利益和长远利益的关系，要能够顶得上、靠得住，勇于担当，不能畏首畏尾，更不能内外勾结，浑水摸鱼，做空国家谋取私利。正确处理国家利益和企业利益关系，应当成为投资银行国家队每一个员工的“内化于心，外化于行”的自觉的行为准则。

投资银行国家队要忠实于市场经济规律。按照市场经济原则办事，以公司全体股东利益最大化为目标。这是市场经济活动的第一原则，是资本市场机制和功能发挥作用实现资源优化配置的前提和基础，这样才能从根本上服务社会主义市场经济制度。投资银行国家队应自觉秉持“三公”理念，抵制违背市场经济规律行为，与破坏“三公”原则、破坏市场文化的现象作斗争；自觉依法合规经营，做资本市场诚信法治的维护者、践行者、领头羊，不逾越法律边界，自觉抵制违法违规、踩红线、钻空子等各种恶意逃避监管行为。

（三）投资银行国家队的使命

1. 服务金融安全。建设投资银行国家队是服务国家金融安全的重要举措。随着经济金融日益开放，我们既要防范国内风险，又要防范国际金融风险及其在国内的传导和冲击，维护国家金融主权。建设投资银行国家队，发挥资本市场“稳定器”和国际风险传导“防火墙”的作用，是“健全金融监管体系”，扼守住“不发生系统性金融风险的底线”的第一道关口。

2. 维护市场稳定。投资银行国家队积极探寻并自觉遵循资本市场发展规律，积极参与重大改革措施和监管政策的研究、制定和执行，防范资本市场非理性大起大落，是重大监管政策的支持者、执行者，在现代金融监管体系中发挥不可或缺的重要作用，是维护资本市场稳定健康发展的中坚力量。

3. 规范市场行为。投资银行的行为决定资本市场功能和品质。我国资本市场一系列无序恶性竞争行为不断试探、突破监管底线，市场理性预期被不断击穿，甚至“劣币”大行其道，“良币”难以独善其身。建设投资银行国家队，引领和规范竞争行为，倡导理性的、有尊严的竞争文化和市场文明，提升整体水平，促进投资银行把精力放回到培育和提升核心竞争力上来，比能力、比服务、比品质，努力提升资本市场服务实体经济能力、效率和质量。

4. 引领市场发展。建设投资银行国家队是我国资本市场实现转型升级的客观需要和内在要求。投资银行国家队通过收购兼并，扶优、限劣、汰恶，优化投资银行队伍结构，推动我国资本市场由低层次的、封闭的自然竞争状态向高层次的、开放的有效竞争、有序竞争并存的垄断竞争市场形态转变，促进我国资本市场的转型升级。

5. 参与国际竞争。经济全球化趋势不可逆转，经济金融资源双向流动日趋频繁，我国企业和资本实施国际战略迫切需要投资银行国家队提供高水平、“靠得住”的财务顾问、投融资服务，参与国际金融规则制定，夺取国际金融话语权，代表国家利益、发出中国声音。

6. 服务国家战略。国家队是资本市场服务国家战略、服务实体经济的主力军，创新金融服务模式，充分利用国际国内两种资源、在岸离岸两个市场，配置金融资源、提高资金使用效率服务高质量发展；积极参与“一带一路”沿线国家的经济建设和交流合作，推动“资金融通”服务倡议；推进形成人民币资产的国际定价机制，服务香港和上海国际金融中心。

（四）行业机构对建设国家队的顾虑

1. 内在动力不足。国内市场相对封闭，牌照垄断，同时因为一些地方保护，大家“日子过得都不错”，没有“生存压力”；部分国有控股机构高管限薪，部分高管认为“走出去”的风险太高，与收益不匹配，导致进取精神不足，发展动力有限。

2. 责任追究机制不匹配。国有控股机构担心出现像2015年“救市”情况引起决策程序不当和亏损，面对审计纪检和巡视时解释不清楚；民营控股机构担心出现“政策性”亏损股东要问责等。

3. 核心竞争力严重缺失。行业机构严重“同质化”、业务“通道化”、竞争“公关化”，核心竞争力严重缺失。集中反映在行政干预、合规要求“过细”“过严”“一刀切”，形成了以合规为核心的行业生态，风控水平高的公司出于合规的要求不得不迁就风控水平低的公司，行业弱化了自主发展能力、自主创新能力和自律意识，形成逆淘汰机制。

4. 差异化政策扶持不给力。大家普遍认同“差异化”监管理念，但是“差异化”步子太小，既不能反映行业机构之间发展的本质差距，也不足以扶持绩优机构做大做强发展壮大。“小脚”跑不出国际一流水平的“国家队”。

三、国际主要投资银行的经验和借鉴

美国证券经营机构总资产规模占美国同期GDP的22%—29%，我国只有7%—8%；美国有5 000多家各类证券经营机构，我国只有129家；我们前五大机构总资产之和只有高盛公司的三分之一，与野村证券相当。无论在行业规模还是机构数量上看，我们的差距很大，空间很大，都需要大力发展投资银行业。

表5-2　中美证券行业规模及占GDP比重对比

	2011	2012	2013	2014	2015	2016
美国证券行业总资产（亿美元）	45 673.32	47 774.12	44 790.24	43 828.95	39 944.51	30 225
美国证券行业总资产的GDP占比（%）	29.43	29.57	26.83	25.20	22.15	16.15
中国证券行业总资产（亿元）	15 198.41	17 220.07	20 786.74	39 958.12	64 163.93	57 408.95

续表

	2011	2012	2013	2014	2015	2016
中国证券行业总资产的 GDP 占比（%）	3.21	3.18	3.49	6.35	9.37	7.78
美国证券行业营业收入（亿美元）	2 389.14	2 569.10	2 645.05	2 749.83	2 732.70	2 715
美国证券行业营业收入的 GDP 占比（%）	1.54	1.59	1.58	1.58	1.58	1.52
中国证券行业营业收入（亿元）	1 322.28	1 300.17	1 591.79	2 526.76	5 747.95	3 285.79
中国证券行业营业收入的 GDP 占比（%）	0.33	0.24	0.27	0.40	0.84	0.44

数据来源：根据中国证券业协会、SIFMA 数据，自行整理。

（一）国际主要投资银行发展模式分类

根据汤森路透提供的数据，我们分析了 2016 年度国际主要市场股票发行、债券风险和并购重组等业务市场份额排名前 20 名的机构，可以看出国际主要投资银行在全球市场和区域市场的竞争力差异。按照业务特征及其综合性程度，国际主要投资银行可分为金融控股型、综合投行型和精品投行型三种类型；按区域特征及其全球化程度，可分为全球型和区域型两类。两个维度的分类相互组合，投资银行共可以分为六种类型[①]。

① 伦敦政经学院 Charles Goodhart 教授和 Dirk Schoenmaker 教授的研究报告认为，国际市场上投资银行分成四个梯队，全球只有美国这五家机构，即高盛、摩根士丹利、JP 摩根、花旗、美银美林，可以称为真正全球意义上的投资银行，属于第一梯队；第二梯队则由具有强大的区域性的市场玩家组成，如德银、巴克莱、瑞银、瑞信等在欧洲，中信、野村在亚太地区，汇丰则在欧洲和亚太两个地区；第三梯队机构由国家银行的投资银行部门组成，他们主要服务他们企业集团自己的以及公共部门的投资银行业务需求。加拿大和澳大利亚国家银行没有真的进入全球投资银行业务，属于第三梯队。第四梯队则由那些小型的、专业型的投资顾问、财富管理公司组成。

美国西北大学 David P. Stowell 教授将国际主要投资银行分为四种类型：全球型、大区域型、精品型和零售经纪公司。

表 5-3　国际主要投资银行的六种类型

业务特征 区域特征	金融控股型	综合投行型	专业化精品投行型
全球型	花旗　摩根大通 德意志银行　瑞银	高盛　摩根士丹利 美银美林　瑞银	拉扎德
区域型	汇丰银行巴克莱	野村证券麦格理	罗斯柴尔德杰富瑞

资料来源：课题组整理。

（二）对标国际主要投资银行

对标研究主要考虑两方面的因素：一是公司层面基本业务情况，如业务资源优势、收入来源结构以及主导竞争优势的发展战略；二是行业层面业务发展模式，以评估不同业务模式下的核心竞争力，为我国投行国家队的模式选择提供参考借鉴。2008 年金融危机以来，国际投资银行业及其金融监管发生了巨大而深刻的变化。美国五大投行消失了三家，高盛和摩根士丹利也转型为银行控股公司，投行业态和投行机构随之发生了巨大变化。高盛、摩根士丹利和美银美林是专营或主营投资银行业务的独立机构，专业化程度高、信誉卓著。摩根大通、花旗集团则是混业经营代表，其投资银行部门相对独立，投行业务与其它业务之间存在较为明显的“防火墙”，母公司对投资银行实行较松散的控制，可以广泛地利用商业银行的经营网络交叉销售投资银行产品。此外，总部位于欧洲的瑞银集团、瑞士信贷、德意志银行，日本的野村控股，也是国际投行中的佼佼者。这些机构在国际资本市场有较大的影响力，毫无疑问地体现出明确的国家属性和母国利益。

投行国家队建设具有直接总体对标意义的国际大行包括高盛、摩根士丹利、美银美林、野村控股、拉扎德、罗斯柴尔德和杰富瑞等，具有间接业务对标意义的有摩根大通、花旗银行、德意志银行、瑞士银行和瑞士信贷等。

（三）国际主要投资银行的经验和借鉴

国际主要投资银行模式特征是独特的核心竞争力在长期的市场竞争中发展形成的。

1. 交易型投行。该类投行的产品研究、设计、定价和创新对我国投行交易业务的创新发展具有指导意义。高盛在金融危机后，对业务结构进行了改革，从以往按照业务划分结构转向按照客户群体及客户需求划分结构。他们新设立了机构客户服务部及投资与借贷部，机构客户服务部通过为机构客户提供金融产品、帮助客户融资及进行风险管理创造利润，投资与借贷部则主要通过对公司或其他机构的股权、债券进行投资和为投资对象提供融资支持及兼并收购获得收入。改革后的高盛强化了资本中介功能，业务结构更加均衡。

2. 财富管理型投行。该类投行追求轻资本和高收益的业务模式，主要为高净值人群服务，追求收益和风险平衡来实现"资产稳健成长"。瑞银和瑞信以资产管理作为其优势业务，优势在于较强的销售能力、较低的产品和服务成本以及低资本需求，相比于其他类型的投行机构风险较小，尤其适用于不确定性持续增加的市场环境；美银美林以个人经纪业务起家，尤其是在个人理财上形成了行业认同的国际标准；野村控股主营经纪业务，一直奉行"一切以客户利益为中心，向客户提供财务顾问和融资服务而获得佣金"的经营宗旨，零售板块一直以来为野村证券带来稳定可观的收益，2009 年购入雷曼在亚洲、欧洲及中东地区的业务后，国际性做市和交易收入有所提升。

3. 精品型专业投资银行。一些精品型、专业型投资银行在国际竞争中也取得了不俗的成绩，如美国的拉扎德公司、英国的罗斯柴尔德、杰富瑞等。他们主要是一些家族型投行，具有悠久的家族历史、广泛的经济金融活动和较高的商业信誉，主要从事经典的并购业务。如吉利汽车并购沃尔沃由英国罗斯柴尔德主导。

4. 业务线条和部门划分灵活地跟随市场情况和监管要求调整。国际主要投资银行内部资源配置优化效率很高，业务线条主要包括传统投资银行业务（股债承销、财务顾问）、交易服务（经纪业务、做市服务）、资产管理和自营业务等业务线。机构客户服务占用公司资产和贡献营业收入占比均在 50% 以上，业务包括帮助客户进行债券、外汇及大宗商品交易的固定收益、外汇及大宗商品业务（FICC）部门和股票部门。金融危机之后，FICC 部门被普遍诟病为投行中造成金融危机的元凶部门，随后对于该类衍生品业务监管加强，各投行普遍将 FICC 部门并入其他部门，并停止了其中一些与自营相关争议较大的业务条线。以巴克莱为例，在过去 10 年业务线条和部门调整，尤其是在 2008 年欧债危机后，根据市场变化和监管要求，业务线条和部门设置调整较大。

5. 拥有全球影响力的研究能力。国际主要投资银行高度重视研究能力，主要体现在三个方面：跨国家、跨行业和跨市场，揭示全球发展不均衡的现状和趋势，引导国际资本流动。

表 5-4　巴克莱银行 2007—2015 部门调整

<table>
<tr><th>2007</th><th>2008—2009</th><th>2010</th><th>2011</th><th>2012</th><th>2013</th><th>2014—2015</th></tr>
<tr><td>英国银行业务</td><td colspan="2">英国零售银行业务</td><td colspan="3">UK RBB</td><td rowspan="5">个人和公司银行业务</td></tr>
<tr><td colspan="2">巴克莱全球投资者</td><td colspan="2">投资管理</td><td colspan="2" rowspan="2">财富和投资管理</td></tr>
<tr><td colspan="4">巴克莱财富</td></tr>
<tr><td rowspan="4">国际零售和商业银行业务</td><td>巴克莱商业银行</td><td colspan="2">巴克莱公司</td><td colspan="2">Europe RBB</td></tr>
<tr><td>GRCB-Western Europe</td><td>西欧零售银行业务</td><td colspan="3">Europe RBB</td></tr>
<tr><td>GRCB-Emerging Markets</td><td>巴克莱非洲</td><td colspan="3" rowspan="2">Africa RBB</td><td rowspan="2">非洲银行业务</td></tr>
<tr><td>GRCB-Absa</td><td>南非联合银行</td></tr>
<tr><td colspan="4">巴克莱资本</td><td colspan="3">投资银行</td></tr>
<tr><td colspan="7">巴克莱卡</td></tr>
</table>

续表

2007	2008—2009	2010	2011	2012	2013	2014—2015
总行和其他操作						总行
						巴克莱非核心

数据来源：根据巴克莱银行年报（2007—2015）整理。

（1）跨国家。这些投行通过将其内部各区域的研究观点进行比较分析，对全球政治经济格局获得深入的研究和判断，如MSCI新兴市场指数和“金砖四国”的提出。目前，MSCI新兴市场包含国家已从10个上升到23个，代表全球资本市场份额从1%上升到10%，跟踪MSCI新兴市场指数的具体资金量难以估计，仅黑石跟踪该指数的ishares ETF，截至2018年3月9日，资金量就达436.6亿美元；2001年，“金砖四国”概念被时任高盛资产管理部主席、全球经济学家Jim O’neill在其研究报告“Building Better Global Economic BRICs”中提出后，广泛流传深入人心，“金砖四国”的国家领导人也意识到合作的可能性和必要性，举行了多轮“金砖四国（五国）峰会”。目前“金砖四国”拥有世界上24.9%的陆地面积，超过全世界41%的人口和23.8%的GDP。

国际投资银行对于国别、地区发展和冲突的深入研究，不仅帮助客户及自身把握商机，获取投资回报，同样为本国经济发展和社会经济发展提供政策建议。

（2）跨行业。国际投资银行的研究团队通常覆盖市场上的各个行业，通过对各个行业进行比较，调整资源在行业之间的配置，最终实现产业升级和转型。国际投行行业分析师在某一领域的深耕，结合其在全球整合资源的能力，形成该投行在全球范围内在该行业的优势，例如美银美林在汽车和能源行业的优势，高盛在房地产和新技术、媒体和电信（TMT）行业的优势，从而促进该投行在该行业相关业务，如承销、并购以及股权投资的发展。

表 5-5　美银美林研究部门定位

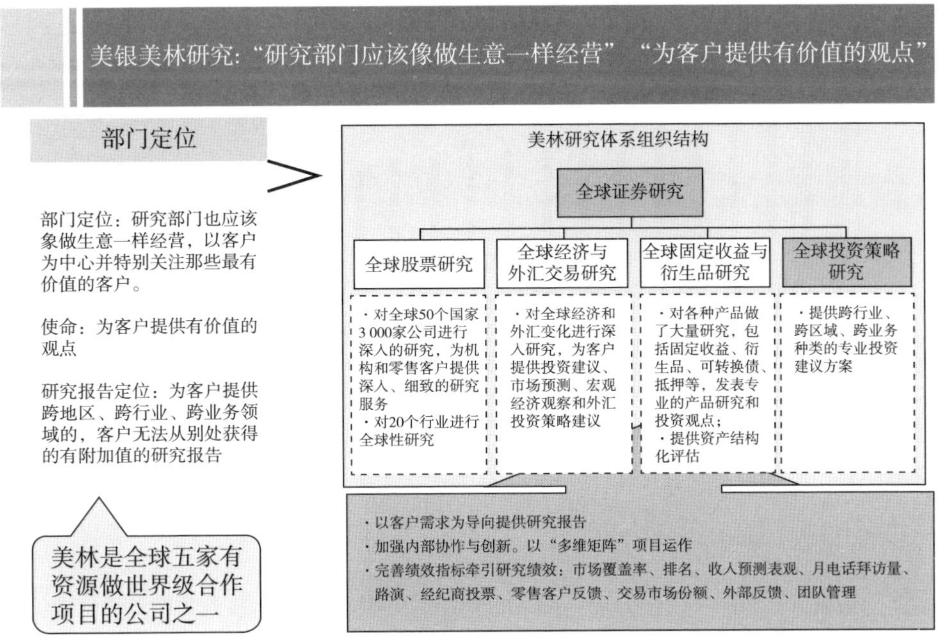

（3）跨市场。国际投资银行通常对全球经济金融进行深入研究，研究范围覆盖全球市场金融产品、大宗商品及其衍生品市场，在根据客户需求创造出相应产品之后，又请到顶尖的金融学教授来帮助其定价。高盛的智囊人物费舍尔·布莱克（Fisher-Black）是芝加哥大学的终身教授，为了帮助高盛更精准地反映利率变化对债券隐含期权价值的影响而开发出的期权定价模型（Black-Scholes Model）最终获得诺贝尔经济学奖。国际投行的跨市场研究为客户提供市场预测、宏观经济观察和交易策略建议，极大提高客户分散风险、随时调整资产配置抵御风险的能力，为自身在不同金融产品上进行跨市场套利提供可能。套利交易大幅增加投行自营部门的营收能力，提高整个市场的有效性。

6. 强大的全球执行力。国际一流投行在全球设有很多"触角"，具有强大的全球执行力。高盛在 23 个国家拥有 41 个办事处，摩根士丹利在 27 个国家的 600 多个城市设有代表处，德意志银行在 70 多个国家设有 2 700 多个分支机构。国际主要投资银行在全球主要节点广泛布局，形成强大的全球执行力。

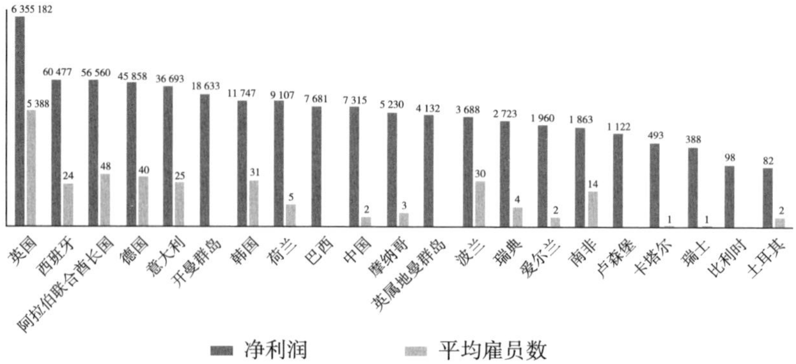

图 5-2　高盛业务 2014 年在美国外的各地区分布情况

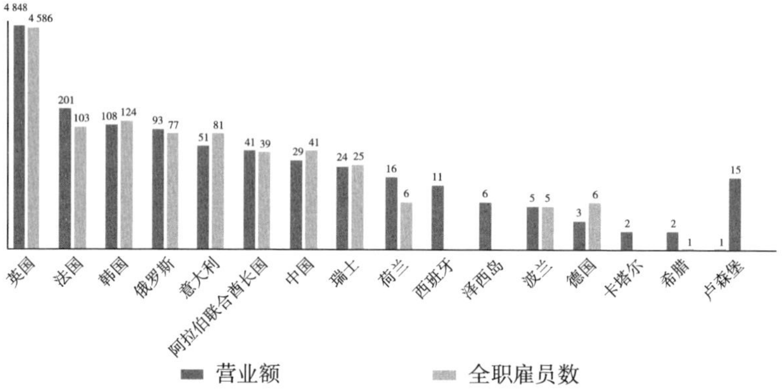

图 5-3　摩根士丹利 2014 年各地区业务分布情况

图 5-4　高盛、摩根和德银的国际布局及收入结构

（四）国家社会经济法治环境现代化和国际一流投资银行建设同步推进

国际经验表明，世界一流投资银行的成长不是孤立的，总是伴随着母国市场的同步发展，并且在激烈的竞争中脱颖而出，代表了各自国内投资银行最高水平。换句话说，没有母国市场的市场化、法治化、国际化、现代化，很难建成世界一流投资银行。

1. 经济实力与竞争力不断增强。在经济持续稳定发展时期，投资银行业通常都能获得快于经济发展的超额增长。美国从 1967 到 2000 年，GDP 增长 11 倍，同期投资银行业净收入增长了 57 倍；日本从 1961 到 1989 年，GDP 增长 19 倍，证券业净收入增长了 38 倍。正是在证券行业超常增长时期，这些国家培养出了具有世界影响力的投资银行。

2. 完善的法治体系及较高的市场经济发育水平。投资银行之所以能通过直接融资的手段服务于实体经济而实现资源有效配置，取决于良好的配套法律制度和法治环境。国际上主要投行均成长于法治水平健全、执法能力较强（包括在域外执法维权能力）的国家。特别是，以美国为代表的普通法系国家，相比较欧洲大陆法系国家更有利于投资银行的发展和成长。

3. 国内资本市场成熟开放，货币国际化程度较高。投资银行作为资本市场的主体，其在国际上的竞争力和影响力不仅取决于其参与国际项目的深度和广度，还与其所在国资本市场开放程度、货币的国际化程度息息相关。

4. 较高的诚信水平和公司治理水平。到目前为止，尚没有任何一家具有国际竞争力的投资银行来自于社会诚信和商业诚信较差的经济体。完善的公司治理是国际一流投行全球化扩张的重要保障。

5. 政府治理能力与市场监管水平现代化。投资银行的发展要求政府较少直接干预的经济型治理，以满足该国市场化、法治化的经营环境。在监管方面，与一流投行相匹配的是一流的监管，高水平的监管有助于及时解决投行所遇到的监管问题，为投行的发展壮大提供帮助。

6. 稳定的金融、经济环境与国家安全。在开放条件下维护国家金融、经济环境与国家安全稳定，和一流投资银行成长过程是相辅相成的，是综合国力和国家治理能力的综合体现。相反，没有金融经济环境的安全稳定，是不可能建设国际一流投资银行的。

四、建设国际一流投资银行的目标模式和路径选择

2014年，国务院发布了“新国九条”，中国证监会发布了《关于进一步推进证券经营机构创新发展的意见》（证监发〔2014〕37号），明确证券经营机构创新发展的首要任务就是建设现代投资银行，提出“要鼓励证券经营机构开展管理创新，实施差异化、专业化、特色化发展，促进形成具有国际竞争力、品牌影响力和系统重要性的现代投资银行。”近年来，我国投资银行发展呈现以下几个特点：一是发展较快，模式基本相似。绝大部分是综合类经营机构，行业综合排名靠前的12家机构都是综合型经营机构，业务结构趋于多元化。二是收入趋于多元化，结构差异不大。各家机构收入水平相差较大，但是结构差别不大，通道业务和自营投资业务收入合计占比略有下降，但仍在五成以上。三是国际业务暴发，主要集中在香港市场。近年来，中资企业IPO融资占香港市场七成以上，中资券商承销金额占六成以上，外地投资者中内地投资者的交易占比上升非常明显，从2011年的8%增长到2016年的22%，曾经占比最大的欧美等国投资者的交易占比持续下滑，从2007年的72%跌至2016年的56%；中资券商和内地投资者已经成为香港市场主要参与者，深刻地影响了香港金融市场的规则和市场生态环境。

国际一流投资银行建设是一件复杂的富有挑战的系统工程，要做好顶层设计统筹谋划，不宜各自为政，也不宜千人一面，搞“运动式”一哄而上；而要尽快制定国家队建设规划和行动方案，全国“一盘棋”，选择好目标模式，规划好建设路径，把握好推进节奏，形成国家全球竞争力。

（一）我国证券经营机构的国际化发展为建设国际一流投资银行奠定了良好的基础

从 20 世纪 90 年代初进军香港资本市场起，国内证券机构经历了近 30 年的发展，已经形成以香港为平台，辐射亚太、进军欧美、覆盖全球的战略格局。截至 2016 年 12 月 31 日，12 家机构海外资产总额 4 581.16 亿元，净资产 637.69 亿元，海外员工 8 739 人，其中外籍员工 3 820 人，拥有海外客户 675 653 户，实现营业收入 229.24 亿元，加权平均净资产收益率 4.01%，杠杆倍数 7.18 倍。

从规模看，境外资产前三位是海通、中信和国泰君安，总资产分别达到 2 122 亿元、782.94 亿元和 415.37 亿元，占海外资产总额的 46.32%、17.09% 和 9.06%；净资产分别为 225 亿元、81.82 亿元和 82.62 亿元，分别占海外净资产的 35.28%、12.84% 和 12.97%。

从效益上看，境外营业收入前三位是海通、中信和中金，分别为 109 亿元、50.13 亿元和 17.46 亿元；境外净利润前三位是海通、国泰君安和中金，13 亿元、7.48 亿元和 4.82 亿元。

从质量上看，境外业务净资产收益率（净利润 / 净资产）前三位是中金、银河和国泰君安，分别为 11.44%、10.33% 和 9.055；营业收入利润率（净利润 / 营业收入）前三位是国泰君安、银河和中金，分别为 47%、36% 和 28%。

中信证券 2016 年全资收购里昂证券，在英属维尔京群岛、开曼群岛、美国、荷兰、印度、波兰等 17 个主要国家和地区的 25 个城市设立了 28 家子机构，直接控股子公司——中信证券国际，通过其下设的子公司可从事投资银行、证券经纪、期货经纪、资产管理、自营业务、直接投资等全球多个市场的多种业务。

海通证券在新加坡、澳大利亚、日本、英国、美国、爱尔兰、葡萄牙、西班牙、印度、墨西哥、巴西、英属维尔京群岛、开曼群岛、百慕达等全球主要资本市场国家和地区成立了67家海外子公司，海外经营控股子公司——海通国际证券——的业务范围包括：以企业融资、经纪及开展融资、投资管理、固定收益、外汇及商品、结构性投融资、现金股票及股票衍生产品等，服务全球及本地企业客户、机构客户和零售客户三大客户群。

国泰君安在新加坡、美国、英属维尔京群岛、萨摩亚等国家成立了22家境外子公司，与德意志商业银行实现了跨境业务合作，通过一级控股子公司——国泰君安国际——开展经纪、企业融资、资产管理、贷款及融资和金融产品、做市及投资业务，境外客户涵盖美国、欧洲、日本、韩国、各地的资产管理公司、投资银行和商业银行等。

多年的境外探索形成了丰富的国际化发展经验，国内主要证券公司在境外布局地点的选择、境外法律制度环境以及境外机构收购标的等方面都有了更加深刻的认识，具备了相当程度的国际竞争力和执行力，为建设投资银行国家队积累了丰富的资源和经验，奠定了良好的基础。

（二）国际一流投资银行的目标模式和国际化路径选择要以国家全球战略布局为指导

我们从国家全球战略、市场发育程度及法治环境、风险特征、地缘关系、社会宗教文化特征五个维度，把世界经济分为五大区域。

美日英加澳：以美国为核心，是美国主导的世界金融体系的铁杆成员，资本市场发达，竞争非常激烈，与我国的关系是对立大于合作，冲突大于竞争。

欧盟（不包括英国）：以德法为核心，资本市场比较发达，竞争比较激烈，与中国关系以合作竞争为主旋律。

“一带一路”沿线国家：目前涉及80多个国家，发展程度差异较大，是我国全球战略的重点，也是我国投资银行国家队国际布局的重点。考虑到沿线国家发展水平差异较大，还可以细分为较发达区域和欠发达区域。

新兴市场国家：金砖五国以及东欧、中亚、拉美、非洲等一系列发展中国家，资本市场发育不够完全，法规不够完善，市场竞争相对较弱。但是存在诸多社会政治文化风险，我国投资银行存在一定的经验优势。

环南中国海及东盟十国：俗话说，“远亲不如近邻”，东盟十国与我国在南海一衣带水，将东盟十国作为我国投资银行国家队重点布局区域，并纳入我国资本市场服务范围，造福东盟各国人民，对于南海稳定发展具有非常重要的意义。

上述五大区域是立足于中国国家利益和全球化战略所作的划分，区别于传统的立足于西方国家利益的全球区域划分。部分区域有重叠，国家队不一定要覆盖所有节点城市，但国家队在整体上需要通过主要节点城市能够覆盖到所有区域。

国家队建设的目标模式和国际化发展在区域和路径选择上要根据国家全球战略布局，在自愿的基础上各机构各有重点，合理分工，主动配合，形成分布均匀、合作有序、服务有效的国际格局，形成国家层面的全球竞争力。

投资银行国家队发展模式。根据我国资本市场发展所处的阶段性特征以及受到人才、资本等资源限制，我们不建议投资银行国家队建设均以全球型、综合型投资银行作为目标模式，而是要根据各自核心竞争力优势，分别选择全球性、综合型投资银行或者区域性、专业性投资银行作为发展目标，形成全球综合型、全球专业型、区域综合型以及区域专业型等功能互补、相互配合的多元化格局。

金融控股集团模式在国际竞争中广为采用，具有强大竞争优势。目前我国金融业仍属分业监管框架，我们必须高度重视并积极研究综合金融控股集团模式。

目前，各机构优先以中国香港为桥头堡，策略上以跟随中国企业和中国资本走出去为主，取得了显著成效。下一步要加强管理协调，注意发达市场和欠发达市场的平衡，发达经济体金融市场体系较为完备，竞争也非常激烈，而新兴经济体、“一带一路”沿线国家和地区资本市场不够发达，竞争也较少。

与中国经济综合实力和全球化战略进程相匹配，我们建议，国家队中 2—3 家可以全球性综合类投资银行为发展目标，逐步形成覆盖五大区域的全球布局；7—8 家机构则根据各自核心竞争力优势分别集中力量在 2—3 个区域精耕细作，力争尽快在整体上形成非对称国际竞争力。

我们设计了《国家队目标模式及国际业务布局选择》工资表格，各机构可以自愿选择各自合适的目标模式和计划布局的区域及节点城市，国家层面要做好统筹协调。

（三）“走出去”的具体方式：内生增长、外部并购和战略合作

内生增长较为缓慢，优势在于可以相对较低的成本观察并适应当地市场。高盛、摩根士丹利和美林等顺应美国经济扩张和全球化潮流，主要采取逐渐全球化的策略，20 世纪 60 年代和 70 年代在伦敦和东京设立办公室，20 世纪 80 年代在香港设立办公室，20 世纪 90 年代之后逐步在新兴市场设立合资合作分支机构，包括在中国设立代表处和合资机构等。在这一过程中，新进入企业有充足的时间熟悉当地市场、法规，建立品牌影响力和队伍建设，有效风险可控，针对具体市场能够及时调整策略，从而优化其全球有效运营。

外部并购的好处是见效快，但整合难度大，风险隐患不容忽视。在牌照难以获得或竞争激烈的国家，并购当地企业是跨越进入门槛的方式之一。然而，由于业务流程、人才队伍和企业文化整合需要时间而且困难较大，并购成本可能较高，致使计划中的协同效应并不总能迅速实现。1998 年美银美林收购三一证券（当时日本第四大从事个人经纪业务的券商），为此规划了三年的整合战略。然而市场波动令计划难以执行，2001 年美银美林在日本以亏损 5 亿美元宣告整合失败，并最终决定在 2002 年退出日本个人业务市场。

战略合作是第三条道路。国家队走进发达市场，如果能找到具备一定

品牌和能力、综合实力相匹配的战略伙伴，建立常态化的合作机制，并且通过战略参股建立股权纽带，签订适宜的业务合作约定，则能够发挥双方在各自市场的比较优势，提升投行国家队的全球管理能力。

近几年，我国证券公司国际化布局加快，已经形成了一定的海外执行力。中金公司对外策略基本上采用内生增长渐进模式，国泰君安则选择与国际知名投行战略合作，中信、华泰和海通则较早开始了对外并购的探索与实践。

表 5-6 国际主要投资银行海外扩张历程

	高盛	摩根士丹利	美银美林	野村证券
1950年代				开设第一家纽约办事处
1960年代		在巴黎开设子公司“Morgan & Cie”	在伦敦和纽约开设办事处	在香港开设第一家海外子公司，在美国开设第二家海外子公司
1970年代	在伦敦和东京开设代表处	在东京和伦敦开设办事处	收购“Brown-Shipley，Ltd”，后更名为美林国际	
1980年代	在香港开设办事处，以打入日本外的其他亚洲市场，为做商品交易，收购了一家美国银行的伦敦分行	在香港开设办事处，以打入日本外的其他亚洲市场	成为伦敦证券交易所会员	成为伦敦证券交易所和纽约证券交易所会员
1990年代	在北京和上海设立分支机构，开始了为中国公司服务的承销和投资业务	在上海和北京开设办事处，成立合资企业（中金在中国，JM在印度）	展开一系列并购，包括“Smith New Court”“Mercury AM”和“Yamaichi Securities”	
2000年代	在中国设立合资券商高盛高华			接管雷曼兄弟在欧洲和亚洲的遗留业务

数据来源：高华证券研究整理。

总之，投资银行“走出去”要选择适合各自机构的模式和路径。原则上先设立代表处，加大对目标市场社会政治、法治、经济、监管等环境的了解和研究，认识市场和适应市场，有效控制风险，逐步建立起适应本地市场的人才队伍，形成在本地市场的执行力；经过一段时间的摸索再决定选择独资、合资、并购或战略合作等方式开展业务，不宜“运动式”地开展海外并购扩张。

（四）总体规划：三年打基础，五年见成效，十年磨一剑

建设国际一流投资银行是一个长期的过程。美国和日本投资银行 20 世纪 50 年代—60 年代开始全球化，从设立第一个国际办事处到正式设立分支公司开始经营活动大约需要 10 年时间，再到可以持续在该国盈利一般要花大约 35 年左右的时间。

打造国际一流投资银行要有“十年磨一剑”的信心和毅力。对标定位和设定阶段性目标要把握好节奏，既要尽力而为，又量力而行。一戒贪大求全、盲目扩张，二戒急功近利、一蹴而就，三戒见异思迁、半途而废。我们现阶段处在三年打基础的中后期，主要任务是进一步夯实基础，规范已经取得的来之不易的成就。

三年打基础。就是要在三年内理顺与国家队建设相配套的内外部机制，完善市场化、法治化的运行机制和监管环境，发挥市场竞争的决定作用，着力培育投资银行核心竞争力，形成一批真正具有市场竞争力、风控有效、治理完善、运行规范的投资银行；

五年见成效。就是用五年左右的时间使国家队初具雏形，扶持一批国内一流的投资银行开展国际布局，参与国际竞争，在全球各区域主要市场形成较强的国际竞争力、执行力和影响力，帮助我国实体经济和企业“走出去”并取得良好成效；

十年磨一剑。就是要用十年时间在充分竞争的基础上打造出 2—3 家具

有全球竞争力的世界一流投资银行，7—8 家具有区域竞争力的区域型一流投资银行。

五、深化监管改革，着力培育投资银行核心竞争力

深刻认识金融市场和监管的内在复杂性，敬畏市场，审慎监管，规范监管行为，小心翼翼地行使监管权力；扩大开放，提高资本市场的市场化程度，打破证券行业对外行政性垄断、对内行政性管制的监管格局；完善法治，信仰法治，依循法治的精神和原则，依法治市，建设法治市场；完善市场机制，扩大市场竞争，扩大行业机构的经营自主权。把中国资本市场及其监管的运行、发展放在全球资本市场发展的历史空间来确定其历史方位和发展方向，学习借鉴国际资本市场发展的经验和智慧；中国特色的资本市场理论和实践离不开全球金融市场的发展，只有融入全球金融市场，才能够更好地影响国际市场，从而引领国际市场的未来。

（一）深化投资银行国家队的监管改革

1. 对国家队实行“负面清单管理 + 原则监管”。今年，我国将大幅度“放宽金融业准入”条件，放松外资投资证券公司的监管标准，实行“准入前国民待遇 + 负面清单管理”[①]。对外资开放首先要对内资开放，否则会出现外资超国民待遇的现象。尤其是对国家队要先行先试“负面清单管理 + 原则监管”，尽快建立宏观审慎监管与微观审慎监管有机结合，外部监管和内部自律相互促进，市场风险监管和合规监管并重的“国家队监管政策体系”。证监会负责行政监管，制定与外资机构一致的“负面清单”，“原则监管”则侧重于净资本、市场准入、并表监管、透明度、杠杆倍数、行为合规等原则要求，

① 2018 年 4 月 1 日人民银行易纲行长在博鳌亚洲论坛上宣布“放宽金融准入”具体措施，首先宣布了下一步金融业开放将遵循的三个原则：“第一个原则是准入前国民待遇 + 负面清单管理”。

严格风控标准，不得限制性干预国家队内部运行及公司治理范畴内事宜。中国证券业协会成立“国家队委员会”负责国家队的自律监管，对国家队实行日常运行检测监控。目前，我国尚没有投资银行符合国际金融稳定委员会定义的“系统重要性金融机构”，不存在“大而不能倒”的投资银行机构，要防控类似机构的产生。

2. 国家队境内外并购重组常态化。允许国家队在境内外市场通过并购重组尽快做大做强，也是国家队不辱使命的应有之意。我们的机构和国际一流机构相比规模太小，如我们排名第一的中信证券资产规模也只相当于高盛的十分之一，在国际市场如何能够形成有意义的对抗性竞争呢？靠自身积累必然旷日持久，而并购重组是国际大行快速成长的通行经验。多年来，实行投资银行牌照“暂缓审批”政策，绩优机构不能实行并购重组，绩差机构也不会被淘汰，牌照租赁、承包等现象时有发生，严重扰乱市场秩序。过去几年市场集中度不仅较低而且有所下降，制约了投资银行发展和资本市场功能的发挥。这是一个“老、大、难”问题，但是从根本上说，这个问题不解决就没有可能建设真正意义上的投资银行国家队。

3. 完善国家队业务和产品创新监管机制，改“监管驱动”为“市场驱动”。我国近几年出现的新业务、新工具大多出于国外成熟市场产品和工具的模仿。创新路径大致是允许试点、扩大试点直至全面推广，创新的动力来自监管驱动，创新的成果取决于监管的认可，创新的成效无异于监管的红利，创新的机制是监管备案，创新的结果是机构同质化。同时，由于创新前置备案耗时长（半年以上），备案通过难，机构创新积极性不高。收入结构基本上反映业务结构，国际主要投资银行的业务美国证券行业创新性收入一般统计体现在“其他收入”和“其他证券相关业务收入”项目中，两项合计占业务收入的比重一般在 40% 以上，极端年份如 2007—2008 年度几近 70%。我国投资银行收入以经纪通道类为主，创新型、资本交易型业务收入较低。

表 5-7　我国证券行业历年分业务收入占比

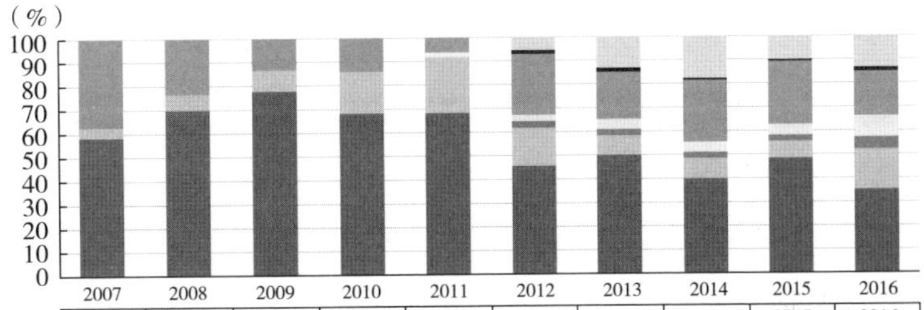

	2007	2008	2009	2010	2011	2012	2013	2014	2015	2016
融资融券业务						4	12	17	18	12
投资咨询业务						1	2	1	1	2
证券投资收益	36	22	11	11	4	22	19	27	25	17
受托客户资管	2	1	1	1	2	2	4	5	5	9
财务顾问业务						3	3	3	2	5
证券类涨幅与资源	3	6	7	14	18	14	8	9	7	16
代理买卖业务	59	71	69	57	51	39	48	40	47	32

表 5-8　美国证券行业历年分业务收入占比

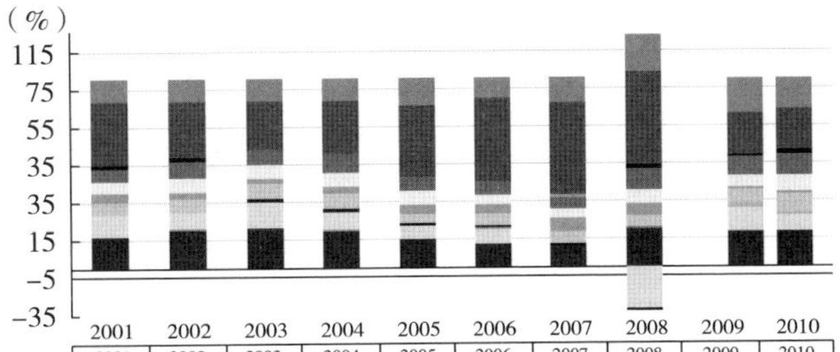

	2001	2002	2003	2004	2005	2006	2007	2008	2009	2010
Other Reveive	11.34	11.74	11.62	12.04	13.78	10.89	14.16	20.44	19.15	16.54
Other Reveive	33.28	29.74	25.52	28.57	39.33	44.36	49.55	48.69	22.10	22.78
Other Reveive	1.96	2.85	−0.87	0.63	0.39	−0.13	0.37	1.83	1.21	0.81
Other Reveive	0.07	0.07	0.08	0.09	0.04	0.05	0.02	0.03	0.03	0.04
Other Reveive	6.96	8.43	8.43	8.81	7.23	6.39	6.98	11.32	9.94	12.80
Other Reveive	6.09	7.34	7.61	7.88	4.42	5.27	5.44	7.87	6.15	7.38
Other Reveive	5.05	3.00	2.46	2.94	4.12	5.45	6.81	6.34	1.62	1.95
Other Reveive	6.23	6.82	8.09	8.08	6.21	5.41	5.59	6.47	8.09	9.59
Other Reveive	0.58	0.51	1.42	1.13	0.89	1.27	0.84	−0.41	0.51	0.40
Other Reveive	11.82	8.88	14.45	9.93	7.24	9.86	−1.26	−22.36	13.76	9.34
Other Reveive	16.12	20.61	21.18	19.92	14.34	11.20	11.50	19.99	17.43	18.35

数据来源：根据中国证券业协会、SIFMA 数据自行整理。

监管者被戏称为“看门狗”（Watchdog），而不是“导盲犬”（Guide Dog）。这说明一个道理，监管总体上是处于跟随地位，而不可以是引领地位。监管必须尊重市场机制的基础性、决定性作用，牢固树立并确实落实行业机构是创新主体的理念，减少行政管制，回归市场化法治化，建立“以客户为中心”的且“市场驱动”的业务创新机制。对国家队试行“监管沙盒”，在创新业务、海外发展等方面，明确容错标准，建立容错制度；区分恶意违规和创新试错之间的界限，对于违法违规以及恶意规避监管的行为，依法从严监管从严处罚。

4. 适度提高国家队杠杆倍数。杠杆倍数直接影响投资银行资本使用效率及其对市场的影响力，在强监管、降杠杆的宏观环境下，我们必须冷静理性地分析国家队杠杆水平的状况。金融业去杠杆不能简单化“一刀切”，要合理考量银证保信子行业之间的杠杆水平结构，金融业的高杠杆不在于投资银行，投资银行业的总体杠杆水平不高，远未达到监管上限，低于国际同行水平，也低于国内银行、保险业、信托业水平，提升直接融资比重就要大力发展投资银行。根据《证券公司风险控制指标计算标准规定》，我国证券公司杠杆倍数最高可以达到 12.5 倍，但实际杠杆水平普遍在 3—4 倍，同期银行业 13 倍，保险业 9 倍，信托业 16 倍。国际投行杠杆水平最低在 10 倍左右，次债危机前约 20 倍。2011—2015 年，我国证券行业杠杆倍数是 1.2—2.1 倍，而美国同期是 16—21 倍。

表 5-9　中美证券行业杠杆倍数水平

（亿美元）	2011	2012	2013	2014	2015	2016
美国证券行业总资产	45 673.32	47 774.12	44 790.24	43 828.95	39 944.51	38 559.14
美国证券行业净资产	2 095.03	2 245.57	2 346.15	2 418.14	2 408.97	2 386.25
杠杆率	21.80	21.27	19.09	18.13	16.58	16.16

（亿美元）	2011	2012	2013	2014	2015	2016
中国证券行业总资产	15 700	17 200	20 800	40 900	64 200	57 900
中国证券行业净资产	6 302.55	6 943.46	7 538.55	9 195.26	14 500	16 400
杠杆率	2.49	2.48	2.76	4.45	4.43	3.53

表 5-10　国际主要机构杠杆倍数

	2007	2008	2009	2010	2011	2012	2013	2014	2015	2016
高盛	22.36	13.41	11.84	11.65	12.86	12.32	11.57	10.29	9.87	9.84

续表

	2007	2008	2009	2010	2011	2012	2013	2014	2015	2016
德银	52.47	69.03	39.50	37.82	39.56	36.99	29.29	23.35	24.10	26.99
摩根士丹利	33.39	12.97	14.60	12.35	10.70	11.21	12.07	11.12	10.33	10.56
巴克莱	37.75	43.31	23.57	23.92	23.99	23.65	20.53	20.58	17.00	16.99
野村证券	16.41		16.01	15.11	17.54	14.94	16.36	17.05	15.22	14.98
瑞银	52.15	49.75	27.59	25.38	24.51		20.30	19.52	16.46	
瑞信	22.76	24.79	21.35	24.00	25.52	21.84	18.50	20.47	18.24	19.25
摩根大通	12.68	13.03	12.29	12.03	12.34	11.56	11.44	11.09	9.50	9.80
美银美林	11.69	10.27	9.61	9.93	9.25	9.32	9.03	8.64	8.37	8.20
汇丰	17.39	25.22	17.42	15.85	15.39	14.71	14.02	13.17	12.20	13.01
花旗	19.26	13.69	11.98	11.54	10.43	9.76	9.12	8.69	7.76	7.93

数据来源：根据 Wind 海外上市公司年报数据库整理。

表 5-11 净资产排名前十的 A 股上市券商财务杠杆倍数情况

年度	中信证券	海通证券	国泰君安	华泰证券	广发证券	申万宏源	招商证券	中国银河	国信证券	光大证券	平均
2014	3.74	3.76	4.92	3.50	4.08	3.47	3.26	3.46	3.44	2.80	3.64
2015	3.28	3.82	3.15	2.83	3.77	3.87	4.19	3.19	3.27	2.97	3.43
2016	3.18	3.74	2.79	2.70	3.37	3.44	2.93	2.66	2.88	2.52	3.02

注：华泰证券在计算杠杆倍数时剔除了其合并资管产品的规模。

数据来源：wind 资讯，华泰证券。

供给侧结构性改革经历了去杠杆、稳杠杆到结构性去杠杆的过程。从目前结构性杠杆水平来看，去杠杆最主要的任务仍然是一些地方政府和国有企业杠杆要降下来，尤其是要加大“僵尸企业”破产清算和重整力度。新的宏观目标要求“宏观杠杆率保持基本稳定”和“以结构性去杠杆为基本思路”为投资银行国家队适当提高杠杆水平提供了政策空间和现实空间。

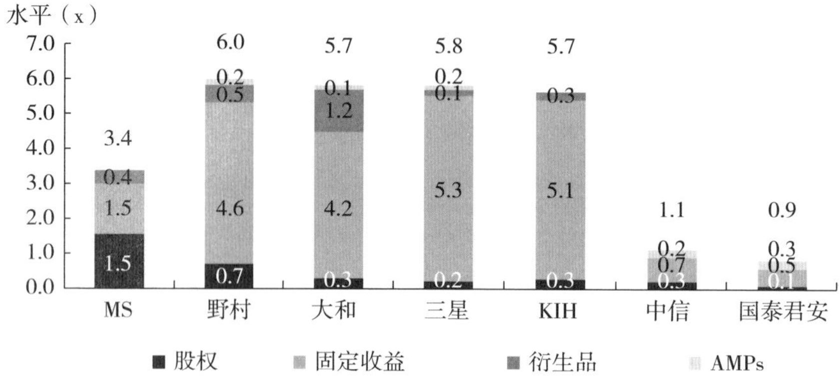

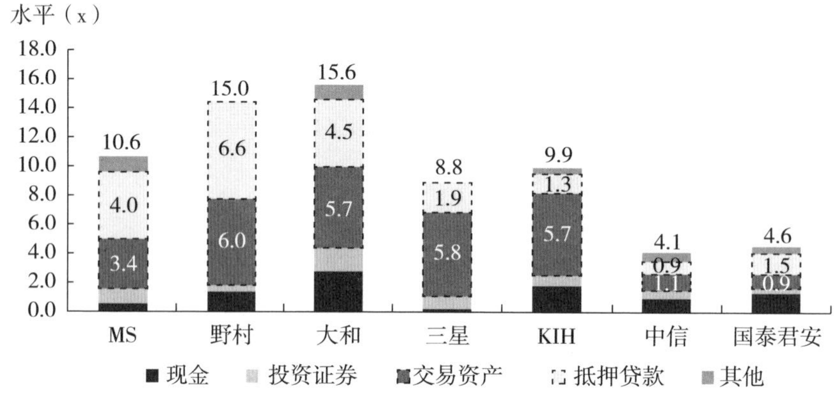

图 5-5　国内外部分机构杠杆业务结构比较

数据来源：高华证券研究整理。

制约国家队提高杠杆倍数的因素有：一是高级金融人才严重不足，提供高杠杆金融服务的能力严重不足；二是监管上限制开展高杠杆业务，基于资产负债表的业务较少，我国资本市场深度和市场工具也不能很好地支持高级金融服务，如结构性融资服务等；三是目前证券公司本身负债渠道少，融资工具少，融资能力受限，一些窗口指导直接限制部分融资渠道，如短融发行等；四是证券公司风险控制指标内在嵌套，“表内外核心资产”和“核心净资本”等各项具体指标扣减计算后，证券公司无法提高运营杠杆。

监管上对投资银行合理的杠杆水平应当有一个清晰的认识和判断。适当放宽对国家队的杠杆水平限制有利于发展正规金融，减少非正规金融、影子金融的生长空间，才有可能全面禁止非法金融野蛮生长；国家队风险控制和风险承担的水平较高，有能力决定各自适当的杠杆水平，有利于强化机构自身风险评估和控制能力，提升发展直接融资的能力，增强服务实体经济、实现高质量发展的能力。鼓励国家队在风险可控的情况下，自主用好、用足合规风控指标提升经营能力，提供高质量的金融服务，对集团资产、负债统筹运作，提升资产负债经营能力，从财务指标、业务管理等各环节理顺指标之间的内在关系，释放指标空间；拓宽融资渠道，破除市场间的行政性壁垒限制，鼓励国家队充分利用境内外股权、债券、票据进行市场融资，满足长、中、短期资本经营和流动性管理的需要；放宽负债资金的使用范围；集团内跨境资金、信用共享，支持投行国家队借助杠杆拓展综合性业务和海外业务发展空间，增强国际市场运营能力和竞争力。

（二）差异化合规监管要求，国家队着力培育风险控制能力

合规和风险控制能力是投资银行“护城河”作用的重要一面，也是核心竞争力的重要组成部分，再怎么强调都不过分。实行差别化合规监管，就是在不放松行业整体合规和风控监管要求的前提下，研究制定一套适合于国家队风控能力的合规监管体系，以“负面清单管理+原则监管”为主要方式确定国家队的合规监管底线，对国家队“给空间、强监管、强问责”，促使其“练内功、上台阶”，逐步提升投行国家队合规水平和风控能力。监管机关可以把“伸得太长的手”往回收一收，豁免国家队执行若干干预公司内部事务、割裂业务线条、阻扰业务协同的行政性规定；对于正常经营范围内开展业务、开发上线产品等不再要求事先报备审批（或变相审批），而是实行事后备案；先行试验一些高风险产品和金融工具，如股指期货衍生品交易、场外业务等一些符合资本市场发展方向的复杂产品及高端服务；加大事后监管与问责力度。

国家队必须加大合规和风险控制能力建设。一是树立全员合规风控理念。公司的董监高及全体员工都要加强合规风控意识和能力，建立健全全员合规

风控体系，将合规风险控制的意识和能力作为员工年度 360 度评估的重要内容，建立全员问责机制，人人都是参与者，直接与薪酬及职业发展挂钩。二是要建立全面风控制度保障。各业务部门是合规风险控制的第一道防线；强调风险控制部门的独立性，特别是人员、薪酬与汇报，条线上都要独立于业务部门；业务拓展中，风险控制部门对业务事前风险评价，评价意见对业务的接受与否起决定性的作用；在组织层面，董事会领导下的各类风险控制与业务委员会在公司风险管理中处于核心地位，保持对风险的高度关注。三是要有强大的科技手段支持合规风控体系有效运行。以高盛为例，强大的中后台能力才使得金融工具实行严格的盯市计价法（Mark to Market）核算，使得金融资产和负债实时定价成为可能。这对于审慎的风险管理至关重要，唯其如此，才能清晰地察觉风险、管理市场风险限额、监控信用风险敞口，并管理流动性需求。正是强大的信息跨界手段的应用，高盛在 2008 年金融危机中才能相对较早地觉察日益恶化的市场状况，并及时做出降低头寸的重大决策。

（三）国家队先行先试证券发行注册制

证券发行注册制的本质特征是“信息披露为本”（Disclosure Base），有两个基本要点：一是投资银行牵头中介机构勤勉尽责，二是监管机构全面从严依法监管。推进注册制改革的首要着力点就是要尽快提升投资银行的执业素质和水平。证券发行注册制改革不是一步到位的，可以让投资银行国家队先行先试，即国家队牵头保荐的项目实行注册制，国家队和发行人自行决定发行上市方式、选择时间窗口、市场化发行价格和销售。这样有利于培育和提高投资银行国家队配置资源的能力，全面提升研究能力、定价能力、销售能力、合规风控能力和持续保荐能力。严格监管发行过程，国家队对发行人实行持续督导，终身追责（股票为终身持续督导，债券持续督导至到期结算完成），先行赔付。

这项改革试点是培育国家队核心竞争力的重要举措，有利于发行市场发挥作用和其功能的发育；有利于理顺证券发行环节监管与市场关系，稳步推进注册制改革；有利于提高发行效率和质量，推动证券发行业务向国家队集中。建议抓紧研究制定国家队实行证券发行注册制改革的试点办法，明确投资银行国家队及相关中介机构的业务规范、监管要求、法定责任。

（四）加大投入，积极布局金融科技

“无科技，不金融”。按照国际权威机构金融稳定理事会的定义，金融科技是指技术带来的金融创新，它能创造新的模式、业务、流程与产品，既可以包括前端产业也包含后台技术。金融科技主要基于大数据、云计算、人工智能、区块链等一系列技术创新，全面应用于支付清算、借贷融资、财富管理、零售银行、保险、交易结算六大金融领域，是金融业未来的主流趋势。

金融科技的运用已经对资本市场的结构、功能、运行产生深刻的影响，延伸和拓展了金融服务的深度和广度，颠覆性地重构金融组织形式，实现“零边际成本”使得更多个性化、场景化领域长尾金融需求得到释放和满足。量化投资系统大量取代人工交易；纳斯达克和纽交所都推出了基于大数据和人工智能的市场分析平台，澳洲证券交易所利用区块链技术代替货币市场的清算和交割系统 CHESS，据估计该项目将为澳洲证券交易所节约成本 40 亿—50 亿澳元。多家国内券商开始布局智能金融，金融科技被写入核心竞争力，广发证券推出业内第一个证券公司领域的机器人投顾“贝塔牛”，现拥有 30 万活跃用户；华泰证券全资收购美国统包资产管理平台（TAMP）AssetMark，服务超过 7100 名独立财务顾问，19.6 万名终端用户，管理资产 424 亿美元，2017 年实现营业收入 13.27 亿元，净利润 6.14 亿元。

金融科技对金融监管带来巨大挑战。金融科技完全倚仗于技术系统，而系统设计时隐含着一些技术上的缺陷，使得技术风险和操作风险相互叠加；顺周期特征及交易行为趋同都可能加大市场波动，在极端情况下可能在极短

的时间内给市场带来崩溃性的冲击。典型的例子有 2012 年 8 月 1 日“骑士资本”事件，2013 年光大证券“8・16”乌龙指事件。另外，一些非法金融披着科技的外衣扰乱金融秩序，如非法发行区块链代币技术融资等；第三方云服务带来客户信息和数据安全隐患。

国家队承担不可推卸的责任和使命，要持积极开放的态度，高度重视并加大投入，大力发展金融科技。国家队必须建设独立完善的信息技术系统。高盛近 150 年能够在大风大浪中屹立不倒，不仅是因为高盛的金融业务优秀，还因为高盛的中后台信息系统同样优秀；近些年高盛每年投入 50 亿美元在信息技术领域，中后台员工占所有员工的三分之二。国家队要确保客户信息和数据安全，创新合作模式，审慎使用第三方金融云服务，积极部署建设私有云。有条件的国家队可以设立或并购金融科技公司开展金融科技研究，并为行业提供服务。深入研究证券行业云建设问题。

监管机构和行业协会要做好证券行业金融科技应用和发展的研究、规划和整体设计。研究并制定金融科技行业标准，促进各机构间的合作；将第三方金融云服务纳入监管，研究并推动证券行业的云计算服务建设。

监管机构要积极组织探索监管科技的发展和应用，构建健康安全的生态环境。利用金融科技丰富金融监管手段，提升跨行业、跨市场交叉性金融风险的甄别、防范和化解能力，提升监管效率；“六所一司”要高度重视和深入研究金融科技对国家金融基础设施的深刻影响和金融科技广阔的应用前景，主动迎接金融科技的挑战，推动资本市场交易组织、交易制度、技术信息系统的深度变革。

（五）进一步发挥合资证券经营机构的作用，为建设国际一流投资银行提供借鉴

为了引进国际投行先进的管理经验、高效的技术手段提升国内证券行业综合实力，2002 年开始实施《外资参股证券公司设立规则》，至今共设立了

8 家合资证券公司［本次分析暂不包括更紧密经贸关系安排（CEPA）项下成立的合资机构］，其中，高盛高华和瑞银证券是全牌照合资证券公司，其余六家专门经营投资银行业务。从经营实践来看，合资机构经营绩效不理想，经营能力、收益率水平以及成本控制等均弱于非合资机构。

合资券商与非合资券商总体样本对比发现，合资券商的总资产收益率（ROA）与净资产收益率（ROE）都要显著低于非合资券商。全牌照合资券商高盛高华、瑞银的 ROE 和 ROA 同样显著低于综合经营的非合资券商。

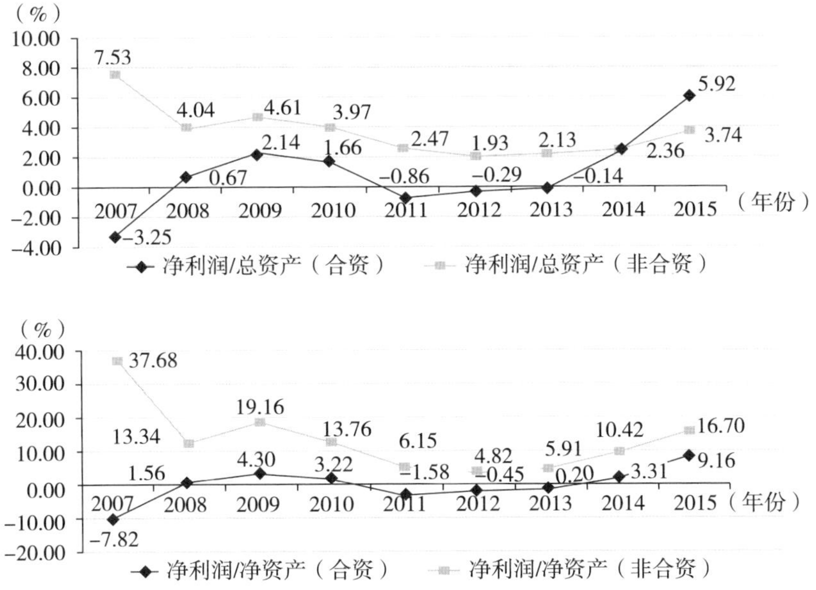

图 5–6　合资券商与非合资券商总体样本 roa 和 roe 对比

资料来源：课题组根据公司年报整理

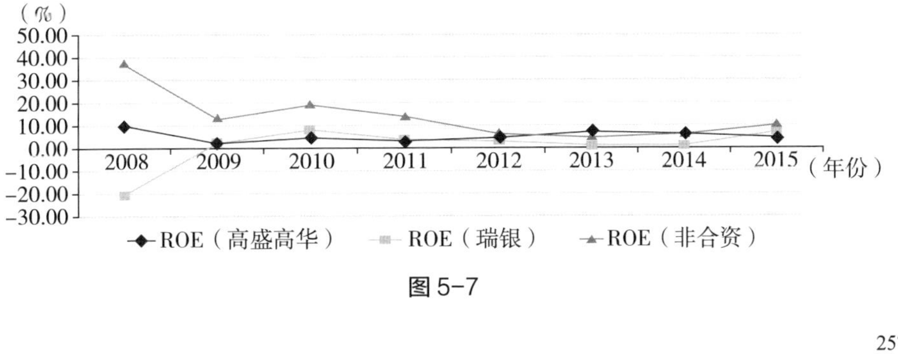

图 5–7

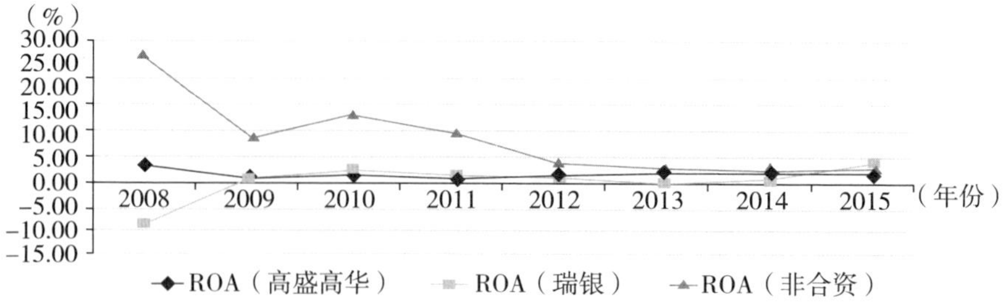

图 5-7　全牌照合资券商高盛高华、瑞银的 Roa 和 Roe 对比

资料来源：课题组根据公司年报整理。

在销售净利率方面，非合资综合经营券商显著高于高盛高华与瑞银；在权益乘数方面，2013 年以前高盛高华与瑞银的权益乘数均大于非合资综合经营券商的平均水平，2013 年后非合资综合经营券商的平均权益乘数水平开始大幅提高，瑞银却表现出下降的趋势，高盛高华的权益乘数表现较为稳定；但是，在资产周转率方面，2010 年后高盛高华与瑞银的资产周转率都要高于非合资综合经营券商的平均水平，特别是瑞银的资产周转率，保持了较好的提高的趋势，而非合资券商的平均资产周转率出现了不断降低的趋势。

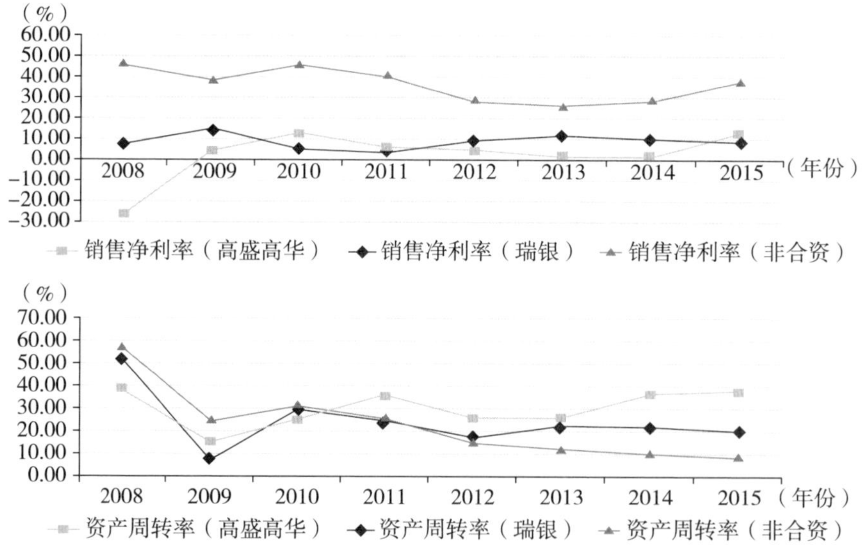

图 5-8　全牌照合资券商和非合资券商 ROE 杜邦分析

资料来源：课题组根据公司年报整理。

这背后的原因很复杂，有外资公司身在客场的不便之处，也有一些管理性、文化性冲突，比如：监管限制合资投行只可以作狭义的投行业务，不利于业务发展；文化冲突，投资银行具有“资合 + 人合”的属性，合资投行对外资持股比例限制在 33%，在股份弱势的情况下不利于调动外资的主动性和积极性；国内市场发育仍不完善，外资投行的理念和技术在中国市场存在水土不服问题；等等。

提高合资投行的经营绩效不仅需要逐步放开外资股份比例和业务限制①等，还需要不断完善国内市场环境，加强金融法律基础制度建设，在治理结构、资本外汇管理、以及技术系统、数据存储等方面处理好业务线条全球统一协同和合资法人机构监管独立性之间的关系。进一步搞活合资投资银行，有利于增加国内市场的竞争因素，更好地发挥外资机构的“鲶鱼效应”，提升国内资本市场的市场化水平和整体竞争力；同时为国家队走出去及国际一流投资银行建设提供借鉴和帮助。

六、加大政策扶持，着力培育国际竞争力

我国投资银行国际化经营尚处于起步阶段，全球执行力、竞争力还很脆弱，在坚持市场化改革加大自身核心竞争力建设的同时，迫切需要国家推进相关制度建设，加大政策扶持，着力培育国家队的国际竞争力。

（一）支持投资银行国家队多渠道扩充资本实力

1. 积极利用境内外资本市场筹集资金。支持国家队积极利用国内外股

① 2018 年 4 月 1 日易纲行长在博鳌亚洲宣布了“放宽金融准入”的 12 项具体政策措施，与证券公司直接相关的有三项：

1. 将证券公司、基金管理公司、期货公司、人身险公司的外资持股比例上限放宽至 51%，三年以后不再设限。

2. 不再要求合资证券公司境内股东至少有一家证券公司。

3. 不再对合资证券公司的业务范围单独设限，内外资一致。

市、债市筹集资金，放宽非公开发行对象、资金使用等限制；尽快解决银行间市场对国家队在资格、工具、规模、期限、成本等方面的歧视性规定，提高流动性管理能力；建立可持续的国家队海外融资管理框架，明确外汇管理、资金投向管理等监管政策，简化审批流程，提升海外融资和资金使用效率；境外上市的国家队在境外市场再融资时，证监会事前核准程序改为事后报备，允许直接使用“闪电配售”等方式。

2. 国家运用外汇储备提供资本支持。国家已经实行“多元化使用外汇储备资金”，可以运用外汇储备资金多种方式给予国家队资本支持。具体方式可以直接注资、发债，可以委托管理，也可以投资参与国家队发起设立和管理的各类国际运作的基金等。这既有利于增强我国资本市场及投资银行在国际竞争中的资本实力、话语权、影响力，也有利于国家队作为一支有丰富经验而且“靠得住”的资产管理力量在国家外汇储备运用中发挥应有的作用。

（二）改进行政审批管理，提升跨境交易便利性

由于证监、外汇、商务等行政审批程序的不确定性，增加了跨境交易的风险和成本，交易条款、交割期难以保证，有的不得不重新谈判，在交易条件上做出重大让步，有的则要提高保证金和反向分手费比例。建议给予投资银行国家队对外直接投资、并购投融资等活动一定的用汇自主权，提高国际投融资决策和用汇管理便利化程度。采用设立外汇专项账户或年度专项外汇额度等形式，对国家队资金进出实现有效控制；允许国家队从事即期结售汇业务和人民币与外汇衍生产品业务，积累产品设计及行业监管经验，提升其参与外汇交易、服务“一带一路”和企业走出去等国家战略的能力；进一步完善跨境换股方面的政策规定，在国家队完成的国际交易中允许通过人民币股权增发、配股、转债等手段支付交易兑价。

（三）中国企业和中国资本“走出去”必须至少选择一家投行国家队提供财务顾问等金融服务

中国企业和中国资本“走出去”项目80%左右聘请海外投资银行担任财务顾问，多次发生外方财务顾问违反“忠实义务”的情况，给我方造成巨大损失。在国际投资并购业务中，投资银行国家队最大优点就是“靠得住”，并且中金公司、中信证券等国内领先投行已经形成了较强的国际业务服务能力。国家队的国际业务服务能力，只有在实践中才能得到培养和提高。中国企业和中国资本“走出去”项目必须选择至少一家投行国家队作为财务顾问，既是维护国家利益安全的需要，也是支持国家队发展壮大的义不容辞的责任。

（四）加强国际监管合作增信

1. 修订中外合作监管备忘录（MOU）。MOU要能够反映我国资本市场国际化建设和发展的新形势、新要求，体现我国企业和资本“走出去”的公平待遇和权益保护的迫切需要；反映中国存托凭证（CDR）涉及的境外证券发行主体、存托机构的监管合作，以及CDR持有人的权益保护。在MOU基础上，进一步加强与各国监管当局的沟通协作，帮助消除国家队境外业务面临的政策障碍和不公平待遇，尤其是专门针对中国企业和资本设置的商务投资并购障碍和交易门槛，为国家队走出去创造稳定友好的经营环境。

2. 完善国际纠纷协调机制。当我国金融机构在海外遇到法律和监管争端时，监管机构能够为其提供服务指引，完善监管协调机制，进一步拓展海外业务，加强话语权，争取正当利益。

（五）建立多层次国际市场研究合作机制

国家队“走出去”必须研究先行，国际市场研究工作既需要投行“国家队”各自去海外布点，也可以中证研究院作为抓手，集中力量在全球重要节点设立分支研究机构，研究范围覆盖各主要经济体，与当地研究机构合作或聘请当地研究人员等多种方式，深入对国际市场的研究。

（六）建立救市资金政策性损益抵扣制度

回顾2015年股市异常波动中“救市”的经验和教训，对于救市等政策性操作可采取政策性损益抵扣制度，并建立应对系统性风险的流动性救助机制。

七、加强组织领导，确保国家队忠诚可靠

经过2015年股市异常波动和救市的洗礼，应当说，我们的行业机构都是“靠得住”的。事件中暴露出来的一些问题提示我们，需要深入研究完善相关制度安排，加强组织领导，为国家队的忠诚可靠提供制度上的支撑和保障。

（一）加强党的领导

综合排名靠前的12家机构，他们分属不同的类别和层级的党组织管理，在决策与行动上存在一定的错位和摩擦。建议比照银保行业主要机构管理办法，提升他们的政治站位，理顺组织管理体制，释放他们在“靠得住”方面的顾虑。

（二）推动混改，优化产权结构，国家队先行先试员工持股计划

我们的研究覆盖的12家机构中11家是国有或国有控股企业，尽管都是上市公司，但是所有制结构单一，不利于激发广大员工的智慧和积极性。加快推进国家队混合所有制度改革，加快《证券法》关于“证券从业人员不得持股”和财政部有关政策的修改工作，先行先试员工持股计划。例如，

华泰证券混合所有制度改革取得突破性进展。

（三）健全公司治理结构

投资银行国家队优化公司治理结构是国家管理金融和治理能力现代化的重要表现，根据国家队的性质和股权结构优化公司董事会构成，改变现在由公司内部人占主体的董事会构成，改为外部人士占主体，包括政府委派的官方董事、市场专业人士任独立董事以及职业经理人代表任执行董事等组成；部分机构可以试行非执行董事长制度，首席执行官（CEO）担任企业法定代表人并对企业经营负全责；公司高级管理人员实行职业经理人制度。

（四）理顺和完善薪酬人事制度

目前投资银行的薪酬体系非常混乱，部分公司高级管理人员不实行“限薪制度”，部分公司高管则实行“限薪制度”，还有部分公司的部分高管实行“限薪制度”。实行“限薪制度”大致有四种情况：一是公司董事长兼任党委书记，实行严格“限薪”，二是公司其他高管属于省管或市管干部要实行一般性限薪管理，三是上海市政府选择了八家市属金融机构试行“高限”，也就是比“一般性限薪”水平要高一些，四是公司董事长实行“半限”，总裁及经营班子实行比较市场化的薪酬制度等。实行“限薪制度”的薪酬水平在几十万、上百万乃至几百万元，与完全市场化的薪酬水平仍然差距较大。

薪酬制度是现代公司治理理论的核心之一。目前混乱的薪酬体系给国家队建设带来困扰，也给国家队的经营发展和资产安全带来巨大隐患；对高管团队是不公平的，尤其是公司董事长身为公司法定代表人，承担公司经营的全部法定责任，却不能和团队平等分享经营成果。其实，中国公司法下的公司董事长相当于欧美法下的公司 CEO，是公司经营团队的领头人，属于职业经理人的一员，理应享有与其身份相匹配的薪酬待遇；如果因为董事长兼任了公司党委书记就需要限薪，那么我们建议实行“非执行董事长”

制度，负责公司董事会的召集，代表党和政府监督公司董事会的运行，而不负责公司生产经营决策和执行。

建立市场化的有竞争力的薪酬体系。薪酬结构要市场化，制定有竞争力的市场化的基础年薪制度，试行高管和关键岗位员工股权激励机制，探索有分红权的身股制度等；薪酬水平要和承担的责任、所做的贡献相匹配，经营管理万亿级资产规模和千亿级资产规模公司的基础年薪要有差别，经营利润在百亿级水平和十亿级水平的基础年薪也要有体现。

建设开放的面向全球的人事人才制度。培养和引进世界一流人才是国际一流投资银行建设的重要内容，克服人才制度上的陈规陋习，积极探索创新多样化的培养、引进、使用、留住人才的先进机制，努力在全球范围内选聘最合适的人才。

（五）监管机构实行专管员监管制度

根据“国家队监管政策体系”要求，为提高投资银行国家队业务信息的透明度，增强监管的及时性和有效性，监管机构实行专管员制度，国家队公司数据库和电子工作底稿随时向监管机关和监管专员开放。

（六）中国证券业协会设立“世界一流投资银行建设委员会”

中国证券业协会成立“世界一流投资银行建设委员会”，研究指导国家队建设，沟通协调国家队建设方案；研究制定并监督执行国家队自律规范，对国家队实行日常运行检测监控；加强国际市场间的行业交流，为国家队走出去创造友好有利的环境，有效降低海外并购信息不对称程度；加强与国际一流投资银行的业务交流和人员交往，为国家队培养和输送人才。

（七）加大外交支持

投资银行国家队在境外设立分支机构是国家民间外交的重要力量，在正常经营以及危机事件应急处理等过程中得到国家驻当地使领馆的帮助和支持；海外国家常以非经济因素阻挠投资并购等交易活动，如国家安全审查、反垄断审查，以及专门对付中国的“竞争中立”审查等，政府外交部门要主动提供必要的支持和政府间的交流，克服准入限制，最大限度地克服政治干扰；在国家领导人外事接待或出访时，邀请投资银行国家队主要负责人参与陪同等。这些都有利于增强投资银行国家队的形象、信用和国际影响力。

第二节　打造一流证券公司　服务中原经济区建设①

金融是现代经济的核心，邓小平同志在20世纪90年代初做出这一重要论断。资本市场是金融发挥核心作用的重要载体。中原经济区建设已经上升为国家发展战略，关系到未来十年、二十年国家经济社会发展的动力和源泉，也是将来相当长一段时期内国家金融经济资源配置的重要指向标。建设强大的资本市场，有利于改善市场环境，培育市场主体，完善市场机制，提升经济活力，优化资源配置，提高河南省社会经济活动的市场化组织程度，这对于中原经济区建设战略意义重大。

一、证券公司的本源与服务实体经济的机理

证券公司的基本功能就是为资本供求双方提供中介服务。交易关系的总和就形成了市场，基于供求双方自由意志的交易完成过程就是资源优化配置过程。证券公司的基本功能就在于牢牢把握中介本质，履行作为证券市场组

① 本文发表于《河南日报》（2012–10–12），作者时任中国证监会河南监管局党委书记、局长。

织者、流动性提供者和市场交易组织者的职责，传播证券信息，减少信息不对称，创造能够促进市场流动性并能够规避风险、创造收益的金融工具，从降低市场交易成本、提高市场流动性和有效性等方面为证券发行人和投资者提供专业、优质的中介服务，从而促进资本市场的健康可持续发展。总结来说，证券公司的基本职能就是提供资本中介服务，这也正是证券公司的本质内涵。

证券公司为企业提供的发行承销服务产生了投资银行业务，发行业务是证券公司整个业务链的起点，有了发行业务才有后来的经纪业务、咨询顾问业务、资产管理业务等。因此，西方国家至今仍习惯地将证券公司称作"投资银行"；证券发行之后需要交易和变现，由此产生了经纪业务；在投资过程中需要为投资人提供一些信息和咨询服务，由此产生了研究咨询业务；在取得社会信任的基础上，不愿意或无能力直接参与证券投资的社会公众可以委托证券公司进行投资，由此又产生了基金和资产管理业务；为满足投资人不同的风险偏好和风险对冲需求，出现了证券衍生工具等创新业务；同时证券公司也利用自身专业优势从事一些自营投资业务。以上形成了证券公司的整个业务链条。

相比于银行、保险公司等金融机构，证券公司在服务实体经济发展方面具有自身优势。证券公司的业务范围可贯穿于企业的整个生命周期：从最初的天使投资帮助创业者将"点子"转化为企业，到风险资本扶持中小型企业创业成长、企业 IPO 上市融资、股票二级市场的证券交易和公司并购重组，以及资产证券化等各种金融衍生工具的广泛应用，这是一条长长的价值链。证券公司的这一业务特色，从微观看，在促进企业充分利用资本市场做强做大方面具有独特意义；从宏观看，可以弥补银行体系间接融资的不足，降低整体经济的金融风险。

20 世纪中叶开始，随着经济金融化、金融证券化趋势不断发展和深化，证券公司因此成为发达资本市场和成熟金融体系的重要主体，在现代社会经济发展中扮演着资金供求媒介者、风险管理和资产增值服务者、金融工具创新者、高效资本市场构造者等重要角色。

二、资本市场和证券公司在国家和区域经济发展中的重要作用

从历史上看，资本市场是商业信用发展的结果，也是股份制和市场经济发展到一定阶段的产物，发展至今，资本市场已经成为现代金融体系的重要组成部分，凭借其资金融通和资源优化配置的两大核心功能在一国或地区的经济和社会发展中占有举足轻重的战略地位，可以说国家的振兴、经济的发展、社会的进步、企业的腾飞，都和资本市场密切相关，资本市场与实体经济之间存在着紧密的依存关系，而证券公司在其中发挥的独特作用更是非常重要。

17—19世纪，正是在股份制和资本市场推动下，欧洲主要资本主义国家的经济得以快速发展。19世纪末期，以华尔街为代表的美国资本市场和投资银行的快速发展，对美国的崛起和经济转型产生了重大的影响，美国的钢铁、化工、石油、汽车等产业正是依托于华尔街的融资和并购活动迅速崛起，从而诞生了卡耐基、通用电器、通用汽车、杜邦等一批世界级企业，帮助美国一举完成重工业化并成功超越欧洲列强。20世纪最后30年，以个人电脑、通讯、互联网和生物制药四大新兴产业为代表的美国高科技产业，依托华尔街吸引的大量风险投资在全球范围内占领了各个制高点，同时也培育了微软、思科、苹果等一大批世界级公司，帮助美国经济成功走出20世纪70年代的“经济滞胀”，顺利实现了转型。尽管2008年的国际金融危机暴露了美国华尔街投资银行存在的一些问题，但这些问题并不能抹杀华尔街投资银行对美国崛起和美国经济转型的重要作用，美国在金融危机中之所以受影响程度远轻于欧洲，与其成熟而富有调节能力的资本市场不无关系。华尔街能够成为世界金融中心，形成“华尔街下雨，全世界看天”的巨大影响力，并不仅是因为华尔街有个纽约证券交易所，更重要的是华尔

街聚集了高盛、美银美林、摩根大通等一批世界顶级投资银行。

从国内来看同样如此。作为中国改革开放的首个经济特区，深圳的起步虽然主要得益于对外开放政策，但其发展速度之快很大程度上是依托于资本市场的先行先试。20 世纪 90 年代初，正是深圳证券交易所的建立及众多的证券、期货、基金等证券经营机构的聚集，使深圳企业通过股份制改造、证券发行吸引了全国范围的资金大量流入深圳，还吸引大批优秀人才及企业到深圳创业和发展，在资本市场的引领和支持下，深圳出现了中国平安、招商银行、中信证券、万科、中集集团、中兴通讯、腾讯等一大批蓬勃发展的明星企业和民族品牌。深圳的发展历程充分彰显了资本市场的力量，也彰显了一流证券公司聚集的力量。

上述国内外经济发达地区的经验表明，一国或地区的资本市场在推动本区域经济发展、优化本区域经济结构、促进区域金融中心形成等方面有着重要作用。这主要体现在四个方面：一是在区域经济明确市场定位、形成分工体系的过程中发挥引导作用，以促进区域内的分工协作和资源的合理利用；二是推动生产要素在区域之间的合理流动，提高资本的利用效率和产出效益；三是促进区域内产业结构调整和经济结构转换，引导区域内主导产业链和经济增长级的形成；四是促使政府和企业尊重市场规律，强化区域内的市场机制，从根本上完善区域市场经济环境，促进区域经济健康发展。资本市场这些作用的有效发挥，需要证券公司的承载和实施，作为资本市场中最重要的参与主体，证券公司的作用非常关键。

三、中原经济区建设迫切需要发达资本市场和一流证券公司

2011 年 10 月，国务院出台《国务院关于支持河南省加快建设中原经济区的指导意见》，中原经济区建设正式上升为国家战略。根据《指导意见》，“十二五”期间，河南省将按照加快转变发展方式的要求，提出“三化”协

调发展，优化资源配置、全面提升要素的配置效率，全面加强基础设施建设，积极发展现代农业、先进制造业、高技术产业，持续提升现代服务业发展规模和水平，并提出首先需要解决的就是“钱从哪里来、人往哪里去、民生怎么办、粮食怎么保”四大难题。经济与金融相融共生，要解决这四大难题，自然离不开包括银行、证券、保险、信托、期货、基金、产权交易等在内的金融机构体系的强力支撑。目前，河南省金融机构体系基本实现了各业并举、功能完备、稳健运行。这其中，银行机构关系到货币市场的间接融资，证券机构关系到资本市场的直接融资，考虑到河南经济正在步入抓转型和调结构的关键时期，迫切需要资本市场提供更加有效的资本要素配置，中原经济区建设对河南省资本市场发展提出了更高要求，《指导意见》也明确提出要支持中原经济区内符合条件的企业上市和发行债券，形成多层级资本市场体系。没有发达的资本市场，就难以满足实体经济快速发展的需要，难以承载中原经济区建设的重任，资本市场的发展程度将是今后影响金融业服务中原经济区建设效果的核心因素。

就河南而言，金融业发展仍显著滞后于经济的发展，在金融业中资本市场的发展又显著滞后于信贷市场的发展，资本市场发展程度已经成为制约中原经济区建设的一项“短板”。作为我国的第五大经济体，河南省的主要经济指标位居全国前列、也遥遥领先于中部其他五省。2011 年，河南实现 GDP 2.72 万亿元、全国排名第五，固定资产投资规模达 1.69 万亿元、在全国排名第四，社会消费品零售总额达 0.95 万亿元、在全国排名第五。而截至 2012 年 8 月，河南全省仅有 100 家境内外上市公司，其中境内 65 家。从直接融资规模、证券交易规模、投资者开户数等主要指标来考察，河南资本市场这三个指标近年来在全国的最好排名分别为第 14 位、13 位、11 位；2011 年底，全国市场的证券化率（股票市价总值与国内生产总值的比率）约为 45%，而河南市场的证券化率仅为 13%，在全国排名靠后，也均低于中部其他五省——湖北 20%、湖南 20%、安徽 30%、山西 41%、江西 18%。

总体来看，河南资本市场的发展在全国范围内处于中游，在中部六省范围内处在落后位置。资本市场发展的滞后，加剧了河南省金融业结构的不均衡，经济运行过于依赖商业银行贷款，从而受宏观货币政策的影响较大，金融体系活力不够、效率不高，金融资源甚至出现外流，最终导致河南省对金融业支持地方经济发展的掌控力不强，主动性不高。

为了在河南建成中西部地区相对发达和领先的资本市场，发挥资本市场在促进河南经济增长和企业发展中的支持作用，有效促进实体经济的转型与发展，更好地助力中原经济区建设，迫切需要一流的法人证券公司的支撑。尽管证券公司的执业范围不受地域的限制，理论上讲全国甚至全球的证券公司都可以为中原经济区提供服务，但培养一流的法人证券公司，能够最大限度地激活全省的证券资源，其重要性体现在以下几方面：一是发挥金融机构注册地总部效应，培养资本市场高层次专业人才，引导成熟健康的资本市场发展理念；二是发挥证券公司在推动本地金融机构充分发挥协同效应方面的相对优势，引导市场充分竞争，促进区域内本土金融机构的繁荣，提高本土金融品牌的影响力和竞争力，加快区域性金融中心建设；三是吸引并创造证券金融资源，证券机构带来的相关金融资源留在本地，证券服务相关收入和税收留在本地；四是积极履行和承担社会责任，准确理解并坚决执行地方政府在资本市场方面的重大决策部署和战略意图；五是掌控河南资本市场的主动权，本地证券公司扎根区域经济，更加重视对区域资本市场的持续服务和战略培育，更了解区域内的投融资需求，更能提供有针对性的中介服务，促进区域资本市场的持续有序发展；六是提升河南资本市场的定价权，本地证券公司更注重本区域市场中的长期稳定发展，更能为区域内的企业和居民提供“性价比”更高的服务，有利于降低区域资本市场成本、提高区域资本市场效率。

证券公司是资本市场的主要参与者和建设者，解决河南资本市场发展滞后的问题，必须紧紧抓好证券公司这个牛鼻子。一般而言，本土证券公司往往会由于自身发展与地方经济息息相关，进而在为地方企业和居民提供投融资服务的过程中，更能从发展地方经济、维护地方企业利益的角度来考虑。中原经济区建设需要发达的资本市场，本土证券公司的积极参与既必要也重要，打造一流的本土证券公司更是具有重大的战略意义。

四、如何将中原证券打造成一流的证券公司，服务中原经济区建设

目前，河南省仅有一家法人证券公司即中原证券公司。公司近年来呈现出良好的发展势头，经营业绩持续较好、业务体系逐步健全、制度体系逐步完善、治理结构较为有效、综合实力和抗风险能力大大增强，在河南资本市场和经济社会发展中正发挥着越来越重要的作用。但是，与中信证券、海通证券等行业一流证券公司相比，与国元证券、长江证券等周边省份省属证券公司相比，中原证券在自身规模和服务能力上还存在着不小差距。如何将中原证券打造成一流的证券公司，对于中原经济区建设具有十分重要的意义，也是一个极大的挑战。纵观高盛、美银美林等国际知名投资银行的发展历史以及中信证券、海通证券等国内优秀券商的成长历程，不难看出，一个优秀的、一流的证券公司应该具备一些基本素质和条件。

中原证券公司要深刻理解资本市场成长和发展的内在规律，深刻认识我国资本市场发展所处的特殊阶段及其重要的阶段性任务，积极投身中原经济区建设，把握机遇，科学发展，奋力拼搏。

（一）要坚持持续服务实体经济

金融活动的现实基础是实体经济运行。金融经营和发展都必须服务和服从实体经济发展，这是一切虚拟经济存在和发展的必然要求，脱离实体经济的金融活动或资本市场，或者死水一潭，或者泡沫泛滥。早在 2012 年年初，时任中国证监会主席郭树清提出了“三个如何”的大讨论，概括起来的核心就是

要提升资本市场服务实体经济的能力。2012年5月份召开的证券公司创新发展研讨会上，郭主席再次强调“创新必须紧紧围绕实体经济的需要”，并告诫证券公司，一定要牢记实体经济是金融创新的源泉和动力，否则就成了无源之水、无本之木。证券公司是资本市场的组织者和参与者，为实体经济服务责无旁贷，因此，证券公司务必要不断提升服务实体经济的能力，并通过服务实体经济发展壮大自己。

（二）要有鼓励创新的发展战略

证券行业不同于传统行业，战略引领发展的作用至关重要，制定战略就是强调“做正确的事情”，以确保战略方向的正确；实施战略就是强调“把事情做正确”，以确保战略目标的实现，一个战略不清晰、不得当的证券公司，很难从完全市场化竞争的证券行业中脱颖而出。从华尔街投资银行发展经验来看，证券公司应当坚持基础性主导业务，形成牢固稳健的盈利模式，并以此为依托逐步拓展新的业务模式和经营空间，奠定自身的核心竞争力和创新能力。美林证券20世纪90年代取得的巨大成功就得益于它以客户为导向、发力现金管理账户的战略调整。

现阶段，中国资本市场具有明显的“新兴加转轨”特征。资本市场发展总体不足，存在较为严重的制度性供给短缺，证券中介服务这一领域存在很大的发展潜力和创新空间；证券业务集中度越来越高，呈现较为明显的“三七”分布，即全市场70%的业务量集中在前30%的机构，有的业务甚至呈现“二八”分布，市场竞争异常激烈；各种市场交易成本不断下降，交易效率不断提高，对于证券经营机构业务创新、改善服务、节支增效等各环节形成倒逼机制。证券公司要客观分析自身的比较优势和劣势，按照自身实际能力和市场发展需要，确定发展定位、发展目标，制定出符合行业发展趋势和自身比较优势，并且具有可操作性的战略规划，在证券市场中介服务的广阔领域中，以积极开放的姿态对待行业的各类创意和新思路，将创新愿望转化为配套可行的创新方案，扬己所长、避己所短，通过差异化、特色化的经营，形成和增强自己的核心竞争力。

（三）要有雄厚的资本实力和完备的业务体系

证券行业是一个资本高度密集的行业，资本实力对证券公司的作用和意义尤其重要，它不仅直接影响到证券公司的抗风险能力，还将影响到证券公司开展业务的范围和业务规模。随着证券行业的不断发展，证券行业的创新业务及传统的承销与保荐等业务对资本规模的要求会越来越高。优秀的证券公司还应该有一个比较完备的业务体系，能够覆盖企业发展的全过程。目前，国内大多数证券公司的业务结构单一、收入来源主要集中于经纪、投行、自营等传统证券业务，并且主要限于交易所市场的佣金，而美国证券公司的收入来源非常宽泛，传统证券业务的比重已不高，金融创新和衍生品以及国外市场方面的收入上升很快。因此，业务体系的完备程度同样是证券公司综合实力的体现，也是保证证券公司全面发展、健康发展、持续发展的主要条件，更是一流证券公司的典型特征。

（四）要有科学合理的管理体制和运行机制，有一支愿意做事、能够做事的专业团队

企业管理的核心问题就是构建科学的管理体制和高效的运行机制，企业的发展状况很大程度上取决于管理体制创造的空间和运行机制激发的活力。管理体制主要由公司组织架构、职能定位和一系列相关制度组成，决定了公司权力、资源的配置方式。运行机制是指企业生存和发展的内在机能及其运行方式，合理的运行机制可以减少内部摩擦、强化协调配合，释放效率、激发活力。机制建设方面最主要的是激励和约束机制设计，这是一个难题，更是一个绕不开的问题。其基本原则就是“市场化”，只要机制是市场化的，就是有竞争力的。目前，中国证监会正在考虑适合证券公司的员工持股和股权

激励制度，一流的证券公司应该探索既有正向激励又有监督惩罚的双向、长期激励约束机制。人才问题是证券公司的又一个核心问题，是证券公司发展的基础保障，一个优秀的证券公司首先要有一个优秀的管理团队，能够把握行业发展趋势，有较强的洞察力、驾驭能力和决策能力；同时还要有一支专业的员工队伍，有很强的业务能力和执行能力。

（五）要有合规发展的经营意识和健全的风险管理体系

合规发展和风险管理是证券公司安全运营、持久发展的坚实保障，只有以风险管理为中心，健全治理结构与内控机制，强化内部约束、加强内部管理，才能有效避免和及时纠正经营过程中的失误和偏差，把风险控制在可承受的范围之内，真正实现公司的长期可持续发展。对风险的防范和控制应具有持续性，树立“风险防范和实现盈利同等重要”的经营意识。证券公司以其专业特长管理风险、分散风险并适当承担风险来实现收益，这是证券公司的经营之道，不愿承担任何风险就无法开展证券业务。因此，不愿承担任何风险是证券公司的最大风险。但是，管理风险并不意味着冒险，2008 年美国次债危机中华尔街前五大投资银行遭受重创以及前不久摩根大通公司暴发的“伦敦鲸”事件等，主要原因正是其经营中风险意识淡化、冒险过度而导致。因此，证券公司一定要牢记承担风险的原则：一是选择承担的风险应该是证券公司擅长承担和管理的风险；二是应该有足够的资本金支持所选择承担的风险；三是选择承担的风险应该具有与其相匹配的预期回报。

（六）要把诚信经营作为第一要务

诚信是市场经济的重要基石，党中央、国务院对社会诚信建设高度重视，广大人民群众也充满期待，资本市场作为商业信用发展的结果，本身更是以诚信立足，未来诚信将决定资本市场发展的高度。2012 年 7 月 25 日，中国证监会发布《证券期货市场诚信监督管理暂行办法》，并自 9 月 9 日起实施。

《办法》明确证监会将建立全国统一的证券期货市场诚信档案数据库，记录证券期货市场诚信信息，证券期货经营机构、主要股东和实际控制人、证券期货从业人员等的诚信信息都将记入诚信档案，中国资本市场将由此进入诚信时代。诚信是资本市场发展的根本需要，也是证券行业最起码的要求，证券公司作为资本市场的中介，更要在经营管理中坚守诚信，在行业诚信建设中率先垂范。如果抛弃诚实守信的基本原则，终将失信于市场，被市场所抛弃。证券公司打造一流券商，首先要依法规范经营，在诚信建设中走在行业的前列，坚持“公开、公平、公正”的原则，切实以维护投资者利益为根本出发点，以取信于投资者、取信于市场、取信于社会，自觉维护证券市场健康、稳定的发展。

（七）积极服务中原经济区建设战略

中原证券应紧密结合中原经济区建设的投融资需求，围绕服务中原经济区建设，着力培育公司的特色优势和核心竞争力，与中原经济区协同、持续发展。作为地方资本市场的重要主体，根植区域，服务地方，是本土证券公司发展壮大的强大生命力源泉。《国务院关于支持河南省加快建设中原经济区的指导意见》中明确指出，积极探索不以牺牲农业和粮食、生态和环境为代价的“三化”协调发展的路子，这是中原经济区建设的核心任务。新型工业化、城镇化和农业现代化协调发展，需要统筹解决工业结构不合理、城镇化发展滞后、农业产业化提升等现实问题，这既为中原证券服务中原经济区和实体经济指明了努力方向，也为中原证券的发展提供了契机和动力。为更好地建设中原经济区，2020 年 4 月份省政府制定了《关于进一步加强金融工作加快金融业发展的意见》，对金融业支撑中原经济区建设提出了全面要求和努力目标，这其中，中原证券有很大的作为空间。中原证券要深入研究、主动对接、主动融入，切实从自身和中原经济区实际出发，发挥好职能作用和专业优势，为广大企业和投资者提供多元化的、优质高效的中介服务和金融产品。在证券行业改革开放、创新发展的大背景下，中原证券进一步深入服务中原经济区建设恰逢其时、大有可为；另一方面，中原经济区是中原证券的主要业务根据地，只要做深、做透中原经济区内的业务，中原证券就能形成与中原经济区经济实力相匹配的规模与地位，成为具有中原经济区鲜明特色的国内一流证券公司。

总之，把中原证券打造成一流的证券公司，把河南资本市场发展成发达的资本市场，对于建设中原经济区具有十分重要的意义。当前，中原证券已具有良好的发展基础，具备独特的战略地位，面临着广阔的发展机遇，并正在通过上市打造成为证券金融控股集团，进一步增强服务河南实体经济的广度和深度。各方应共同努力，将促进中原证券做大做强上升为繁荣地方金融机构的重要着力点和发展资本市场的关键举措，促进中原证券在中原经济区建设中发挥更大的、应有的作用。

第三节　利用好香港市场　建设国际一流投资银行[①]

中原证券公司在香港交易所挂牌上市半年以来，发生了一系列积极的变化。股权中民营和外资成分占比达到51.7%，实现了混合所有制发展，优化了公司股权结构；组建了新的董事会，按照国际标准改进了公司治理架构；快速补充资本金，为经营业绩大幅增长提供了资金支持。2014年前11个月公司利润总额比2013年全年翻了一番，融资融券和股权质押业务规模分别比去年增长了三倍和两倍。

在境外挂牌上市，公司迈出了国际化的第一步，起了个好头，这只是一个新的开始，今后成长路子更长，面临的发展空间更大，面临的挑战更多，

① 本文是2014年12月25日作者在中原证券调研时的讲话，作者时任中国证监会河南监管局党委书记、局长。

我认为应公司以成为五个方面的“排头兵”为目标，利用好香港市场，努力建设成为国际一流的现代投资银行。

（一）要成为我国境外上市公司规范经营的排头兵

根据中国证监会国际部的统计数据，截至2014年10月，我国共有199家境内股份有限公司到境外上市，其中河南有32家。随着我国资本市场市场化、法治化、国际化进程的加快以及境外市场呈现出更为严格的法律制度环境、更为国际化的会计准则、更加理性的投资者，这些都正不断促使境外上市公司提升规范经营水平和守法合规意识。中原证券是全国在香港上市的第四家证券法人机构，既具备证券公司和上市公司的双重身份，又面临证券机构和上市企业的双重监管。在我国经济运行进入新常态的背景下，市场大幅频繁波动、资金杠杆正向助涨和反向促跌，同时日益增多的不可预知风险等有可能成为今后资本市场发展的新常态，中原证券也面临着巨大的风险挑战。

从以上情况来看，公司更有动力高标准地执行规范发展要求，使规范成为规避风险的保障，成为境外上市公司诚信规范经营的模范和表率。其中有四个重点应是中原证券努力的目标：一是要牢固树立诚信规范经营理念。严格遵守境内外的法律法规，坚持规范运作，充分利用好国际和国内两个市场，完善公司治理结构、提高公司治理水平。二是要树立全方位的合规风险管理理念，构建适应市场新常态的风险管理体系，形成“六个一”的风险防控体系（一套全面可操作的内部制度，一个功能齐全、执行有力的组织框架，一支强大的风控专业人才队伍，一套科学的风险指标体系，一套有效的风险管理技术系统、一个风险化解处置机制），把全面高效的风控管理能力发展成为公司的核心竞争力，打造成公司的品牌和标签。三是要强化内核检查。公司要加强对各项业务的监督检查，按照两地市场的规范及时查找问题，及时督促解决，把问题解决在萌芽状态，防止小问题发展成大麻烦。四是要依法合规进行信息披露。按照两个市场的监管要求，充分做好与会计师、律师、交易所的沟通，真实、准确、完整地披露信息、履行承诺，使公司的经营情况更加透明，市场化运作水平更加提升，做一家诚信、规范、优秀的H股上市公司，树立河南上市公司和证券经营机构的良好形象。

（二）要成为利用国际市场提升资本实力的排头兵

金融业本身将面临一个新的产业分化——由原来一直坚持的分业经营、分业监管体制，不可逆转地向综合经营、综合监管体系转变。在经济运行进入新常态的背景下，这种表现更加突出、也更加直接，证券公司必然面临一个更加困难的环境、更加严峻的挑战。确保稳定的资本充足水平，将成为证券公司各业务持续健康快速发展的重要前提。最近，海通证券已提出在香港再融资的具体办法，华泰证券、广发证券也提出在香港上市的安排。

公司要用足、用好境外上市这个平台，实现上市融资与业务发展的良性互动。一是要形成科学合理的资本补充机制。充分考虑公司战略转型和业务发展方向，把公司的资本金补充机制与公司的战略发展结合起来，提前谋划，做好压力测试，争取近三年通过境内外市场，运用股票、债券等各种融资工具补充资本金，确保业务规模与资本实力相适应，公司总体风险状况与风险承受能力相匹配。通过盈利能力的稳步增长，不断提高内外部资本补充能力，确保较高的资本补充水平，增强股东、投资者及公众对公司的信心，为公司各项业务发展提供资金保障。二是要加快再融资步伐。按照香港联交所《主板上市规则》，上市企业可在首次公开发行完成半年后进行再融资，公司再融资的时机已经来临。希望公司利用业绩快速提升和股价市场表现的大好机遇，在政策允许的范围内，加快在内地A股IPO和香港市场再融资，进一步增强资本实力。前期河南证监局就这个政策进行了反复研究，也向证监会征求了意见。下一步河南证监局也会在公司A股上市及豁免外资持股25%比例限制方面继续提供支持。公司也要成立专门的团队，提前做好筹划安排。三是要提升股东回报水平。在香港上市后，公司提出每年现金分红比例不少于该年度实现的可分配利润的 50%，说明公司高度重视对投资者的合理回报，但从股东权益回报率和业务经营数据来看，公司与行业平均水平还有差距，根据已经公开的证券公司半年报信息，2014 年上半年行业平均 ROE 为 4.59%，中原证券为 3.83%；公司截至 11 月份的净资产、净资本在行业排 43 名；本年累计营业收入和累计利润总额在行业排 45 名和 46 名，各项业务经营指标均不靠前，希望公司在保持稳健资本充足水平的基础上，高效、合理利用资本杠杆功能，提高资本配置效率和为股东创造回报的能力。

（三）要成为深化改革运用境内外两个市场的排头兵

公司近两年在组织机构方面进行了大刀阔斧的改革，不断加大创新业务投入，应该说效果还是很明显的。这段时间在新三板做市、证券公司短期公司债券、收益凭证、柜台业务等新业务方面都及早获得了试点资格。最近新成立了创新业务部、衍生品经纪部、资金运营部、互联网金融部，初步形成了创新业务的组织“链条”。

但是，相对于日新月异的市场变化，公司还有较大的提升空间。一是要深化内部体制机制改革。通过进一步引入国际、民营资本，完善公司治理，探索股权激励、混合所有制等促进公司发展的途径，推行兼并重组，建设金融控股集团。二是要加快推进“一站式”综合金融服务平台建设。从公司 2014 年 1 月—11 月的收入结构来看，经纪业务、自营业务占比 73%，利息收入占比 14%，投行业务和资管业务仅占 6%，当年上半年行业平均的业务构成来看，经纪业务和自营业务为 59%，投行和资管业务为 19%，与行业平均情况相比公司的收入结构还有较大的优化空间。公司要结合“一站式”综合金融服务平台建设，利用获得新三板做市、柜台业务、收益凭证等创新试点资格的先发优势，丰富公司产品线的“广度”和“深度”，根据客户的年龄、职业、受教育程度、收入、资产、风险偏好和风险承受能力来匹配产品，为投资者提供全方位、全生命周期的财富管理服务。三是要大力开展互联网金融。

当前行业的发展用一句话来讲就是不触“网”不成活，互联网金融是行业未来发展的主要方向，公司要充分运用互联网思维，学习借鉴互联网金融企业的商业模式，不仅仅把传统的开户、金融产品销售、营销产品宣传等业务“线上化”，更要加强在O2O战略的布局，采取自建或者与互联网企业合作等方式，完善账户体系、交易通道、客户服务、产品定制等方面的线上线下资源对接，通过重构服务流程，推进业务从集中式向分布式管理的转变，实现与投资者的良性互动和贴身服务。

（四）要当好推动服务河南企业境外上市的排头兵

排头兵的责任和使命，就在于为“大军”前行扫雷、清障，做好服务，目前河南省在境外的上市企业已经有32家，但总体实力还不强，优势还不明显。中原证券在香港上市半年来的市场表现在河南市场也产生了很好的示范效应，品牌知名度也在不断提升，公司应抓住这个难得的机遇，乘势而上，为河南省境外上市企业提供更好的服务。其中有三个方向要重点努力：一是要做强投行业务。公司从准备上市到挂牌交易只用了半年时间，上市之后半年内股票价格上涨近5倍，这样的成绩在境内外的上市公司中屈指可数，其中积累的经验教训更是少有人比，公司要利用熟悉境内外两个市场的优势，做大存量、做优增量，用好河南境外上市联谊会这个平台，为省内企业兼并重组、混合所有制改革提供支持，把投行业务做大，使之成为公司的特色和优势。二是要完善组织架构。加快香港子公司、另类投资子公司的设立，利用公司国际化的平台以及区域影响力和渗透力的优势，深耕深挖河南本地市场，扩大投行、基金、直投业务的服务范围，帮助更多企业通过国际资本市场融资发展，积极引进国际金融资本，为地方国资改革和实体企业“走出去”发挥关键作用。三是要利用境外上市证券公司的地位，发挥中介机构专业优势，为河南境外上市企业的发展出谋献策，逐一帮助境外上市企业解决上市之后遇到的困难和问题，打造业绩亮丽、诚信规范的境外上市企业“河南板”。

（五）要当好服务河南三大国家战略的排头兵

中原证券作为河南的地方企业，服务河南三大国家战略应该是当仁不让的职责和使命。一是要树立大局意识。紧密结合中原经济区、粮食生产核心区及郑州航空港综合实验区三大国家战略建设的投融资需求，围绕服务三大国家战略规划，实现公司的发展与三大国家战略协同发展、持续发展，在服务国家战略发展中体现证券业的价值，形成与三大国家战略地位相匹配的一流现代投资银行。二是要主动服务。中原证券要发挥敬业精神和奉献精神，主动对接、主动融入，切实从自身和三大国家战略建设出发，发挥好职能作用和专业优势，为广大实体企业和投资者提供多元化的、优质高效的中介服务和金融产品。三是要勇于创新。创新是证券业发展的永恒主题，实现三大国家战略更需要创新金融产品和金融服务方式。新“国九条”、证券、资产管理、期货方面的创新意见为公司业务开展打开了空间，国际化的平台更为公司接触最前沿的金融产品创造了条件，希望公司在资金、人才、产品等方面打通香港、中原两个平台，利用好场内和场外、公募和私募市场，股权和债权、基础和衍生等多种金融工具，形成具有差异化、专业化、特色化发展的一流现代投资银行。

第四节　建设“一站式”金融服务平台　推动证券经营分支机构转型创新发展[①]

分支机构转型创新发展是一个重要课题。部分机构“一站式”综合金

① 本文是作者2014年10月22日在辖区证券经营分支机构转型发展暨建设“一站式”综合金融服务平台创新经验交流座谈会上的座谈交流，作者时任中国证监会河南监管局党委书记、局长。

融服务平台的建设经验，能够帮助推动河南辖区证券经营机构全面发展。广发证券向我们介绍了国际证券公司分支机构开展业务的情况，给我们深入探索机构转型启发了思路，国泰君安、华泰证券、中原证券、中信建投、国信证券等5家机构从不同层面介绍了具体开展的特色化建设经验，内容比较全面，对其他机构开展工作也有借鉴意义。

一、转型发展势在必行，需要机构发挥积极性、主动性和创造性

“推进金融创新，提高证券行业竞争力”是中共十八大确定的重大决策。河南辖区也必须要推进转型创新，这是证券公司发展的方向。

（一）宏观监管政策为证券公司创新转型打开空间

2014年《国务院关于进一步促进资本市场健康发展的若干意见》明确提出，“提高证券期货服务业竞争力”，并就具体落实措施进行了顶层设计。中国证监会《关于进一步推进证券经营机构创新发展的意见》进一步确定了证券经营机构的创新主体地位，要求“尊重证券经营机构的首创精神，激发创新活力，落实创新责任”，从而“提高综合金融服务能力”“建设现代投资银行”，在宏观监管政策上为我们机构创新发展转型解开了束缚。实现券商由传统通道式服务向专业化、综合化服务的转型，改变依赖通道业务“靠天吃饭”的发展格局已成为行业发展的共识。

（二）“三自由、一严打”和“四最”市场建设为辖区机构创新转型营造了良好的局部环境

近两年来，河南证监局立足辖区实际，敬畏市场，充分发挥市场机制功能，施行“三自由、一严打”政策，即机构进出自由、佣金自由、转销户自由和严厉打击违法违规行为，今年又进一步提出建设“最自由、最开放，最

有创新力、最有竞争力”的河南辖区机构建设目标，放开了机构设立，拓宽了分支机构的营业范围，激发了机构的创新活力和创新动力。

（三）机构创新发展百花齐放

在自由竞争的市场环境中，各机构围绕现代投资银行建设，探索差异化、特色化、专业化发展路径，进行组织创新，“一站式”综合金融服务平台应运而生。部分机构结合自身实际情况，做出了许多有益的探索，形成多个具有代表性的经营模式。主要包括：以融资类业务为主线的融资服务模式；围绕高端客户的投融资需求建立的私人银行模式；依托开放式综合理财平台和集成式综合理财账户体系形成的金融超市；强化区域资源的集中管理和有效配置，做实分公司，对客户进行分类分级服务模式；以服务产品化、产品多样化、经营多元化、客户细分化、员工专业化为经营主线的公司化经营模式等。

（四）创新发展取得明显成效

一是辖区的市场发展环境得到业内的充分认可，辖区机构数量不断增多。近两年来，辖区证券分支机构从 154 家增长到 251 家，增长了 63%。二是机构的产品和服务向多元化转变，由“以股市为主”向“股票市场、债券市场、衍生品以及场外市场等混业模式发展”转变，托管、支付、交易、融资、投资等基础功能得到恢复和拓展。多家证券分支机构在原有经纪业务基础上增加了经营范围，包括投资咨询、财务顾问、融资融券、证券投资基金代销、为期货公司提供中间介绍业务、代销金融产品、证券资产管理、证券发行与承销等多项业务，特别是融资融券业务发展迅速，辖区现有 177 家证券分支机构开展融资融券业务，占已开业分支机构总数的 83%。三是市场竞争井然有序。两年来，综合证券交易佣金从 0.9‰下降到 0.76‰，下降了 15.6%；证券客户数由 2013 年初的 409 万户增长到 8 月底的 432.7 万户，增长 5.8%；证券客户总资产从 2013 年初的 2 757 亿元增加到 8 月末的

3 523 亿元，增长 27.8%。

二、“一站式”模式是辖区创新发展的实践选择

近两年来，河南证监局高度重视辖区证券机构转型创新发展，局领导多次带队深入市场一线，调研新形势下证券经营分支机构转型发展的性质、路径和形式。部分机构围绕自身的转型发展，对建设“一站式”综合金融服务平台做出了不少有益的探索。

（一）“一站式”综合金融服务平台的主要模式和特点

随着互联网金融的发展和机构创新步伐的加快，以分公司为载体，辖区初步形成国泰君安依托总部平台投资顾问驱动型、华泰互联网立体式、中原总部全方位协调支持的三种“一站式”金融服务平台模式，在建设集成化、开放式的综合理财服务平台方面取得新的成果。与传统金融服务模式相比较，辖区“一站式”综合金融服务平台的内在服务逻辑与外在服务形式都有较大差异，主要体现在三个方面：一是通过对金融机构支付、融资、投资等基础功能全面整合，形成覆盖银行、证券、保险、信托、基金、私募等众多金融领域产品与服务体系的金融服务机构；二是从原有为客户提供标准化、同质化，满足客户单一阶段、单一需求、单次推广的产品销售模式向为客户提供覆盖全生命周期的专业服务模式演进，同时跨越地域、时间等诸多限制，为客户提供多点接入、全天候持续服务；三是从本质上改变从业人员服务内涵与外延，营销服务人员价值由销售产品能力过渡为需求分析、资源整合与工具运用等专业知识应用能力。

（二）“一站式”综合金融服务平台建设取得的成效

一是以分公司为重点的组织创新速度加快。各机构更注重强化区域市

场集中化管理，在分公司层面构建综合型金融服务平台，分公司设立速度加快。截至目前共22家，比2013年初的6家增长了267%，集中管理辖区125家证券营业部，覆盖率达到55%。二是以综合服务为重点的机构经营模式转型加快。传统分公司逐渐从单纯的管理向区域综合业务平台、“一站式”服务转变，传统营业部的定位也逐步从过去单一的经纪业务职能向综合性经营终端转变，以证券营销为基础，不断拓宽专业服务水平和丰富产品体系，为企业和投资者提供全生命周期服务。辖区证券分支机构传统通道业务收入占比由2013年初的81%下降到2014年8月末的59.19%；新业务收入占比从2013年初的11%上升到37.09%。从辖区证券分支机构的盈利情况看，“二八现象”非常明显，20%的机构创造了80%的利润，占据了辖区市场份额的65%，这些都是在“一站式”综合金融服务平台建设方面行动较早的机构。三是机构服务实体经济的能力不断增强。2013年辖区机构通过“证企对接”，为全省各类企业融资257亿元。2014年以来，我们一方面跟踪推动融资项目进度，另一方面充分发挥机构的积极性，指导辖区证券期货机构创新服务形式,深化“证企对接”活动。2014年累计已完成对接项目79个，实现融资金额285.6亿元。2014年7月底，我们联合省有关部门共同组织召开全省资本市场融资培训暨证企项目对接洽谈会。洽谈会共推出了424个融资项目、833亿元融资需求，吸引了省内100多家企业、54家证券机构和近30家国内私募股权投资基金共200多人参加。会议现场达成融资意向10个，为实体企业提供投资超过53亿元，其中3个项目已经完成，其他项目都在推进中。特别是在新三板业务，发展非常快，已实现31家企业挂牌，其中的多数挂牌公司都是在座的机构承揽或推介的。

（三）“一站式”综合金融服务平台建设存在的不足

开展“一站式”综合金融服务平台建设，是一个崭新的课题，没有现成的模式可以借鉴，这一平台建设的推进、平台内容的完善、平台体量的大小，取决于证券公司总部的综合实力和管理效率以及分支机构的执行力。从两年多的工作情况看，辖区证券经营分支机构开展“一站式”综合金融服务平台建设也面临着一些问题：一是证券公司总部的产品创新与投研能力不足。受到主观意愿以及资金、人才等诸多限制，一些机构存在产品创新能力不强、产品投研能力不足等问题；二是人才投入与储备需进一步加强。受行业发展历史与现阶段现状，证券公司尤其是在分支机构层面的专业优秀人才发现、培养与留用等方面还存在许多不配套因素，还满足不了辖区市场创新发展的现实需要；三是客户对机构提供综合化金融服务的认可程度还有待进一步深化，对机构深化投资者教育、适当性管理以及市场营销工作都提出新的挑战。

三、全力推进辖区机构转型创新发展

新形势下证券经营分支机构作为券商的载体，正面临前所未有的机遇和挑战。允许券商自主设立营业部、网上开户、一码通账户及允许在公司的业务范围内经营业务等政策的推出，标志着证券分支机构进入了真正市场化的考验阶段。在市场的考验下，怎样转型创新发展，作为证券公司和证券分支机构如何才能在创新变革中赢得先机，在竞争中立于不败之地，这是证券行业需要认真研究的问题。

（一）营造“开放、竞争、合作、共赢”的良好氛围

河南证监局秉承“开放、竞争、合作、共赢”的监管理念，积极推动辖区机构探索转型发展的客观规律，建立适合自身特色的发展模式。“一站式”综合金融服务平台是辖区证券经营分支机构转型的有益尝试。

（二）推动互联网金融在辖区的广泛运用

互联网金融在业内得到广泛运用。从辖区来看，中原证券已经正式上线

了互联网理财平台“财升网”，迈出了互联网金融的重要一步。目前，辖区机构在网络营销、网上开户方面都取得非常好的成效。截至 2014 年 8 月底，辖区网上开户客户数 11 446 户，占辖区新开证券客户数 57%。但从运用的深度来看，还有非常大的空间。河南证监局一直以来高度重视互联网金融在辖区的创新实践，这是我们提出建设“四最”市场的技术基础。透过信息技术手段，挖掘客户需求，开展综合财富管理，满足客户的需求，已成为众多机构比拼服务的“法宝”。

（三）合规、风险管理要跟上创新的需要，切实保护投资者合法权益

在行业创新和转型背景下，各机构必须要坚持风险可控、有序推进，严守合规底线，做好全面风险管理。一是要自主识别、判断和承担创新风险责任，始终把合规管理和风险控制贯穿于业务的各个环节，把风险控制在自己可承受的范围内，防止风险外溢形成系统性、区域性风险。二是法人机构要建立风险与资本的对接，通过与公司战略相结合、与改善公司治理和股权激励机制相结合、与公司创新业务发展相结合、与客户结构相结合等建立资本补充管理机制，确保业务规模与资本实力相适应。三是在融资类业务中要制定严格的制度和措施，从征信、授信、盯市、平仓等多个环节对该业务涉及信用风险的各个环节予以规范。四是加强投资者适当性管理，为投资者提供诚信专业、个性化的服务，切实保护投资者合法权益。同时，要完善自上而下的客户投诉的处理反馈机制，提高检查频率，发挥监督部门的应有作用。

（四）证券机构要全面跟上行业转型创新步伐

在转型创新的态度上一定要坚决。长期以来，证券机构对监管部门的依赖较多，证券公司习惯听取监管部门的意见和合规判断，存在等靠和跟随思想，态度不坚决，创新不主动。机构要结合自身特点和资源优势，研

究机构创新发展战略，找准发展定位和创新着力点，打造具有自身特色的核心竞争力。要在分公司层面构建综合型金融服务平台，实现区域市场集中化管理，通过集中业务宣传、专项业务分工、区域专人负责等多种方式整合区位优势，节省成本，提高效率。同时，争取公司总部的资源支持，将所在总部的创新业务尽快引入河南市场。证券经营分支机构转型要因地制宜，立足区域优势和资源特点，有效布局轻型网点，依托分公司的综合服务平台，实现轻型化投入、新型化运营、差异化发展。从服务于实体经济和服务于小微企业入手，不断拓展业务空间，各机构要与实体企业建立合作共赢的关系，树立一站式、全生命周期的服务观念，为不同类型的企业、同类企业的不同阶段设计个性化的金融解决方案，最大限度地降低融资成本，助力企业发展，服务实体经济。始终加强学习培训，提高从业人员素质。各机构要建立分类长效培训机制，针对从业人员自身特长，加强对从业人员的管理和培训，培养营销、研发、投资顾问等各方面的专业人才，提高从业人员业务技能和合规意识，为机构创新转型发展提供强有力的智力支持。

（五）协会要充分发挥自律管理和服务职能

协会要以行业创新发展为契机，不断完善自主工作机制，提高自我管理，自我发展的能力；贴近市场，贴近会员，更好的发挥自律、服务和传导的作用。要深入调研，持续跟踪辖区证券经营机构建设一站式金融服务平台的进展，树立好的典型，组织辖区其他证券经营机构参观、学习，并帮助其寻求总部的更多支持。通过走出去、请进来相结合的方式，积极组织辖区证券经营机构与省外优秀同行进行交流、学习，拓展辖区证券经营机构的视野和创新思维，提高其创新效率。要适应互联网金融的发展潮流，组织辖区证券经营机构学习、探讨互联网金融的本质、互联网证券业务的定位和发展路径，组织机构运用推广。

第五节　着力资本市场能力建设服务"一带一路"倡议①

"一带一路"倡议提出三年多来，为越来越多的国家和国际组织认可和接受，这必将对全球经济复苏和世界政治经济格局重塑发挥十分积极的作用。资本市场参与并服务"一带一路"建设责无旁贷。同时，我们也应当清醒地认识到，这是责任，是机遇，更是挑战；既涉及中国资本服务"走出去"参与国际竞争，又涉及沿线国家企业、组织、投资者的投融资活动"引进来"对国内市场造成冲击。资本市场要以此为契机，强身健体，提升能力，进一步深化改革提高资本市场的执行力和竞争力，扩大开放提高资本市场的包容度和影响力，克服能力恐慌，不辜负党中央、国务院对资本市场的希望和重托。

资本市场能力建设涉及方方面面，从可操作的角度来讲，我们认为比较重要的有三个层面：一是当前必须重点抓住投资银行国家队建设这个"牛鼻子"。投资银行是资本市场服务的载体，哪里有投资银行，哪里才有可能提供投资银行服务。无论是"引进来"还是"走出去"，都需要投资银行穿针引线、保驾护航。二是加大对沿线国家的开放和服务力度，要同时做好内地市场和香港市场；既要推进内地资本市场优先对沿线国家的开放，又要发挥香港国际金融中心的传统优势。三是加大人才交流和培养力度。我们对沿线国家和地区了解还很少，"有经验、靠得住"的人才极度匮乏，还谈不上开拓市场，或者提供有竞争力的服务。具体措施有以下八点意见。

① 原文发表于《证券日报》（2017-07-08），作者时任中国证监会研究中心研究员。

一、综合施策，大力推进投资银行国家队建设

资本市场服务“一带一路”建设迫切需要做大做强投资银行。到目前为止，我国资本市场对“一带一路”建设的参与度不高、成效不明显，很大程度上是由于我们缺少具有较强国际竞争力的投资银行。投资银行尽管过去几年发展较快，但是资本实力仍然偏小，国际市场布局不均衡，国际市场业务经验和竞争力、执行力严重不足。全国129家证券公司中34家在境外设立了51个一级分支机构，只有两个设在沿线国家；其余主要集中在香港，所谓国际业务也主要是服务内地企业和投资者在香港的投融资活动，涉及“一带一路”沿线的很少；部分机构，如中金公司、中信证券、海通证券等，虽然已经有所布局，形成了一定的竞争力，但是相对于整个资本市场来讲，在国际竞争中力量非常薄弱。在此情况下，资本市场如何能够有力有效地服务“一带一路”建设呢？造成这种局面的原因是多方面的，有传统因素，也有现实因素，有机构自身的微观因素，也有与监管有关的宏观因素；等等。解决问题的办法必须深化改革，在坚持“强监管”总基调的前提下顺应资本市场和投资银行发展的内在规律，实行“差异化”监管，有保有压，综合施策，大力推进投资银行国家队建设。

建设投资银行国家队就是要建设一批有意愿、有能力、肯担当的投资银行群体，能够始终自觉以落实国家战略、体现国家意志、代表国家利益为己任，在国际市场为沿线国家提供资本市场服务，发出中国的声音。在全国证券经营机构中选择各项经营指标都靠前的若干家机构作为国家队建设的基础，给予他们比较宽松的运行环境和有力的资本、政策支持，监管部门动态实时监测，及时防控风险。具体措施有很多，比如，放开对这些机构的行政管制，减少对这些机构的内部干预，给公司治理自治留下足够空间；适度放宽业务创新自主权，可以根据沿线国家金融需求自主设计、提供相应的金融产品和工具；从总量和业务两个层面放宽杠杆倍数限制，由全国统一的4—5倍提高到10倍左右，机构自己根据各自的经营风格、风控能力评估各自的经营模式、

风险水平，决定杠杆倍数；放宽对外直接投资、并购投资等资金、用汇管理，提高在沿线国家投融资决策和用汇管理便利化程度，给予他们一定的用汇自主权；给予资本支持，设立“资本市场服务丝路发展基金”，增强投资银行国家队调动、配置资本的能力；鼓励投资银行国家队在沿线国家和地区布局设点，提升国际化运作的执行能力和水平；在市场竞争和服务过程中，综合发挥中国政府、外交等资源，助力投资银行开展业务等。

二、优先考虑推进资本市场对沿线国家的开放，设立“丝路国家板”

为沿线国家的政府、企业、重大项目以及投资者在国内资本市场提供人民币投融资服务，既是“一带一路”建设的需要，也是国内资本市场国际化建设和打造“人民币资产国际定价中心”的要求。但是，我国资本市场在国际化程度和对外开放方面与沿线的新加坡、印度等市场相比并不具有明显优势，如外资不能直接投资A股市场、境外企业不能到A股市场发行证券并上市等。相比较而言，对沿线国家开放比对欧美发达市场开放，我们更有经验和制度上的比较优势，可以优先考虑A股市场、期货市场向沿线国家和地区开放，鼓励沿线国家尤其是中亚、中东欧、独联体、非洲等国家的符合条件的政府、企业、个人到A股市场、期货市场等发行债券、股票融资，直接参与投资交易。可以在A股市场设立“丝路国家板”，既方便沿线国家政府、企业、项目融资，又能够揭示风险，方便监管。为了方便市场推广和更加直观地服务沿线国家，可以在沿线关键地区，如新疆喀什等地，设立资本市场“丝路国家板块”服务站。

三、香港市场应在为东盟国家、环南中国海国家提供金融服务方面发挥引领作用

近些年来，港交所采取面向大陆的业务政策，随着内地资金、交易等

占比越来越高，国际资本占比相应下降，一些国际企业、机构和资金相继离开了香港市场，香港市场出现明显的A股化的趋势，国际认可度有所下降，服务除大陆以外的沿线国家的能力和意愿不强。巴西矿业巨头淡水河谷（06210.HK）在港股上市的首只HDR退出了香港市场，香港老牌上市公司新世界发展（00017.HK）选择了私有化并从香港市场退市。应当承认，这些所带来的负面影响还是比较大的。

香港市场要发挥“一带一路”“超级连接点”的独特作用。香港是经验比较丰富、认可度比较高的国际金融中心，香港市场要扭转“A股化”趋势，在“一带一路”建设中有更大的作为和担当，在推进和内地市场互联互通的同时，应当花大力气继续保持和发挥其国际金融中心的优势，面向国际市场，要有能力和纽约、伦敦等老牌国际金融中心竞争，面向“一带一路”沿线国家，要发挥优势为“一带一路”建设提供优质金融服务；特别是，香港市场要在为东盟国家、环南中国海国家等提供金融服务方面起到引领作用，形成“东盟国家板块”“环南中国海国家板块”等，以金融为媒介有效服务并增进中国和东盟各国、环南中国海各国之间的友谊。

四、以投资者保护为核心加强与沿线国家和地区合作，完善法规体系和金融基础设施建设

保护投资者尤其是中小投资者合法权益是资本市场有序有效运行的核心任务。沿线各国资本市场发展水平不同，法律制度不同，经济运行市场化程度不同，公司治理水平不同，投资者保护水平差异较大。我们认为，近阶段与沿线国家资本市场的合作必须紧紧围绕投资者保护这个核心，有针对性地推进沿线各国加快相关法律法规制度和金融基础设施建设，使得投资者合法权益能够得到充分有效保护，有利于这些国家获得更多的机会参与国际资本市场投融资活动，这也是沿线国家政府、企业和投资者的投

融资活动进入 A 股市场的基本前提；审慎选择部分在关键节点上的国家和市场，参与其资本市场的框架设计、制度安排、交易系统和相关法律法规建设，推行交易所、登记结算机构间的双边业务和股权合作；必须审慎推动中国和沿线国家的金融基础设施和资本市场互联互通，切实防范资本市场联通带来的深层次风险。

五、设立“资本市场服务丝路发展基金”

资本市场参与和服务“一带一路”建设的影响力和竞争力归根到底来自能够调动、筹措、配置资本资源的规模和能力。过去几年我国资本市场、投资银行发展较快，但是在国际市场竞争中和国际一流投资银行比较，国际融资规模和投资银行规模等都仍然偏小，市场竞争力和投融资能力较弱。我国规模最大的投资银行中信证券，2016 年底总资产和净资产规模分别是 5 874 亿元人民币和 1 458 亿元人民币，分别相当于美国高盛公司的十分之一和四分之一。

国家已经决定“多元化运用外汇储备”，“通过股权、债券、基金等方式，大力度支持‘一带一路’国家战略”（潘功胜，2017）。近些年来，国家相继设立了“中非基金”“中拉基金”“丝路基金”等，通过国家开发银行提供开发性资金、进出口银行提供政策性资金、通过商业银行提供商业性资金等，各类基金规模还将增加。这既是服务国家战略的需要，也有利于改变过去连续十年国家外汇投资收益为负的被动局面（余永定，2017）。国家运用外汇储备资金设立“资本市场服务丝路发展基金”，可以直接向投资银行国家队注资、发债，可以直接委托投资银行国家队管理，也可以投资参与投资银行国家队发起设立和管理的混合基金，有利于增强我国资本市场及投资银行在“一带一路”建设中的资本实力、话语权、影响力。同时，投资银行是一支重要而且有丰富经验的投资管理力量，也应当在国家外汇储备运用中发挥应有的作用。

六、要加强对沿线国家深入系统长期的跟踪研究

“一带一路”沿线60多个国家国别情况错综复杂，政治体制、社会文化、宗教习俗各不相同。有世俗化的现代化国家，也有传统的宗教社会，宗教门派覆盖了几乎人类所有主要宗教，而且教中有教，教中有派；有些国家之间、国家内部民族、宗教、种姓矛盾尖锐复杂不可调和，甚至兵戎相见延续数千年。

经济发展不平衡是沿线国家和地区的另一个显著特征。以2015年各国GDP总量水平来看：中国第一，超过11万亿美元，印度第二，只有2.1万亿美元，最小的是东帝汶，只有14.4亿美元。从人均GDP水平来看，按照世界银行国家和地区分组指标（2012年，单位：美元）：低收入国家[0，1 035]，下中等收入国家[1 036，4 085]，上中等收入国家[4 086，12 615]，高收入国家[12 616，+∞]，沿线国家有高收入水平国家14个，人均GDP水平最高有卡塔尔，7.36万亿美元，其次是新加坡5.29万美元等；上中等收入国家，共有22个，中国8 027美元，大排名第25位，排名前一位的是黎巴嫩8 047美元，后一位的是保加利亚6 993美元；下中等收入国家21个；有低收入国家3个，如阿富汗人均GDP水平约为594美元，塔吉克斯坦约925美元。发展水平不同的国家和地区对资本市场服务需求、合作方式、风险特征也是显然不同的。

我国资本市场从经营机构到监管部门对沿线各国投资环境都缺乏深入系统长期的跟踪研究。对于资本市场如何服务“一带一路”建设的问题，大多数情况是“情况不明、决心不小、办法不多”。深入系统地了解“一带一路”沿线国家社会政治经济法律行政制度、经济发展阶段及其产业结构特点、宗教文化习俗等，充分识别、防控市场、国别风险，准确把握资本市场需求特点等，是有效提供资本市场服务的前提。对此，国际资本及国际投资机构一直持审慎态度。目前全球机构资金充裕，管理资产规模达到

120 万亿美元，但是去年新兴经济体和发展中国家获得的净投资额还不足发达国家 GDP 总和的 1%，较 2008 年金融危机下降了 2%。世界银行总裁拉加德在“一带一路高峰论坛”上表示，这“可能因为机构认为这些项目风险过大”（拉加德，2017）。所以，资本市场服务“一带一路”既要积极投入，又切勿盲目冒进，务必研究先行。

七、设立“资本市场‘一带一路’人员培训交流合作基金”

从整个行业来看，人才匮乏是目前制约资本市场服务“一带一路”建设的重要瓶颈。大家比较愿意去香港、新加坡、欧美等发达市场学习、工作，而很少愿意去文化习俗差异较大或者各方面都比较保守落后又危险重重的中东欧、中亚、非洲等国家。联想到一个世纪以来，美国之所以强大，很大的原因在于在世界各地，无论多么艰苦、多么危险，甚至是战火纷飞的地方，都能见到美国企业、美国人的身影，他们深入政府、经济、教育、民间各个角落，因此掌握了大量一手信息，可以说，这些对于美国政府制定和实施国际战略发挥了至关重要的作用。

中国证券期货行业协会等组织应当设立专项基金，加快人才交流和培养。如，设立奖学金，鼓励更多的学生学习沿线国家的语言、文化，到沿线国家去留学；提供津贴，鼓励更多的行业从业人员去沿线国家工作、交流、合作；吸引更多的国际人才以各种方式加入到这支队伍中来，培养储备一批懂得当地风土人情，具有良好政商关系的专业化人才队伍。

八、加强沿线国家资本市场双边和多边监管合作协调

目前，中国证监会已经和近一半沿线国家证券期货监管机构签订双边合作机制——“合作监管备忘录”。顺应沿线国家资本市场合作由双边到多边的

趋势，建议在继续加强双边监管合作的同时，考虑建立“丝路国家资本市场多边监管合作协调机制”，推动沿线国家资本市场多边开放、深度融合，维护沿线国家资本合作共同市场有效有序运行。

第六章 · 高水平开放篇

加快建设国际化资本市场的主场

面对百年未有之变局，应对“中美冲突”“金融脱钩”“去中国化”以及疫情肆虐等带来的全面冲击，尤其是美国长臂管辖对我国利用国际金融市场的制约，现阶段坚持更高水平对外开放比任何时候都重要都有意义。中国资本市场开放目标应当由双向开放上升为建设我们自己的国际化资本市场的“主场”。

中国资本市场对外开放经历了“走出去”“请进来”以及“双向开放”等阶段，国际化资本市场“主场”与传统的“走出去”不同，“走出去”无论是企业到国际市场发行上市融资，还是证券期货经营机构参与国际金融市场交易，都是“客场”作战；与传统的“引进来”不同，无论是高盛、摩根，还是黑石、贝莱德等在中国设立经营机构，都是欧美机构在中国的国际化。建设我们自己的国际化资本市场的“主场”，要在“双向开放”的基础上，聚集国际金融资源，包括国际企业资源到中国市场发行上市、国际资本资源汇聚中国市场参与交易、国际金融人才资源汇聚到中国资本市场从业，形成有国际影响力的交易价格和交易信息，等等。也就是说，中国资本市场本身要成为国际资本市场，成为国际金融市场重要的有机组成部分，参与并引领国际资本金融资源配置。这是应对“脱钩”、突破“围堵”的不二之策。

新发展格局要以更加真诚的态度和更加开放的姿态吸收借鉴国际成熟市场制度经验、最佳实践和人类文明成果，以更高水平开放促进更深层次的市场化改革。加快推进整个资本市场制度规则与国际接轨，促进国内国际资本跨境流动和交易活动的便利化，以便于国际企业、资本、信息、人才、交易等向国内市场集聚；加快资本市场中介机构国际化水平建设，尤其是加快培养具有国际市场执行力和竞争力的投资银行队伍是建设我们自己的国际化资本市场“主场”的重中之重；加快监管能力和治理体系现代化建设，加快培养一支高水平、专业化的具有国际水准的监管队伍，要把我们的制度优势，转化为市场优势，降低制度性成本，尽快克服监管能力不足和认知局限性对市场发展的制约。

我们自己的国际化资本市场的“主场”正在形成。继续发挥好维护好香港国际金融中心的地位和作用，更高水平地加快上海国际金融中心建设，创造条件加快推进沪、深、港、台交易市场融合发展，以全球视野在全球金融市场环境下培育金融资产的价格形成机制和人民币资产定价中心，全面形成“香港价格”“上海价格”。

第一节　香港和内地交易所联网交易促进我国资本市场国际化[①]

2008年金融危机以来，国际经济金融格局发生重大变化，为我国资本市场国际化提出了要求，提供了条件。资本市场国际化，一方面是我国资本市场规则、制度的国际化；另一方面是我国资本市场走出自我封闭，融入国际市场，成为国际资本市场的有机组成部分。“联网交易”可以在不改变交易所组织结构、交易制度等基础制度的条件下实现互联互通，实现交易所交易品种、市场参与者、交易量的叠加，有效提高交易市场的规模、效率和流动性，将几个本来相对独立、封闭的小“池子”连成一个比较大的“池子”，从而增强本地市场在全球市场的吸引力和竞争力。我国资本市场国际化的可行路径就是推动实现资本市场的一体化，其载体就是四家证券交易所逐步实现“联网交易”，将目前相互封闭的四个“小池子”连通成一个较大的市场，吸引国际资本在亚太区集聚，从而构建纽约、伦敦之外的全球第三个国际金融中心，形成人民币资产全球定价中心，参与国际金融资源的全球配置。

一、我国资本市场国家化的机遇和路径选择

本次金融危机以来，世界经济金融格局发生了一系列具有历史性意义的变

① 本文于2011年6月1日完成，作者时任中国证监会研究中心研究员。

化。一是世界经济活动重心向发展中国家转移，中国成为世界第二大经济体；二是国际资本加快向新兴市场流动，规模增大，急切寻求新的利润增长点，有可能在以纽约、伦敦为代表的传统金融中心之外形成新的资本集聚。这些对我国资本市场国际化提出了迫切需要，提供了难得的机遇，创造了有利的外部环境。面对新的国际经济金融形势，我国资本市场国际化面临双重竞争压力。一方面尽管欧美发达市场受此次金融危机影响较深，但是发达经济体的综合实力以及拥有强劲避险功能的金融市场仍然吸纳了主要的国际资本。尽管危机以来国际金融资本流动加剧，但是新兴金融市场无论在规模上，还是在结构上都无法提供足够的产品、工具和功能以承接巨量的国际资本，所以大量国际资本以“热钱”形态光顾新兴市场后又回到欧美发达市场。二是新兴市场地区资本市场比较而言，从总市值来看，上海交易所、香港交易所居前，位列世界排名第6位、第7位，印度国家证券交易所和巴西证券、期货及商品交易所位列世界排名第9、第10位；从产品结构和国际化程度来看，香港交易所应处于领先地位，而巴西交易所、印度交易所均优于上海交易所，在新一轮国际资本竞争中，巴西和印度市场都表现了强劲的竞争力。因而，应该从这两个维度设定我国资本市场国际化目标：一方面针对欧美发达金融市场，我们应该尽快扩大市场规模，创新金融工具，健全市场功能，培育能够满足国际资本需要的绝对功能；另一方面针对新兴市场竞争，应该深入研究巴西、印度、俄罗斯、南非等竞争对手的市场结构和功能特点，扬长避短，在国际资本重新集聚竞争中形成我们的比较优势。

资本市场国际化的载体是交易所的国际化。交易所是现代资本市场交易组织的核心，交易所国际化有两条路径：一条是自身不断发展和积累，如QFII制度、跨境ETF、国际板等；二是整合现有资源。伦敦交易所和多伦多交易所合并案、德交所和纽交所合并案、新交所和澳交所合并案等均是对后危机时代国际金融市场新形势、新趋势的回应。从微观上讲，合并是迫于场外电子交易平台的竞争，通过合并整合场内交易平台、扩大交易品种、节约交易成本以留住投资者，扩大市场份额，提升竞争力，提升营利能力；宏观上讲，合并是西方发达金融体系的自救，希望通过合并再度激活资本参与交易，挽留意在东移南下的国际资本，进一步维护和巩固传统金融中心地位。澳新交易所合并是他们因应形势的体现，也是他们针对中国等新兴市场争夺金融资源的状况所采取的应对方略。

现阶段，我国资本市场国际化的着力点在于推动四家交易所整合。深入研究适合我国国情的有利于推动交易所国际化的交易所组织和运行模式，审慎发挥港交所国际化水平较高的优势，整合四家交易所，组建大中华交易所联合体，逐步构建香港、上海、台北、深圳四位一体的亚太地区国际金融中心圈。无论是上海还是香港，希望单独成为国际金融中心都是不现实的。我们应该从整个中华民族复兴大业出发，着眼全球竞争，统一协调、发挥优势、齐心协力、共谋发展，形成规模大、功能全、创新力强劲的亚太区国际金融中心圈。整合一般包括两个层面，一是股权层面，二是技术层面。通常情况下，股权整合是基础，技术整合是核心。现阶段，鉴于资本项目开放程度不同，可以两个层面同时进行，也可以技术层面先行，可以在香港和内地两地之间先行先试，如先建设统一互联交易平台、清算结算互联互通等后台系统等；操作上可以考虑逐步推进，第一步不求规则、系统统一，而是规则互认、系统互联，在互认中运行，在运行中优化，在优化中逐步整合。

二、交易所联网交易是香港内地交易所合作的可行模式

（一）交易所合作的几类模式

20 世纪 90 年代中期以来，交易所跨境合作以欧洲为先导兴起，并逐步演变成全球趋势。2010 年底，德交所和纽交所宣布合并，将交易所跨境合作推向高潮。根据合作的紧密程度不同，交易所合作基本可以分为三类：信息合作、战略联盟和交易所并购。信息合作通常是建立在“合作监管备忘

录”（MOU）基础上，以信息共享为主要内容的双边或多边合作模式，交易所通过签订MOU在信息交流、人员互访、技术开发、监管互助等方面合作，形成交易所合作的初级形式；建立战略联盟是交易所以交易合作为主要内容的合作方式，是在不涉及产权安排问题的基础上实现的结构性或功能性融合，根据战略合作的紧密程度，可以细分为共同交易、联网交易和共同平台等形式，这是交易所合作的高级形式；交易所并购是在交易所产权重组基础上实现的，即两个（或多个）交易所合并成一个法人实体，并采用单一的交易和结算系统。

从国际经验来看，上述几种模式均有成功范例，并可以同时运用。目前，香港和内地交易所基于产权重组基础进行整合，缺乏现实性，而不涉及产权问题的战略联盟是两地交易所可选择的合作模式。

（二）战略联盟的几种形式

1. 共同交易（Co-trading）。两家交易所达成协议，按照一定的标准分别选择一些本交易所的上市公司到对方交易所挂牌交易，可以是双向的，也可以是单向的。这种方式不属于上市，不需要遵守对方交易所的上市规则，主要目的在于为投资者提供对方交易所的投资品种，同时增加该股票的流动性。如2000年5月纳斯克达推出微软、英特尔、思科等七家公司在港交所报价交易，俗称“纳指七雄”。这种方式和共同上市（Dual listing）不同。

共同上市通常由上市公司发起，一家交易所的上市公司同时在另一家交易所上市，上市公司必须同时符合两个交易所的上市规则，受到两个交易所的上市、交易等监管。由于可能引起交易量的分流，交易所关系通常是竞争多于合作。

2. 联网交易（Exchange-to-Exchange Market Linkage）。联网交易的模式是：两家交易所的交易系统通过网络联结起来，一家交易所的会员可通过网络接口进入对方交易系统直接进行证券产品的交易。联网交易所保持自身组织架构形式、交易平台、登记结算后台等不变，在制度层面上相互建立交叉会员制，互相接纳对方为会员。联网交易提供了一条便捷、高效率的跨境交易渠道。如1987年芝加哥商品交易所（Chicago Mercantile Exchange，CME）和路透（Ruters Holdings, PLC）开发了一个盘后交易系统（After–hours Electronic Trading System，即Globex），1992年上线运行。到2000年，GLOBEX联盟（Globex Alliance）形成，成为世界上最大的联网交易系统，在一定程度上实现了“24小时不间断交易”。2001年12月，新加坡交易所积极倡导联网交易，与澳大利亚交易所推出ASX–SGX联网交易系统ASX Worldlink，提供了两国投资人终端交易、结算与交割的服务平台。

3. 共同交易平台（United Trading Platform）。共同交易平台是指两家交易所共用一个统一的交易平台，交易规则、清算规则、会员规则全部统一。采用共同交易平台后，一家交易所的会员资格将自动向另一家交易所的会员开放，从而使两家交易所的会员通过同一交易平台进入彼此更广阔的产品领域。这与两个交易所的合并仅有产权形式上的差别。如2000年前后，北欧四国交易所联网建成的北欧交易所联盟（Norex），即是跨国独立交易所基于共同交易平台建成并成功运行的联网交易系统。近年来，波罗的海国家交易所相继加入联网，这一共同交易平台已拓宽为“北欧与波罗的海交易所联盟”。

（三）联网交易为香港内地交易所合作优选模式

比较上述四种战略联盟模式，联网交易体现了交易所合作的最本质的意义：直接连接两个交易所的交易系统，实现交易品种、投资者、交易量的叠加，迅速提高市场的规模、品种、功能和流动性。同时，回避了交易所合并的主权冲突，更容易为合作各方所接受；回避了“共同上市”的上市标准、多重监管等问题，操作简单易行；回避了“共同交易平台”对参与联网交易所交易系统独立性的深刻影响；特别是，不仅不会导致交易量分流，不会损害本地中介机构的利益，还能够引入新的流量，实现双赢或多赢。联网交易模式可以作为香港内地交易所合作的近期目标，在联网交易运行基础上，逐步探索建立“共同交易平台”。

三、香港内地交易所联网交易合作模式运行基本框架

根据深圳证券交易所的研究，交易所联网交易有四种组织结构，即互设子公司、自设子公司、合资设立子公司及交易所主机直接连线。这四种组织结构的区别在于：参与联网交易的交易所是否需要或如何设立特别业务实体（Special Purpose Vehicle，SPV），来处理双方交易所联网交易的相关事宜。相比而言，交易所自设子公司模式简单易行、风险可控，双方交易所也没有利益冲突，是较佳选择。

（一）自设子公司模式

香港交易所和内地交易所签定联网交易代理合约，各自在本地市场设立一个特别业务实体（SPV），协助完成跨境交易。该窗口按照各自现行法规安排交易架构，承担专为对方跨境交易完成委托买卖传输和结算交割等业务。双方均仅需有本地经纪商的资格，无须取得对方经纪商的资格，无须遵循对方市场的各项规定，须深入了解对方市场的法令规定。联网交易合作模式是开放的，如果其他交易所希望参与联网交易系统，只需成为现有 SPV 的客户或自设 SPV 参与联网即可。市场联网的交易、交割实务及程序的运用，由当地证券市场决定，即由香港交易所对内地投资人经由内地交易所入口投资港交所上市股票进行相应制度安排。同时，香港投资人经由其入口投资内地交易所的股票时，则遵循内地交易所有关交易、交割、持有资产及交易时间的有关规定。双方交易所也可针对联网计划设定特别限制。买卖申报传输与成交回报确认，即内地交易所会员券商受托后，以自己名义将买卖委托经自设 SPV 传送到港交所 SPV 再传送到港交所撮合；反之亦然。

（二）联网交易的运行流程

内地交易所联网交易参与经纪商，并不成为港交所市场或结算机构的直接参加人。内地交易所的参与者可以透过内地交易所的交易系统终端机，看到港交所参与联网交易股票的市场信息；相反，香港交易所参与者可以通过该交易所系统终端机，查阅内地交易所上线证券行情及相关信息。运行流程如下：

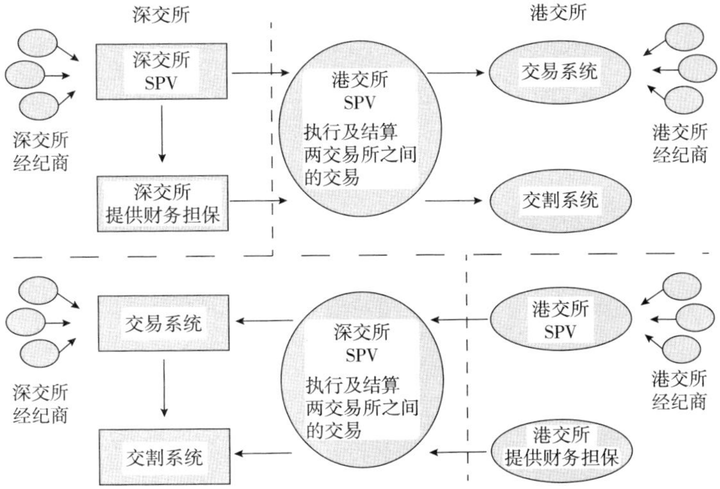

图 6-1　深港交易所联网交易运行图示

1. 每一联网交易所在本地市场设置一个 SPV，成为有限目的的经纪商，专门从事联网交易相关业务。SPV 根据所在交易所的营业规程及法令来运作。

2. 交易所 SPV 负责执行从其他交易所 SPV 传送来的买卖委托，并代表对方 SPV 办理结算交割。从本交易所的角度来看，港交所 SPV 传来买卖本交易所证券的委托将被视为本地 SPV 所输入的。

3. 跨境买卖证券的委托将通过联网交易所之间的计算机联网传输。内地交易所会员券商使用现有的交易终端机来输入买卖港交所证券的委托，将这些香港证券视为内地交易所上市证券，然后这些委托会经由计算机联网传送到港交所的交易引擎进行撮合。

4. 计算机联网必须是开放性和富于弹性，以容纳其他交易所加入联网。这可由统一委托讯息及市场信息讯息（如采用 FIX 通讯协议），或建立本地代理服务器（Local Proxy Server）来传送、接收讯息。

5. 交易所向对方提供本地参与联网交易股票的市场信息，并将对方交易所同等信息提供给本地经纪商。

6. SPV 在本地代表联网交易的对方交易所 SPV 的交易办理结算交割。SPV 负责遵守其交易所及结算机构的营运规章。

7. 交易所必须对其本身的 SPV 所执行的交易，为对方交易所及其 SPV 的行为提供财务保证。

8. 现行的结算交割规定将完全适用于本地 SPV 与本地经纪商间的所有交易。

（三）联网交易证券品种选择和规模控制

双方交易所必须决定哪些股票可经由联网交易。股票种类越多，投资人可以有更多的选择，参与市值越大，则市场开放程度越高，市场有效性越高。同时，联网交易涉及的外汇就越多，市场受到对方投资者影响的程度就越高，波动越大，市场监察的难度也越高。因此必须在上述两个因素间取得平衡。双方通过选择与控制联网交易上线证券品种和规模能够有效控制联网交易的规模和流动性。合理的做法是在开始时将联网交易局限在某些股票，待需求出现后再逐步增加；先联网交易股票，再上线其他衍生品。初期，双方各提供 50—100 家上市公司的普通股票进行交易。至于选股的标准则建议由双方交易所洽商，考虑因素包括：流动性、行业地位、市值规模以及投资者较为熟悉的企业股票等。联网交易的证券品种应具有明显的层级特征，即可在主板、中小板和创业板中分别选择参与联网交易的股票，便于满足各类投资者的风险偏好。

（四）联网交易结算交割模式

两地交易所联网交易相关的结算托管安排可以借鉴我国已有的跨境结算安排。我国现行的 B 股结算属于全球托管人模式或当地代理人模式，QFII 属于全球托管人模式。而中国结算深圳分公司与新加坡交易所结算机构关于招商局 B 股在新加坡交易所第二上市的结算登记相关安排，以及中央国债登记结算公司与香港 CMU 的联接都属于单方向 CSD-CSD 模式。根据国际发展趋势，我们建议联网交易的结算模式应该选择双向的 CSD-CSD 模式为主，其他模式为辅。

内地结算登记分公司在香港结算机构内开设证券综合帐户，办理内地投资者买卖香港上市证券的帐簿划拨事宜。相对应地，香港结算机构在内地结算登记分公司开设证券综合帐户，办理香港投资者买卖内地交易所上市证券的帐簿划拨事宜。内地交易所 SPV 与港交易所 SPV 分别就其投资者买卖对方证券的应收应付金额冲抵后净额办理交割。

（五）币种选择与外汇管理问题

香港内地交易所联网交易合作涉及一个关键而且敏感的问题是人民币资本项下可兑换问题。尽管目前我国实行人民币资本项下不可以自由兑换政策，但是在许多方面，如外国直接投资（FDI）、证券投资以及中长期信贷等，已经取得巨大突破，只是这种突破存在严重的不平衡性。根据国家外汇局披露的 2010 年《中国国际收支平衡表》显示，全年“资本和金融项目”实现顺差 2 260 亿美元，其中，“证券投资”顺差 240 亿美元，不足“直接投资”顺差 1 249 亿美元的五分之一；“股本证券”资金流入 115 亿美元，大约是“外国在华直接投资”流入 2 068 亿美元的十八分之一；相较于内地股市市值 27 万亿元、2011 年 3 月末外汇储备 3.047 万亿美元以及其他项目外汇占用和往来来讲，证券投资项目对外开放应当存在很大的空间，可以承受更大的规模。

我国外汇管理体制改革将以不可逆转的姿态在资本项目下的各个方面朝着进一步放松管制、人民币区域化、国际化方向逐步推进。尽管世界上绝大部分国家和地区（包括工业化国家在内），均不同程度地存在资本管制，据统计 70% 的国际货币基金组织成员国对直接投资、不动产交易和资本市场证券交易都有不同程度的限制。但是，如果我们以“资本项目不可兑换”为理由一味拒绝证券市场跨境交易的有益尝试，我们将会失去资本市场进一步对外开放的主动权和话语权，得不偿失。

根据深圳交易所的研究，香港内地交易所联网交易，是在我国证券市场推进外汇管理进一步开放既行之有效、又风险可控的制度安排。交易所联网交易模式可以让经纪商及投资人以本地货币交割，而不论其所投资的市场使用何种结算币种。在香港，投资者投资内地交易所上市的股票以港币进行买卖、结算；在内地，投资者通过联网交易投资香港股票以人民币买卖、结算。内地交易所设立的 SPV 特许承担人民币与港币兑换工作，投资者承担汇率风险。“方案”拟从四个层面控制外汇风险。关于产业政策风险，拟根据国家产业政策对外资开放程度的具体要求，对联网交易上线证券逐个设立外资单一和合并持股上限，由系统自动识别、控制向市场动态提示；关于外资规模风险，拟根据国家设定的允许联网交易上线证券的总市值规模控制上线品种的市值规模；关于外资流量风险，拟根据换手率水平测算并控制交易流量，从而测算联网交易每天可能涉及的外汇交易流量。在目前的技术条件下，联网交易的流量可以完全置于监管部门的随时监控之下，交易所、外汇部门可以及时发现并跟踪任何异常交易和流量；关于账户风险，参与联网交易的内外投资者的资金账户和证券账户是在封闭环境下运行，不可能出现账户内资金或证券跨境外溢。可见，交易所联网交易合作模式下外汇管理体制创新能够有效防止“热钱”大进大出，有效控制“热钱”进出带来的破坏性影响，有效抓住并利用好国际资本对我国经济发展长期看好的有利形势，吸引并用好国家外汇储备和国际资本。

四、进一步推动香港内地交易所联网交易

（一）香港内地交易所联网交易合作对双方都有利

1. 保持交易所独立性。交易所联网交易模式不改变参与交易所的组织结构、交易制度，不影响参与交易所运行的独立性。

2. 促进香港内地资本市场一体化，提升资本市场功能和效率。联网交易实现香港和内地交易所在交易品种、投资者群体、交易量等方面的叠加，将香港和内地原本处于相互分割状态的交易“池子”连通成统一的更大的交易“池子”，进而发挥香港市场连通国际市场的制度优势，吸引更多的国际资本更大的国际投资家参与交易，更好地发挥“中国因素”的国际号召力，吸引国际资本透过资本市场参与到我国国民经济和社会建设和发展的伟大事业中来，促进国际资本向大中国市场移动和集中；联网交易后，国内企业可以在国内市场直接参与国际融资，参与国际并购，吸引国际企业到港交所发行上市，更加便捷有效地参与国际金融经济资源配置和争夺。

3. 提高市场质量，更好地维护经济金融安全。联网交易有利于促进 A 股市场估值水平和国际市场接轨，鼓励投资，抑制投机，为国内投资者提供便捷、安全的投资香港市场优质品种的机会；港交所更好地发挥人才和衍生品开发优势，简化产品结构，减低产品及市场的系统性风险。

4. 拓展外汇使用渠道，缓解外汇储备压力。境内投资者通过联网交易可以直接投资香港交易所上市产品，建立了分散化、市场化的外汇使用渠道。

5. 交易所投资者群体规模的扩大，双边交易量都将增加，有利于港交所的业绩表现。联网交易带来的不利因素主要表现在市场波动可能加剧，尤其是对于 A 股市场而言，国际金融风险向国内市场的传导将会更加直接更加容易，境外投资者的参与，市场失当行为的隐蔽性、复杂性、破坏性可能会加大，

将会提高市场监察的难度，对监管者提出了更高的要求。但是，可以通过选择上线证券、市值规模以及加强监管等方法有效控制联网交易带来的风险传导及其不利影响。

（二）深港交易所联网交易先行先试

考虑到跨境交易所合作的复杂性以及其对境内外资本市场的影响，建议深港交易所自设 SPV 联网交易先行先试，在取得运行及监管成功经验的基础上，沪台交易所以及其他期货交易所再逐步加入，逐步实现大中华地区资本市场一体化。

（三）请深交所进一步完善“方案”

研究过程中，我们主要查阅了过去几年国际上发生的交易所合作的案例资料，对新加坡交易所进行专题访问，但是由于相关文件资料所披露的合作制度安排、系统设计以及合作后的运行情况的具体信息非常有限。深交所可以结合国际上交易所合作发展的最新实践，继续深入研究完善具体方案。

（四）根据我国资本项目开放进程研究相关外汇问题

外汇管理制度的创新突破是交易所联网交易制度安排的重点和亮点，涉及国家外汇管理体制改革的全局，需要国家授权交易所自设 SPV 承担联网交易外汇资金兑换业务，核定上线联网交易证券规模，建立联网交易各环节外汇管理监察的体制机制设计和安排等，可以就外汇问题专门征求国家外汇管理部门的意见。

（五）就联网交易合作方案征求香港特区政府、香港交易所的意见

香港内地交易所联网交易合作是“一国两制、港人治港”政策优越性的在资本市场合作与发展中的体现和发挥，两地资本市场必将因此发生十分

积极的变化，程序上我们需要征求港府的意见；香港拥有具备丰富经验的金融人才，港交所具有整合岛内多家交易所、成功并购伦敦期货交易所（LME）的经验，并且对于国际上交易所合作安排也有较为深刻的认识，请港交所对合作方案进一步研究论证；港交所作为重要的合作方，需要与内地交易所就合作方案形成统一认识，并与内地交易所共同制定实施方案。

（六）加强组织领导

请国务院领导牵头，证监会等相关部门和单位参加成立领导小组，对该项工作统一指导，协调部署，形成经过科学论证、广泛咨询、切实可行的制度设计和实施方案。强有力的领导机制是这项工作取得成功的关键。

第二节　深化 QFII 制度市场化改革　加快证券市场国际化进程[①]

QFII 制度是一种过渡性制度安排，其过渡性特征主要表现在从引进到取消是一个不断放松管制的过程。国际经验表明，QFII 制度从引入到取消大约经历十年左右时间。

QFII 制度是我国证券市场对外开放的主要形式，2012 年是我国引进 QFII 制度十周年。我们对现行 QFII 制度进行了简要回顾和国际比较，初步认为，QFII 制度对我国资本市场发展发挥了重要作用，但仍然存在门槛高、规模小、手续繁、效率低等问题。必须加快实行 QFII 制度市场化改革，全面放松 QFII 制度，取消准入审批制度，实行登记注册制度，大幅放宽资格

① 本文于 2012 年 4 月 10 日完成，感谢北京大学刘玉珍教授对本文的指导和贡献，作者时任中国证监会研究中心研究员。

条件，争取用三年左右的时间实现 QFII 家数不少于 1 500 家，实际投资规模不少于 3 000 亿美元，确实发挥 QFII 制度的过渡性作用，推进 A 股市场国际化水平。建议尽快研究制定具体方案，和人民银行、外汇局等相关部门进行专项沟通，加快推进 QFII 制度市场化改革。

2012 年 2 月 23 日，人民银行调统司发表《我国加快资本账户开放条件基本成熟》的研究报告，引发社会各界对推动资本账户完全可兑换展开热烈讨论。主要观点倾向于加快推进资本账户开放，认为我国现行资本项目管理制度基本成形于 20 世纪 90 年代，尽管历年都有调整，但是基本制度没有发生根本变化；20 年来，国内外经济金融形势发生了深刻变化，现行资本项目管理制度已经不能够适应国内外经济金融形势的需要，管制效果弱化，继续维持现行资本账户管理制度的效益下降、成本上升；银行、汽车等产业开放经验表明，资本市场应当尽早开放，才能早成长、早发展；我国已经具备资本账户开放基本条件。当然，也有学者提出不同观点，认为“面对国内外十分严峻的经济形势，中国目前有大量比加速资本项目自由化更为重要、更为紧迫的问题需要处理”（余永定：中国资本项目自由化之我见，2012 年）等。

资本账户开放的讨论倒逼我们不得不再次检讨证券市场对外开放的程度和相关政策措施。QFII 制度是我国证券市场对外开放的主要形式，涉及资本项下“非居民购买境内股票”“居民到境外发行或出售股票”等项目。2012 年是我国实行 QFII 制度十周年，QFII 额度增加到 800 亿美元，为了适应资本账户开放程度加大的新形势，如何提高 QFII 的吸引力？如何加大证券市场对外开放？对 QFII 制度进行深刻反思非常必要。

一、QFII 制度是一项有限制的引进外资、开放资本市场的过渡性制度安排

QFII 被广泛应用于一些新兴工业化国家，比较成功的是韩国、印度等。

QFII 制度实行十年左右时间，吸引大量海外养老金、保险资金等长期资金，外资持续净流入，给股市带来新的资金供给；QFII 注重投资高成长企业，支持高新技术企业发展，印度的计算机产业就是得益于 QFII 的长期投资支持；QFII 注重价值投资，对绩优蓝筹企业股票长期持有，成为市场的重要的机构投资者，确实起到优化投资者行为、改善投资者结构、减低市场波动、稳定市场等作用（祁斌、巴曙松等：QFII 的市场效应与监管制度演进研究，2003 年）。

QFII 制度的主要特征表现为它是一个渐进的不断放松的过渡性过程。从引入、放松到取消，QFII 制度在准入制度、资格条件、持股比例、投资数额、资金流出入等各个环节逐步放松，从而吸引更多的 QFII 进入本地市场，更好地发挥 QFII 的积极作用。

从国际经验来看，QFII 制度从正式引入、逐步放松到取消乃至最终全面开放国内资本市场，差不多经历十年左右的时间。韩国在 1992 年引入 QFII 制度，由于受亚洲金融危机影响较大，需要大量引进国际资本，1998 年即取消 QFII 制度，只用了 6 年时间就全面开放国内资本市场；每一次 QFII 放松条件，股市都看作一次利好，吸引更多外资入市。

二、我国 2002 年正式引进 QFII 制度，与亚洲地区其他几个主要新兴投资市场相比较，时间最晚、限制条件最严格

2002 年 11 月 7 日，中国证监会和人民银行联合颁布了《合格境外机构投资者境内证券投资管理暂行办法》，正式引入 QFII 制度。试点期间 QFII 额度为 40 亿美元，2005 年 7 月 QFII 额度增加至 100 亿美元。经过近四年的试验，2006 年 8 月 24 日，中国证券会和人民银行、外汇局联合发布《合格境外机构投资者境内证券投资管理办法》（简称《办法》）和实施通知；主要降低了 QFII 资格标准，基金管理机构、保险公司等长期资金

最近一个会计年度管理的证券资产规模由原先的100亿美元下调到50亿美元，保险公司取消了实收资本限制，成立年数的要求也由30年降到5年；明确规定养老基金、慈善基金会、捐赠基金、信托公司、政府投资管理公司等其他机构投资者的准入资格，要求其须成立5年以上，最近一个会计年度管理或持有的证券资产不少于50亿美元；对银行和证券公司的资格标准维持不变，管理的证券资产不少于100亿美元，银行总资产在世界排名前100名；允许QFII直接开立证券账户；为体现对长期资金管理机构适度倾斜的目的，《办法》明确规定，对于符合办法规定的养老基金、保险基金、共同基金、慈善基金等长期资金管理机构，予以优先考虑；对于QFII资金锁定期，为鼓励长期投资者直接申请QFII资格和额度，将养老基金、保险资金、共同基金等长期资金的锁定期降低为3个月，对其余资金1年锁定期维持不变。2007年，根据第二次中美战略经济对话成果，QFII投资额度扩大到300亿美元。2011年12月16日，证监会和央行、外汇局联合发布《基金管理公司、证券公司人民币合格境外机构投资者境内证券投资试点办法》，开展合格境外人民币投资者（RQFII）试点，初期试点额度为人民币200亿元。2012年4月3日，QFII、RQFII投资额度新增500亿美元及500亿人民币。

QFII制度引入以来，整体运行平稳，对于增加市场长期资金来源、促进资本市场稳定发展、优化投资者结构以及改善投资行为等发挥了积极作用。截至今年3月底，共有158家QFII，其中129家QFII累计获得245.5亿美元的投资额度，104家QFII已经汇入资金进行投资运作，全部QFII账户资产合计2 656亿元（3月23日），股票投资占74.5%，持股市值占A股市场流通市值1.09%，总市值的0.88%。

尽管纵向来看，我国QFII制度已经取得长足发展，取得巨大成就，但是横向来看，相比较我国证券市场发展水平和总市值水平，总体来看QFII的投资规模小、发挥的作用较弱。QFII单一规模平均在两亿美元左右，不愿意投入足够的专门力量研究A股市场，因而对A股市场参与度不深，市场影响力较小，QFII没有能够发挥应有作用。尽管在2006年降低了有关要求，但是和其他国家和地区当时所实行的QFII制度相比较，我国现行QFII制度仍然比较严格，门槛高、管制严、手续繁等。高门槛挡住了一大批资信良好、对大陆市场持有长期投资理念的活跃的中型机构投资者；严管制固然避免了国际游资对国内股市的冲击，但是降低了QFII资金的流动性，使相当一部分追求流动性和全球配置效率的机构投资者被拒之门外；手续繁琐降低了QFII制度的运行效率，许多境外养老基金、共同基金等长期资金由于资格、额度审批、资金进出等程序复杂、税收政策不明确等原因对投资我国股市持有审慎态度（基金部：QFII法律制度研究，2005年）。严格的QFII制度限制了我国资本市场在亚太地区市场的竞争力及对外资尤其是部分长期资金的吸引力和竞争力。为了进一步发挥QFII制度的作用，进一步推进证券市场对外开放，QFII制度迫切需要更深层次的改革。

表6-1　QFII制度国际比较

	中国大陆	韩国	印度
资格条件	（一）基金管理机构：经营资产管理业务5年以上，最近一个会计年度管理的证券资产不少于50亿美元 （二）保险公司：成立5年以上，最近一个会计年度持有证券资产不少于50亿美元 （三）证券公司：经营证券业务30年以上，实收资本不少于10亿美元，最近一个会计年度管理的证券资产不少于100亿美元 （四）商业银行：在最近一个会计年度，总资产在世界排名前100名以内，管理的证券资产不少于100亿美元 （五）其他机构投资者（养老基金、慈善基金会、捐赠基金、信托公司、政府投资管理公司等）：成立5年以上，最近一个会计年度管理或持有的证券资产不少于50亿美元	对外国人投资证券市场的资格没有特别限制，但有一些排除情况，如无国籍或双重国籍者	退休基金、共同基金、投资信托、保险或再保险公司、捐助基金、大学基金及基金会、慈善信托或慈善组织均得为自己投资之目的申请登记为境外机构投资者（FII）；资产管理公司、投资顾问、机构投资组合管理人、受托人、受托持有人及银行的为其自有基金或代表拟登记为FII分账户的大众基金或外国公司及自然人投资，可申请登记为FII

续表

	中国大陆	韩国	印度
投资范围	上市的股票、债券（政府债券、公司债券及可转换债券）以及权证；证券投资基金；可以参与新股发行、可转换债券发行、股票增发和配股的申购	上市股票、债券，在韩国市场交易的股价指数期货及期权交易，股票型、债券型受益凭证，短期融资性有价证券	初级及二级市场股票、债券及上市、未上市或将上市公司的认股权证，上市或未上市的印度国内共同基金包括单位信托，定期政府债券，以交易所交易的衍生品
投资额度	QFII、RQFII 投资额度 800 亿美元及 700 亿人民币；单个 QFII 额度为 5 000 万—10 亿美元		
持股比例	单个 QFII 持有一家上市公司股票的比例不得超过其股份总数的 10%；所有 QFII 对单个上市公司 A 股的持股比例总和，不超过其股份总数的 20%	投资一般上市公司无比例限制，公共事业总额上限为 30%，单个 QFII 为 3%	单个 FII 持有实收资本比例为 10%；所以 FII 持有实收资本比例为 24%
资本流动	批准后 3 个月内汇入；在汇入后一年内不得汇出（养老基金、保险资金、共同基金等长期资金的锁定期为 3 个月），每次汇出本金不得超过总额 20%，相邻两次汇出时间间隔不得少于 3 个月；如 QFII 是封闭式中国基金，汇入本金 3 年内不得汇出，相邻两次汇出时间间隔不得少于 1 个月；利润汇出每年一次	资本利得 25% 或总收入 10%，以低者为准；股息或利息按 10%—15% 征收	外资在一年内汇出，征收资本增值税税率为 30%，1 年以上则降为 10%；对股票和债券交易利得征收 20% 税率，长期资本收益征收 10% 税率，短期征收 30% 税率，其他利润征收 48% 税率

三、对 QFII 制度进行市场化改革，放松管制、降低门槛、简化程序、扩大规模、加强监管，力争用 3 年左右的时间实现 QFII 企业数从目前的 145 家提高到 1 500 家，QFII 实际投资规模由现在的 245.5 亿美元增加到 3 000 亿美元

（一）A 股市场有条件深化 QFII 制度改革

我国资本账户开放和人民币国际化进程加快，A 股市场对外开放面临难得机遇期。2012 年，A 股市场具备深化 QFII 制度改革的条件：国民经济长期保持平稳较快增长，这是 A 股市场对外资保持足够吸引力的动力源泉；国家有足够多的外汇储备，3.2 万亿美元可以应付较大规模的 QFII 流动性需要；A 股市场 23 万亿元的市值能够平抑足够大量的 QFII 头寸的操作；QFII 制度引入 10 年来，A 股市场投资者对 QFII 投资理念和投资行为有了较为深入的理解和包容；市场监管具备足够能力和水平，市场监管人才队伍、技术系统、托管银行、结算系统等各环节能够适应 QFII 制度市场化改革的需要；特别是，2012 年以来资本项目开放的呼声加大，证券市场将面临更加开放的宏观环境，也迫切需要深化 QFII 制度改革。

（二）深化 QFII 制度市场化改革的若干政策建议

1. QFII 制度由现行的审批制改为注册制。现在的审批申报材料过于简单，不能全面反映 QFII 的实际情况。QFII 实行注册制，要求 QFII 充分披露信息，并对其披露信息负责。进一步完善注册材料的内容和格式，借鉴美国、日本等发达市场对于外国投资者的登记备案表格的做法，从源头上把好信息披露关。

同时，借鉴韩国 QFII 监管经验，制定否定性监管要求，即具有某些特征的境外机构不得注册为 QFII，如：（1）申请注册文件存在虚假、遗漏等内容者；（2）重复或以欺诈或任何不诚信手段申请投资登记者；等等。

2. 大幅度放宽 QFII 资格条件。将《办法》中要求的基金管理机构、保险公司等最近一个年度所管理证券资产规模由现在的不少于 50 亿美元调整为 10 亿美元，证券公司、商业银行等管理证券资产规模由现在的不小于 100 亿美元调整为 20 亿美元，鼓励外国养老基金、慈善基金会、捐赠基金、信托公司和政府投资管理公司等其他机构投资者入境投资。放宽境外银行机构资产规模国际排名要求，从现在的排名前 100 名调整为前 1 000 名。

大幅度放宽 QFII 门槛，有利于众多海外对我国市场有投资兴趣的机构投资者直接入市，减少投资环节，降低通过大型 QFII 机构通道所增加的投资成本，尽快提高 QFII 企业数。2011 年印度 FII 企业数为 1 722 家。我们力争用三年左右的时间实现 QFII 企业数达到印度现在水平，不低于 1 500 家。

3. 扩大 QFII 总规模。我们对引进外资的最大担忧可分为三个层面，即外资大进大出对市场稳定、国家外汇支付能力造成冲击，以及对国内投资者权益的侵害。第一个层面与市值规模以及外资持股占总市值的比例有关；第二层面与国家对外负债水平以及国家外汇储备水平有关；第三个层面则与 QFII 投资行为特征和投资者保护有关。国际市场经验表明，在充足外汇储备条件下，一定规模的外资不会对证券市场形成冲击。2011 年底，韩国股市外资占比 32.97%；日本股市外资占比 26.7%（2010）；巴西股市外资占比 39.9%。我国的外债水平和外汇储备规模都明显优于上述国家的同期水平。相关市场经验还表明，QFII 比国内投资者投资行为更稳定，更偏向长期投资，较少通过频繁交易获利。据统计，2007 年初到 2011 年 6 月，我国全部 QFII 换手率的加权平均值为 1.84，远低于市场平均水平 4.05（人民网，2012 年 4 月 1 日）。

按照“稳中求进”的思路原则，守住不发生系统性风险这个底线，近阶段 QFII 可以仍然实行总规模控制。按持有 A 股市场市值 5%、10%、15% 和 20% 计算，目前 QFII 规模约可达到 1 800 亿美元、3 600 亿美元、5 400

亿美元和 7 200 亿美元。深化 QFII 制度改革，QFII 总体规模在 800 亿美元额度的基础上尽快提高到 1 500 亿美元，1—2 年后再提高到 3 000 亿美元，然后可以考虑顺应资本账户开放的总体要求适时取消额度限制。

4. 对 QFII 规模实行自愿申请和动态管理。单个 QFII 可以自行申请投资额度，不再事前审批额度申请；即使所有 QFII 申请的额度总和超过总规模也不做限制；但是，一旦 QFII 实际结汇总量达到总规模限制，则所有已申请但未使用的额度立即暂停使用；当有 QFII 将资金汇出，则等量的剩余额度自动激活，通过系统自动投入使用。动态规模管理有利于提高总规模使用效率，在 QFII 之间形成竞争机制，鼓励长期投资，不会出现 QFII 转让或转卖投资额度现象。

5. 加强对 QFII 行为的监管。根据“放松管制，加强监管”的要求，在放松 QFII 事前审批后，必须加大事后监管力度。第一，要严格 QFII 登记注册资料披露信息的法律约束力，要事后核对分析，严格把关，一旦发现虚假信息，务必依法严处，树立开放和法治的市场形象；第二，是将 QFII 投资行为纳入交易所统一市场监管，除国家产业政策规定限制以外，QFII 享有国内一般投资机构同等的行为权利，也同样接受市场监管；鼓励境外投资机构通过证券市场实行企业并购，参与国有企业重组等；第三，进一步完善 QFII 投资信息披露制度，及时全面把握 QFII 投资动态等。

6. 积极引导 QFII 参与新股发行。根据现行有关规定，QFII 可以参与“新股发行、可转换债券发行、股票增发和配股的申购”。鼓励发行人邀请 QFII 参与新股定价，向 QFII 发行股份；对于大型或特大型 A 股发行项目，鼓励发行人到 QFII 比较集中的境外市场（如纽约、伦敦等）向合格投资人推介路演，并鼓励境外投资者遵循 QFII 路径参与新股发行认购。QFII 参与证券发行将有利于促进证券市场扩大开放，提升发行市场规范化和国际化水平。

7. 完善 QFII 制度的配套改革。简化 QFII 资金出入境及结汇手续，降低 QFII 运作成本；实行 QFII 结售汇期限差异税率制度，鼓励长期投资抑制短期炒作，防止外资大进大出；深化合格境内机构投资者（QDII）制度改革，加大境内居民对外投资；发挥A股市场人民币资产定价功能，鼓励外资通过A股市场投资国内企业，适当降低国际直接投资（FDI）规模；调整外贸结构，逐步降低外贸顺差，促进国际收支平衡；QFII制度还涉及税收政策、锁定期、持股比例要求等一系列政策措施，需要全面回顾，配套改革，监管措施尽量从行政手段向市场化、价格型手段转变。

8. 加快研究制定具体方案，和人民银行、外汇局等有关部门进行专项沟通协调，加快推进QFII制度的市场化改革，加速我国证券市场的国际化进程。

第三节　H股：建立更紧密的制度安排①

在落实“北望神州”发展战略的时候，香港市场有两个基本问题必须回答：一是如何吸引内地企业去香港？二是来了以后，如何控制风险？十多年的实践证明，H股制度是解决这两个问题的有效选择。H股制度是香港和内地政府紧密合作的结果，发挥了两地市场资源和监管资源的优势。但H股制度设计并形成于十多年前，同样被十多年实践证明存在许多人为障碍和制度缺陷，约束了H股市场功能发挥。建立更加紧密的H股制度安排，释放H股制度的内在能量，在有效控制风险的同时，进一步提升H股制度的吸引力，最终既有利于促进内地经济的健康发展，也将有利于维护并提升香港市场的国际竞争力。

---

① 本文发表于香港《东方日报》（2004-6-21），作者时任香港交易结算所有限公司上市科副总监。

一、H 股制度是双赢的安排

截至 2004 年 4 月底，共有 98 家 H 股公司（其中，主板 66 家，创业板 32 家），为中国企业累计筹集资本金 2 018 亿港元，同时引入国际通行的公司治理理念和标准[①]，促进了内地企业素质的提高。香港市场因此增加了 3 334 亿港元的市值；市场结构得到改善：地产股在市值中的比重由 28.8% 下降到 11.8%，各类工业股份市值的比重则由 6.3% 上升到 16.5%。

内地企业通过香港证券市场上市，既服务于国内企业走向世界，也壮大了香港证券市场的规模，扩大了香港证券市场的深度。“总体而言，内地企业在香港证券市场上市创造了一个双赢的局面”。

二、H 股形式更值得信赖

在香港上市的内地企业，总体来讲，H 股形式风险较低，且风险比较容易控制：一是由于 H 股企业一般结构较为简单，而且需要向内地有关监管部门申报上市申请并获得批准，其上市行为纳入内地司法管辖，因而即使出现风险也较为容易控制和化解；相对而言，其他形式，如权益上市形式（即所谓私营企业的“红筹”形式）等，则风险较高，控制风险的难度较大，主要因为其结构一般较为复杂，通常涉及多重跨境重组。“无异议函”取消后，这种方式上市不需要向中国有关监管部门申报任何材料，其上市行为是否受内地司法约束存在疑问。

十多年 H 股实践，没有出现恶性案例。欧亚农业、杰威国际等均不属于 H 股。过去一个时期，内地企业指数（CEI）较其他内地概念指数，如恒生流通中国内地 25 指数（M25）、香港恒生中资企业指数（CCI）以及恒生

① 国务院温家宝总理在 2003 年 7 月 1 日指出：“国内企业到香港上市等于坐上‘国际列车’，不单能集资，而且透过香港的监管，更可自动自觉地提升公司管治水平，通往海外市场。”

指数（HSI）等[①]，表现近乎一枝独秀，说明市场经过反思之后，对 H 股制度的认同和信赖。

三、H 股制度的缺陷：效率损失及原因

（一）H 股制度的缺陷是效率损失

1. 上市公司家数与我国庞大经济体很不相称。过去十多年，内地经济保持较快增长，GDP 于 2002 年突破 RMB10 万亿元，各类企业数百万户[②]，资金短缺。H 股公司家数和我国经济发展的速度和规模很不相称。

2. 筹资手段单一，几乎不具备再集资功能。过去十年，H 股筹资中 IPO 筹资占 95% 以上，同期香港市场则以二级市场再筹资为主。以 2002 年和 2003 年为例，H 股筹资中 IPO 筹资均占 90% 以上，而香港股权市场总筹资中 IPO 的比重则分别为 47% 和 28%，其他均为二级市场再筹资。

由于不具备再筹资功能，H 股公司 IPO 筹资成本无法通过再筹资来摊薄，使得筹资成本相对高于香港市场的平均水平。部分企业因此放弃来港上市集资计划。

3. 机制不健全，公司治理不到位。H 股公司在股份增发、回购、激励机制等方面操作难度较大；部分公司尽管已经建立了高级管理人员认股权计划等，但大部分还没有完善，有的只是形式上的应景之作，根本没有付诸实施；对投资者关心的问题重视不够，信息披露不及时、不充分、不尽准确等，影响投资者信心。

民营企业不乏激励机制，但缺乏有效的内控制度。控股股东（或大股东）利用和经营管理层之间的亲密关系，通过关联交易等手段侵害中小股东和 H

---

① www.hsi.com.hk.

② 中国国家统计局第三次全国工业普查：1995 年末，全国工业企业和工业生产单位 734.2 万户。资料来源：www.stats.gov.cn。

股股东利益的情况时有发生。

（二）上述缺陷主要原因是两个层次的滞后：H 股制度安排及监管程序滞后

主要表现为四个方面的约束：

1. 认识上的约束。最初，国务院对内地企业到香港发行股票和上市的利弊影响没有完全的把握，如对刚刚兴起的沪、深证券市场冲击有多大？是否导致国有资产流失等？在当时的环境下，作出选择并不容易。内地监管部门从“适度利用”香港市场的角度，制定了“严格审查”的折衷办法，为了“避免国有资产产权受到侵害，保护国家和投资者的利益”，“对境内企业到海外公开发行股票和上市，必须加强统一管理”，适度把握到香港上市企业的数量[①]。这种数量控制的监管方法一直延续到 1999 年。即使现在，在相当多人的认识中，仍然存在开放搞活 H 股市场会冲击 A 股市场的担忧。

2. 内地《公司法》的约束。内地《公司法》对股份有限公司的设立、股份的发行及回购、高级管理人员持股等做了具体规定。尽管《公司法》（85 条、155 条）授权国务院可以对境外发行上市情况另行规定，但是《国务院关于股份有限公司境外募集股份及上市的特别规定》（1994 年 8 月 4 日发布，以下简称《特别规定》）并没有豁免 H 股公司执行这些规定。

3.《特别规定》的约束。《特别规定》是 H 股制度的“基本法”，如内资股、H 股的划分。尽管没有任何条款限制“内资股”到境外上市流通，但在当时条件下，这似乎是不言而喻的共识。在此共识的指导下，只有 H 股在境外市场上市流通，其他股份就像在 A 股市场一样成为非流通股份。

4. 内地监管的约束。中国证监会（以下简称 CSRC）是内地监管境外上市的主要部门。在国务院于 1999 年取消境外上市家数限制、实行更加开放

① 国务院《关于进一步加强证券市场宏观管理的通知》（1992 年 12 月 17 日国发［1992］68 号）、国务院证券委关于批转证监会《关于境内企业到境外公开发行股票和上市的问题的报告》的通知（1993 年 4 月 9 日证委发［1994］18 号）。

的“成熟一家，批准一家”[①]制度的时候，CSRC仍然沿用了1996年提出的H股公司预选条件，并一直使用至今，即所谓“465”条件[②]，该要求高于香港及国际主要市场上市规则规定的上市标准。审核程序上，要求公司在向境外交易所提交A1表或A5表之前3个月向CSRC提出申请。在执行过程中，不同审核人员的审核理念、方法、经验及效率等方面存在较大差异，审核工作缺乏透明度和一致性，而且“时间漫长”[③]。

“465”条件使得相当多的已经能够满足上市地条件的企业不能直接以H股形式申请上市，而不得不以更高成本、更大风险的间接方式寻求境外上市，有悖于国家关于鼓励各类企业以直接上市方式进入国际资本市场的初衷[④]。

有人指出，“465”条件和上述认识上的约束是一致的。因为“465”约束的均为优质中型企业，是A股市场所青睐的上市资源群体。这种认识是短视的，坚持这种做法是狭隘的，为了局部利益，牺牲了国民经济的整体发展。

四、H股制度创新：建立更紧密的制度安排

H股制度的问题，主要存在于内地有关法规和监管，其结果约束了H股市场及整个中国经济的活力和发展。建议从五个方面为H股制度松绑，建立更加紧密的H股制度安排。

1. 在观念上认同香港是国际化的中国市场。香港作为国际金融中心，

---

① 中国证监会关于《企业申请境外上市有关问题的通知》（1999年7月14日发布）。

② 国务院证券委《关于推荐境外上市预选企业的条件、程序及所需文件的通知》（1996年6月17日）规定，境外上市预选企业推荐条件是公司“净资产规模一般不少于4亿元人民币”“净资产税后利润率达到10%以上”“税后净利润规模需达到6 000万元以上”“筹资额预计可达4亿元人民币（折合约5 000万美元）以上”。

③ “the process, in particular in dealing with CSRC, is difficult and time consuming, experts say.” South China Morning Post（Aug. 20, 2003）.

④ 国务院《关于进一步加强在境外发行股票和上市管理的通知》，1997年6月20日国发［1997］21号。

既是国际市场浑然一体的一部分，又是中国本土市场的一部分，是国际化的本土市场。这是国家难得的宝贵资源。十年前的担忧已经完全没有必要，对境外上市的认识必须从提升国民经济综合竞争力和整体素质的高度，放弃一切不必要的顾虑和局部利益冲突，让更多内地企业参与国际资本市场。

2. H 股公司率先实行股份全流通。建议修定《特别规定》，H 股公司股份全部可以申请在境外市场上市流通，将增加流通量、提高流通性和市值，更好地发挥市场对 H 股公司的监督功能。特别是，H 股公司股份全流通，可以从扩大需求的角度减轻非流通股份对内地 A 股市场造成的压力。通过上市规则适度调控上市流通节奏，把全流通对 H 股市场的不利影响控制到最低水平。在具体安排上，不能一刀切，而要采用“新股新办法、老股老办法”区别处理。对已上市 H 股公司，考虑到在章程中已向市场作出部分流通承诺，采取相应的法律程序修订公司章程，逐个解决。

3. 赋予 H 股公司健全的市场功能。豁免执行《公司法》有关公司董事、监事经理“在任职期间不得转让”所持公司股份的规定，允许建立基于二级市场的激励机制；H 股公司可以采用国际市场通行机制在股东大会授权基础上，自行决定不超过 20% 的股份增发和 10% 的股份购回等。具体操作过程中，H 股公司可以根据市场行情，相机行事，不必再另行向有关监管部门报批，以免坐失良机。

4. 简化内地监管程序，平衡内地和香港监管资源的协调和分工。在实体上，要立即废除“465”条件；在程序上，要在市场和法治的基础上平衡两地监管资源的合作和分工，既要发挥两地监管资源的优势，又要尽可能少牺牲效率，避免重复劳动和资源浪费。一方面，建议内地监管机构采用更加有效的监管办法；另一方面，建议建立联合巡检和辅导制度，加强对 H 股公司的持续监管，即对 H 股公司实行定期或不定期的巡回检查和董事责任、公司治理等辅导，及早发现问题、解决问题，减少恶性突发事件。提升 H 股公司素质，对内地经济和香港市场双方都可以起到固本清源之效。

5. 国有资产通过H股市场率先实现资本化经营。增强H股市场功能，可以为国家提供更多服务。如国有资产经营管理部门、国家社会保障基金等可以通过国际配售、“投资基金”等形式将其所持股份在交易所上市流通，为国有资本提供有控制的国际市场操作平台，实现资本化经营。

推动H股制度创新，对于内地和香港都是低成本、高收益的治本之策，也是落实“北望神州”战略经济、可行、互惠的行动选择。

第四节　从德纽交易所并购看我国资本市场面临的挑战①

一、德意志和纽约泛欧交易所集团并购情况介绍

（一）德纽交易所并购进展

2011年2月9日，德意志证券交易所与纽约—泛欧证券交易所集团发表联合声明称，双方正在就并购交易进行高级谈判，有可能合并成为全球最大的交易所运营商。根据联合声明，这一交易还需通过双方董事会、股东以及监管部门的批准。一旦交易达成，将形成一个跨越美国、德国、法国、荷兰和葡萄牙的全球最大证券和金融衍生产品交易平台。双方表示，交易将节省3亿欧元（约合4.1亿美元）的成本。据估算，合并之后的市值将达到259亿美元，超越香港证券交易和结算公司成为新的市值最高的证券交易中心运营商。从交易所并购历史来看，双方既有竞争也有合作。2006年德纽交易所曾争夺泛欧交易所，纽交所胜出，2007年曾有合并计划但未获监管

① 本文完成于2011年4月，作者时任中国证监会研究中心研究员。

机构批准。

根据媒体报道和从德意志交易所驻华代表处了解到的信息，德纽交易所正在内部讨论董事会和管理层架构。从董事会来看，德交所将有权指定 9 位董事席位，而纽交所占有 6 位董事席位；董事会主席由德交所首席执行官雷托·弗兰西奥尼出任，CEO 将由在纽交所首席执行官邓肯·尼德奥尔出任。从核心管理层即执行委员会来看，双方各派四位，数量上相等；纽交所占据首席执行官、总裁、首席运营官和总法务顾问等重要职位。

（二）决定德纽交易所并购成败的重要因素

对于德纽交易所并购，欧美双方的监管部门都有顾虑，这是此次交易最终能否顺利达成的最大实质性障碍。这些障碍一度瓦解了德意志交易所与总部位于巴黎的泛欧交易所的合并。德国的金融监管机构表示，将维护法兰克福作为金融中心的这一利益。法国监管机构表示要确保巴黎金融中心的地位。近年来欧洲监管机构一直对证券交易平台并购提议表示反对。由于德纽交易所合并后，其名下的欧洲期权与期货交易所（Eurex）和英国伦敦国际金融期货及期权交易所（LIFFE）将占有欧洲衍生品市场超过 90% 的市场份额，故将面对欧洲反垄断当局的阻力；并且衍生品市场迅猛发展，将导致监管难度进一步增加，这也会使监管当局有所顾虑。

该项并购也可能会面临美国政府设置的重重障碍，因为美国立法者和监管者在考虑，他们是否已经准备好了允许具有美国资本主义象征意义和发挥资本市场重要功能的纽交所被外国证交所并购。此外，并购后盈利丰厚的衍生品业务还在欧洲运营。五名负责市场监管的美国资深国会议员拒绝置评。美国议员舒默提议要保留纽交所的名称，美国财长盖特纳认为名称会加以保留。一些纽交所的股东甚至提出诉讼，宣称交易价格过于便宜，但这一行动尚待观察。因为合并只需 50% 以上股东同意即可通过，而目前提出诉讼的股东占股比例不足以抗衡。

（三）为什么德交所有实力并购纽交所

德纽交易所合并后将在荷兰新设一个公司，德交所控股 60%。截至 2011 年 2 月 27 日，德交所以 25 倍市盈率高于纽交所的 17 倍市盈率，以 108 亿美元市值高于纽交所的 96 亿美元市值。德意志交易所集团之所以运作较好、估值较高，以至于可并购驰名的纽约泛欧交易所集团，源于德交所目前的双层法律架构、适当的收费方式，以及衍生品业务优势和风控措施。

第一，德交所的法律架构值得关注。一方面于公法下设交易所，通过核发牌照，保证交易所归国有；另一方面于私法下设交易所股份有限公司，保障交易所可以进行盈利性的市场化运作，不拘泥于官僚体制。第二，德意志交易所集团以特许方式授权德国的地方交易所运作，避免由于过度自由竞争导致手续费乱战，寻求垄断性和市场竞争的适当平衡，这一特点优于美国交易所。第三，德交所归国家所有，进行交易所并购后不会让渡主权，不会私有化。第四，德交所对会员收取适当费用，并无较高门槛，不过度在乎短期利益。第五，德交所围绕实体经济服务，不过度创新，专注于传统衍生品业务并进行良好的风险控制，比如个股期权期货，没有像美国市场一样大力发展债务抵押债券（CDO）、信用违约互换（CDS）等，这一点值得新兴市场国家借鉴。德交所拥有欧洲最先进的电子证券交易平台 Xetra，和全球最先进风控技术的清算所。

二、跨国交易所并购再掀高潮标志全球金融版图重构

（一）交易所并购烽烟四起亚太地区难以独善其身

就交易所上市公司总市值而言，全球十大交易所中除了我国以外，都发生过并购，形成了若干交易所集团。20 世纪末以来，全球发生了超过三十起的交易所并购。随着全球化趋势的增强，交易所之间的跨国并购明显增多，

德国和英国等几个主要欧盟国家之间，以及美国和欧盟国家之间，围绕交易所的并购展开了激烈的争夺。

金融危机之后，一度在欧美市场风起云涌的交易所并购大戏似乎在亚洲也开始登场。亚洲金融市场中的领先者，韩国和新加坡已经按捺不住，抢跑了新一轮交易所并购的竞赛。2010 年 10 月 10 日，老挝交易所开业，韩国交易所持股 49%。10 月 22 日，新加坡交易所宣布全资并购澳大利亚交易所。2012 年将开业的柬埔寨交易所也将被韩国交易所持有 49%的股份；2009 年—2012 印度一直在积极图谋参与泛非交易所的组建；金融危机前美国纽交所曾要求参股东京交易所和印度交易所。

（二）交易所并购的根本动因是经济金融资源和国际地位的竞争

这一连串的围绕交易所的股权之争，让我们不得不认真思考，其背后的动因是纯粹的商业利益，还是预示着在亚太乃至更加广泛的范围内，全球又一轮金融版图重构的开始。新加坡为什么要收购澳大利亚交易所？因为要和香港、上海竞争金融资源。韩国为什么参股老挝和柬埔寨交易所？因为要与中国、日本竞争亚洲金融强国的地位。世界各国的竞争博弈已然从产业并购走向了具有金融市场整合意义的交易所并购。

交易所跨国并购是世界各国争夺经济金融资源和竞争国际地位的必然产物。交易所作为资本市场的承载体和组织者，其地位和作用远远超越一个商业组织或盈利机构。一方面，在某种意义上，交易所向外延伸，能够帮助本国经济获取更多的矿产、技术等外部资源。印度参股了非洲交易所，十年后会很便捷地从非洲获取大量印度经济增长所必需的能源和矿藏。另一方面，更重要的是，交易所的竞争和博弈还承载了国家竞争和金融版图整合的特殊使命。并购他国交易所可以聚集国际资本，加强自身的金融中心地位，并有助于提高资本市场的效率。2011 年 2 月 9 日，伦敦证券交易所收购拥有多伦多证券交易所的 TMX 集团，组成全球最多上市企业的交易所和世界最主要的矿业股交易平台。

（三）作为资本市场资源配置的平台，交易所实力与经济金融地位休戚相关

英、美等国经济发展的历史，尤其是当代高科技企业的发展证明资本市场充分发挥资源配置功能对国民经济发展的巨大支持作用。因此，作为资本市场重要载体的交易所，对各国经济金融实力的竞争意义重大。1913 年前后，纽约交易所的规模超过了伦敦交易所。同一时期，纽约取代伦敦成为全球第一大国际金融中心，美国的人均 GDP 也超过英国，并取代英国成为世界第一强国，这也说明了资本市场在大国的国家战略中占据重要地位。国际金融中心的建设，不能依靠堆砌金融机构，它是以资本市场的活力为前提的。美国康涅狄格州的哈特福德是美国的保险之都，集中了美国所有大型保险公司的总部，但最终也没有成为一个金融中心，因为它没有交易。

现代金融体系的核心是资本市场，国际金融中心的博弈取决于资本市场的博弈。交易所作为资本市场发挥资源配置功能的中心场所，成为国际竞争的目标；与此同时，交易所的国际并购格局会反过来对一国资本市场的发展产生深远影响，进而影响到一国科技和经济发展。交易所国际竞争的趋势是强者愈强，弱者愈弱，这也是围绕交易所的并购博弈之所以如此激烈的重要原因。

三、德纽交易所并购对我国资本市场发展的启示

（一）大力发展我国资本市场，服务于经济发展方式转变，并应对国际金融版图整合的新趋势

金融危机后的交易所合并，既是资本市场发展的必然趋势，也受危机后经济前景的压力驱动。国际交易所的竞争合并会直接影响我国资本市场的发展,并进一步影响我国经济的可持续发展。资本市场对一国经济政治的重要性，

在近期的国际交易所合并风潮中体现得淋漓尽致。上市资源的争夺、衍生产品的发展，已成为各国在全球经济金融竞争中的焦点。我国应该充分利用国内宏观经济持续发展的良好条件，迅速做大做强交易所。只有这样，才有可能提高配置全球资源的话语权，支持实体经济稳定发展，推动转变经济增长方式，最终实现我国经济的可持续发展和增强国际竞争力。

国际交易所合并风潮表明，资本市场已经成为危机后国际经济金融局势重整的中坚力量。美英两大资本市场初步呈现深度渗透并联合的趋势，亚洲资本市场仍未形成引领核心。我国如何占领资本市场的高地，形成市场资本的洼地，前景尚不明朗。但可以预见的是，交易所的强大，资本市场的发达，将成为今后世界经济博弈的风向标之一。而这种博弈不局限于某个国家，区域性联合很重要。它有助于团结力量，提升实力。区域中核心国家的凝聚力，也必然取决于该国资本市场的发展水平和成熟度，交易所的实力是其中的一个重要组成部分。

此次德交所和纽交所的合并，再次提醒我们资本市场的重要性。我国资本市场要以服务于经济发展方式转变为主线，创新市场监管和发展理念，坚持不懈地推进市场化进程，更加注重培育和完善市场机制，更加注重提升市场活力和效率，全力推进资本市场持续稳定健康发展，更好地服务于经济社会发展全局。

（二）现代资本市场的广度和深度已大大拓展，应加快建设多层次市场体系，深入推进市场创新

经过数百年的发展，发达国家的资本市场已经拥有了较为完善的多层次市场体系和丰富的金融产品。具有足够深度和广度的资本市场为交易所之间的整合发展提供了强有力的保障。以此次德交所和纽交所合并为例，两者联合的重要推动力之一就是进一步丰富交易品种。欧美资本市场交易规模庞大的传统金融衍生品种，如利率、股票、外汇、信用等，已经成为交易所主要利润增长点，

在交易所战略发展中占据重要的地位。这同时也标志着在发达国家，资本市场已超越了传统的股票加债券的阶段，其广度和深度已大大扩展，期货市场和金融衍生品市场的地位凸显，这也是为什么股票市场的市值远远大于德交所的纽交所在此次并购中略处下风的重要原因之一。

经过20年的迅速发展，我国资本市场已经初具规模，股票市场市值和期货市场交易量等指标均位居世界前列。与此同时，也应该清楚地看到我国资本市场仍处在“新兴+转轨”的阶段，依然存在市场结构有待优化、金融品种较为单一等问题。因此，应加快建设多层次资本市场体系，深入推进市场创新，全面提升服务实体经济的能力。要以强化市场功能为重点，继续壮大主板和中小板市场，积极发展创业板市场，加快场外市场和债券市场建设，拓展市场覆盖面，扩大直接融资比重。要以风险控制为前提，以市场需求为导向，积极推出服务实体经济发展所需要的商品期货、金融期货等创新品种，充分释放市场创新发展活力。

（三）全面提高我国交易所实力，积极参与国际竞争，并积极发挥港交所的特殊作用

我国资本市场尚未完全开放，交易所的国际并购离我们似乎还很遥远。但是，随着全球经济和金融国际化进程的发展，我国交易所已经不可避免地参与到国际竞争中。纽约、纳斯达克、伦敦等交易所都致力于吸引我国优质企业去上市。随着交易所之间不断的并购整合，世界大宗商品、金融资源的定价权也日益向欧美交易所巨头手中集中。

面对日益激烈的交易所竞争，我国交易所应积极应对，努力提升自身实力和话语权。一是勤练内功，努力提高管理水平。这方面可以吸收借鉴德国管理公司与交易所相对独立的双重机制。这种机制既保持了交易所之间的适度竞争和较低的收费标准，又满足了管理公司作为营利机构追求商业利益的需要。二是鼓励交易所通过开发新产品、提升技术水平、整合交

易平台等方式扩大交易规模，降低交易成本，提升自身竞争力。三是鼓励交易所加强交流合作。一方面，建立大中华地区交易所战略性联盟，优势互补，提升整体实力。另一方面，加强和世界各大交易所的国际交流合作，引进国外先进的技术和管理经验，深入了解全球交易所的未来发展趋势。

此外，我们还应充分发挥港交所独特的功能和作用，一方面要对发达市场多年来对于港交所的窥视保持足够的警惕性，另一方面也可利用其独特的体制和地位，鼓励其通过某种方式积极参与国际金融资源整合。作为我国唯一上市的交易所，港交所的流通市值约为236亿美元，市盈率高达39倍，远高于此次并购中的主角——德意志交易所集团（市值112亿美元、市盈率25倍）和纽约泛欧交易所集团（市值98亿美元、市盈率17倍）。港交所应抓住机遇，主动变革，积极寻求和其他交易所的合作。通过参股、并购等方式，增加港交所的交易品种和市场规模，扩大在亚洲的影响力，增强配置全球资源的话语权，巩固国际金融中心的地位。同时，港交所的有益探索也可以为我国其他交易所日后参与国际竞争奠定良好的基础。

第五节　深化中欧合作　合力应对“特朗普冲击”①

中美贸易争端一直不断，2018年初，特朗普总统不顾中方劝阻，执意

① 2019年9月，作者时任中证金融研究院院长，赴比利时、法国及欧盟组织调研访问，代表团成员有刘青松、胡玉玮、郑桂环、蔡喜洋、王焯、卢边静子。代表团先后在布鲁塞尔、巴黎两地拜访8家机构，举行12场会谈。8家机构包括，2家国际组织［欧盟委员会（EC）、经合组织（OECD）］、2家市场监管机构［欧洲证券与市场监管局（ESMA）、法国金融市场监管局AMF）］、2家智库［布鲁盖尔研究所Bruegel、欧洲政策研究中心CEPS）］、1家交易所［泛欧交易所Euronext）］、1家金融机构［法国兴业银行Societe Generale）］，外方主谈人员包括OECD总幕僚长Gabriela Ramos、AMF总秘书长Benoît de Juvigny、Bruegel所长Guntram B. Wolff、CEPS总裁Karel Lannoo等。利用此次机会，我们与多家机构就如何加强双方研究合作进行充分探讨。本文根据本次调研访问整理而成。

拉开中美贸易战大幕，撼动中美关系“压舱石”，“中美脱钩论”甚嚣尘上，中美冲突迅速全面地纵深蔓延。美欧经贸关系同样受到特朗普总统“美国优先”政策的重创。“特朗普冲击”持续冲击全球经贸秩序。2019年12月12日—19日，中证金融研究院刘青松院长等一行6人赴欧洲开展实地调研访问。此次访问主要任务是拜访多家权威机构,客观了解欧洲经济金融现状、欧洲资本市场改革与发展情况，以便深入理解当前我国金融与资本市场发展的外部环境，并为我国下一步改革提供最佳国际经验与实践借鉴，深化中欧合作，合力应对“特朗普冲击”。本次调研访问，对于我们准确认识和评判欧洲经济金融形势、欧盟资本市场改革发展及其一体化进程最新情况、欧洲养老金及长期资金改革与投资、适度促进中欧资本市场合作等问题具有十分重要意义。

一、欧洲经济运行稳健，增速有所放缓但不是衰退

（一）调研机构普遍认为当前欧洲经济韧性较强，内需强劲

大部分机构对欧洲经济形势总体呈审慎乐观态度，认为当前经济走势偏弱，但并不是衰退。一是经济增速略显乏力，但接近欧洲长期潜在增速，属于正常范围。OECD认为，2019年经济增速预期为1%—2%，2019年第三季度增长1.5%符合预期。布鲁盖尔研究所和法国金融监管局表示，当前水平在潜在产出增速附近波动，并非直线下行；欧洲劳动生产率低增长，近5年平均增速仅为0.3%，远低于同期美国0.5%的增长水平，欧洲经济增速低于美国是正常现象。另外，欧盟作为发达经济体，其增长速度与中国、印度等新兴经济体更不具有可比性。二是经济体系运行稳健。内需拉动作用仍然强劲，近两年投资和消费对经济增长的拉动稳定在2个百分点左右；就业表现好，10月，欧元区失业率为7.5%，比2018年末低0.3个百分点；企业营利能力仍然较强，2018年欧元区非金融企业净利润在增加值中占比达到

24% 左右，处于较高水平。

（二）欧洲机构对全球贸易政策的不确定性，特别是中美经贸冲突担忧较大，并认为英国“脱欧”对经济的影响总体可控

受访机构普遍对美国现行的贸易保护政策持反对意见，认为“二战”以后建立的全球贸易格局、金融体系等国际治理秩序正在被破坏。其中，欧盟、经合组织强烈期盼中美能够尽快达成贸易协议，以减少对全球经济的冲击。对于英国“脱欧”的影响，受访机构普遍较为乐观，认为短期内很多负面冲击早已被企业和市场所预期，已经做好了大量的准备；从全局和中长期看对欧盟影响不大，但对英国会有比较大的影响，整个欧洲供应链将受到较大影响。

二、受流动性推升和经济韧性支持，2019 年欧洲金融市场“股债”齐涨，但长期来看，仍存在结构性失衡与市场分割问题

（一）2019 年欧洲股市平均上涨 25%，主权债和公司债收益率分别平均下降 50 和 200 基点

1. 股市方面，欧洲 Stoxx50 指数全年上涨 23.3%，与 MSCI 全球指数的 24.05% 基本一致，略低于美国三大股指平均值 27%。从走势看，与美国、中国股市趋势基本一致，全年四个季度均实现正收益（分别涨 12.93%、1.99%、2.42% 和 4.52%），第一、第四季度表现最佳。分国别看，核心国家股指涨幅基本集中于 25% 左右（德国 DAX 上涨 25.48%，法国 CAC40 上涨 26.37%），外围经济体股指涨幅更大（希腊 ASE 综指上涨 49.47%，爱尔兰综指 31.09%，意大利指数 27.02%）。尽管如此，欧洲股市绝对估值水平仍然不高，主要股指市盈率估值均在 15—20 倍左右。

2. 债市方面，10 年期国债全年平均下降 46 基点驱动“负利率”现象深

化，公司债平均下降150—300基点。若从2018年第三季度末高点看下降更多，德国国债由2018年10月的0.42%高点降至2019年9月初的低点—0.75%；同期意大利10年期国债由3.67%降至0.82%，在不到12个月的时间内，基准利率出现160—300基点的下降。主权国债收益率持续下行，将全球“负利率”债券规模一度推升至17万亿美元规模之巨（其中70%来自欧洲市场），年末降至12万亿美元左右。

3. 其主要原因有三条：一是经济韧性支撑，欧元区经济增速与潜在经济增速相匹配（详见经济金融形势分析部分）。二是流动性宽裕驱动，欧洲央行（ECB）持续实施负利率与量化宽松政策，2019年9月18日更是将存款便利利率降至—0.5%，推动欧洲债券市场“负利率”深化、股票估值反弹和房地产价格上行。三是负利率对金融市场带来多方面影响。布鲁盖尔研究所表示，难以理解当前的负利率政策，负利率意味着资本的时间偏好是“负”的，即当期消费的效用低于远期消费，同时对金融资产定价也产生重大困扰，加剧金融市场的无序波动。欧洲政策研究中心、经合组织认为，负利率对商业银行的商业模式构成巨大挑战，驱动银行从基于息差和信贷规模转向更多基于中间业务，如转型不畅则会受到较大冲击。法国金融市场监管局提到，负利率导致债务融资成本极低，对中小企业债务融资有帮助，但对股权融资活动形成较强的抑制；数据显示，法国2017—2019年IPO企业的数量分别是34家、21家和9家，呈逐年下降趋势。

（二）欧洲金融市场的结构性失衡和金融市场分割问题突出

1. 欧洲金融市场失衡，债务资本市场发达、但权益市场发展相对缓慢。经合组织等多家机构表示，欧洲融资模式以银行为主导，资本市场不发达。主要原因包括：传统文化导致欧洲居民投资风格较为保守；基础设施不统一，交易所市场分区域竞争造成流动性不足、成交不活跃、投资者分散等问题，本地优质公司反而选择到纽约、伦敦和香港等国际市场上市。

2. 金融市场仍未完全实现单一市场目标。欧洲证券与市场管理局、欧洲政策研究中心均强调，欧盟充分认识到欧洲市场直接融资能力的短板，正在持续推进资本市场联盟建设，比如大力推动资本市场联盟（CMU）机制、欧盟“金融通行证”机制、跨境发行和交易通行证机制（Single Passport to the Issuer）、MiFIDII 指令、《市场滥用条例》等，以尽快实现单一市场的最终目标。但由于各成员国公司、法律、税收等基础制度差异较大，实质上的统一市场制度仍有很多不足。

3. 权益资本市场发展存在的一些结构性短板。首先，专业人才不足。欧洲大陆由于资本市场分散，没有规模效应，缺少资本市场方面的专业机构和专业人才。其次，客户基础和长期资金来源不足。欧洲机构或个人投资者长期以来风险偏好较低，“偏债嫌股”倾向较为突出。再次，欧洲整体社会形态是高福利社会，居民可支配收入不多，大部份资金以税收或养老金形式上交政府，很难形成大笔的可支配资金用于投资股市。最后，优质上市公司资源的挑战。欧洲经济以中小企业为主体，由于公开市场融资面临较大的信息披露要求和极高的“合规”成本，中小企业更普遍以中小银行、区域银行以及熟人资本为其主要资金来源。

三、不断整合中的欧洲资本市场，以实现资本市场联盟、金融一体化为目标

（一）金融一体化促进了欧盟整体经济增长、分担风险、扩大股票市场规模、提高市场流动性，且资本市场一体化极大地促进创新并推动企业发展

完全实现资本市场联盟不是一蹴而就的，首先需要有欧洲安全资产，协调金融产品税收，实现各国公司法、破产法融合，统一市场监管规则并最终统一欧洲证券市场监管机构。欧洲安全资产对解决银行与主权之间的关系及银行体系的稳定和稳健至关重要，是资本市场联盟的基础，对实现欧洲

债券市场的一体化，以及促进欧元的国际化至关重要。

（二）MiFID II 加强市场监管、提高竞争力和透明度

2018 年 1 月 3 日，欧盟《金融工具市场指令》第 2 版（简称 MiFID II）在欧盟全面实施，这是 2008 年国际金融危机以来欧盟在金融监管方面最大力度的改革。其监管目标主要是为了改善市场结构、降低系统性财务风险。MiFID II 要求所有交易都在受监管场所进行公平竞争；市场透明度方面要求场外市场与场内市场均需满足交易前透明度的监管要求；扩大投资者保护范围、强化商业准则、强化对企业管理责任以及加大执法力度。相较于 MIFID I，MiFID II 主要在透明度、合规和公司治理、交易、投资建议及投资者保护方面提高了要求。涵盖的市场范围包括：股票市场、固定收入、商品、货币、期货、外汇产品和零售金融衍生品如差价合约。影响的主体包括：银行、基金经理、外汇、高频交易者、经纪商、养老基金和散户投资者。

（三）《招股说明书条例》统一成员国立法，降低发行成本，减少形式要求以保证信息披露的有效性，以加强投资者保护

条例（EU2017/1129）于 2019 年 7 月开始在成员国全面直接实施。该条例的出台的主要目的有四条。一是为了让小公司更容易、更便宜地获得资金，对于发行额低于一百万欧元的，公司无需发布招股说明书；发行不超过八百万欧元的证券，成员国可免除发布招股说明书的义务，但不适用于欧洲通行证制度。二是使发行简化和更加灵活，为经常进入资本市场的公司创建年度通用注册文件，将招股说明书的批准期限从 10 天缩短至 5 天，并降低二次发行说明书的要求。三是通过引入对散户投资者友好的关键信息摘要，满足投资者的具体信息和保护需求，确保投资者可以获得所有相关信息且招股说明书中所载的信息均为相关信息，摘要中所述的风险因素应限于那些切实相关的风险，而不仅仅是投资风险的一般性陈述。四是电

子化招股说明书，欧洲证券市场管理局对潜在投资者提供免费可在线搜索的在欧洲经济区（European Economic Area）内批准的招股说明书，除非潜在投资者要求，公司将不再发布纸质的招股说明书。

（四）改善中小企业准入[①]创设“欧盟经济增长招股说明书”、减轻信息披露要求、引入中小企业成长市场概念，并允许大企业在中小企业成长市场上市交易以提高市场流动性和盈利能力

欧盟经济增长招股说明书是容易填报且涵盖发行人关键信息的标准化文件，只需包含摘要、注册文件［包括六个部分：注册文件的责任，策略、绩效和商业环境，公司治理，财务报表和主要业绩指标，经营及财务状况（只适用于市值超过20亿欧元的公司发行股票），股东信息］、证券信息［包括五个部分：责任，营运资本报表及资本化及负债报表（只适用于市值超过20亿欧元的公司发行证券），证券的条款和条件，详细的报价和预期的时间表，担保人信息］，适用于中小企业（MiFID II将中小企业定义为前三年平均市值低于2亿欧元的企业）、非中小企业(其证券可在中小企业成长市场交易)和雇员人数少于500人的非上市公司的小额发行。其具体格式和内容（附件23是对摘要的具体规定，附件24规定欧盟经济增长招股书的注册文件，附件26是对证券信息的具体规定）规定于2019年3月19日发布的委员会授权条例（EU 2019/980）。MIFIDII引入中小企业成长市场概念，如果多边交易设施（MTF）里有50%的发行人是中小企业在其交易场所里交易其金融工具，则其可注册为中小企业成长市场，意味着有50%的非中小企业（大企业）可以在成长市场上市交易并从中受益，遵守

① 中小企业上市面临诸多障碍，其中最突出的是准入成本（包括直接成本和间接成本，尤其是与招股说明书有关的成本）、上市要求和维持成本，以及适用于上市公司的严格监管框架带来的行政负担。此外，中小企业也担心一旦上市就会失去对公司的控制权，尽管上市在获取资本（通过首次和二次发行）和提高信誉度方面有好处，但中小企业仍强烈抵制上市。机构投资者对他们的股票亦缺乏兴趣，导致分析师覆盖率低和股票周转率低（流动性低）。

该市场（相对较低）的标准和规则。对 MTF 来讲，大企业在其市场中交易亦可提高交易市场的流动性和盈利能力。

（五）短期来看，英国"脱欧"对欧洲与英国金融市场的影响不大，也不会对金融市场稳定产生重大负面冲击

首先，欧洲政策研究中心、泛欧交易所等机构均表示，自英国脱欧公投以来，绝大多数金融机构已经做了相应准备，包括在欧洲大陆设立分支机构等。其次，欧央行与英格兰银行等欧洲监管机构密切跟踪脱欧进程，并制定各种预案与政策。再次，脱欧后伦敦的国际金融中心地位短期内不会发生重大改变。尽管包括巴黎、法兰克福、卢森堡等城市会受益于脱欧后伦敦部分业务转移，但整体给欧洲大陆带来的机遇没有想象的那么大。最后，布鲁盖尔研究所认为，对于欧洲大陆金融机构来讲，未来很长一段时间最大的风险是新技术带来的挑战，而不是脱欧。

四、通过制度改革与稳健投资，"双轮驱动"促进欧洲养老金等长期资金发展

养老金、保险公司是长期资金主要来源，也是最重要的机构投资者。近些年，欧洲养老金资产快速增长，2016 年首超保险公司成为全欧最大的机构投资者。从全球看，长期资金包括养老金、保险公司、主权财富基金、捐赠基金、家族办公室等，资产规模约为 40 万亿美元、25 万亿美元、8 万亿美元、1.6 万亿美元和 1.2 万亿美元①。从欧洲看，养老金、保险公司资产管理规模已达 6.5 万亿欧元和 5.3 万亿欧元，全欧市场（含个人投资）占比

① 综合韦莱韬悦（2019）"Global Pension Assets Study"，CFA（2018）"The Seven Kinds of Asset Owner Institutions"，以及经合组织、SWFI 和 NACUBO 数据库的最新数据。

分别为28%和23%[①]。

（一）欧洲养老金改革是养老金资产规模扩张的重要原因，但部分国家改革“倒退”，同时法国出现大罢工，反映了该问题的复杂性

养老金问题不仅是经济问题，也是政治和社会治理问题。随着社会不同发展阶段结构变化，养老金制度必须与时俱进、作出改革。在老龄化压力下，几乎所有欧盟国家都施行了提高退休年龄等参数改革，德国等还进行了名义账户制等体制改革。但受制于财政问题或社会压力，波兰等东欧国家及意大利近些年推翻或部分取消了此前推行的改革措施。2019年底，法国政府计划推进养老金改革，主要内容是“把领取全额养老金年龄从62岁提高至64岁，并将42种不同行业的养老金并轨”，受影响的领域包括铁路等公共部门。法国因此暴发了20多年来最严重的大罢工，罢工主体就是铁路工人。本次改革具有深刻的经济背景且有其必要性。面临大罢工压力，改革前景并不明朗。法国1995年曾经暴发过大罢工，并最终迫使政府放弃了福利改革。

（二）欧洲养老金传统上更偏好收益稳定、低波动的资产，更偏好成熟市场

从大类资产配置看，欧洲养老金约有一半为债券和现金资产，股票占比接近30%，另类和房地产投资占比分别为12.5%和9.7%[②]。欧洲职业养老金的债券和现金资产，仍然以主权债、金融债为主，分别占58%和16%。德国养老金在历史上最为保守，但近年以来逐渐转变策略，通过间接投资持有了更多的公司债。股票投资仍然以美国、欧洲和其他发达市场为主，分别占41%、24%和17%，新兴市场占比为17%[③]。

---

① 参见EFAMA（2018）“Asset Management in Europe”。

② 参见PensionsEurope（2018）“Pension Funds Statistics and Trends”。

③ 参见EIOPA（2019）“Institutions for Occupational—Retirement Provision（IORPs）Stress Test Report”。

（三）欧洲养老金等长期资金进入新兴市场，主要驱动是分散风险、更高的预期收益，重要考量包括：市场与监管环境、汇率波动、税收安排等

1980—2018 年，由于不同地区市场涨跌不一，国际投资者配置一部分新兴市场股票，能够分散组合风险[①]。与发达市场相比，新兴市场风险较高，对应的预期收益也较高。养老金等长期资金，更有耐心收获这种风险溢价。全球最大主权养老基金挪威 GPFG 等长期资金看重：流动性（如流通股本规模，是否存在资本管制等）、公司治理（如保护中小股东权益）、政策稳定性以及税收安排等要素。此外，PensionsEurope 调查显示：汇率波动也会影响欧洲养老金在新兴市场的投资策略。

（四）欧洲养老金短期可能亏损，但长期盈利稳定，考核上更适用长期业绩导向

据经合组织统计：2018 年，因股市低迷，31 个欧洲国家只有德国等 8 国养老金取得了正收益。但考察过去 5 年、10 年、15 年，有数据披露的分别有 30、23 和 14 个欧洲国家养老金均获得正收益，并且回报普遍超过 3%。欧洲代表性养老金管理人（如英国安本标准）普遍采用长期业绩考核。

（五）欧盟正积极推动第三支柱 PEPP（即泛欧个人养老金）产品，或将成为欧洲基金业参与养老金市场的重大机遇

PEPP 是一种自愿参与的个人养老金产品，面向欧盟所有成员国。根据 PEPP 框架设计，欧盟各国居民得以在相同规则之下，通过第三支柱个人养老金账户投资增加退休收入，并可在欧盟任一国家申领养老金。2017 年 6 月，欧委会提出 PEPP 框架并征求意见。后经反复修改，2019 年 4 月最终定稿，

① 参见 Credit Suisse（2019）“Global Investment Returns Yearbook”。

并经欧洲议会审议通过。PEPP 框架内容和相关讨论，值得借鉴。一是设计之初就明确基金可以作为第三支柱 PEPP 的提供商；二是在权衡风险和收益后，最终明确目标日期基金（TDF）可作为 PEPP 的默认投资工具；三是欧盟无法决定各成员国的财政政策，因此 PEPP 能否成功，很大程度上要取决于各国未来的税收安排。

五、启示与建议

（一）欧洲稳健的经济增长有利于我国稳定外需

欧洲动能放缓主要受外需扰动引起，经济稳健情况好于预期，短期内对其动能放缓的现象不必过于忧虑。与近 5 年平均水平相比，虽然 2019 年第三季度欧盟 GDP 增速回落了 0.4 个百分点，但居民最终消费支出和固定资本形成总额增速却提高了 0.1 和 0.2 个百分点。欧盟 GDP 占全球的 22%，其强劲的内需有利于改善我国的外部需求。2019 年以来，欧盟超过美国成为我国最大的出口贸易国，对欧出口在总出口中占比已经超过 17%；虽然 2019 年对美出口增速持续负增长，降幅扩大至 11 月的 12.4%，但 1—11 月对欧出口增长 4.5%，远高于同期出口总额增速—0.3%，是稳定出口的重要力量。2020 年欧盟的内需增长仍然较为强劲，对欧出口有较好的增长空间。

（二）紧紧抓住全球资金再配置的战略机遇，加快推进我国资本市场对外开放，吸引更多国际资本投资境内市场

1. 把握“负利率”环境下全球资金再配置的战略机遇期。2019 年包括美联储在内的 30 余家央行纷纷降息，欧洲“负利率”现象反映了欧洲金融市场流动宽裕格局，这些过剩流动性势必外溢到全球市场特别是中国这样的超大型、中高速增长的全球第二大经济体。法兴银行表示，欧洲机构投

资者对中国金融市场的关注度和参与热情都较高。一方面是国际资本对人民币资产整体仍处战略性“低配”阶段，还有较大增配空间；另一方面是中国债券市场收益率相对较高，A 股业绩增速与估值优势相对突出。

2. 着力吸引更多国际资本投资境内金融市场，核心是及时回应和着力解决国际投资者的主要关切。欧洲政策研究中心、经合组织以及法兴银行均表示，“沪（深）港通”机制、“债券通”机制是中国金融开放的重大创新设计，便利了国际投资者。但长期而言，这些机制本质上仍是中国资本账户渐进开放策略下的一种过渡性安排。应进一步强化金融开放背景下的中国法律制度的稳定性和可预期性（比如外资资金的可撤出性，如果中国政府实施紧急管制，应预先给资本项目明确对证券资本实施管制的条件、程序、期限等）；进一步丰富风险管理工具及其可操作性（如增加外汇对冲工具，放松股指期货的应用额度及应用灵活性）；切实加强信息披露透明度，构建有效的沟通渠道和机制，从而不断增强国际投资者信心。

（三）充分发挥我国统一大市场优势，不断提升交易所市场的深度和广度

国际资本市场竞争，归根结底是成本和效率竞争。欧洲市场由于分散化导致成本高企、效率不足，市场深度和广度难以拓展，目前面临发展势头不足，因而长期以来的改革目标是推进欧盟资本市场一体化，但效果不佳。我国统一大市场优势显著，建议着力推进交易所、结算体系和数据体系的互联互通，进一步降低各类交易成本，增强交易所国际竞争力。比如，欧洲市场在降低发行成本方面的经验，一是减少形式要求以保证信息披露的有效性，二是创设易于填报且适合成长性企业特别是科创企业的招股说明书格式，对小额发行豁免发布招股书，降低企业发行成本。此外，还可以借鉴欧盟“金融通行证”机制，双向或单边向港澳台资企业、机构进行开放，对其监管及规则进行认可，实行统一“执照”，利用“主要经营决策地监管”原则，逐步整合金融大市场板块。

（四）积极吸引境外养老金入市，推动境内投资和税收改革

1. 营造良好的市场与监管环境，提高对境外养老金等长期资金的吸引力和竞争力。以注册制为契机，深化资本市场基础性改革，遵循市场化、法治化、国际化原则，提高改革的有效性。优化交易监管、减少交易干预、降低交易成本，提高可预期性，增强市场积极性和长期资金的入市信心。完善公司治理，强化中小股东权益保护。丰富期指、利率、汇率等金融衍生品供给，满足长期资金合理的风险对冲需求。欧委会还建议通过论坛、访问等多种形式，加强与欧洲投资者和行业协会的沟通，使之及时了解我国金融领域最新的开放举措。

2. 借鉴欧洲养老金经验，对国内养老金机构、对内部投资经理以及对外部投管人延长考评窗口。每年考核除参考当年业绩外，还应挂钩（过去及未来）3 年、5 年甚至更长期业绩，同时权重向长期业绩倾斜。引导养老金机构放弃“一次性给付”年度绩效的做法，采取递延、回拨等机制，激励长期投资。

3. 协调推动投资体制和税收配套政策落地，有效促进公募基金参与第三支柱建设。欧委会 2017 年、2019 年先后确认 PEPP 的四个要点：开放个人选择权，提供有限数量投资工具，设置默认投资工具，明确 TDF 可以作为默认投资工具。另据经合组织统计，第二、第三支柱产生发展较好的欧洲国家，例如英国、瑞士和德国，私营部门养老金税收减免占 GDP 的比重分别达到 1.2%、1% 和 1.2%[①]。建议参考国际经验，推动企业年金、职业年金和个人养老金投资体制改革，并给予充分的税收激励。

（五）进一步推进与欧洲知名智库的务实合作

除布鲁盖尔研究所以外，中证金融研究院首次访问了经合组织、欧洲

---

① 参见 OECD（2019）“Pensions at a Glance”。

政策研究中心等智库与国际组织。可考虑未来与经合组织在养老投资与监管领域展开相关研究，与欧洲政策研究中心在欧洲资本市场领域加强合作。此外，可应对方需求，择机参加其相关活动，积极主动向欧洲投资者宣讲我国资本市场改革进展情况，讲好“中国故事”。

第六节 进一步扩大金融业对外开放迫切需要统一规范“证券”概念①

在开放条件下，法治是最基础的营商环境。当前，金融业进一步对外开放的最大风险是法治风险。2019 年 7 月 20 日，国务院金融稳定发展委员会办公室发布《关于进一步扩大金融业对外开放的有关举措》11 条（以下简称《开放 11 条》），释放了金融业全方位加快开放的重要信号，内容上多条规定均与资管理财有关。过去几年，我国资管理财市场在蓬勃发展的同时也是乱象丛生，成了金融市场新的重大风险点。从法律角度来讲，资管理财行业政策法规错综复杂，归根到底在于证券概念的模糊狭窄。

本文分析了现阶段我国加大金融业对外开放面临的五大法治风险，剖析资管市场乱象的制度根源，借鉴国际最佳实践，指出我国迫切需要完善证券立法，统一规范证券概念，并就此提出若干具体思考和建议。

一、当前金融业对外开放的最大风险是法治风险

市场经济是法治经济。金融市场的发展发育程度与规则制度的法治化

① 原文发表于《清华金融评论》（2019 年 11 期），时任中证金融研究院院长。

以及法治保护息息相关。我国金融政策法律法规不成熟不规范的实际情况，在封闭环境下形势没有那么严峻，但在开放条件下的激烈冲突将不可避免。法治风险将是金融业进一步对外开放的最大风险。

（一）无法可依的风险

我国金融立法总体上是滞后于金融实践的。各种以金融创新名义和方式存在的诸多金融操作工具，缺乏有力有效的法律规范。《证券法》是证券市场基本法，该法第 2 条将证券限定为股票、公司债券、政府债券和证券投资基金份额，同时授权国务院可以依法认定“其他证券”，也有权依法制定证券衍生品种发行、交易的管理办法。但实践中，国务院并没有对“其他证券”做出认定，大量具有证券属性的金融创新产品，包括资管理财产品、资产支持证券等，都游离于证券法监管之外。

（二）有法难依的风险

有法难依的问题主要指法律规则可操作性不足，相互之间不衔接。因证券概念的模糊狭窄，现行《证券法》无法统摄实践中各种各样具有证券属性的资管理财产品，而基于条块监管格局的部门规章又导致了规则供给“政出多门”，“同质不同规”的现象比较严重。2018 年中国人民银行、中国银保监会、中国证监会和国家外汇管理局四部门联合出台《关于规范金融机构资产管理业务的指导意见》（以下简称《资管新规》），试图解决这一问题，但因其属于指导性规范意见，并未上升到更高层级的法律法规层面，且设置了“新老划断”的过渡期安排，可操作性和执行效果有待进一步观察。

（三）有诉难讼的风险

尽管我国《证券法》规定了证券内幕交易、操纵证券市场、欺诈发行等行为的民事赔偿责任，但司法规则体系的建设却付之阙如，司法救济还要更多地仰仗行政前置程序，如虚假陈述民事侵权案件需经行政处罚认定或刑事司法裁判方可受理。[①] 而在诉讼机制上，也缺乏集体诉讼机制的有力支撑，致使有诉难讼的问题比较严重。从现有统计数据看，1996—2013 年，A 股市场 233 家上市公司被认定虚假陈述行为，到 2015 年底只有 96 家被起诉，起诉率只有 11%。有数万投资人受到损害，到目前为止只有 139 名投资人寻求司法救济，90% 投资者没有提出诉讼。市场中，通过诉讼维护自身权利的比例非常低，重要原因是存在有诉难讼的风险。

（四）跨境冲突的风险

在开放条件下，跨境金融活动和资本流动将日益频繁，跨境合作和冲突也将日益增多，涉外监管执法以及跨境监管和执法协作将越来越重要。以美国为代表的资本市场发达国家通常会设置不同程度的“长臂管辖”，通过账户、机构、流动等所谓的“连接点”来扩展法律的域外效力。因此，我国金融监管部门要做好涉外监管执法、跨境监管并进行执法协作这对维护本国金融的安全稳定有十分重要的意义。2005 年《证券法》按照严格的属地原则，将适用范围限定于境内证券的发行交易，不具有域外效力。2015 年《证券法》一审修订草案曾以结果标准构建域外效力原则，认为在境外的证券发行交易行为，损害了我国国家利益、社会公共利益和境内投资者合法权益的，都适用本法。但公开征求意见的《证券法》（三审稿）又删除了这一规定。这表明我们在这方面的认识还不够成熟，态度也不够明朗。这一问题还涉及更深层面，既对跨境监管制度框架的建立，包括跨境证券发行与交易、跨境并购、跨境违法行为、境外证券经营和服务机构在境内设立分支机构、投资者投资跨境证券等，具有重要的法源意义，也影响到国际投资者、中国投资者的市场权利保护问题。域外法权和跨境冲突问题在近些年的金融监管和司

① 参见《关于受理证券市场因虚假陈述引发的民事侵权纠纷案件有关问题的通知》第 2 条和《最高人民法院关于审理证券市场因虚假陈述引发的民事赔偿案件的若干规定》第 6 条。

法实践中发生的频率越来越高，在金融体系进一步对外开放的情况下，将对我金融安全、市场秩序和参与者合法权益保护产生更加直接的影响。

（五）金融科技立法滞后的风险

以ABCD为代表的数字科技在金融领域的应用，一方面大幅增强了传统金融的功能，另一方面也在悄悄地颠覆传统金融的逻辑。相对于我国金融机构和市场发展水平，欧美发达市场机构对数字科技的运用和数字金融的发展要先进得多，如客户画像、产品结构、算法交易、智能投顾、合规风控等，它们在Fintech和Regtech（Suptech&Comptech）及相关立法上也走得较远。国内尽管有部分机构已经开始运用金融科技，但仍远远落后于国际同行的水平。而在数字金融立法和法治实践方面，我国缺乏实践的验证和支持，尚处于摸索阶段。可以预见，国内机构与国际金融机构在数字金融领域的竞争中，将处于“小米＋步枪”且“裸露”的弱势状态，难有招架之功，既无法律规范，使无法获得法律的有效保护。

二、“证券”概念的模糊狭窄是我国资管乱象的法理根源

我国《证券法》的“证券”概念是模糊狭窄的。现行《证券法》和其他法律均未对证券的实质做出明确界定，对证券种类的例举也是十分有限的，目前的《证券法》审读稿仅增加了存托凭证，国务院并没有根据授权认定一个“其他证券”。实践中，无法也不能依照证券的本质特征对所谓的创新产品进行灵活的判定和监管执法，显现出证券法律调整的僵化，不能满足金融实践和创新发展的要求。这主要表现在以下三个方面。

（一）市场主体层面，不利于扩大市场主体的投融资自主权

正如吴晓灵所认为的，《证券法》修订的核心是扩大市场主体的投融资

自主权。[①] 证券概念的模糊狭窄意味着，市场主体可借助的金融工具极为单一匮乏，正常合理的投融资需求也会受到抑制。而市场主体一旦寻求《证券法》之外的投融资渠道，或面临政出多门的监管规则而无所适从，或面临非法集资的嫌疑而“铤而走险”。也就是说，证券概念的模糊狭窄使市场主体的投融资自主权处于受限制的不稳定状态。

（二）市场体系层面，不利于拓展资本市场的发展空间

如果资本市场中的证券品种丰富多样，市场层次系统优化，交易形式互补配合，资本市场的活力也就越大，韧性也就越强。这一内在的经济规律要求证券的概念宜宽不宜窄。此外，从法治角度看，这也是维护市场公平竞争和保护投资者的现实需求。商业银行的人民币委托理财业务、证券公司的客户资产管理业务、保险公司的投资联结保险业务和信托公司的资金集合信托业务在本质上都属于证券，却面临“同质不同规”的局面，破坏了公平竞争的市场环境。而此类资管产品“游离”于证券概念之外的另一危害是，投资者将无法寻求《证券法》的特殊制度保护，包括发行审核或注册、信息强制披露、禁止虚假陈述、内幕交易、操纵市场等，而传统的合同法、侵权法因其私法自治的局限性，无法充分体现和回应证券发行和交易的特殊性，对投资者的保护十分有限。

（三）监管执法层面，不利于防范化解风险和打击监管套利

证券概念也决定着监管尺度的宽窄。某种金融产品被纳入《证券法》的证券范畴,就意味着其“裸露”的风险得到了重视和相应的规制。一方面，证券概念的模糊狭窄必然导致实践中层出不穷的金融创新“逃逸”《证券法》和其他相关法律法规的规制，从而不利于防范化解金融风险。另一方面，

① 吴晓灵．证券法修订核心是扩大投融资自主权［N］．上海证券报，2014-09-20.

证券概念的模糊狭窄也容易诱发监管套利现象。目前的资管行业和资管产品实质上突破了我国金融业现行分业经营和分业监管体制，在市场底层上是打通的，但这些产品在现实运行中依然按照分业经营和分业监管体制的框架，不同类型的资管产品受不同监管部门监管，在发行对象、募集对象、审批条件和程序、信息披露要求、投资风险负担、资金使用要求、监管措施和法律责任方面，适用各自不同的监管规则，呈现出“政出多门”的特点。而“政出多门”的监管规则滋生了“铁路警察，各管一段”的弊端，监管套利（regulatory arbitrage）频频发生。实践中较为典型的监管套利有两种。一是所谓的“通道业务”。按照我国信托法律要求，集合信托投资计划的自然人投资者在通常情况下不得超过 50 人[①]，然而，在金融实践中，大量的公众投资者却可以借助银信合作机制，通过购买银行理财产品“借道”而成为信托理财的投资者。二是一对多的委托贷款。这种方式完全可以达到集合信托投资计划的经营效果，且监管者对此种行为的处理也仅仅是以行政命令的方式“叫停”，监管力度上不及集合信托投资计划那么严格。2018 年四部门联合出台的《资管新规》虽在统一市场和统一监管上做出了较大的努力，但如上文所述，因其指导性规范意见的属性，效果仍有待于进一步观察。

三、借鉴国际市场关于“证券”立法的最佳实践

在对外开放条件下，我们有效借鉴证券界定的国际立法经验，统一规范证券概念尤显重要。从比较法考察看，以定义和例举的方式统一和拓展证券概念是资本市场发达国家的一般经验。

---

① 《信托公司集合资金信托计划管理办法》（2009 年）第五条信托公司设立信托计划，应当符合以下要求：……（三）单个信托计划的自然人人数不得超过 50 人，但单笔委托金额在 300 万元以上的自然人投资者和合格的机构投资者数量不受限制。

（一）美国的经验

美国采用“条文列举＋司法判例”的双层认定体制来不断完善证券的概念。1933 年《证券法》和 1934 年《证券交易法》最初列举的证券类型较少，但由于条文中有“另有规定除外（the context otherwise requires）”的字样，因此可通过具有造法功能的司法判例予以补充，待成熟后再纳入条文列举的类型。在实践中，法院是通过认定某类投资合同是否具有“证券”的经济实质来进行确认的，在经典的“Howey 案”，法院确立了具体的认定标准：（1）必须是资金投资；（2）必须投资于共同的事业；（3）目的是为了获取利润；（4）该利润仅依靠他人的努力。在后来的司法判例中，还出现了更为宽泛的“风险资本标准”，对证券的认定不要求存在严格的共同事业。[①] 在这样的发展过程中，美国证券概念不断扩展，以满足证券市场发展和治理的要求。

（二）英国的经验

英国的情况与美国类似，它通过“集合投资计划”这一概念来拓展证券概念。英国在 1986 年《金融服务法》（the Financial Service Act，简称 FSA）第 75 条中导入了抽象概括的“集合投资计划”概念，并在 2000 年《金融服务与市场法》（Financial Service and Market Act 2000，简称 FSMA）当中对其特征进行了具体阐释，大致包括参与者不对财产的安排进行日常的控制、参与者的出资集合在一起、由发起管理人或其代表者进行整体性的管理等。可见，这一概念与美国法的“投资合同”有异曲同工之妙，只不过 2000 年 FSMA 还明确了财政部通过命令规定的某种安排不属于投资计划。

（三）日本的经验

日本《证券交易法》对证券的定义较为狭窄，不包括很多新型投资形

① 托马斯·李·哈森．证券法［M］．张学安，等，译．北京：中国政法大学出版社，2003：23–44.

态或投资基金。在1991年证券交易审议会报告中，日本建议参考美国证券概念，在例举之外导入概括性条款。1992年日本《证券法》修改时，因机构管辖冲突协调和证券定义明确性等问题，并未导入宽泛的证券概念，而是采用限定列举主义。而在1998年《证券交易法》修改时，则对定义条款进行了全面修改，虽然也没有导入宽泛的证券概念，但对证券的范围进行了横向扩大，包括特定目的公司的资产担保证券、投资法人的投资证券、表示有价证券相关期权的证券或证书、预托凭证（存托凭证）等。在金融商品统一立法的思路和进程中，日本在2006年制定《金融商品交易法》时，将"证券"概念扩展为"金融商品"的概念，尽管立法对"金融商品"未做明确定义，但为适应各种基金实践的需要亦导入了"集合投资计划"的定义，这显然也是受到了美国"Howey案"的影响。

（四）韩国的经验

韩国原证券相关法律也仅对证券进行例举规定，如其《证券交易法》将证券分为国债、地方债、特殊债、公司债、股票、出资证券、收益证券等21种，又将场外衍生商品分为货币衍生商品、有价证券衍生商品、一般商品衍生商品和信用衍生商品。而受日本金融商品统一立法的影响，韩国于2007年出台《关于资本市场和金融投资业的法律》，也将证券扩大为金融投资商品，并在该法中对其进行了抽象化概况化的定义。为了实现各类公私募基金和理财产品的设立运行的自由化，该法亦导入了"集合投资计划"概念，借此来统一规制各类集合性质的金融产品，并构建统一的规制体系。

各国经验表明，统一规范和不断扩展证券概念，既可以尽可能地保持证券与金融实践发展相适应的弹性，以更好地平衡法律的稳定性与经济社会的发展，也有利于明确各类证券监管的法律依据，及时防范化解金融风险。2008年次贷危机以来，欧美国家受到较大的冲击，而日本金融体系却平稳度过，并未受到很大冲击。一个重要的原因是，21世纪以来日本统一了金融商品、金融服务立法，在法律上扩大了监管口径，最大程度地实现“风险全覆盖”，为抵制金融海啸奠定了良好的基础。

四、统一规范证券概念的具体建议

《证券法》是中国资本市场走向开放、完善的基石，建立“规范、透明、开放、有活力、有韧性的资本市场”，必须从统一规范证券概念始。

（一）明确证券的本质特征

凡是代表特定的财产权益，可均分且可转让或者交易的凭证或者投资性合同，均可被认为是证券。这既是把握证券演变发展一般规律的努力，统一证券概念认识的理论需要，也是为了遵循实质主义的认定思路，满足证券定义涵盖金融实践发展，保持法律概念应有弹性的实践需要。

（二）扩大列举的范围

从我国目前的实际情况来看，可以考虑通过“集合投资产品”概念将代客理财的资产管理计划（如万能险、投连险、个人理财）、基于授信义务的投资基金式产品（如公募基金）统一吸纳进来，加上存托凭证、资产支持证券一并纳入“证券”范畴。只有《证券法》的适用范围放宽了，证券市场经营产品的种类才会丰富，多层次资本市场才会建立健全，也才能激发资本市场的活力、增强资本市场的韧性。

（三）授予国务院证券监督管理机构关于“证券”的认定权

考虑到金融创新的动态发展，监管实践的现实需求，可以考虑将现行《证券法》中依法认定“其他证券”的权力授予给国务院证券监督管理机构。这样可以依靠证券监督管理机构的专业性，较好地解决金融创新发展与法律滞后性之间的矛盾。

（四）《证券法》关于“证券”的立法建议

我们提出对《证券法》“第一章总则”第二条的具体修订意见。

第二条　本法所称证券是指代表特定的财产权益，可均分且可转让或者交易的凭证或者投资性合同（增加一款）。

在中华人民共和国境内，股票、公司债券、存托凭证、资产支持证券、集合投资产品（增加）和国务院证券监督管理机构（修改）依法认定的其他证券的发行和交易，适用本法；本法未规定的，适用《中华人民共和国公司法》和其他法律、行政法规的规定。

政府债券、证券投资基金份额的上市交易，适用本法；其他法律、行政法规另有规定的，适用其规定。

证券衍生品种发行、交易的管理办法，由国务院依照本法的原则规定。

（五）配套的法律修订

从法律体系的角度看，《证券法》的修改还要考虑到联动性，特别是与之紧密相关的《公司法》《信托法》《刑法》《民事诉讼法》亦应做出相应的修订，要按照体系化的要求，处理好现有部门规章、《资管新规》与《证券法》的统合衔接的问题。

（六）提高站位，形成合力

“证券”概念的规范和拓展是国家资本市场完善和发展的需要，是国家大事，不是具体监管部门之间的条块利益之争。建设统一的市场需要统一的规则，而统一的规则就要从统一的证券概念做起。

第七章 · 河南辖区实践篇

监管理念和监管体系建设

诚信、法治是资本市场价值观的核心。中国资本市场脱胎于行政主导型计划经济体制，从“一大二公”“一平二调”到以“市场化、法治化和国际化”为主要特点的市场经济制度建设和改革，这一过程存在深刻而广泛的文化、历史、理念、规则的冲突。市场机制及其环境的发育和完善需要对投资者、上市公司、中介机构、监管者等市场参与各方进行长期、细致、深入地引导和培育，逐步转变其观念，深化各方对资本市场以及诚信法治理念的理解和认知。

从市场发育程度和投资者成熟水平的角度看，河南辖区市场是中国资本市场的缩影。我有幸为河南辖区服务了四年①，有机会对河南企业、人民和文化做近距离的观察。河南企业家的顽强拼搏、河南人民的勤劳智慧、河南文化的博大精深，令我受益匪浅，终身难忘。

我们努力将所理解和认识的资本市场的一般原则如诚信、法治、规范、透明等融入辖区市场运行的内外部环境。我们提出“规范、透明、优质、充满活力”作为辖区资本市场建设目标，支持并指导河南省上市公司协会组织上市公司签署并发布《诚信公约》，邀请市场各方和社会各界参与“上市公司诚信公约阳光行”活动，达到了调动社会力量对上市公司全面巡检的效果。在省政府、省高院的大力支持下，构建覆盖全辖区的“大监管、大执法”体系，支持法院金融审判庭工作，支持河南省证券业协会设立社会法庭，和郑州仲裁委合作设立证券期货业仲裁机构；在省委宣传部的大力支持下，我们推动媒体机构发布《以规范证券期货信息传播行为 促进河南资本市场稳

① 2012年5月—2016年5月，作者时任中国证监会河南监管局党委书记、局长。

定健康发展》倡议，净化媒体环境，倡导积极健康的媒体监督。我们向社会郑重承诺，河南辖区不会发生重大虚假欺诈发行案件，我们实行监管责任制加强一线监管，规范 IPO 辅导制度，从源头上提高上市公司及其信息披露质量。我们要求依法监管，任何监管意见都要经得起司法的检验和诉讼的挑战，支持上市公司对于有异议的监管处罚决定提起行政诉讼，河南辖区的市场法治和法治市场建设只能在司法诉讼实践中逐步实现。我们鼓励投资者关心自己投资的上市公司，做一个智慧的投资者，形成社会各方力量共同参与、督促提高上市公司质量的生态氛围。我们要求每一位监管干部要扛得起监管、顶得住“围猎”，做一名焦裕禄式的监管干部，在中国证监会党委和河南省委省政府的正确领导下，共同撑起河南辖区资本市场这片蓝天。

第一节　恪守诚信公约　提高诚信水平[①]

《河南上市公司诚信公约》[②]是辖区上市公司宣誓遵守的十五条宣言，受到社会和市场各方广泛关注和高度评价，被称为河南辖区上市公司的“十五条军规”，或“十五条高压线”。举办《河南上市公司诚信公约》履约评价表彰活动，既是对公约发布以来各公司诚信履约情况的全面回顾总结，也是对河南上市公司树立诚信新形象的一次集中宣传。市场各方对河南上市公司的关注度持续提高，2013 年、2014 年协会连续 2 年组织诚信公约阳光行活动，来自全国各地的投资者积极报名参加，累计有 3 200 多人次直接参与现场交流，向上市公司提出各类问题超过 1 060 个；2014 年，开展诚信公约履约情况网上评议活动，有 19 244 名投资者、媒体代表及其他社会公众人士参与了网上投票。据“新财富舆情中心”监测数据显示，2014 年 4 月 1 日—2015 年 3 月 31 日期间，河南辖区 67 家上市公司中，有 39 家上市公司受到媒体较高关注，占比 58%，较 2013 年 39% 的比例提高近 20 个百分点；99% 的公司受到网民高度关注，较去年 70% 比例提高了近 30 个百分点。应当说，自诚信公约签署以来，河南上市公司诚信水平持续提升。诚信水平的提高体现以下三个方面。

一是上市公司诚信意识明显提升。辖区市场关于诚信建设上市公司应率先垂范的认识普遍深入人心；“诚信经营、规范发展”，“完善治理、健全

① 本文是 2015 年 5 月 15 日作者在河南上市公司诚信公约履约评价表彰活动上的讲话。

② 2012 年 10 月 26 日发布，由河南辖区 63 家上市公司宣誓约定，公约内容及起草说明见链接：http：//www.csrc.gov.cn/pub/henan/hnztzl/zbsccxjs/20130415_227210.htm.

内控”“合规披露、不做假账”等公约条款许多人已耳熟能详；大家都倍加珍惜并积极维护河南上市公司的诚信形象。

二是上市公司信息披露质量不断提高。根据沪深交易所对辖区上市公司信息披露质量年度评价结果，上交所对辖区公司考核结果在良好以上的比率为91.45%，高于同期上交所对所有公司评价结果的平均水平（88.16%）；深交所对辖区公司考核结果在良好以上的比率为92.5%，也高于同期深交所对所有公司评价结果的平均水平（87.02%）。

三是上市公司盈利水平及投资回报逐年增长。辖区上市公司盈利水平逐年提升，（2012年、2013年、2014年辖区公司实现归属于母公司股东的净利润分别为129.37亿元、147.39亿元和164.17亿元；每股收益分别为0.28元、0.28元和0.30元）。上市公司持续提高现金分红，积极回报投资者。（2012年、2013年、2014年辖区公司分红合计分别为60.56亿元、73.94亿元和81.05亿元；平均每股股利0.13元、0.14元和0.15元）。上市公司市值大幅提高，投资者价值显现，投资者投资河南股票的热情增长。河南指数（CN6010）自2012年12月28日推出以来，截至2015年5月11日，累计上涨103.85%，高于同期沪深指数的上涨幅度（同期上证综指上涨94.05%，深证成指上涨65.56%）。

个别公司在诚信和规范运作方面仍存在问题。主要表现为：

一是上市公司信息披露质量存在不足，部分公司信息披露不及时、不完整、不准确；有的公司涉嫌虚假披露、内幕交易等违法违规行为。近3年河南证监局累计对辖区上市公司、相关中介机构及有关责任人采取了34次行政监管措施，并计入诚信档案，其中立案移交3次，行政处罚2次。这反映了部分企业在财务管理、规范运作等方面的基础薄弱、诚信不足，个别公司甚至出现比较严重的违法违规。

二是部分公司治理、内部控制存在缺陷。有的上市公司独立性不强，与控股股东间存在的同业竞争、关联交易等问题长期得不到解决；董事缺乏必要的独立性和勤勉尽责意识；独立董事、监事会监督制衡作用发挥不好。部分公司内部控制制度不健全，制定的内控制度未得到有效执行，存在重大缺陷，难以保证公司规范经营和信息披露质量。

三是个别公司质量不高，重大风险长期得不到化解，影响辖区上市公司的整体形象。有的公司资产运营质量不高，投资决策失误，盈利能力低下，甚至出现重大的财务危机和持续经营风险。有的公司连续亏损，多次面临退市风险，不得不靠政府补助等非经常性损益才能避免退市。有的公司控股股东、董事会和管理层面对公司风险，长期无法拿出有效的重组和改善经营的方案，又不愿与投资者沟通解释，主动回应投资者的质疑，充分披露公司风险。有的公司做出的公开承诺内容不规范，履行不积极，导致投资者投诉不断。

一、诚信是资本市场健康发展的基石

现代市场经济本质上是一种信用经济，市场主体以市场价格信号为导向进行微观经济活动，并带来社会资源的优化配置。简而言之，这一资源配置的过程就是企业在经济活动当中，根据所了解的信息、所能够付出的成本和能得到的收益，做出交易判断的过程。由于整个交易过程是以信息运动为基础的，就更加凸显了诚信的基础作用。如果一个参与者提供了虚假的信息，那么所有相关市场参与者、交易双方的交易判断，都将基于一个虚假错误的信息，其结果必然就是社会资源配置的失当，进而影响社会资源配置的效率。

资本市场是市场经济和商业信用发展到一定阶段的产物，其合理配置资源的核心功能，是通过市场交易关系来实现的。资本市场交易模式及其机制，普遍建立在委托、信托等法律关系之上，如果缺少信任、缺乏信赖、缺失信用，就会动摇市场的信心，动摇市场机制发挥作用的基础。因此诚信反映了资本市场的内在规律和本质要求，是实现资源配置合理有效的基本条件，是保证资本市场交易公平和效率的重要基础，更是资本市场规范发展的根本保证。

上市公司作为公众公司，是资本市场上基础、活跃的主体，也是对市场敏感的、能够体现市场经济原则的一个活动主体，其活动方式代表了社会资源优化配置的结果。从这个意义上讲，上市公司讲诚信既是基于市场经济机制运行社会经济活动的基础要求，也是确保社会资源配置有效的根本要素。

诚信原则作为民商法的一项基本原则，是指民商事主体进行民商事活动、行使民商事权利和履行民商事义务时都应本着诚实、善意的态度，讲究信誉、恪守信用、行为合法等、诚信原则反映了市场经济秩序的要求，是保障市场有规则有秩序运行的重要法则。

2012 年 10 月，河南证监局组织辖区上市公司签署了《河南上市公司诚信公约》,《河南上市公司诚信公约》的研究制订体现了资本市场诚信建设的普遍性要求，准确把握了上市公司诚信的基本特征和科学内涵。上市公司诚信属于商务诚信的范畴，我们在把握以信息披露、公司治理为核心的监管要求和商务诚信的具体内涵的基础上，结合河南资本市场和上市公司自律建设的实际，坚持自律性、先进性和可操作性等原则，将上市公司诚信主要概括为产品、服务、创新、治理、信息披露、股东和利益相关者权益保护、社会责任履行等各方面的具体要求，使《河南上市公司诚信公约》条款成为全方位、多角度反映和衡量公司诚信水平的标准。

在市场经济和资本市场这种高度依赖信用的经济环境中，诚信是资本市场文化的核心内容。在现代经济社会中，对作为市场经济主体的法人而言，诚信既是行为能力的标准，也是行为成本的标准；既决定了公司的行为能力，也决定着公司的行为成本。坚守诚信，将为上市公司带来各种好处和发展契机。

（一）诚信为上市公司带来信任

在世界上各种文化和人类共同的价值观中，对诚信都有同样的高度重视，而信任是企业讲诚信结出的善之果，也是企业拥有的宝贵的无形资产。从企业经营上看，诚信就表现为客户的信任、自身的品牌。诚信的公司会在激烈的市场竞争中拥有更高的客户忠实度和额外的市场竞争力，而品牌则可以带来超额的利润附加值。就资本市场而言，诚信的上市公司，也拥有更多监管上的豁免权。比如上市公司并购重组分道制审核中为优质公司开辟的绿色通道；监管转型所强调的以问题为导向的差异化监管理念等。

（二）诚信使上市公司获得自由

诚信的上市公司会获得更加充分的自由。秉承"诚信经营，规范发展"理念的公司可以更好地将精力集中在主业经营、技术革新、核心竞争力提高、创新发展等企业发展壮大的关键领域；同时，监管方面对于诚信的公司也少有干预，从而给公司带来更多的自由，更广阔的创新空间。如目前证监会许多创新试点、业务牌照均有资格方面的要求，诚信的公司在这方面必然拥有更多优势，这也是诚信公司行为能力的一个重要体现。

（三）诚信为上市公司赢得尊重

一家诚信的上市公司会赢得各市场参与主体的尊重，而尊重本身也会创造价值。自尊自重让企业拥有更多的发展主动性和创新动力；客户的尊重会提升企业的客户黏性和核心竞争力；投资者的尊重能为企业带来更多的融资机会、筹资渠道和更低的融资成本；市场的尊重则更加直接地影响市场对公司的估值，为企业带来更高的市场溢价。讲诚信是上市公司重要的"软实力"。

二、坚持理性监管

市场诚信需要监管理性。所谓监管理性，就是要尊重市场规律与体现市场规律的法律法规，尊重市场主体地位，充分发挥市场决定性作用的同时又能够减少市场失灵、防范化解风险。理性的监管能够与市场发展状况相适应，形成稳定市场合理预期，引导市场理性发展。具体地讲，包括以下几个特点：

（一）跟随性

这个特征体现在资本市场监管方面，就是监管者要充分尊重和维护市场主体的独立性、自主性和首创精神，发挥市场在资源配置中的决定性作用，监管永远是滞后的、跟随性的，要紧密关注同时谨慎行动。

（二）间接性

理性监管的间接性体现在，通常情况下，监管并不直接干预具体的、微观的经济活动，而是通过制订规则、创造环境来间接地规范、引导竞争。

（三）纠偏性

理性监管的纠偏特征主要体现在事中监管，就是要持续紧盯、适时行动，关注市场风险，加强监测监控和预警处置，牢牢守住不发生区域性、系统性风险的底线。

（四）引领性

监管的引领性主要体现在两个方面，一是弥补市场失灵。市场机制具有失灵的天性。监管一方面要监测防范失灵的发生；另一方面是市场失灵后的及时补位，尽量减少损失。二是在深入研究把握社会经济发展规律的基础上，制定发展规划，引导市场环境。

（五）惩戒性

惩戒是监管的必备权能，是监管手段但不是监管出发点。对于不顾诚信、不守规矩的市场参与人，必须及时采取惩戒措施，维护市场秩序和诚信价值。

（六）稳定性

监管具有内在稳定性。监管的原则立场是稳定的，底线及其违规惩戒是可预期的。这既是因为监管者市场地位相对超然，也是因为有法律法规的约束。对于诚信市场的监管尤其要注意引导形成和维护稳定预期。

三、市场诚信与理性监管应当形成良性互动

市场的诚信自律与政府的理性监管，二者相辅相成，互为促进，市场和政府各尽其职，各守其分。市场主体诚信意识提升，监管部门保持监管理性，实现市场运行与监管良性互动。

（一）上市公司要进一步提高信息披露质量，提高透明度

上市公司要强化以信息披露为中心的法治意识、责任意识，严格按照相关法律法规和信息披露规则的要求，真实、准确、完整、及时、公平地披露对投资者投资决策有用的信息。要进一步完善公司治理,加强内部控制。公司治理不完善、内控机制不健全是公司信息披露违法违规的深层次原因，信息披露质量是公司内部治理水平的外在集中表现。各公司要按照上市公司治理准则和证监局发布的有关指导意见，切实完善公司治理，强化公司内部控制体系建设。

（二）上市公司要加大科技研发投入，提高公司盈利能力

和全国平均水平相比，辖区上市公司平均每股收益、净资产收益率都有较大差距（2014 年辖区上市公司平均每股收益 0.30 元，净资产收益率 7.53%；全部 A 股上市公司平均每股收益是 0.55 元，净资产收益率是 11.58%）。分析原因，主要有两方面问题比较突出。一是上市公司产业分布较偏向传统产业；二是研发投入水平较低，科技创新能力不足。《河南上市公司诚信公约》第 4 条提出取得高新技术企业认定的上市公司要确保每年研发投入占营业收入的比例不低于 3%，其他非高新技术上市公司每年研发投入占营业收入的比例力争达到 2.2% 以上。但是，2013 年辖区有 25 家，2014 年有 31 家公司的研发投入比例未达到 2.2%。这些公司应切实以《河南上市公司诚信公约》作为行动指南，加大研发投入，完善创新机制，增强创新能力，提高上市公司质量和盈利水平。

（三）深入推进监管转型，坚持依法治市，建设法治市场

李克强总理在全国推进简政放权、放管结合、职能转变工作电视电话会议上强调，必须“以敬民之心行简政之道”，转变政府职能，要继续在简政上下功夫，提出五个“再砍掉一批”。我们要按照国务院关于简政放权的有关要求，进一步推进监管转型，以法治的思维和方式，扎实做好河南资本市场改革发展和监管执法工作，切实履行“两维护、一促进”核心职责。监管转型的核心是处理好政府与市场的关系，原则是坚持依法治市，目标是建设法治市场，当前主要任务是提高依法治市的能力和素质，提高监管效能。依法治市主要是规范监管行为，最大限度地克服监管行为的随意性。建设法治市场就是要求资本市场所有参与者（包括监管者与被监管者等）依循相同的市场逻辑和运行规律，遵守相同的法律规范，彼此形成明确、稳定的行为预期，实现市场运行与监管良性互动。

1. 要充分尊重和维护市场主体的独立性、自主性和首创精神，发挥市场在资源配置中的决定性作用。市场主体的独立性和自主性是市场机制发挥作用的关键条件和重要基础，市场主体的首创精神是实现创新驱动的不竭动力源泉。监管工作必须尊重并依法维护市场主体的独立性、自主性和首创精神。法无禁止即可为，市场主体应根据各自的资源优势做选择、做交易，在实现自身利益优的同时实现优化资源配置。

2. 要尊重市场规律，依法行政，更好地发挥政府作用。法治重在规范和制约权力，保障权利。坚持放松管制，加强监管。根据新修订的派出机构监管职责，制定责任清单，严格依法履职，法定职责必须为；制定权力清单，法无授权不可为；制定程序清单，保证程序正当，对市场主体既要监管好也要服务好，维护和尊重市场主体的权利；遵循市场规律，防止市场失灵，不缺位、不越位、不错位。不在法定职责之外设立任何制约市场主体权利的限制性规定，不干预市场主体微观活力，让更多市场主体有机会参与公平竞争，自主创新活力得到充分发挥。

3. 建立事中事后监管机制，依法监管，严厉打击违法违规行为。注册制的精神实质是以信息披露为中心，严格信息披露的诚信义务和法律责任。建立事中事后监管新机制，就是要从以事前审批为主，转变到以事中事后监管为主。在减少市场准入限制的同时，加强合规性和风险审慎性监管，强化稽查执法，依法打击违法违规行为。严格执法，有诉必理，有案必查，违法必究，行（刑）责法定；依法监管，于法有据，裁量有度，执法结果符合实体公正，执法过程符合程序公正，同样违法违规情形同样处罚，提高监管执法的一致性和连续性。

资本市场健康稳定发展要依靠大家的共同努力。诚信公约及阳光行活动是维护、推动辖区市场健康发展的重要力量。希望我们携手前行，让市场诚信和理性监管成为辖区市场永恒的主题。

第二节　建设最自由、最开放，最有创新力、最有竞争力的资本市场[①]

河南辖区市场发展目标是建设“诚信、规范、优质、充满活力”的资本市场。市场活力只能来自竞争、来自市场的开放和自由，来自机构在自由、开放市场环境下的创新。

一、以最少的监管行动保持最自由、最开放的市场环境

现阶段，我国资本市场有一个显著特点，就是处于持续发展状态，在这个过程中，任何规则都不是一成不变的，都在变化。每个人、每一个机构，都是市场的参与者，都是市场的主人，每个人的行为都直接影响市场的品质和效率。每一个人都有责任来关注市场，爱护市场。这就要求我们每一个人、每个机构都有一份守法的善意。也就是说，在不断变化的市场环境下，在不完善的市场法规下，每一个参与者都要发自内心地从遵守市场规范的善意出发来决策、行动，而不是恶意地去钻欠完善的法规的空子。这是现阶段市场健康有序发展的重要基础，更是现阶段监管方与被监管方之间良性合作的基础，比任何监管法规本身都重要。河南证监局已经做好准备，充分尊重市场主体的守法善意、充分尊重市场参与者的自主选择。在采取任何监管措施前，思考再三，机构是市场最有活力、最有创造力的主体，尊重机构的创新主体性，我们有充分理据和必要采取监管行动吗？我

① 本文是 2014 年 3 月 20 日作者在河南辖区证券机构座谈会上的讲话。

们的原则是鼓励竞争、鼓励创新，以最少的监管行动，保持最自由、最开放的市场环境，对于善意的错误，将保持最大限度的容忍；当然，同样重要的是，对于任何恶意地规避监管、破坏市场秩序的行为和机构也将坚决打击，坚决零容忍地将其清理出境。

二、深入推进市场开放

2013年初，河南证监局提出开放市场，实行“三自由、一严打”①，同时鼓励机构创新，收到了良好的市场效果。这是符合中共十八届三中全会精神的。中共十八届三中全会提出，“使市场在资源配置中起决定性作用和更好发挥政府作用”，“建设统一开放、竞争有序的市场体系，是使市场在资源配置中起决定性作用的基础”。随着市场创新的不断发展和新技术的推广运用，坚定不移地推进辖区市场开放迫在眉睫，不可阻挡。

（一）新技术的运用，传统的以行政疆界为物理区隔的市场格局不复存在

当前的市场是网络化的市场，其基本特征就是跨越边界，没有地域限制。对于金融市场、资金来讲，则意味着快速、远程、自由流动。20世纪90年代互联网刚刚兴起的时候，美国一位学者就预测过，互联网一旦融入金融，将会实现亿万资金的瞬间全球流动。时至今日，这种流动早已实现，并在无声无息地影响着人们的生活。在没有海洋山峰的网络世界里，没有层层限制，大家互联互通，不存在像“北、上、广、深、港、豫”这样的地域限制。在这个基于网络世界的竞争环境中，我们无法通过行政手段来干预客户的选择。没有议价能力的小客户，选择机构的余地小，但对于优质客户、大客户，一旦我们无法满足他们的需要，客户就会瞬间离开。我

① 即机构进出自由、佣金自由、客户转销户自由，严厉打击违法违规行为。

们唯一能做的就是开放市场、拥抱竞争。“种下梧桐树，引得凤凰来”。只要我们做得好，不管是哪里的客户、资金、交易，都会进入到我们辖区。这就是我们从2013年以来一直集中精力推动开放市场的原因。我们坚持机构进出、佣金、转销户“三自由”，一年来，交易佣金费率持续下调，辖区的证券分支机构数量从154家增加到234家，增长52%；客户数从409万增长到422万，增长3%；客户总资产从2 757亿元增加到3 231亿元，增长17.2%。交易成本大幅下降，市场规模大幅提高，机构和投资者都得到了实惠。

（二）辖区佣金水平还存在较大的下调空间

价格是决定经济活动的基本要素，“没有做不成的买卖，只有谈不拢的价格”。佣金水平必须取决于服务提供者和服务消费者之间的平衡，最终取决于市场竞争。2010年以来，全国市场平均交易佣金水平逐年下降，河南市场下降了53.13%。应当说，我们的下降幅度是很大的，并且非常快，但是和全国市场相比，和上海等发达地区市场相比，我们还有较大的下调空间。随着进一步深入开放，市场也将面临更大的压力。我们无法抗拒它的下调，只能积极应对。任何单个的实体去抗拒这种趋势都毫无意义，只能被市场淘汰。这是我们2014年的工作重点，也希望大家能够主动地去应对这样的趋势变化。

（三）清醒地认识我们面临的形势

我们整体证券行业的规模和收益水平和一个中等商业银行相当，就更别说工农中建了。相对于商业银行发展，投资银行的核心优势就在于具有更高的管理风险的能力，从而能够为客户创造更多财富。如果我们做不到这一点，甚至达不到商业银行的水平，我们就需要认真反省我们的经营模式。

（四）要继续全面清理不恰当的政策和各种司空见惯、习以为常的不恰当做法

2013年来我们通过清理制度障碍、发挥市场自律作用营造了宽松自由的市场环境，推进市场自由开放取得初步成效。十八届三中全会强调，“进一步简政放权，深化行政审批制度改革”。证监会2014年的监管工作会议对简政放权做了具体的安排。目前业界的许多人士也对辖区市场的开放给予了肯定，对吸引投资者、资金、交易来河南发挥了积极作用，但我们河南辖区市场自由化程度和上海相比还有相当大的差距。下一步要按照要求开展简政放权，对所有的行政许可、备案事项的处理标准、流程、期限和方式进行梳理、规范以及按要求公示。凡是法律法规没有规定的，一律取消，不得以任何方式或名义实施或变相实施行政审批。凡是没有公示的，一律不得实施。要坚定不移地放松对市场主体微观活动的管制和干预，无须对机构报备材料或经营行为进行事前把关。涉及全国、全行业面临的问题，要拿出充分的理据，我们一起积极反映争取，共同为大家竞争发展创造更加开放、自由的条件。

三、推动金融创新

面对开放竞争的环境，我们要一手推动开放，另一手积极创新。

（一）要推动业务创新

要优化传统服务方式，拓展新的服务内容、服务方式，从通道型服务向增值型服务转变，从单纯的经纪业务向综合服务发展转变。有些机构在顺应通道佣金费率下降的同时，积极提高服务水平，有效地提升了增值服务佣金水平，结果总体佣金水平不降反升。

（二）要推动组织方式创新

2013年我们许多机构在改进提高金融服务能力方面做了很多尝试，初步摸索出六种“一站式”综合金融服务的模式。

（三）要深化“证企对接”活动

2013年我们与郑州市和航空港区开展的“证企对接”活动，为辖区机构和我省实体企业搭建了对接的平台，激发了大家的积极性，实现融资257亿元，得到了各级政府和企业的高度评价，也进一步提升了证券行业在社会经济结构中的地位。河南证监局把这项工作列入2014年的重点工作，在全省范围内再办一次大规模的“证企对接”活动，给市场机构提供更加广阔的发展空间。

（四）要加大创新资源投入

希望各机构加强同公司总部的沟通汇报，加大对河南辖区创新资源的投入，利用好场内和场外、公募和私募市场，股权和债权、基础和衍生等多种金融工具，加大研发力度，不断增强为辖区实体经济服务的能力。

四、大力推动互联网金融在河南辖区创新实践

科学技术是第一生产力。互联网就是正在改变我们金融生态、金融生产方式、推动我们社会进步的生产力。李克强总理提出，“促进互联网金融健康发展”。河南证监局2014年也明确提出将“支持引导辖区证券期货经营机构利用信息技术手段创新产品和服务，规范发展互联网金融”作为工作重点。近年来很多机构都在互联网金融方面做了很多探索，有些甚至很有开创性。互联网和资本市场的连接最早于20世纪90年代在美国出现，主

要模式有网上开户、网上交易、信息互动等，近些年新出现了众筹、产品销售、理财产品等线上线下互动互联模式。应当说，互联网与资本市场的联姻尚未成型，我们积极鼓励大家探索，河南辖区欢迎大家大胆创新，在用好互联网工具的同时，利用互联网思维，实现互联网金融在河南辖区开花结果。关于监管，我赞成“对互联网金融进行评估，目前尚缺乏足够的时间序列和数据支持，要保留出一定的观察期。要鼓励互联网金融的创新和发展，包容失误”。在推进互联网金融建设中，请大家不要画地为牢，各自为战。协会要发挥引领作用，组织行业行家，集中研究探索，集中大家的智慧，共同精准研判行业发展的趋势。

五、抓好合规风控建设

随着创新业务的不断深入，市场中的新业务、新产品也越来越复杂，涉及的风控环节也越来越多。防止发生系统性区域风险，是监管的责任。每家机构开展任何业务，都要切实把握好速度、效率、安全、风控的平衡。风控本质上就是管理速度，决不能因为追求发展速度而不要风控；安全就是对效率的牺牲，通过这个牺牲，来保障整体的平安。这是个平衡。要时刻保持长抓不懈、警钟长鸣。风控合规管理就如同一辆汽车的“刹车”，如果没有“刹车”，就会有性命之忧。在河南辖区内，也在不同程度上存在代销金融产品不规范、营销环节把关不严、客户风险提示不到位等问题，这有一部分公司是制度设计的原因，但更主要的是我们自身落实内控制度不严格。要牢牢树立“风控能力是机构的核心竞争力”这一观念。合规风控的各项要求，也都是带电的监管“高压线”，肆意逾越，就要付出代价。除了要有风控的观念，还要有完整的制度体系、合理的风控手段并严格执行。特别是公司总部，要从整体系统的角度，运用IT系统，把合规风控的要求嵌入业务的各个环节。监管部门除了跟大家一起分享对市场发展形势的认识、做好服务外，主要的工作就是严厉打击违法违规行为，维护市场秩序，防止出现恶性竞争，特别是损害投资者利益的行为。在机构善意守规的前提下，监管会考虑犯错的因素，鼓励大家创新，保持一定的宽容，但绝不允许恶性竞争，故意违规，甚至表面上合规、背后在规避规定的行为；否则，会严肃处理，依法追究责任。证监会出台的《证券公司全面风险管理规范》和《证券公司流动性风险管理指引》，对合规风控问题做了新的全面要求，我们也把这两项要求列入监管重点。大家要深入贯彻落实，通过“六个一”建设，落实好全面风险管理的各项要求，做到不留空档、不留死角，确保在规定时间内达标。机构处要在今年的现场检查中重点对这项规定进行检查，确保将监管要求落实到位。

六、切实落实好投资者合法权益保护

国务院2013年对证监会提出了“两维护、一促进”的核心监管职责工作要求，其中的“一维护”就是维护中小投资者的合法权益。我们一方面要促进市场的发展，通过促进市场规范发展，让大家分享经济发展的成果。这是保护投资者利益的最根本方式；另一方面要落实好投资者保护的各项规定要求，推动市场各主体归位尽责，形成全方位的投保管理体系。2013年国务院办公厅下发了《关于进一步加强资本市场中小投资者合法权益保护工作的意见》，希望大家秉着善意，本着对自己负责的精神，把投保的要求“内化于心、外化于行”，自觉主动地做好这项工作，不要蜻蜓点水、流于形式，切实尽到自己该尽的责任。各机构要按照要求，明确工作责任，扎扎实实地把各项要求贯彻落实好，保障费用支出和人员配备，把投资者教育纳入各个业务环节。要严格落实投资者适当性制度，在开户、产品推介、问题投诉等环节都要落实好要求，让适当的投资者进入适当的市场、适当的产品卖给适当的投资者、适当的诉求得到适当的处理。要加强对这几个环节的监管，对违反投资者适当性管理规定给中小投资者造成损失的，要依法追究责任。

把辖区市场建设成为“最自由、最开放、最有创新力、最有竞争力的资本市场”是我们共同的目标，需要辖区市场参与各方共同努力。

第三节　着力提升实体经济对接资本市场的能力和水平[①]

我们通常的要求是资本市场如何提高服务对接实体经济的能力和水平，经过近两年的调研，我们加深了对河南省经济情况的了解和认识，实体经济如何提升对接资本市场的能力和水平也应当引起我们的高度重视。

一、新常态下河南资本市场发展面临难得机遇

（一）河南省经济发展进入新常态

中国经济发展进入新常态，河南经济发展也进入新常态。谢伏瞻省长在 2015 年初召开的省十二届人大第四次会议上进行了深刻而系统的简述。要求主动适应经济发展新常态，全面深化改革，以提质增效为中心，提出五个“着力”，河南经济发展迎来新机遇与挑战。

（二）股票发行注册制改革

股票发行注册制改革多次被写入党中央国务院的文件，这是很不常见

① 2015 年 3 月 26 日，谢伏瞻省长主持召开全省上市公司座谈会，并发表重要讲话。参加座谈会的有上市公司代表、新三板挂牌企业代表、拟上市后备企业以及十八个地市、十个直管县分管负责同志。本文是作者在座谈会上的发言。

的。2015 年全国证券期货监管工作会议指出："推行股票发行注册制改革是 2015 年资本市场改革的头等大事，是涉及市场参与主体的一项牵'牛鼻子'的系统工程，也是证监会推进监管转型的重要突破口。"

注册制有四项基本特征：第一，企业拥有发行股票筹集资本的天然权利，只要不违背国家利益和公众利益，企业能不能发行、何时发行、以什么价格发行，均应由企业和市场自主决定；第二，实行以信息披露为中心的监管理念，要求企业必须向投资者披露充分和必要的投资决策信息，政府不对企业的资产质量和投资价值进行判断和"背书"，监管机构不对信息披露的真实性负责，但要对招股说明书的齐备性、一致性和可理解性负责；第三，各市场参与主体归位尽责，发行人是信息披露第一责任人，中介机构承担对发行人信息披露的把关责任，投资者依据公开披露的信息自行做出投资决策并自担投资风险；第四，实行宽进严管，重在事中事后监管，严惩违法违规者，保护投资者合法权益。注册制下监管部门将最大限度减少和简化行政审批，由市场起决定性作用，明确和稳定市场预期，符合条件的企业能够更容易、更快地实现与资本市场的对接。

二、进一步提升实体经济对接和利用资本市场的能力和水平

根据省委、省政府有关安排以及省金融工作座谈会各项部署，全力推动省各类经济主体提升对接和利用资本市场的能力和水平。资本市场是为实体经济服务的，通常情况下，资本市场发展水平从根本上取决于实体经济发展，因而在大力提升资本市场服务实体经济能力的同时，要着力发展实体经济。资本市场和实体经济发展相辅相成，相得益彰。

（一）大力促进农业现代化

河南是农业大省，2014 年河南省三次产业结构中第一产业占 11.9%，

比全国高 2.7 个百分点；67 家 A 股上市公司中涉农企业 10 家，260 家上市后备企业中涉农企业 64 家，占比近 1/4，这些比例在全国来讲都是比较高的。也就是说，农业企业是河南省资本市场的重要服务对象。

从全国来看，农业是短板，我国农业现代化水平和欧洲国家，甚至世界平均水平相比都有较大的差距。比如，从农业劳动生产率来讲，中国是美国的 1%，发达国家平均水平的 2%，世界平均水平的 64%。河南省农业劳动生产率水平与全国相比还有相当的差距。2013 年河南省劳动生产率相比 2001 年增长了 3.46 倍，但仍相当于全国平均水平的 70%。

中央多年持续下发一号文件，推动农业现代化，但是在规模化经营、资本投入、科技创新等方面都还面临严重的瓶颈。河南省农业现代化、产业化程度对利用资本市场的水平和能力有重大影响，我们必须想方设法突破这个瓶颈，克服这个制约，大力推进农业现代化。

（二）提高认识，克服顾虑，树立“四种意识”

在调研中，我们发现河南有不少企业对进入资本市场，既向往又恐惧。有的不愿合作（害怕失去企业控制权，通过并购重组和股权合作发展的意愿不强）；有的抱有小富即安心态（善于守成过日子而不是锐意创新，重视细分行业龙头地位，缺乏在更大的行业内定位的野心）；也有的怕受管、怕规范、怕露富，有畏难情绪（习惯自己说了算，不愿意接受外部监督制约；害怕规范成本高、上市得不偿失；害怕被置于聚光灯下，引发过分的关注和不必要的麻烦）。

河南省企业家要牢固树立四种意识，大胆地拥抱资本市场。一是合作意识。河南省大量企业小、散，研发能力弱，产品科技含量不高，市场竞争力、盈利能力不强，相互之间恶性竞争现象较为普遍。大家要有合作意识，要有合作胸怀，无论是通过股权联合还是业务合作，都要实现区域性产业整合，有序竞争，上规模、上层次，这样才有可能对接资本市场。二是创新意识。要坚持创新驱动发展，建立以科技创新为支撑的企业经营模式，加大科研创新投入，形成可持续的研发能力，建立健全创新激励机制，引进、留住、用好高层次创新型人才，厚植企业创新文化。三是规范意识。要顺应世界产业发展大势和企业发展规律，放眼长远，谋划发展，只有规范，才能做大做强。四是资本市场意识。金融是现代经济的核心，资本市场日益成为产业竞争的推手和合作的纽带，资本与科技、产业、市场的聚合将显著提升企业竞争力。资产资本化、经营市场化的企业才是现代企业。

（三）提升社会经济活动的市场化组织水平

河南省 2014 年信贷余额与 GDP 之比是 0.78∶1，全国平均水平是 1.28∶1，2013 年河南省这个数字是 0.72∶1，在全国 31 个省市区中，河南省排在最末一位。这个数据说明什么？有一种解释就是河南省信贷质量较高，每 1 元的 GDP 我们只需要 0.72 元的信贷，而全国平均是 1.28 元，北京最高是 2 元，上海是 1.8 元，也就是说，我们的信贷质量优于北京上海等地。这个结论显然是难以令人信服的。我们经过仔细分析发现,除了一些特殊原因外，主要还是和河南省经济活动主体规模小、经济活动比较分散、市场化程度较低有关，尤其是有相当多的农业经济活动仍然处于自然经济状态，没有企业化经营，无法获得银行授信，无法贷款也没有负债。也就是说，这个比例既说明河南省经济活动的负债水平较低，也说明河南省经济活动的融资能力、杠杆水平、信用水平较低。应当说，这种状况和河南省社会经济发展的总体水平是一致的。只能通过深化改革，来提高社会经济活动的企业化、市场化组织水平。在提升企业化、市场化组织水平方面，具体做法有：个体工商户、小企业主可以实行基于股权的产业联合，进行公司制改造；新组建成立的公司，要建立现代企业制度，提升规范运作水平；在达到一定规模和经营水平后，对接资本市场。

（四）大力促进科技创新，推动产业升级

为什么河南省上市公司盈利水平低？主要有两方面问题比较突出。一是上市公司产业分布较偏向传统产业。根据 2014 年第三季度报数据分析，省 67 家上市公司中有 36 家分布在传统的机械设备制造、化工、有色金属冶炼、采掘、钢铁、汽车等行业，其资产、收入、净利润、市值合计占比分别为 67%、67%、45%、46%。二是研发投入水平较低，科技创新能力不足。2013 年河南省研发经费投入占国内生产总值比重为 1.14%，低于 2.08% 的全国平均水平。2012 年，63 家上市公司集体签署了《上市公司诚信公约》，取得高新技术企业认定的上市公司承诺确保每年研发投入占营业收入的比例不低于 3%；其他企业承诺力争不低于 2.2%。根据 2013 年年报统计，河南省 40 家高新技术上市公司中有 35 家研发费用占比达到 3%，研发费用占比超过 10% 的有 3 家（分别是轴研科技 12.25%，中信重工 12.05%，新开普 10.02%）。企业的研发投入不足导致研发能力较弱，二次开发多而原始创新少，产品科技含量低，企业缺乏核心竞争优势，自然就会导致议价能力不强，利润率水平不高，创新发展可持续性不强。

在新兴产业发展上，河南省在生物制药、智能手机、新能源汽车、超硬材料等领域有一定比较优势，但是目前整体规模还较小。应当大力发展新兴产业，培育新的增长点，加大研发投入，促进科技创新，转化拖累点，推动全省产业转型升级。

（五）用好各种直接融资工具，全方位对接多层次资本市场

近年来，证监会大力推进市场体系建设，已经形成主板、中小板、创业板、新三板、区域性股权交易市场、机构间私募产品报价与服务系统、证券公司柜台交易市场等多层次的直接融资体系，启动沪港通试点、加快推出深港通等措施推进资本市场国际化。证监会还不断增加市场工具创新，推

出优先股、中小企业私募债等新工具，形成了包括股票、债券、基金、期货、期权等在内的较为全面的市场产品体系，为企业提供了多种可供选择的直接融资工具。证监会2015年修订了《公司债券发行与交易管理办法》，扩大了发行主体范围，放宽了发行条件，包括上市公司、挂牌公司、上市后备企业在内的各类企业只要有意愿，就可以根据自身的实际情况，通过多层次资本市场、多种融资工具，方便快捷地筹集发展所需资金。

下一步，我们要统筹研究资本市场如何有效服务河南省“三农”和农业现代化、新型城镇化、郑州航空港经济试验区等，积极支持更多企业在主板、中小板、创业板发行上市及在新三板挂牌，推动更多的涉农、金融、文化旅游、高科技企业发行上市。大力推动产业投资基金、创业投资基金、风险投资基金等私募基金发展，吸引一批私募股权基金管理机构在郑东新区集聚，培育并发挥资本市场引导和优化资源配置的功能。

（六）发挥上市（挂牌）公司在地方经济发展中的“领头羊”作用

河南省上市公司近三年累计在省内新增投资604.64亿元，在外省新增投资235.74亿元。近年来，河南省上市公司中已涌现出一批通过投资、并购、重组、整合产业链条等手段服务带动地方经济发展的典型案例。比如，双汇发展带动当地经济规模增长，显著提升地方经济证券化水平，为漯河成为食品城奠定了重要基础，而且对地方财政做出了重要贡献，带动周边区域许多养殖户收入增长，创造了大量社会就业机会。宇通客车2014年实现的利润占国内客车行业利润总额的一半，对郑州市的汽车产业发展起到了重要推动作用。远东传动作为汽车传动轴行业龙头企业，不仅实现了自身的跨越发展，还带动许昌县尚集产业集聚区及周边乡镇，形成了传动轴、万向节以及相关产业共同发展的汽车零部件产业链，建成了一个相互促进、互利共赢的产业集群。雏鹰农牧直接合作农户达到约3 000户，间接合作农户达2万户，带动当地经济发展。要用好资本市场平台募集发展资金，积极谋划发展、转型、升级工作；发挥上市公司平台优势和带动力，促进产业整合和区域经济发展，带动当地产业提高市场化组织水平。

（七）发挥资本市场混合所有制改革主战场的作用

中共十八届三中全会明确要求深化混合所有制改革，河南省已经发布了《省管企业发展混合所有制经济试点工作方案》，目前确定了首批试点 8 家省管企业。资本市场具有产权明晰、公开透明、流动性充裕、定价功能强等诸多优势，能够提升资源配置效率和公平性，有利于形成协调运转、有效制衡的公司治理结构，有利于社会资本公平参与混合所有制改革。这些省管企业集团控股的 10 家上市公司，可以作为实施混合所有制改革的重要资本平台。同时，希望更多企业，尤其是国有控股企业通过上市吸引社会资本或利用上市公司并购重组进入资本市场，进行混合所有制改革。

（八）用好期货市场风险管理工具

全省 67 家上市公司中有 14 家上市公司或其母公司已经参与期货市场；另有 6 家上市公司或其母公司计划在条件适合时开展期货业务。他们利用期货市场进行套期保值和风险管理取得了不错的效果。比如 2014 年安钢集团执行了两期套期保值计划，首期保值计划针对 2013 年末企业已经采购的 20 万吨进口铁矿石常备库存减值风险进行对冲，实现期货市场盈利 1 000 万元，使铁矿石现货采购成本每吨降低 50 元。第二期计划在 20 万吨铁矿石采购中进行套期保值锁定价格，实现期货市场盈利 1 060 万元，使铁矿石现货采购成本每吨降低 53 元，有效利用期货市场规避了价格波动带来的风险。豫光金铅多年来一直坚持利用境外期货市场进行套期保值，2008 年公司在期货市场盈利 1.08 亿元，有效对冲了金融危机中现货铅价下跌风险。

河南作为农业、工业和资源大省，其支柱产业小麦、棉花、养殖等农产品，铝、锌、铅等有色金属以及煤炭、钢材等产业和期货品种都有极大的关联性。

煤炭、铝、钢材、养殖等行业面临的价格波动剧烈、成本高企、资金紧张、经营亏损等问题，通过套期保值或其他衍生工具可以有效化解或缓解。上市公司应积极利用期货市场，通过期现结合提升应对市场风险的能力，降低综合经营成本，提高经营效益。当然要严守套期保值原则，严控风险敞口。

三、深化监管转型，坚持依法治市，严守风险底线

河南证监局的工作原则是监管、服务两手抓，两手都要硬。为了顺应注册制改革要求，从证监会到地方局都在深入推进监管转型。河南证监局在不久前发布的2015年重点工作安排中明确提出今年的监管思路是“深化监管转型，坚持依法治市，建设法治市场”。这和前几天闭幕的省委九届九次全会提出的“依法治省”的目标是一致的。

“依法治市”主要是规范监管者行为，最大限度地克服监管行为的随意性，就是要求资本市场所有参与者（包括监管者与被监管者等）依循相同的市场逻辑和运行规律，遵守相同的法律规范，彼此形成明确、稳定的行为预期，实现市场运行与监管良性互动。具有五个特点：

1. 充分尊重和维护市场主体的独立性、自主性和首创精神，发挥市场在资源配置中的决定性作用。市场主体的独立性和自主性是市场机制发挥作用的关键条件和重要基础，市场主体的首创精神是实现创新驱动的不竭动力源泉。对于市场主体而言，法无禁止即可为，根据各自的资源优势做选择、做交易，在实现自身利益最优的同时优化资源配置。

2. 尊重市场规律，依法行政，更好地发挥政府作用。监管机构要严格依法履职，坚持法定职责必须为，法无授权不可为。我们要制定责任清单、权力清单、程序清单，绝不法外设权。对市场主体既要监管好也要服务好，维护和尊重市场主体的权利；防止市场失灵，不缺位，不越位，不错位。

3. 以股票发行注册制改革为统领，建立事中事后监管机制，依法监管，

严厉打击违法违规行为。注册制的核心是充分披露信息，从以事前审批为主，转变到以事中事后监管为主。在减少市场准入限制的同时，加强合规性和风险审慎性监管，强化稽查执法，依法打击违法违规行为。严格执法，有诉必理，有案必查，违法必究，行（刑）责法定；依法监管，于法有据，裁量有度，执法结果符合实体公正，执法过程符合程序公正，同样违法违规情形同样处罚，提高监管执法的一致性和连续性。严格依循法律规定，既无法内从严，也无法外从宽。

4. 主动适应、服务河南经济发展新常态。要进一步加快多层次资本市场体系建设，拓展市场深度与广度，完善市场约束机制、内生发展机制和创新机制，大力提升资本市场服务实体经济的能力和水平。

坚持依法治市，建设法治市场，是资本市场治理现代化的核心内容，也是提升国家治理能力和治理体系现代化的重要组成部分。这里我想强调的是，上市公司及其董监高是依法治市、建设法治市场的重要主体，必须树立依法规范经营、尊法学法用法守法的观念。但是我们注意到，有些上市公司及其主要负责人法治意识不强，面对违法违规行为，不是用法治思维、法治方式想问题、办事情，而是习惯性地找关系、托门子，严重干扰监管执法。

河南证监局将 2015 年确定为“依法治市能力建设年”。希望大家和我们一道，深刻领会四中全会和省委九届九次全会精神，共同提升依法治市的能力和素质，推动河南资本市场健康稳定发展。

5. 要强调守住不发生区域性、系统性风险的底线。现在，各级政府都已经清晰地认识到金融对经济发展的重要性，并且下大力气提升金融服务水平。但是，正如郭庚茂书记所讲，“大家都说金融好，不知金融猛如虎”。这个“猛如虎”就是指金融风险。在河南省委九届九次全会上，郭书记明确要求“以不发生区域性风险和群体性极端事件为基本底线”，要求各级政府和相关单位建立防范处置金融风险联动机制，严明责任追究制度，“党委负总责，负最终责任”，政府及其相关部门负直接具体监管责任。

和其他金融风险相比，资本市场风险具有内生性、涉众性、隐蔽性等特点。我们已和各地市，并即将和十个直管县签署“合作监管备忘录”，共同防范化解市场风险。要加强对上市公司风险监测预警和行业分析研判，进一步完善监管协作和区域性金融风险防控机制，共同及时防范和化解企业债务风险、担保链风险、退市风险、群体性事件风险，防范风险传导。李克强总理提出，可以允许金融风险个案按照市场化原则进行处置，但也必须防范化解系统性区域性风险。

省政府和各级各部门对资本市场建设工作高度重视，建立了相关工作体制机制，持续推进市场发展。省直单位和各地市对企业上市挂牌和利用多层次资本市场非常重视，与金融管理部门互动协作更加密切。我代表河南证监局对大家给予的支持、理解与信任表示感谢。下一步，我们将认真贯彻落实谢伏瞻省长讲话精神，根据省委九届九次全会各项要求，积极处理好监管与服务、规范与发展的关系，坚持放松管制、依法监管、主动服务，为我省经济发展、三大战略实施、四个河南建设尽一份绵薄之力。

第四节　构建“大监管、大执法”格局　协力推动河南资本市场健康稳定发展①

2013 年 8 月 20 日，河南省政府转发了河南证监局制定的《河南省资本市场法治建设工作纲要（2013—2015 年）》，为落实这个《法治纲要》，河南省证监局和省高级人民法院经过深入研究，联合发布《关于加强协作推动河南资本市场健康稳定发展的意见》。这是河南资本市场的一件大事，在

① 本文是 2013 年 9 月 6 日作者在河南证监局与省高院联合发布《关于加强协作推动河南资本市场健康稳定发展的意见》签署仪式上的致辞。

全国也属首例。

一、法治是资本市场健康发展之锚

所谓“锚”就是平衡器、稳定器。就如一叶扁舟飘荡在河面上，要想相对稳定下来，不会失控，就必须有个“锚”。我们通常用这个比喻来说明美元是国际金融体系的“锚”。我同样用这个比喻来说明，法治是资本市场健康稳定发展之“锚”。市场经济首先是信用经济，同样也是法治经济。资本市场对法治具有天生的依赖性。资本市场配置资源的核心功能，本质上是通过市场交易关系来实现的，这种交易关系普遍建立在委托、信托等法律关系之上，通过规则建立导向，既依赖诚信，又依赖法治。因为，尽管在商业活动中，“诚实信用”被视为“帝王条款”，但是如果没有有效的法治，或法治得不到遵守，逐利的资本就会冲破诚信的底线。欧美发达资本市场的历史，以及我国资本市场20多年的发展历程，之所以存在弄虚作假、内幕交易、操纵市场等现象，都与法治不健全、执法不到位等相关。也就是“法治”自身这个“锚”不牢实，怎能祈求资本市场之舟行稳致远呢？中国证监会明确提出：监管执法是资本市场健康发展的保障，资本市场必须走向法治市场，要树立持续不断加强监管执法的治市理念，明确要求证监会系统将“主营业务”从审核审批向监管执法转型，将“运营重心”从事前把关向事中、事后监管转移。对不该管的事情，要坚决地放，对需要管好的事情，坚决地管住管好。对违法违规行为，毫不手软追究到位、处罚到位。就是说，资本市场这个“锚”不能悬在半空，要着地、要牢实、要管用。

二、构建“大监管、大执法”格局

长期以来，中国证监会一直高度重视资本市场法治建设。资本市场法律法规事件已有超过 1 200 条，问责条款达到 200 多个。同时，证监会坚持不懈地加强资本市场监管执法工作，2009 年—2012 年，案件增幅平均 14%，2012 年同比增长 21%，2013 年上半年同比又增加 40%。但是，从社会司法宏观环境来看，我国资本市场还处于“新兴加转轨”的发展阶段，市场机制不成熟、市场法治不完善，违法违规行为易发、多发，发现难、调查难、处罚难、执行难，同时社会法治意识薄弱，监管执法受到干扰，违法成本低，问责不及时。200 多个问责条款中，无论是刑事责任还是行政、经济责任，没有启用过的条款超过 2/3。近年来，证监会每年立案调查 110 件左右，能够顺利做出行政处罚的平均不超过 60 件。特别是证券期货纠纷性质复杂，证监会作为行政监管执法机关，对民事赔偿、刑事追责等诉求无能为力，使得市场秩序、投资者权益得不到及时、充分、有效的保护。针对这种情况，证监会系统加大监管执法力度，同时要求全社会共同构建“大监管、大执法”格局①。

什么是“大监管、大执法”格局呢？基本包括以下四个层面的内容：一是证监会系统要转变监管理念，将工作思路和工作重心转变到加强监管执法上来。这方面，证监会已经并还将继续采取一系列改革，在日常监管、行政许可、稽查执法等各环节充分体现监管执法的治市理念；二是金融监管机构、其他政府部门、公检法等司法机关以及地方政府要各司其职、各尽其责；三是要求行政、司法、监管机构等部门加强信息共享和协作配合；四是要求各类市场自律组织、新闻媒体等充分发挥自律、监督作用，规范行业市场行为。构建“大监管、大执法”格局，反映了资本市场纠纷的复杂性、敏

① 时任证监会主席肖钢在 2013 年 8 月 1 日《求是》杂志上撰文指出，监管执法是资本市场健康发展的基石，证监会将勇于攻坚克难，加快监管职能转变，加强监管执法，切实维护市场“三公”原则和投资者合法权益，促进资本市场健康发展。肖钢提出，构建符合我国国情的资本市场执法体制机制，需要做几个方面的工作，一是在立法环节增强主动性、灵活性，及时将监管执法经验和趋势反映在立法之中，当前重点是要抓紧修订《证券法》，加快制定《期货法》。二是建立健全“高效型”行政执法机制，提高监管能力。大胆探索金融监管机构作为特定机构，实行灵活的机制，吸引和留住优秀专业人才。三是需要全社会共同构建“大监管、大执法”格局，加强政府部门信息共享，促进部门协作，加强金融监管协调机制，避免监管重叠和监管盲区。提高执法透明度，主动接受社会和舆论的监督。

感性的本质特征和多元化纠纷解决机制的内在要求。

省高级人民法院一直以来高度重视资本市场法治建设。构建“大监管、大执法”格局，特别需要监管部门和法院加强行政执法和法院司法的有效衔接和有机结合，对违法违规案件及时受理、及时审理、及时判决、及时执行。人民法院要努力为市场诚信和法治建设提供司法保障，法院对资本市场的作用途径有：制定相关的司法解释和司法政策，审理发生于资本市场的民事案件、刑事案件和行政案件，解决发生在资本市场中的各种矛盾和纠纷，制裁市场各种违规犯罪行为，支持监管部门依法行政和保护行政相对人的合法权益，从而对资本市场起到规范和引导作用。早在 10 年前，最高人民法院就颁布了《关于审理证券市场因虚假陈述引发的民事赔偿案件的若干规定》，为追究虚假陈述欺诈行为的民事责任提供了有力可行的司法依据。2012 年 3 月，最高院和最高检联合发布了《关于办理内幕交易、泄露内幕信息刑事案件具体应用法律若干问题的解释》，为追究资本市场相关犯罪行为提供具体的司法依据，对司法法治建设将产生重大、积极的影响。

三、《合作意见》是河南资本市场法治建设的重要举措

2013 年 5 月 21 日，河南证监局联合省政府法制办召开了“河南资本市场法治建设工作会议”。时任河南省委常委、常务副省长李克和时任中国证监会党委委员、副主席庄心一出席会议并做了重要讲话。省政府批准建立“河南省资本市场法治建设联席会议制度”，联席会议由省政府法制办、省法院、河南证监局等 11 家单位组成。8 月 20 日，省政府办公厅转发河南证监局牵头制定的《法治纲要》，描述了未来三年，即 2013 年—2015 年河南辖区资本市场法治建设的指导思想和工作目标。《法治纲要》及《合作意见》，是河南证监局贯彻落实中国证监会监管执法治市理念、共同构建“大监管、大执法”格局的有益尝试。

省高级人民法院高度重视河南资本市场法治建设。多年来，省高级人民法院受理审理了大量涉及资本市场的案件，有力地打击了资本市场违法犯罪，保护了投资者权益，维护了市场秩序。特别是2012年11月，省法院发布了《关于充分发挥金融审判职能支持中原经济区建设的若干意见》，全面建立金融审判庭、执行庭，走在全国前列。在建立联席会议制度和《法治纲要》起草过程中，省高级人民法院对河南证监局工作给予了精心指导和大力支持，提出了很好的意见和建议。《合作意见》也是在双方充分沟通、深度合作的基础上共同完成的，基本反映了河南资本市场法治建设的现状，取得的成绩与存在的问题。我们本着“实事求是、重在管用”的原则，确立了双方合作的工作目标——建设公平正义的司法环境，切实维护资本市场公开、公平、公正。双方拟从三个方面开展合作：依法建设多元化证券期货纠纷解决机制，妥善审理证券期货纠纷案件，公平保护所有市场参与者和证券期货纠纷当事人各方的合法权益；为河南资本市场提供便捷、便宜的司法服务，提高纠纷解决的效率和有效性，降低纠纷解决成本，切实维护投资者合法权益，重点保护中小投资者合法权益；加强合作，不断提高河南资本市场纠纷解决的独立性与专业化水平，推动河南资本市场健康稳定发展。《合作意见》进一步明确了法院受理资本市场案件的类型，提出完善金融审判庭制度，探索证券期货案件集中管辖，同时建立多元化的纠纷解决机制和救助机制，指导设立证券期货行业社会法庭等。双方同意在信息共享、人才培训等各方面相互支持，共确立19个合作事项。根据《法治纲要》要求，争取用三年时间，完成《法治纲要》和《合作意见》提出的各项任务。届时，河南资本市场“大监管、大执法”格局基本建成。

《合作意见》是我们双方紧密合作的见证，是河南资本市场法治建设工作的部署动员，是贯彻落实《法治纲要》的具体实践。《合作意见》对维护河南省资本市场公平正义的法治环境，保护投资者合法权益，促进河南资本市场健康稳定发展必将产生积极的正能量。我们期待着和省高级人民法院以及社会各界进行更深入、系统的合作，共同建设公平正义、风清气正、便捷高效的资本市场。

第五节　资本市场稳定发展需要健康的媒体监督①

河南日报、证券时报等12家媒体联合发起《以规范证券期货信息传播行为 促进河南资本市场稳定健康发展》的倡议。河南证监局在省委宣传部的指导下，为发起这个倡议做了一些工作。这个倡议必将进一步规范河南省资本市场信息传播行为，优化资本市场信息传播生态环境，凝聚正能量，是河南资本市场构建“大监管、大执法”格局的又一重要成果，将对河南辖区资本市场进步成长发挥重要作用，期待媒体更好地发挥信息传播与监督作用，推动河南资本市场稳定健康发展，共同进步成熟。

一、河南证监局高度重视媒体监督，及时回应媒体关切

资本市场离不开媒体监督。资本市场是信息经济、市场等参与各方依据信息进行预测、判断并采取行动，引起供求关系变化，进而实现市场的价格发现和资源配置功能。信息披露是投资者了解上市公司的主要渠道，也是实现市场投融资功能的重要基础。《证券法》等法律法规以及证监会对各市场主体披露信息的真实、准确、及时、完整等从内容到格式提出了大量具体而严格的要求。立法赋予各类市场主体信息披露的法定责任。我们开展资本法治建设、上市公司诚信建设等无一不是为了提高市场主体信息披

① 本文是2013年11月5日作者在和河南省委宣传部联合举办的河南资本市场新闻媒体座谈会上的讲话。

露的质量，提高市场透明度。在现代经济环境下，市场主体履行信息披露义务依赖媒体传播信息和监督。为了营造有利于资本市场健康发展的舆论氛围，2010 年中国证监会和新闻出版署联合发布了《关于加强报刊传播证券期货信息管理工作的若干规定》。

媒体监督有利于提高信息披露质量和信息透明度。媒体监督是媒体揭示资本市场存在的问题并促其解决的一种舆论监督，是投资者特别是广大中小投资者行使知情权的有效形式。媒体监督有利于提高信息在资本市场中的扩散与被吸收的速度和充分性，能够有效降低信息不对称程度，有效降低市场运行成本，提高资本市场效率；通过报道进行曝光和揭露，抨击时弊，媒体监督有利于制约违法违规行为，防止资本市场腐败；媒体监督可以让中小投资者最大限度地享有知情权，公平获得应当公开的全面信息，增强信息对称性。保护中小投资者就是保护资本市场。媒体监督通过提高资本市场信息披露质量和市场透明度，有利于从根本上促进市场公平，维护投资者尤其是中小投资者合法权益。

媒体监督是构建“大监管、大执法”格局的重要组成部分。证监会系统要加大监管执法力度，同时要构建全社会共同参与的“大监管、大执法”格局。我们认为，构建“大监管、大执法”格局要从四个方面入手：一是证监会系统要转变监管理念，将工作思路和工作重心转变到加强监管执法上来。这方面，证监会已经并还将继续采取一系列改革措施，在日常监管、行政许可、稽查执法、创新发展等各环节充分体现监管执法的治市理念；二是金融监管机构、其他政府部门、公检法等司法机关以及地方政府要各司其职、各尽其责；三是要求行政、司法、监管机构等部门加强信息共享和协作配合；四是构建社会监督体系。要求各类市场自律组织、新闻媒体等充分发挥自律、监督作用，规范行业市场行为。媒体监督是资本市场社会监督的重要形式。国内学者们研究发现，随着媒体曝光数量的增加，上市公司改正违规行为的概率也随之提高。在实证研究中，有 60.42% 存在治理问题的公司都在证监会正式介入调查之前受到了媒体的质疑和负面报道。

河南证监局尊重并高度重视媒体监督。河南证监局上市公司监管处的监管责任人，每天第一件事就是关注媒体关于其监管公司的报道，如果有重大质疑、重要线索，就第一时间提起检查程序。例如最近大有能源的媒体质疑，经过公司、中介机构的自查和我局现场核查，发现了涉嫌违法违规的重要线索，现已进行立案稽查。我们也高度重视媒体朋友对河南证监局工作的评价与意见，并且及时作出回应。在河南辖区，媒体监督对促进我们改进监管工作、提高辖区市场质量等方面发挥了重要作用。

二、“倡议”体现了健康的媒体监督的精神实质

媒体监督是大众传媒代表广大投资者尤其是中小投资者行使知情权的有效形式。健康的媒体监督是新闻媒体对市场、对广大投资者履行义务的郑重承诺。

现实中，媒体监督存在不健康的现象。媒体监督不等同于客观报道，媒体监督的公正性是相对的；不健康的媒体监督会扰乱市场信息，破坏市场秩序。这既有价值观、角度立场和个体认知的原因，也受利益驱动等多种因素影响。首先，认知存在相对性。这是认识规律。“横看成岭侧成峰，远近高低各不同”。个人价值观、角度立场、对事实的了解、知识结构等因素都会造成对客观事物的选择性认知和评论。其次，媒体自身存在利益导向，有经济方面的利益，也有非经济方面的利益。市场条件下，媒体本身就是企业，利益冲突和利益驱动在所难免。有些媒体不够自律，造成了不健康的媒体监督，如追求“眼球新闻”、有偿报道，甚至出现利用媒体监督恶意敲诈勒索等现象。现阶段，我国资本市场处于“新兴加转轨”阶段。市场主体自身的不成熟、诚信法治意识不强和媒体监督的非理性结合在一起就导致了市场信息失真，市场秩序混乱以及市场“三公”被破坏的现象。

媒体发出《以规范证券期货信息传播行为 促进河南资本市场稳定健康发展》倡议，是在对近些年来部分媒体监督非理性、不健康现象深刻反思的基础上，提出的加强媒体自律、推动媒体健康监督的重要举措。“倡议”的目的是加强自律，规范证券期货信息传播，坚持正确的舆论导向，充分发挥媒体监督作用，保护投资者和社会公众的合法权益，促进资本市场稳定健康发展。“倡议”的内容有四个方面：依法传播证券期货信息；坚守媒体社会责任、积极传递正能量；建设性地开展舆论监督；严格遵守新闻宣传纪律。

我们认为，“倡议”体现了健康的媒体监督的精神实质。

一是健康的媒体监督是守法的。资本市场是法治市场。《证券法》、证监会对市场主体的信息披露有严格要求，包括披露的范围、披露时点、格式和流程等。市场主体必须严格依法依规进行信息披露。媒体监督不能代替市场主体信息披露的责任，记者不是警察，媒体不是法官，媒体监督必须在宪法和其他法律允许的范围内进行。

二是健康的媒体监督是以事实为依据的。真实是新闻的生命。健康的媒体监督必须是以事实为依据，而不是以评论为依据；媒体监督必须深入采访，尽量全面占有资料，了解事实真相和全貌；对相关事实、数据、观点要审慎核实印证，确保事实准确、来源合法真实，评论观点逻辑严谨正确；杜绝道听途说、捏造事实，肆意夸大其词或闻而不报。

三是健康的媒体监督是负责任的。在媒体监督过程中，要坚守媒体社会责任，无论是正面报道，还是负面揭露，所报道的信息、发表的评论都必须实事求是，经得起时间的检验。坚持正确的舆论导向，积极传递正能量，推动社会进步发展。媒体只有在不偏废、不夸大，真实客观公正地进行新闻报道和监督，才能提高公信力，实现监督效能。

四是健康的媒体监督是积极的。大众将知情权委托给媒体，媒体有责任积极主动地去报道、监督，尽可能多地将有关证券期货市场信息及时、迅速、准确地传递给投资者，促进投资者知情权的实现，减少信息不对称，维护投资者合法权益，履行媒体义务。

三、全力支持落实“倡议”，共同努力推动河南资本市场稳定健康发展

“倡议”体现了客观公正、守法自律、积极负责的精神，是媒体自律的重要形式，是媒体行使权利的行为规范，是媒体对自身权利的尊重。倡议的发出是媒体自律在河南资本市场的积极尝试，是媒体监督走向健康的重要举措，对规范河南资本市场证券期货信息传播，推进河南资本市场诚信法治建设，维护市场正常秩序，保护投资者和社会公众合法权益，促进市场公平正义，推动市场稳定健康发展具有非常重要的现实意义。

河南证监局将从以下几个方面全力做好媒体监督服务工作，全力支持“倡议”的有效落实。

（一）积极支持媒体监督

河南证监局真诚地欢迎媒体对河南辖区资本市场全面监督，并将积极配合新闻媒体开展监督工作，主动提供便利，积极协调解决新闻媒体在采访、报道中需要辖区监管对象配合、获取市场数据信息等方面的问题；对市场主体涉嫌违法违规的媒体报道，及时介入、调查核实、严肃处理，维护市场秩序；督促辖区上市公司、证券期货经营机构完善信息披露制度，依法依规披露信息，严厉打击信息披露违法违规行为，提高信息披露质量；根据“公开是常态，不公开是例外”的原则，进一步加强我局政务公开工作力度，实行“阳光监管”“透明监管”；搞好河南证监局外网建设，增强政务信息公开的及时性和透明度，将河南证监局外网建设成为展示河南辖区资本市场及河南局监管工作的窗口。

（二）健全双方沟通机制

建立双方便捷的日常交流平台，局办公室设专人负责与媒体对接，及时通报河南资本市场重大事件、重大活动、监管举措等信息；主动加强对资本市场重要政策的发布与解读，邀请媒体朋友参加资本市场法规及政策、证券期货业务知识等方面的培训；建立新闻媒体例会制度，定期和不定期召开媒体座谈会，沟通辖区市场情况，征求各方意见和建议；督促辖区市场主体完善重要信息和重大突发事件主动发布机制，主动接受舆论监督，为媒体采访提供方便；完善辖区上市公司年报业绩说明会制度、“诚信公约阳光行”活动等，邀请新闻媒体、投资者等各市场主体共同参与，提高辖区资本市场透明度；辖区上市公司董事会秘书要主动承担起和新闻媒体建立良性互动关系的责任。

（三）加强市场舆论引导

加强与省委宣传部等新闻主管部门的联系沟通，完善工作机制，不断提升河南资本市场舆论引导工作水平；督促市场主体不断增强舆情应对能力，本着实事求是、充分披露的原则，对于不实报道，要主动发声，及时澄清事实真相；加强辖区资本市场新闻动态的监测和预警，积极主动应对投资者广泛关注的社会传播的热点和焦点问题，及时公布事实真相，正本清源，维护辖区资本市场良好形象；坚持正面舆论引导，凝聚河南辖区资本市场正能量。

（四）规范资本市场信息传播

日前，河南省开展打击“新闻四假”、治理新闻敲诈专项活动。河南证监局将积极会同相关部门及时规范证券期货信息传播行为，坚决打击有偿新闻、利用“公开曝光”或捏造事实编造新闻敲诈勒索等方式谋取不正当利益的行为；严厉打击编造、传播虚假不实信息扰乱市场秩序及利用传播证券期货信息进行内幕交易和操纵市场的行为。当然，我们不会因为个别机构或个别人员的非理性行为，而否定媒体监督的意义和必要性。

衷心希望各倡议媒体要发挥带头作用，全面贯彻落实倡议内容，积极营造健康的媒体监督环境，不断提升媒体公信力，有效发挥舆论引导和监督作用，优化河南资本市场环境；发挥媒体平台优势，关注河南资本市场发展新成就、监管新举措、改革新进展；既要讲河南资本市场好故事、传河南资本市场好声音、展示河南资本市场好形象，又要批评河南资本市场不诚信不文明的坏现象，敢于揭短亮丑，才能不断净化河南资本市场坏风气。

第六节　做一个智慧的投资者①

保护投资者利益，尤其是保护广大中小投资者利益是监管工作的重中之重。这是证监会的首要宗旨，也是“两维护，一促进”的核心内容。国家以及监管部门也为此采取了许多改革措施。从投资者角度来看，在一个充满“博傻”的市场里，如何不被“博傻”？答案只有一个，就是“做一个智慧的投资者”。

一、投资者要对自己的投资行为负责

不少投资者说中国资本市场制度和规则不完善，这是需要我们要共同面对的发展环境。坦率地讲，中国资本市场二十多年来一直在不断地改革，

① 本文是 2014 年 3 月 24 日作者在河南省中小投资者座谈会上的讲话。

不断地进步。即便是美国的证券市场，也发生过安然和高通事件，也有雷曼危机，也有不尽完善之处。投资者需要做的不是怨天尤人，而是要去潜心研究这个市场。在现有的市场条件下，对自己的投资行为负责。

（一）正确认识投资收益与风险之间的关系，明确投资者权利、义务与责任

首先要认识到投资是有风险的，而且要时刻把风险放到第一位，然后才是收益。中国人讲“富贵险中求”，“险”带来的不仅仅是收益，还可能带来损失。投资者之所以能够在“险”中赚到钱，是因为认识到风险并有针对性地对风险进行了控制，使事态向有利的方向发展。证券产品不存在绝对的“好”与“坏”之分，好坏都是与价格相关的。同一个产品，当价格高于其价值时，就没有投资价值了，如果过高的话，就成了“毒资产”。以美国为例，2007年以来的金融危机，很大程度上是由多次被包装的资产估值过高造成的，形成了所谓的“好企业、毒资产”。所以一个理性的投资人，不仅要认识风险还要学会量化风险，对投资目标进行估值，而且要认识到估值是否正确总是相对的，不是绝对的、唯一的，没有永远正确的估值。正因为有不同的估值，证券才有买卖，市场才有交易。

投资者成为上市公司股东，也就具有了收益回报权、知情权、参与监督权和求偿权等一系列基本权利。应当积极行使这些权利，了解上市公司经营状况，验证其信息披露的真实性、准确性和完整性。投资者只有关注上市公司，才会知道它的价值所在。一般来讲，上市公司经营状况比其证券价格更具稳定性，公司股价时刻在变化，而经营状况是相对稳定的。所以投资者通过关注上市公司，会减少因为股票波动而发生的短期甚至是错误的投资行为。另一个方面是要积极参与上市公司的公司治理，行使股东权利。公司董事是由股东投票选举产生的，高管是由董事会聘任的，而独立董事有独立性要求，这些都是监管部门不能干涉的，监管部门的职责是要保证中小股东参与到公司治理中去，例如投资者可以通过委托投票或网

络投票参与公司重大事项决策。

另外，股票市场具有一定的间接性。所谓间接性，是指投资部分资金，依赖某一个凭证，是一种基于他人劳动所创造的价值并分享价值的方式。这种凭证就叫股票，如果直接参与经营，就成了经营者。股票市场的基本原理就是所有者与经营者分离，这也就产生了虚拟经济和实体经济的分离。如果投资者对虚拟经济不放心，可以选择进入实体经济。认识了证券市场虚拟性的特点，就应该认识到在虚拟经济制度下行使权利和义务的重要性，认识到权利的有限性。证监局作为监管机构，无权干涉企业的正常经营，但有义务去督促上市公司依法合规运作，保障投资者权利。

（二）正确认识“卖者有责”与“买者自慎”的关系

很多投资者遭受损失时往往迁怒于上市公司与发行人，认为是上市公司和发行人没有尽责。虽然“卖者有责”在古罗马法里就已存在，即卖者有责任把自己的商品说清楚。反映到资本市场就是，上市公司要履行信息披露等强制性义务，不存在虚假陈述、内幕交易和操纵市场等欺诈行为。但我们不能单纯依赖“卖者有责”，买者也要自己审慎。所谓审慎，是指投资者对上市公司的信息披露要有自己的判断。例如我们开展“上市公司诚信公约阳光行”活动，如果投资者参观上市公司之前没有对公司进行研究，到上市公司一行也就起不到进一步了解公司的效果。从各国证券法的制定和实施来看，基本上都是以投资者自负盈亏为基本理念。所以应该认识到这一点，投资者要对自己投资行为负责，对自己的决策负责。

（三）正确认识监管不是投资收益的背书，更不能对投资者自身的投资行为负责

从本质上讲，监管部门提供的是公共服务，维护的是整体市场的秩序和效率。从法理角度讲，不可能对单个投资收益进行追偿。为某单个投资

人追偿，属于个人服务，不是监管部门的职责，也不符合公共财政的原则。这一点投资者一定要清楚，避免有不必要的、更高的期望。

但是，这并不是说监管部门可以无所作为。如果是因为市场的秩序、市场规则以及市场主体的不良行为给投资者造成损害，涉及整个市场秩序的问题，监管部门则要倾其全力去处理。2013 年马凯副总理到证监会调研时强调，证监会的核心职责是“两维护，一促进”，就是维护市场公开、公平、公正，维护投资者特别是中小投资者合法权益，促进资本市场健康发展，这是我们的职责。投资者要正确认识监管部门的职责,更好地进行理性投资。

保护中小投资者合法权益是一个政策体系，绝不是保证投资者不赔钱，更不能保证具体某个投资品种只赚不赔。只要上市公司依法履行了应尽的信息披露义务，投资者就要自行承担投资判断的结果，期盼不理性的投资行为由国家买单是不切实际的。但是，如果投资者的问题是涉及整个市场秩序和市场发展的问题，那么监管部门是务必要采取措施的。

二、怎样成为一个智慧的投资者

（一）要正确理解资本市场风险和收益的性质

资本市场收益有两个来源，即上市公司分红和资本价差利得，但根本上讲还是来源于上市公司的经营成果。如果大家关心美国资本市场，会注意到美国证监会的网站上开宗明义的三句话，第一是保护投资者利益，第二是维护市场公平、有序、有效，第三是促进资本形成。美国证监会认为，投资者希望通过投资获得收益、改善生活、支付房租、支付孩子的教育费用，而所有这些收益来源于企业做出的贡献。所以监管部门一定要平衡对一般投资人的保护和企业获得资本的便利性之间的关系，从而达到一个社会的良性和平衡发展。也就是说，不会为了保护投资人利益而让企业非常难以获得资本，成本非常高，那样无异于杀鸡取卵。反过来，为了使企业容易获得资本而使投资人遭受损失，也无异于无源之水，因为钱来源于投资人。

所以，美国证监会的这个观点是非常值得借鉴的。国际证监会组织（IOSCO）基本上和美国证监会的原则是一致的，即平衡双方的利益。中国证监会表明保护投资者尤其是中小投资者合法权益是我们工作的重中之重，但不是说重中之重就不计其余，我们在实际工作中也注重投融资格局的均衡。

（二）务必要学习财政、金融、会计、法律等专业基础知识

一个智慧的投资者必须能看懂上市公司，而要做到这点，很重要的一个前提就是务必学好财政、金融、会计、法律等专业知识。如果能学习好、掌握好这些基础知识，就像掌握了一把钥匙，可以打开一个大门，进入一个新的世界。如果运用所学知识赚到钱了，知识也就变成了一块金砖。怎么学？第一，可以自学。第二，根据国务院办公厅关于投资者保护的意见要求，证监会正在和省政府及教育部门联系，把资本市场基础知识带到课堂里面，纳入国民教育体系。初步设想是从走进小学课堂开始，讲授怎么管好自己的压岁钱。第三，投资者可以通过参加证券期货经营机构开展的各种投资沙龙和不同层次的培训来学习。这是走向智慧投资者的必经之路。

当然，学习的最终目的，是要对自己的投资能力和风险偏好有充分的认识和判断。我曾经参加过一个国际会议，和我一个组的有非洲国家加纳，他们向大会介绍证券投资者教育经验。加纳的做法是让投资者教育进校园、进社区，和家庭妇女、和投资人交流，询问投资者的家庭收入情况。比如说投资者一年有两万美元收入，除去各项支出后还剩下两千美元的话，他就会告诉你不适合投资股票。因为这两千美元是家庭生活的流动性保障，比如疾病等突发需要。如果结余在两千美元到一万美元，他就会告诉你可以拿出 4 000 美元 –6 000 美元来买蓝筹股，这些股票比较稳定，风险比较低。通过这个例子，我想说明的是，投资者决定投资股票的时候，一定要认真分析自己的风险偏好，而风险偏好取决于风险承受能力。投资者一定不

要做超过自己风险承受能力的事情。明确风险偏好之后，找出适合的投资策略。

（三）关注所投资的上市公司

证券市场是一个所有权和经营权分离的市场，投资收益依赖于上市公司经营者的经营成果，所以一定要投资自己熟悉的领域，要关注所投资的上市公司。巴菲特很厉害，但他也会错过很多机会，比如说IT，比如说“.com”，很多投资他是不做的，他只做传统的，如可口可乐，也做了少量微软。他有一个基本原则就是不熟悉的不做。他说年龄大了，IT看不懂，所以不做。他的意思不是说让大家只做传统产业，不做新产业。原则是，不懂的不要做，不熟的不要做。怎么做到“懂”和“熟”，就是要投资身边的上市公司，方便去调研。

（四）要正确认识投资者适当性管理制度

适当性管理是投资者进入资本市场的第一道保护。投资者经过风险偏好评估，经过投资策略选择，就应该知道自己是一个什么样的投资人，适合哪一个板块、哪一种类型的股票，这就是投资者适当性管理。投资者适当性管理本质上讲，是通过匹配投资人的投资权利达到保护投资人的目的，这是投资者适当性管理的基本逻辑。但是通过几次座谈会我们发现，很多投资者都只能看到对其行为能力的限制。我认为适当性管理可能不会给投资者带来额外的巨大收益，但是可以帮投资者规避超过你承受能力的损失。投资者依然应该坚守适当性管理的原则。

（五）勇于拿起维权的法律武器

在遇到虚假陈述、内幕交易和操纵市场等欺诈行为、受到不公平待遇或者利益侵害时，投资者要勇于拿起维权的法律武器，行使自身合法权利，维护自身合法利益，与监管部门、自律组织一起，共同创造公平的资本市场制度体系。

怎样做才能成为智慧投资者？可能有很多办法，我认为有五点。第一，要了解市场的利润源泉和逻辑关系是什么；第二，要有相应的知识和技能；第三，一定要关心上市公司；第四，一定要投资于适当的产品，对适当性有充分的认识；第五，要勇于拿起维权的法律武器。这样应该就能立于不败之地。

三、河南证监局全力帮助你成为一个智慧的投资者

（一）开展投资者教育

河南省有423万投资者，据不完全统计，这其中99.9%是个人投资者，其中账户资产10万元以下的占86%，50万元以下的占95%。针对河南辖区投资者的特点，河南证监局正在积极推动将投资者教育纳入国民教育体系，探索基于互联网技术的投资者教育。推动上市公司加强投资者关系管理，督促证券期货经营机构履行投资者教育义务，将投资者教育融入市场运行各环节。

（二）推动上市公司完善公司治理

完善公司治理的核心内容是提高上市公司的透明度，保障广大中小投资者权益，包括知情权、收益权、参与监督权。这里面最重要的就是知情权，阳光是最好的防腐剂，灯光是最好的警察。2014年河南证监局采取了一系列措施让上市公司主动向大众开放，督促上市公司履行法定信息披露义务。同时，广大投资者要积极采取行动参与上市公司治理，包括参加股东大会对重大事项进行表决等。

（三）加强对证券期货经营机构的监管，开放市场

2013年，河南辖区实行了“三自由，一严打”。所谓“三自由”，首先是投资机构进出自由。河南辖区去年引进了70家证券期货经营机构，引进

机构的同时带来资本和就业，更重要的是带来更多的服务。这项工作2014年我们要继续做。其次是佣金自由，原来河南辖区佣金费率比较高，经过去年放开市场，目前平均是万分之九，降低了大家的交易成本，并且还有下调的空间。大家如果觉得佣金高了可以找开户机构去谈。最后，就是转销户自由。之前，河南辖区一项重要的投诉就是转销户困难，但是实行“三自由”以后，几乎没有了，因为各个营业部必须要放开。2014年，我们继续坚持让证券期货经营机构以更优惠的佣金成本给大家提供更好的服务。我们将通过市场的开放和机构的监管，让大家得到“价廉物美”的投资服务和咨询服务。

（四）构建多元化纠纷解决机制

充分借助地方司法机关、仲裁、调解等开展工作，把中小投资者合法权益保护落到实处。投资者合法权益如果受到侵害，首先可以通过信访、“12386”中国证监会热线等途径投诉。河南省证券期货业社会法庭已挂牌成立，涉及证券期货的民商事纠纷可以在社会法庭进行免费调解。此外，证监会正在与郑州仲裁委员会联合筹备证券期货业仲裁院，届时可以申请仲裁。最后是诉讼途径，河南省法院系统有27个金融审判庭，在全国范围内选取了50个证券期货领域专家对涉及证券期货方面的诉讼提供全方位的支持。

第七节 发展是践行“中国梦”的硬道理[①]

2013年是中国共产党建党92周年，也是“共产党员的榜样”、刘庄

① 本文是2013年6月28日作者在2013年河南证监局“七一”参观新乡刘庄党建活动上的讲话。

带头人史来贺同志逝世十周年。这个时候，我们到新乡刘庄参观学习，深刻领会刘庄精神的实质，对改进监管工作很有意义。我们要将学习刘庄精神转化为推动各项工作的动力，以发展为主题，坚定不移地深化改革，扩大开放，推动资本市场健康发展，打造中国资本市场的升级版，践行“中国梦”。

一、史来贺带领刘庄人走科学发展道路

习近平总书记在参观《复兴之路》展览时提出了实现中华民族伟大复兴的中国梦，让全国各族人民以及世界华人都为之振奋。刚才我们一路参观走来，所见所闻都是刘庄村坚持社会主义道路、坚持发展集体经济取得的不凡成就，刘庄几十年来的发展变化给我们深刻启示。

史来贺同志和刘庄的伟大实践是践行“中国梦”的伟大探索。“中国梦”是中华民族追求复兴的“梦想”，也是刘庄人的梦想。刘庄人的梦想是什么呢？ 60多年前，刘庄土地贫瘠，祖祖辈辈生活异常艰难。有一句民谣这样描绘当时的刘庄：“方圆十里乡，最穷数刘庄。住的土草房，糠菜半年粮。逃荒把饭要，忍痛卖儿郎”。1952年，21岁的史来贺当选为刘庄村党支部书记。他立誓“党领导人民走社会主义道路,就是让大家都过上好日子。如果群众过不上好日子，那就是咱共产党人没本领！”刘庄人民在史来贺同志的带领下，改造农田，发展生产，艰苦奋斗，把贫瘠盐碱地改造成“旱能浇，涝能排”的高产稳产田，办起了造纸厂、机械厂、食品厂、制药厂等集体企业，刘庄成为实现小康的“排头兵”，走上了一条以农业为基础，以高科技医药工业为龙头，带动各行各业发展的道路，在全国农业战线树起了一面高高飘扬的旗帜，呈现出“农村工业化、农业现代化、经济市场化、农民知识化、生活城市化”的现代农村新气象。史来贺同志和雷锋、焦裕禄、王进喜、钱学森一起被中组部列为“建国以来在群众中享有崇高威望的共产党员的先进代表”。

回顾史来贺同志的一生，回看刘庄几十年的发展史，他们其实都在为践行“中国梦”而进行伟大探索。

发展是践行“中国梦”的硬道理。邓小平同志指出，“发展才是硬道理”。史来贺同志和刘庄人用实践告诉我们，任何时候发展都是践行“中国梦”的硬道理。在“大跃进”浪潮中，史来贺结合刘庄实际，拒绝了“高级社”，坚持以村为单位成立小社发展生产；在全国推行“包产到户”时，史来贺仍然从刘庄集体经济的实际出发，成立农工商联合社，既充分发挥市场的作用，又保持了刘庄集体经济的快速发展。“文革”时期，流行着“宁要社会主义的草，不要资本主义的苗”的口号，史来贺掷地有声地说：“咱农民没苗咋吃饭？谁要草就叫他吃草好了，咱要除草留苗。”史来贺坚持“不唯上、不唯书、只唯实”，实事求是，身体力行，“实干兴邦”，顶住压力，不跟风，不折腾，始终用发展解决问题，始终坚守“千变万变，发展经济、让老百姓过上好日子这一条啥时候也不能变！”这个至朴至真的理念，推动刘庄各项事业不断前行，值得我们广大监管干部认真学习。“中国梦”必须在发展中得以实现。

尊重知识、尊重科学，实现可持续发展。我们参观村民别墅，农家大姐讲到，姑娘要想嫁到刘庄，至少要高中毕业。她告诉我，刘庄的孩子从小就受到这样的教育，并在潜移默化中接受了这样的要求，在找对象的时候就成了一个自然而然的标准。学历成为娶媳妇的基本标准，这一现象值得大家去思考。为什么会有这样的要求？因为刘庄发展集体经济，兴办企业，没有知识连打工都不行，有了知识才能在致富的道路上持续前进。刘庄人走共同富裕道路，从谈对象、娶媳妇就开始尊重知识，并将科学发展贯彻落实到每个细节。我们参观了刘庄的制药厂，他们非常重视研发，也具有较高的研发水平，正因此，制药业才会成为刘庄的主导产业。刘庄之所以在几十年里持续发展并保持后劲，一个重要原因就是真正将科学发展落到了实处。

二、刘庄精神给资本市场带来深刻启发

刘庄精神的实质就是，发展是践行“中国梦”的硬道理，这对于我们资本市场发展具有非常重要的意义。关于当前资本市场面临的新情况和新问题，刘庄精神启发我们对关于这些问题的监管工作进行有益思考和探索。

（一）唯有坚持发展，才能解决当前的问题

资本市场是实现“中国梦”的重要载体，广大青年朋友及监管干部要勇于做“中国梦”的践行者。对比全球资本市场的发展，我们很清醒地认识到，当前我国资本市场仍然存在着许多基础性、制度性的问题。

走出困境，必须坚持发展。史来贺同志用对党和人民负责的精神和信念，顶住了“大跃进”“共产风”，顶住了各种或“左”或“右”的“帽子”和“棍子”，坚持走适合刘庄自己的发展道路，非常不容易，需要巨大的理性觉悟和人格勇气。我们将长期处于社会主义初级阶段，资本市场也仍将长期具有“新兴加转轨”特征。发展资本市场是建设社会主义市场经济制度的一项战略任务。现阶段，我们要坚持监管为本，同时要坚持发展是实现有效监管的保障。在发展中认识问题，用发展解决问题；以发展为基础，处理好监管与服务、规范与创新的关系；唯有发展，才能履行好“两维护、一促进”核心职责。

当前，经济体量的稳定增长为资本市场的发展奠定了坚实基础，产业升级和结构转型带来的多元化资金需求急需资本市场提供平台，居民财富管理、增加财产性收入对发挥资本市场投资功能提出了更高期望，这些都为资本市场创造了良好条件，资本市场发展面临着难得的机遇期。我们破解难题，突破困境，就要紧抓机遇，在发展中建立和完善与现阶段基本特征相适应的资本市场体系，提升资本市场功能，服务实体经济发展。

（二）深化改革，扩大开放，推动资本市场全面发展

从1978年开始，经过30多年的努力，中国成为全球第二大经济体，取得举世瞩目的成就，归根到底靠的就是四个字："改革、开放"。站在新的历史起点，资本市场实现更高水平、更高质量的发展，仍然必须以改革开放凝心聚气，释放红利，激发市场活力。资本市场的发展，首先是资本市场自身以及各项配套制度的升级与完善，提升市场功能；其次是资本市场功能的发挥，服务并促进实体经济、区域经济发展。这两个方面相辅相成，前者是基础，后者是归宿，同等重要。

1. 要确实树立市场化、法治化、国际化的改革导向。我们习惯于以"父爱"的眼神看待市场，将市场置于自己的羽翼之下；习惯于以行政的手段发展市场，将市场置于"鸟笼"之内，"一切尽在掌握之中"。要确实树立市场化、法治化、国际化的改革导向，就必须深刻反省我们头脑中、体制中非市场化、非法治化、非国际化的认识和做法，并坚决予以清理，真正让市场的力量在资本市场运行的各个环节发挥基础性、根本性作用。

2. 要深化发行体制改革。当前，市场最关心的热点问题之一是新股发行体制改革。新股发行制度无疑是整个制度中最基础性的。资本市场的核心是交易，即资本通过交易实现资源的优化配置。交易的核心是交易双方，即买卖双方的信息博弈，从而形成均衡价格。资本市场的一切制度都是为这个核心环节及两个核心主体服务的。这是资本市场一切制度的逻辑起点。发行是交易的开始，是上市公司与资本市场的第一次亲密接触。发行体制改革受到社会各界的高度关注，被视为证监会能否确实贯彻落实市场化、法治化、国际化改革的"试金石"。在征求意见时，市场提出了大量意见，说明大家很关心，但意见分歧也很大。

改革方案没有绝对的对错，关键在于是否与我国经济体制和资本市场发展的阶段性特征相匹配。现阶段，新股发行体制改革首先必须回答的问题是，

政府能够在多大程度上放开对新股发行环节资本资源配置的控制？能够允许市场力量在多大程度上发挥作用？我们确立了市场化、法治化、国际化的改革导向，发挥资本市场最核心、最基础的功能，就必须从根本上落实好市场化改革，政府要真心诚意地放开在发行环节上配置资本资源的主导权，以信息披露为核心进行市场自抉，让市场的力量在发行标准、审核、定价、申购、配售的全过程、各环节中发挥基础性作用。简单地说，就是放松对发行环节的行政控制，实行发行市场自由化。

需要特别说明的是，要尽量少作微观干预，防止市场割裂。任何微观制度的设计都必须从尊重交易双方的平等权力和利益、降低交易成本、提高交易效率的角度出发。举一个简单的例子，我们开车，哪里堵车一定是因为那里设置的障碍太多，哪里设置的障碍少通常就不会堵车。因此，发行体制改革设计对微观主体要少些管制，对交易要少些干预，多创造宽松的市场环境，让市场机制多发挥作用。

要推动《公司法》《证券法》修订。新股发行体制改革涉及两部基本法律的及时修订，涉及资本市场的整体制度的顶层设计，以及诸多配套制度改革和建设，发行体制改革不可能单兵突进，一蹴而就。改革可以是渐进的，但方向必须是正确的。

3. 加快多层次资本市场建设。建设多层次资本市场是多层次、多元化融资需求决定的。根据国际经验来看，多层次资本市场包括多层次的发行市场和多层次的交易市场。不同层次的发行市场和交易市场分别对应不同风险偏好的融资者和投资者群体，根据市场效率和风险特征设计相匹配的发行方式与交易制度。尽管我们已经建立了主板、中小板、创业板以及公司债券市场，但是从基础制度设计来看，它们遵循相同或相似的发行、上市、交易以及信息披露等制度规则，这些更多地表现为同一层级的市场特征。从相关制度安排来看，“新三板”呈现出较强的场内化的倾向。

4. 要加快推进资本市场国际化。如果说我个人对于我国资本市场发展最大的梦想，那莫过于实现资本市场的国际化。一方面是我国资本市场规则、制度的国际化，其实就是实现市场化和法治化，因为这些是资本市场的共同准则；另一方面是我国资本市场走出自我封闭，融入国际市场，成为国际资本市场的有机组成部分。我国经济规模增大，跨境经济活动尤其是跨境资本活动大幅增多，为我国资本市场国际化创造了条件，提出了要求。我曾研究过国际上多个区域市场国际化的路径，有一种方式叫“联网交易”，可以在不改变交易所基础制度的条件下实现互联互通，使几个本来相对独立、封闭的小“池子”通过“联网交易”连成一个比较大的“池子”，从而增强本地市场在全球市场的吸引力和竞争力，即使在资本项目没有完全开放的条件下也能做到这点。我国资本市场国际化的可行路径就是推动实现资本市场的一体化，其载体就是四家证券交易所的“联网交易”，将目前相互封闭的四个“小池子”连通成一个较大的市场，吸引国际资本在亚太区集聚，从而构建纽约、伦敦之外的全球第三个国际金融中心，形成人民币资产全球定价中心，参与国际金融资源的全球配置。

（三）充分发挥派出机构职能作用。

派出机构处于监管前沿阵地，履行辖区监管责任制、守土有责是证监会赋予我们的责任。我们要自觉把工作放到资本市场发展的大局中进行思考，按照“两维护、一促进”的要求，找准派出机构职能定位，用系统的思维和全局的眼光思考问题，分析影响市场发展的体制机制障碍，集中有限的监管资源，充分发挥市场的力量和市场主体的自律功能，推动市场主体归位尽责，形成监管合力，针对新形势形成新思路，研究新问题提出新方法，毫不动摇地推进河南资本市场诚信建设、法治建设，发扬“钉钉子”的工作作风，做实做细各项监管工作，夯实监管工作基础，确保不发生系统性、区域性的风险。

后 记

"十四五"时期中国资本市场改革发展展望

"十四五"时期是我国全面建成小康社会、实现第一个百年奋斗目标之后，乘势而上开启全面建设社会主义现代化国家新征程、向第二个百年奋斗目标进军的第一个五年。面对中美冲突和新冠肺炎疫情冲击等新的国内国际形势，我国将进入新的发展阶段，推动形成以国内大循环为主体、国内国际双循环相互促进的新发展格局。刘鹤副总理明确表示，"资本市场对于优化资源配置，推进科技、资本、实体经济高水平循环具有枢纽作用"。新阶段新使命，资本市场需要发挥更大作用，尽最大努力去适应，并为以"双循环"为主要特征的新的发展格局提供优质服务。

党中央、国务院高度重视资本市场。我国资本市场正处于难得的发展机遇期，从科创板设立试点到创业板继续推进，以证券发行注册制改革试验为主要内容的市场化改革政策措施正在由增量改革深化到存量改革，资本市场正在发生着深刻的结构性变化。认清形势，确实坚持市场化、法治化、国际化的方向不动摇，认真谋划、扎实推进"十四五"期间资本市场改革发展稳定工作，到2025年基本建成"规范、透明、开放、有活力、有韧性的资本市场"，更好地服务、驱动、引领实体经济发展，不辜负党和人民的期待。

一、我国资本市场将面临前所未有的内外部挑战

我国发展逆风逆水的外部环境日益增多，不稳定性、不确定性逐渐增大。“十四五”时期，世界和平、发展、合作、共赢的主旋律没有改变，我国国民经济和社会发展长期向好的主要趋势没有改变。但是，在全球经济金融并未完全走出2008年世界金融危机的阴影的情况下，突如其来的新冠肺炎疫情再次给原本复苏脆弱的全球经济带来重创，导致全球范围主要经济活动和人民生活深度停摆。世界各主要经济体相继出台新的宽松政策，欧、美、日相继实行负利率，美国等从危机时期的“直升机撒钱”模式到给每一位公民“寄支票”，全球范围内流动性泛滥，世界主要股票市场指数受新冠肺炎疫情影响经过短暂回调之后，受流动性推动再创新高，再加上美国大选等政治因素，世界主要经济体货币政策回归常态异常困难，风险异常加大，全球宏观经济金融形势异常复杂脆弱。2020年，中国是全球唯一实现正增长的经济体，GDP预计超过美国GDP的70%。这是“二战”以后第一次有国家达到这个水平，将突破“三分之二魔咒”。“十四五”时期在时间上和美国下一任总统任期重叠度较高，美国共和、民主两党对华遏制政策基本达成共识，中美关系改善空间有限①。目前“美国优先”“中美脱钩”基本政策格局的较大惯性将会在较大程度上左右美国的基本执政理念和各种政策态势，国际金融市场碎片化趋势和规则重构已是必然，中国面临的国际环境和外部压力在可见的将来不会有实质性的改善，利用国际资本市场的难度空前加大。习近平总书记2020年5月23日在全国政协联组会上列举了一系列不利局面，如世界经济深度衰退、国际贸易和投资大幅萎缩、国际金融市场动荡、国际交往受限、经济全球化遭遇逆流、一些国家保护主义和单边主义盛行、地缘政治风险上升等。

---

① 王缉思．美国大选后的中美关系．太平洋论坛，2020-11-27。

改革开放进入“深水区”“瓶颈区”，硬骨头卡脖子问题越来越多。改革开放知易行难，认知的局限羁绊我们前行的双脚。市场化需要行政放松对资本资源配置的控制，尊重市场机制运行的独立性和不可控性；法治化需要真正把政府权力关进制度的笼子，行政行为要遵循法治的规范，同时，政府的决策和规则将面临司法的挑战，特别是司法本身也将面临考验；国际化需要社会及市场治理理念规则符合国际惯例，而各级政府和市场体系可能并不熟悉这些国际惯例，不会用、不愿用、用不惯。邓小平同志说过，“改革就是一场自我革命”，需要伟大的勇气和自觉，不能叶公好龙。需要继续推进落实党的十八届三中、四中全会制定的若干改革、法治建设任务，同时继往开来，不折不扣地完成“十三五”规划目标。硬骨头、卡脖子问题所包含的除了认识上的自我革命，还有硬核科技受制于人，光刻机、芯片是基础理论、基础材料、制造工艺、基础设备等的集大成者，不仅是卡住我们脑袋下面的脖子，还卡住我们的手脖子、脚脖子，科技进步的竞争才是国家间最根本的竞争；经济结构不合理，金融和实体经济循环不畅，货币政策信号传导不灵，企业融资环节多、成本高、负担沉重，资源环境约束进一步加剧；供给侧结构性改革刚刚起步，经济杠杆率居高不下，居民杠杆率迅速高企，民营经济发展面临困难，各种风险不断积累叠加，经济体系进入高负债时代；“逆全球化”潮流带来的国际环境变化，国际合作共享衰退，国际产业链重构以及“去中国化”迹象越来越明显，经过过去几十年的努力，我们成为世界制造业大国，但绝对称不上是制造业强国，我们提供的产品绝大部分是低附加值的、可以被替代的，从国际贸易结构来看，这种替代正在发生。

构建双循环新发展格局面临挑战。全球化背景下全球发展格局已经形成“新兴市场生产，发达国家消费”的产业分工模式。“内循环”的核心就是“中国生产，中国消费”。从亚洲国家的经验和表现来看，鲜有经济体能够成功以消费立国。过去四十年我国经济以“外循环”为主要特征，其基本特点是“中国生产，发达国家消费”。有观点认为，仅靠“内循环”不可能支持中国经济的可持续增长，也难以完成现代化建设的中长期战略目标①。构建新发展格局如何兼顾双循环实现相互促进？需要重大理论突破，需要坚持改革开放大胆实践。

资本市场改革发展面临艰巨任务。我国资本市场脱胎于“一大二公”“一平二调”的行政性计划经济体制，存在深刻而广泛的文化、历史和利益冲突，许多基础性、制度性、理念性的问题长期没有从根本上解决，包括诚信基础不牢实、法治环境不配套、市场生态不健全、多层次市场体系不协调、监管能力和手段不适应、公司治理不规范、科技应用不充分、对外开放不自信、投资文化不健康、服务实体经济和科技进步不到位，等等。编制好“十四五”期间资本市场改革发展规划和2035年远景目标，尽量对一些重大敏感议题做出前瞻性统筹规划，制定应对预案，有利于提高资本市场运行发展的稳定性和可预期性，提高资本市场质量和水平。

二、尽快提升资本市场服务科技创新的能力和水平

我国资本市场支持了大批高新技术企业发行上市，尤其是科创板开市以来，资本市场服务科技创新战略的能力有显著提升。当前，资本市场服务科技创新企业主要难点是对科学技术、科学家、科技企业及科技产业（简称“四科”）的发展规律及其阶段性特征认识不足，金融从业人员知识和经验结构偏重于金融领域，缺乏跨科学技术领域的复合型高端人才，只懂金融，不懂科技，而我国科技创新企业以科学家创业为主，对资本市场也了解很少，双方交流缺乏“共同语言”。资本市场选项目、审企业以“听故事、打比方”为主，信息披露以“全面、免责”为主，结果是招股书越来越厚，而信息有效性越来越低，披露没有简要聚焦公司主营业务的实质及其风险。

① 沈明高：2021宏观变局五问，广发证券全球首席经济学家年度宏观展望，2020年12月7日。

要加深对“四科”的理解，贴近服务国家科技创新驱动战略。资本市场，尤其是创业板、科创板要深入研究和解决服务科技创新的难点、痛点和瘀点，尽快提升对新技术、新业态、新模式的理解能力、服务能力和水平，重点是加快有科技背景的复合型金融服务人才队伍建设，加快对科技产业估值讨论和定价模型研究，提高和科学家及科技型企业家交流、做朋友的能力，这样才能弄懂科学技术的内涵、价值和风险，才有可能做好信息披露、风险揭示、合理定价。设立“科技证券公司”，培养服务科技创新的专业化队伍，为科技创新提供全生命周期的专业化金融服务，试验适应于科技创新要求的资本市场生态和监管体系。

三、尽快完善注册制下的发行监管制度和规则体系

随着在创业板及全市场推广股票发行注册制，发行监管体制面临重构，建立和完善注册制下股票发行监管制度和规则体系迫在眉睫。核心是维护沪深两市发行上市环节规则标准和执行统一，维护市场公开透明秩序，不断协调完善发行上市、信息披露、定价配售、上市交易、退市等基础性制度；重点是处理好证监会和交易所在股票发行上市过程中的职责配置，防止各市场板块之间的“逐底竞争”，防止在发行节奏、定价等方面出现极端情况，及时纠偏纠错。当前，证监会发行监管工作要加快职能转变，从发行审核转向发行监管，在做好具体发行注册的同时，承担发行上市全过程监管职能，面对市场相关各方的强大利益诉求，必须“力挺”发行监管部依法履职。两个交易所及各板块的适度竞争是市场活力的体现，“适度”体现在要善意地理解并自觉遵守发行上市的所有法律法规和政策要求，能够切实履行好发行上市审核职能，服从监管协调，自觉维护资本市场全局的长期稳定和繁荣。压实保荐承销机构责任，注册制的一个关键机制就是保荐承销机构在发行上市全过程勤勉尽责到位，在巨大的利益驱动下这个

机制经常会扭曲、失灵、失效，需要严格自律，严加监管。借鉴美国金融证监局（FINRA）的做法和经验，证券业行业协会可以在中介机构筛选企业、保荐承销、定价配售等各个环节的执业规范和执业质量等方面发挥重要作用。严格保护投资者尤其是中小散户投资者在发行上市过程中的合法权益，严打“合谋”操纵，改革询价办法，体现发行过程的民生性和普惠性。

股票发行注册制改革与运行是一个系统工程，需要市场参与及各方同心协力守法、护法、执法。如果将股票发行注册制度比喻成一驾马车，形象地说，证监会和交易所的发行监管职能负责驾辕把方向，交易所各板块以及券商等中介服务机构就是奔腾的骏马，行业协会和投保机制在一定意义上就是刹车闸，发挥制衡作用。

四、适时推进行业机构准入监管注册制改革

当前，我国证券行业机构实行比较严格的行政管控，形成事实上的行政性垄断经营，造成明显的效率与活力损失。五中全会要求，激发各类市场主体活力。活力来自公平竞争。对机构设立、并购重组、经营业务牌照等实行更加便利的准入机制，适时推进行业机构准入监管注册制改革，尽量减少不必要的行政性干预，在竞争中大力发展和培养核心竞争力，推动建设若干家有较强国际竞争力的投资银行、财富管理机构及其他中介服务机构，逐步形成各有特色、小而精、大而强的高质量中介服务体系。投资银行在资本市场功能发挥过程中居于核心地位，是资本市场功能和创新的制度基础和逻辑主体。为构建双循环新发展格局，我国资本市场迫切需要建设具有国际竞争力的一流投资银行队伍，维护市场稳定、规范市场行为、引领市场发展和参与国际竞争、落实国家战略。推进行业机构准入监管注册制改革势在必行。

五、大力建设高标准的多层次资本市场体系

五中全会要求，建设高标准市场体系。资本市场是市场体系的重要组成部分，“十四五”期末要建成具有功能齐备、层次丰富、公平竞争、错位发展、有机互联、开放有序、内在统一、实施统一市场准入负面清单制度的高标准的多层次资本市场体系。

完善多层次股权市场体系。坚持科创板定位不能放松，不断创新科创板基础制度，培育一批具有国际竞争力的“硬科技”企业；突出主板的蓝筹定位；深化创业板改革，更好地服务于创新创业和其他成长型企业；新三板要坚守在现代新型信息技术条件下更具活力的场外市场的定位，以提高信息披露质量为抓手增强新三板、区域性股权交易市场的质量和活力，更好地服务广大中小微企业；完善市场规则体系，建立健全各市场、各板块间基于市场风险特征和规则要求的转板联动机制；推动建立资本市场友好型税收体系，更好地发挥私募股权基金支持创新发展的战略作用。

建立统一标准、统一体制的债券市场。长期以来，我国债券市场三个主管主体相互独立、两个市场相互割裂①，希望“十四五”时期这个问题能够得到有效解决，使银行间与交易所债券市场合二为一，统一信用债发行、交易、信息披露监管标准，建立集中统一的信用债监管体制，建立健全市场化、法治化的债券违约处置机制。

建设具有全球影响力的期货及衍生品市场。长期以来，我们的期货及衍生品市场发育不够，向国际参与者开放程度低，对国际市场价格影响力弱，付出了极高的代价。“十四五”时期，期货产品上市实行注册制，丰富品种，创新工具，加快向国际交易者开放，引导实体企业将期货价格作为国内外贸易的定价依据，增强买方定价话语权。

---

① 我国债券市场因主管部门不同而分割成三个主管主体、两个交易市场，主管部门有人民银行、发改委和证监会，交易市场分为银行间市场和交易所市场。

大力发展场外衍生品市场。我国场外衍生品市场发展格局和债券市场类似，因监管主体不同，分为人民银行监管的中国银行间市场交易商协会（NAFMII）主协议下的银行间衍生品市场、证监会监管的标准会技术委员会（SAC）主协议体系下的证券期货场外衍生品市场，以及由人民银行、证监会和国资委共同监管的国际互换与衍生工具协会（ISDA）主协议体系下的外资机构柜台市场，三大市场体系之间政策不统一、监管割裂和监管真空与重叠并存，导致市场效能大打折扣，场外衍生品市场天然的跨界性和我国金融分业监管体制之间的矛盾更加突出，监管成本和创新成本同时剧增，系统性、制度性风险不容忽视。大力发展场外衍生品市场对于构建双循环新发展格局具有非常重要的意义，畅通市场循环，全流程管控企业面临的价格、汇率、利率等风险，在规避大众商品价格风险、降低融资成本等方面发挥有效的工具作用，丰富金融市场产品类型、提升金融宽度、深度和韧性，丰富多层次资本市场体系，提升服务实体经济的能力；从国际投资银行发展实践看，以场外衍生品市场为基础和工具，充分发挥金融机构的交易组织、产品设计和风险管理能力是其主要业务模式和重要盈利来源，也是国内投资银行实现国际化转型的必修课，有利于培养和增强国内金融机构的国际市场执行力和竞争力。“十四五”时期我国场外衍生品市场的发展策略和改革路径急需深入研究，刻不容缓。

六、以透明度为核心提高上市公司质量

证监会易会满主席指出，提高上市公司质量是资本市场高质量发展的内在需要，是资本市场服务新发展格局的必然要求，也是资本市场全面深化改革的重中之重[①]。透明度是上市公司质量的核心，也是资本市场一切交

① 2020 年 11 月 10 日，易会满主席在中国证监会召开贯彻落实《国务院关于进一步提高上市公司质量的意见》动员部署会议上的讲话。

易活动的基础，上市公司经营状况、治理结构、发展前景以及风险状况等会充分呈现在投资者面前，由投资者判断和选择，优胜劣汰。监管的根本宗旨是通过制定科学可行的信息披露制度规则，保障市场规则的有效执行，尽力提高上市公司透明度。要把提高上市公司质量放在如何建设高质量资本市场这个大的逻辑框架下系统考虑，以提高透明度为核心，在把好“入口关”管好增量的同时，畅通“出口关”，建设并发挥好市场化并购、重组、退市等制度的作用，提高存量上市公司群体质量。国际经验表明，好的资本市场应当能够筛选、培养出高质量的上市公司，国际上也常把是否培养出了高质量的上市公司作为衡量资本市场是否成功的重要标志，其中的奥秘就是基于透明度的市场选择。提升上市公司质量的根本原则就是要在市场准入和持续监管的全过程真正建立以充分信息披露为核心的监管理念制度。

七、推动更多社会资金合理进入资本市场

“十四五”时期，我国将进入中度老龄化社会，如何吸引和推动储蓄资金合理进入资本市场转化为投资依然是一个重大课题，核心是加大社会保险保障体系建设，降低居民保险保障对个人储蓄的过度依赖，增强居民储蓄承担市场风险的意愿和能力。

要健全多层次社会保障体系，健全基本养老服务体系。进一步发展和完善我国社会保险保障体系，在上学、就医、住房、养老以及重大突发性灾害等民生保障环节完善社会保险保障互助体系建设，增加政府性支出提供更多公共民生保障型服务，满足个人及家庭基本保险保障基本需求，创新社会居民互保机制，增强政府和社会机制为个体提供抵御风险保障的能力，降低居民个人对自身保障能力的单纯依赖，促进个人储蓄资金被释放出来并用于投资，分享经济成长红利，为形成长期资金、扩大直接融资提

供源头活水，进入良性循环。

资本市场要为社会保险保障体系建设和资金运用做出贡献。据测算，全国企业职工基本养老保险基金预计在2029年出现当期收不抵支，在2036年左右将耗尽全部累计积累[①]。从国际经验看，投资资本市场是实现社会保险保障基金保值增值的重要途径，继续放宽社保、保险、基本养老金、企业年金、职业年金等投资权益类市场的比例和范围，完善养老保障第三支柱个人养老金制度建设，实现年金账户与个人养老金账户之间的转化，发挥公募基金服务各类养老金账户投资者的主力军作用，对中长期投资资金提供税收优惠支持，大力发展智能投顾，提供普惠型投资理财服务。

八、推进证券行业数字化转型，构建数字化资本市场

利用5G和以ABCD等为代表的新型信息技术优化资本市场结构，推进资本市场数字化建设，加快证券经营机构数字化转型，推动国家大数据治理和大数据资源的共享共用，建设集中统一的资本市场数据体系，开展数据标准化治理，探索建设基于新型信息技术的场外市场和新型金融基础设施，加快金融科技相关法律法规体系建设，健全金融科技监管体系，建立适合我国特点的金融科技监管沙盒，建设国际领先的交易结算系统。未来资本市场的竞争，必将是智能竞争，即芯片、算法、算力竞争。

九、加快资本市场国际化建设

建设国际化资本市场是构建双循环新发展格局的内在要求。双循环新发展格局意味着我国将在做强“世界工厂”的同时构建“世界市场”，

---

① 《党的十九届五中全会〈建议〉学习辅导百问》，第186页，党建读物出版社，学习出版社。

对外开放实现由“客场”到“主场”的飞跃。资本市场是“世界市场”的重要组成部分，资本市场国际化的新目标就是要将我国资本市场建设成为国际金融市场，以资本市场的大循环支撑商品市场的大循环。在构建双循环新发展格局的进程中，“进博会”是世界商品交易的重要平台，建设国际化资本市场主场将是国际资本交易服务构建新发展格局的重要抓手。

加快推进资本市场开放由管道型向全面制度型开放转变。加大 PDI 开放、实现 AH 股互换、完成 QFII 向 QI 制度过渡、允许红筹企业及其他国际企业到 A 股市场发行上市等；加快外汇、外资管理制度改革，加快推进资本项目开发，稳慎推进人民币国际化，促进国内国际资本跨境流动和交易活动的便利化，促进国际企业、资本、信息、人才、交易等向我国市场集聚。深化中美等主要经济体金融市场跨境监管合作，进一步参与资本市场领域国际规则制定，建立跨境监管合作常态机制，提升金融监管的域外效力，夯实跨境监管执法、安全审查等制度基础。持续推进上海国际金融中心建设，维护好香港的国际金融中心地位。探索提高证券期货交易所的国际竞争力。

十、增强风险预警及防范化解处置能力

金融业是具有高度外部性的行业，金融安全是国家安全的重要方面。维护国家安全，务必守住不发生系统性金融风险的底线。既要扩大开放，又要密切防范开放风险。

资本市场要发挥好“晴雨表”功能，走在市场曲线的前面。资本市场和实体经济是“镜像”关系，要有效反映并及时预警实体经济风险；加强资本市场结构性、功能性风险防控，加强系统重要性基础设施的风险防控，谨防资本市场自身风险传导给实体经济；健全资本市场风险监测防范处置

体系，加强对股市杠杆业务、上市公司质押、债券违约风险等重点领域的风险监测和处置；推动完善私募基金风险防范机制，完善市场风险动态图谱，动态更新防止股市异常波动风险政策工具箱；加强国际金融市场监测监控，谨防未来几年国际金融市场流动性过度充裕可能带来的金融风险通过资本流动、利率汇率政策、衍生品工具等跨国跨市蔓延和传导；大力发展监管科技，完善金融监管机构信息共享和监管协同机制，发挥各自在资金监测、行为监测、信息监测、功能监管等方面的特色作用，形成监管合力，建立目标更具体、传导更通畅、救助效率更高的证券期货经营机构危机救助机制。

结 语

“十四五”时期，国际国内环境将会异常复杂严峻。我们要以更加真诚的心态和更加开放的姿态全面拥抱世界，构建以 14 亿人消费升级为核心的内循环带动国际大循环经济发展新格局，发挥资本市场公平交易、财富效应等特点，建设资本市场国际化主场，形成新的国际合作连接点，突破围堵，实现更高质量发展。

发展仍然是我国第一要务。中国是发展中大国，发展不充分、不平衡、不集约问题长期存在，将长期处于社会主义初级阶段。这是最大的国情，也是我们面对国际争端、解决国内问题时必须首先考虑的最根本的立足点和出发点。无论什么情况，无论什么时候，谋求发展、让人民过上幸福生活都是我们永远铭记的初心和使命，集中精力，心无旁骛，做好自己的事情。

中国共产党第十九届五中全会审议通过了《中共中央关于制定国民经济和社会发展第十四个五年规划和二〇三五年远景目标的建议》，对资本市场高水平开放、高质量发展提出了新的更高的要求。我们必须持续深入研究有中国特色社会主义市场经济条件下资本市场发展规律，持续遵循市场自主和法治秩序，力争早日建成“规范、透明、开放、有活力、有韧性的资本市场”。“十四五”时期，依然任重道远。

2020 年 12 月于北京 · 万柳